消防救助操法の基準の解説

救急救助問題研究会　編著

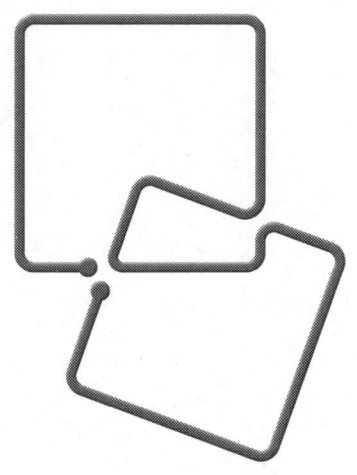

東京法令出版

推薦のことば

都市化の進展、社会生活の変化に伴って、災害の態様は複雑多様化し、災害がひとたび発生すると大規模化の様相を呈しており、近年では、高層ビル火災や航空機火災、さらには地震・土石流災害等など、住民の安全を脅かす災害・事故が相次いで発生し、消防機関の行う救助活動に寄せられる国民からの期待は極めて大きなものとなっております。

各消防機関が救助活動を効果的に行うためには、救助体制、救助活動装備等の充実に努めることはもとより、より高度かつ専門的な知識及び技術を修得するための教育訓練が何よりも重要であることは言うまでもありません。

このようなことから、消防庁では、消防救助操法の基準（平成十年二月十九日消防庁告示第一号）の一部改正を行いました。

本書はこれを逐条的に概説し、救助訓練の一層の充実に資することを目的として刊行されたものであります。

したがって、適切な救助活動により人命救助を行うため、教育訓練の一層の充実を図り、救助技術の練磨に励まれますとともに、本書がこれに役立つことを期待するものであります。

平成十年十二月

消防庁救急救助課長　高　橋　正　樹

目　次

序

救助活動

消防の任務は、消防組織法第一条に規定されているように「施設及び人員を活用して、国民の生命、財産を火災から保護するとともに、水火災又は地震等の災害を防除し、及びこれらの災害に因る被害を軽減する」ことである。

ここでいう災害の概念については、かつて「水害、地震、台風、津波又は山くずれ等比較的人力によっては予防不可能と思われるような災害」と解されたこともあったが、消防機関が唯一の第一線実働部隊として災害に対処してきた経緯、社会経済の進展に伴う消防機関に対する住民の期待の変化等から判断して、今日では、比較的規模の大きい災害を対象とする災害対策基本法のそれよりも広く、比較的小規模な事故等をも含むと解されており、現在、消防機関が行っている救助活動は、火災の際はもちろんであるが、火災によらない事故等の場合でも、本条の「災害」の中に含めて理解されている。

ところで、救助活動とは、災害又は事故により生命又は身体に現実の危険が及んでいる要救助者を、人力、救助器具等により、安全な場所へ救出救助することであり、要救助者を医療機関等へ搬送する救急活動とは区別される。

救助活動は、一般的には消防機関がその実施に当たっているが、救助活動の態様によっては、警察、自衛隊、水防団及び山岳会その他の民間団体との協力の下に行われる。

消防救助操法基準の制定

消防機関が行う救助活動は、火災の際のみならず、交通事故、労働災害、風水害、水難事故等に際しても、国民の生命、身体に対する危険を排除するために行われてきたところであるが、近年、都市化の進展や国民生活の変化等により災害及び事故の種類、内容も複雑多様化し、そのため、中高層ビル、地下街等における救助活動に見られるように、高所、高温、濃煙、有毒ガス、酸素欠乏の中で救助活動を行わなければならないなど、救助活動の内容も一層の高度化、専門化が必要となってきている。

しかしながら、従来、救助操法については、各消防本部において個々の基準により実施され、全国的な統一性を欠いていたことから、救助活動を円滑かつ適切に行うため、救助操法についての統一的な基準の制定が各関係方面から強く要請されていた。

消防庁においては、救助業務についての専門家等で構成する救助研究会を設置し、特に訓練における安全対策に十分配意しつつ、統一的な救助操法の基準の作成について検討を重ね、同研究会の報告を受けて、消防救助操法基準が昭和五十三年消防庁告示第四号をもって制定され、同年九月十四日付けで公布、施行された。

その後消防庁では、新たな救助器具が開発されている状況等に鑑み、平成八年五月に「救助隊の編成、装備の基準を定める省令（昭和六十一年十月一日自治省令第二十二号）」及び「救助活動に関する基準（昭和六十二年九月二十一日消防庁告示第三号）」の一部改正を行い、救助隊に装備すべき救助器具の充実を図るとともに、これらの救助器具に係る操法を策定し、消防救助操法の基準の一部改正（平成十年二月十九日消防庁告示第一号）をした。

言うまでもなく、救助活動は、その性格上、困難性、危険性が内在する業務であり、迅速、確実かつ安全に救助活動を行うためには、救助隊員は常に訓練を重ね、技術練磨に励み、連携動作を体得することが必要である。したがって、救助業務を実施する消防本部においては、救助体制、救助装備等の充実に努めることはもとより、この救助操法基準に基づき安全面に十分留意しつつ、救助訓練の充実を図り、適切な救助活動により人命救助の万全を期さなければならない。

なお、山岳救助、水難救助など特に火災以外の災害時における救助活動については、消防の本来的な任務との関連において救助活動の対象とすべき災害、事故の範囲が問題であり、救助活動のあるべき基準の設定等の必要があるものと思われる。

（参　考）

平成十二年四月一日現在では、救助隊設置消防本部は全国九百七消防本部の九五・五八％に当たる八百六十七消防本部で、救助隊数は千五百三十八隊となっている。救助隊員は二万四千百一人で、そのうち専ら救助業務に従事する専任救助隊員は六千九百九十四人、その他消防業務を兼務している救助隊員は一万七千百七人である。

また、平成十一年中における救助活動件数は、四万二千五百四十八件、救助人員四万四千八十一人となっている。

救急救助問題研究会

第1編
総　　則

第一編　総　則

【概　説】

第一編総則においては、この基準の目的、用語の意義、訓練計画の作成、操法実施上の留意事項、意図の伝達、要領等この基準全体に係る総則的な事項について定めている。

（目的）

第一条　この基準は、消防吏員の救助訓練における消防救助用機械器具（以下「機械器具」という。）の取扱い及び操作（以下「操法」という。）の基本を定め、もつて人命救助の万全を期することを目的とする。

【趣　旨】

本条は、この基準が消防の任務を達成することを目的として制定されたものである。

消防の任務は、「施設及び人員を活用して、国民の生命、身体及び財産を火災から保護するとともに、水火災又は地震等の災害を防除し、及びこれらの災害に因る被害を軽減する」（消防組織法第一条）ことである。これらの任務を遂行するためには、いかなる状況下においても、迅速、確実かつ安全に行動できるように、各隊員は、常に訓練を重ね、技術練磨に励むとともに部隊としての連携動作を体得することが必要である。

この基準は、主要な消防救助用機械器具のうち、特に反復訓練の必要があるものを選定し、その操作及び取扱いの基本を定めたものである。この基準に定めていない機械器具又は型式等の異なった機器については、それぞれに最も適した操法を定めて訓練を行うものとする。

【解　説】

一　この基準は、救助活動を迅速、確実かつ安全に行うことができるよう、各種の救助方法の中で、基本となるもの、定型化する必要があるものなどについて、あらかじめ設定された状況下における操法として定めるとともに、できる限り規定の煩雑化を避けたものである。

救助隊員は、この基本的な操法を完全に習得するとともに、救助活動は各隊員の連携動作が特に重要となってくるため指揮者を含めた部隊としての連携動作を習得する必要がある。

二　この基準は、救助用機械器具を使っての操法を定めたものであり、したがって、実際に救助方法として行われるが救助用機械器具を使用しない、例えば人梯による障害物の突破とか、チンキャリー、ヘアキャリー等による水難救助（溺者救助）等については規定していない。

三　消防救助用機械器具には、各種のものがあるが、使用の目的により区分すると、保安器具（空気呼吸器など）、救助器具（ロープ、油圧式救助器具、可搬式ウインチ、救命索発射銃など）、破壊器具（エンジンカッターなど）、その他（はしご、はしご車など）に大別される。

この基準においては、主要な消防救助用機械器具の中で、一般的に使用され、特に反復訓練を行う必要があるものについて、その取扱い及び操作について規定している。

四　この基準は、消防吏員の救助訓練における消防救助用機械器具の取扱い及び操作について規定したものであるが、これは、実際上、消防吏員が主として救助活動に当たっていることによるものであり、必要に応じ、消防団員等が救助訓練を行う場合にも、できる限りこの基準に従って救助訓練が行われることが望ましいものである。

五　人命救助とは、災害又は事故により生命又は身体に現実の危険が及んでいる要救助者を、人力、救助器具等により安全な場所へ救出救助することであり、これが消防の任務に含まれること等については前述したとおりである。

（用語の意義等）

第二条　この基準において、次の各号に掲げる用語の意義は、当該各号に定めるところによる。

一　待機線　隊員があらかじめ機械器具の点検を行い、服装を整え、待機する線をいう。

二　集合線　操作の前後に隊員を集合させる線をいう。

三　想定　集合線において指揮者が災害の状態を仮定して情況を作為することをいう。

四　定位　操法を開始する際に、あらかじめ定められた隊員のつく位置をいう。

2　この基準において、前後左右とは、車両にあつてはその前進する方向を、その他の機械器具にあつては隊員の前進する方向を基準とする。

【趣　旨】

本条は、この基準において使用される用語のうち、特殊な意味を有するもの又は特に説明を必要とするものについて定義したものである。

【解　説】

第一項関係

㈠　待機線―災害出動に備えて、待機している状態を仮定して待機線を定める。隊員は、必要に応じて機械器具の点検整備を行い、服装を整え、自主的に待機線上に整列する。

待機線をどこに設定するかは、訓練を行うときの状況によって異なるが、この基準では、集合線の後方二mとしている。

なお、操法の種別によっては、待機線を必要としないものがある。

㈡　集合線―集合線は、指揮者が人員の確認及び想定の付与を行い、隊員が任務分担を確認するため（第七条第一号、二号及び三号参照）、並びに操作終了後点検報告及び解散を行うため（第七条第五号及び六号参照）に設定される。集合の号令及び想定の付与は、実災害の場合の出動指令に相当するものである。

集合線は、原則として機械器具の後方二mとし、各隊員の集合は、基準隊員にならって行い、番号は右翼から呼称する（第七条第一号参照）。

㈢　想定―千姿万態の災害の実態について、訓練の目的に応じ、その状態を仮定し、周囲の情況を作為する。初歩的段階では、単純な災害事故の想定を示して訓練を行うが、練度に従ってより複雑な想定を付与する。

なお、傷病者の傷病の程度などは、あらかじめ想定を示さずに操作の開始後、適宜想定を付加してもよい。

㈣　定位―操法の開始は、隊員が任務分担に基づいて、最も操作のしやすい場所（定位）に位置してから行うのを原則とする。

第二項関係

本項は、この基準において使用される用語のうち、前後左右について定義したものである。

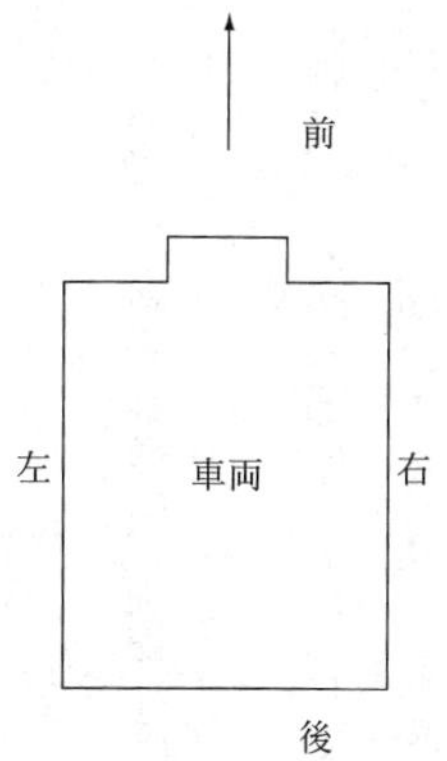

（車両の場合）

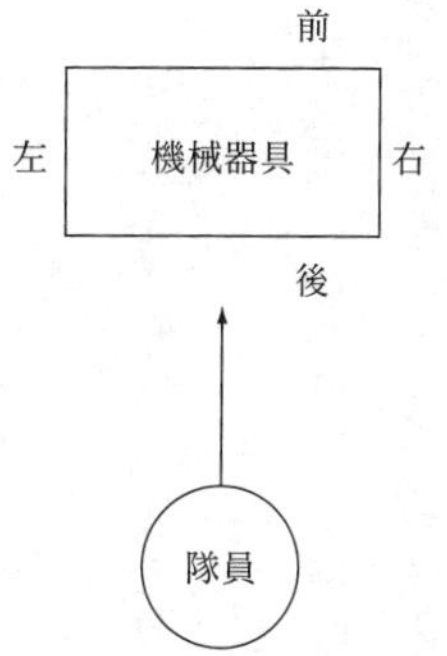

（車両以外の機械器具の場合）

（訓練計画の作成等）

第三条　救助訓練は、救助活動に関する基準（昭和六十二年消防庁告示第三号）第十五条に定める教育訓練実施計画に従い、年間を通して計画的に行うよう努めなければならない。

2　救助訓練の実施に当たつては、あらかじめ、次の各号に掲げる事項に留意した訓練計画を作成し、安全管理の徹底を図らなければならない。

一　訓練課目は、基礎的課目から上級課目へと練度に応じて適切に配列するとともに、各課目ごとに安全措置を講ずること。

二　訓練課目に応じ、訓練施設、機械器具及び安全ネット、安全マットその他の安全器具を整備し、隊員が安全にかつ効率的に訓練を実施しうる態勢を確立すること。

三　訓練場は、各訓練課目の特性に最も適した場所を選定するとともに、当該場所の状況に応じた具体的な安全措置を講ずること。

3　救助訓練を実施する場合は、常時隊員の安全に対する意識の高揚に努めなければならない。

一項…全部改正・二項…一部改正〔昭和六三年一二月消告六号〕

【趣　旨】

救助活動は、終始危険に直面しながら行われるものであり、したがって、救助訓練を行うに際しても、訓練計画の策定、指導（訓練）の各段階を通じ、事故防止に万全を期すため安全管理の徹底が図られ、かつ、救助訓練の成果があがるよう十分配意しなければならない。

仮に救助訓練中に人身事故が発生した場合には、社会的な批判を受け、かつ、隊員の志気に影響を及ぼすとともに、平常の消防業務の遂行にまで支障をもたらすことになる。

このようなことから、適切な救助訓練計画を策定し、これに基づいて訓練を実施しなければならない。

【解　説】

第一項関係

本項においては、救助訓練は、訓練計画に基づいて実施し、安全管理の徹底を図らなければならない旨を定めている。

訓練計画は、各消防本部の実情に応じて定められることになるが、一般的には、訓練計画の内容としては、訓練の目的、訓練課目、訓練の実施時期、訓練時間、訓練施設、安全管理体制、指揮者及び隊員の留意事項、各訓練課目ごとの要領及び進度などについて定めておく必要がある。

なお、救助訓練（操法）の実施に当たっての救助隊員及び指揮者が一般的に留意すべき事項については、それぞれ第四条及び第五条に規定されている。

第二項関係

本項においては、訓練計画の作成に当たっての留意事項を定めている。

㈠　訓練においては、基礎的な段階を省略すると、隊員の恐怖心を招き、自信を失わせ、かえって訓練の進度を遅らせるばかりでなく、危害を引き起こす原因ともなるので、基礎的な訓練から漸進的に練度を進めていく必要がある。このため、訓練課目の適切な配列に配意するとともに、各課目ごとに安全措置を講ずる（第一号）。

㈡　事故の原因は、一般的には人為的な要因（操法ミス）と物的要因（施設等訓練環境の不備、欠陥）に分けられるが、人間の注意力には限界があり、仮に若干の不注意があっても訓練環境が整備されていることにより事故の防止、被害の軽減が可能であること等を考えると、訓練課目に応じた施設、機械器具、安全器具等の整備、点検及び関係者に対する事前教育、調整等を綿密に実施し、安全に訓練を実施できる態勢を確立する（第二号）。特に、高所等転落のおそれ、危険性が内在する訓練については、安全ネット、安全マット等が整備されていない場合には、訓練を行ってはならない。

㈢　良い訓練場を選定することは、訓練の成果をあげるために大切なことであり、また、事故防止にもつながる。したがって、各訓練課目の特性に最も適した場所を選定し、当該場所の状況に応じた安全措置を講ずる必要がある（第三号）。

㈣　前記に掲げる事項のほか、訓練計画の作成に当たっては、安全管理体制（組織）の確立、救助隊員の資質の向上等に配意するとともに、十分な安全性、確実性を最重点とする必要がある。

第三項関係

事故防止に万全を期するためには、安全管理体制の確立、訓練環境、施設等の整備等とともに、救助隊員一人ひとりに至るまでの安全確保に対する真剣な努力が必要である。このようなことから、常時、隊員は安全に対する意識の高揚に努め、例えば、訓練の過程が進むに従い、ともすれば危険に慣れて危害防止に対する配慮が薄れがちになりやすいので、練度の向上に伴い更に慎重に行動し、確実な操作、安全確保を徹底するよう指導しなければならない。

（操法実施上の留意事項）

第四条　操法の実施にあたつては、次の各号に掲げる事項に留意しなければならない。

一　操法は、安全を確保するとともに迅速確実に行うこと。

二　隊員は、原則として保安帽及び革手袋を着装するほか操法に適した服装に整え、かつ、斉一を期すること。

三　隊員の動作は、原則としてかけ足とし、動作及び操作の区切りは特に節度正しく行うこと。

四　隊員は、訓練施設、機械器具及び安全器具に精通するとともに、これらの愛護に心掛け、操法の実施前及び終了後には、任務分担に基づきこれらの点検を行うこと。

五　機関員は、機関の取扱い及び操作に習熟すること。

六　二種以上の操作からなる操法については、隊員は、逐次操作の分担を交替し、いずれの操作にも習熟すること。
七　隊員は、指揮者の指示及び命令並びに各操作に際し、確認の呼唱及び復唱を明確に行うこと。
八　機械器具に落下、転倒等の衝撃を与え、又は許容能力以上の荷重をかけないこと。
九　訓練施設、機械器具及び安全器具に異状のあるときは、ただちに操法を中止し、適切な処置を講ずること。

本条…一部改正〔昭和六三年一二月消告六号〕

【趣　旨】

救助活動は災害内容の複雑性、規模等により多くの困難が伴うものであり、救助隊員及び要救助者は、各種の救助機械器具にその生命を託すことになるので、救助隊員は、平素の訓練を通じて、規律を伸長し、協同の精神を養い、機械、器具愛護の念を持たなければならない。

本条は、操法の実施に当たり救助隊員が留意すべき原則的事項を定めたものである。各操法において特に必要な留意事項は、それぞれの操法において規定してある。

なお、次条においては、指揮者の留意すべき事項を定めている。

【解　説】

第一号関係

安全を確保することは、二次的災害を避けるため、訓練及び実災害における厳守事項の一つである。そのための具体的事項を例示すれば、次のとおりである。

㈠　訓練の開始に先立つ、隊員の体調の確認

㈡　保安帽、革手袋、作業衣、安全靴、防火衣、耐熱服及び照明器具、警笛、無線機、携行ロープなどの個人的装備の充実及び安全ネットなどの安全器具の設置
㈢　破壊器具、救助器具、呼吸保護器などの各種器具の取扱いの習熟と活用
㈣　指揮者の適切な指示及び命令並びに各隊員の助言及び協力（危険を避けるためには、各隊員の任務分担にかかわらず、適宜、助言、補助、協力などを行う必要がある。）
㈤　危険な状況での無謀な行為の回避、沈着冷静な行動（収納時の気の緩みによる事故に特に注意する。）
　また、迅速かつ確実に行動することは、災害の防除、人命救助等に当たっての要諦であるが、両者は、必ずしも両立しない。
　救助操法の訓練においては、迅速性と確実性の両者に同等の比重を置いて訓練を行う必要がある。ただし、訓練の段階的習熟という観点からは、まず確実な操作に重点を置き、次第に迅速性を加味した訓練を行うことが望ましい。特に初歩的段階においては、確実な動作及び操作の習得が重要であり、指揮者ないし指導者は、動作及び操作を実際に展示して、目と耳と体で習得できるように指導を行い、みだりに速度を要求してはならない。
　なお、機械器具の収納においては、一刻を争うほどの迅速性は要求されないが、次に起こり得る災害に対処できる態勢を早急にたてる必要があるので、隊員の疲労度を考慮しながら、持久力、耐久力の養成も兼ねてある程度の迅速な操作を行う必要がある。

第二号関係
　救助訓練には危険が伴うので、安全面からも特別な場合を除き保安帽を着装する必要がある。
　また、服装については、服装の乱れは心の乱れでもあり、わずかな服装の乱れが危害発生の要因となることがある

ので十分留意しなければならない。操法に適した服装は、活動しやすいこと及び危害から身体を保護できるものであることの二つが重要である。基本の動作及び操作の習得を目的とするときは、作業服で行うのが適当であるが、訓練の目的に応じて、防火衣、長靴、編上げ靴等を着装する。

なお、部隊訓練における隊員の任務分担を明示するために、ゼッケンをつけて訓練を行う方法がある。

ゼッケンの一例

指
二五～三〇cm四方の白地の綿布又はビニール布とし、文字は黒又は紺とする。
下部片側は、とり外しのできるようにマジックテープ又はスナップを付ける。

第三号関係

訓練礼式の基準によるかけ足は、歩幅約八十cm、速度毎分約百八十歩程度を基準としているが、この操法では、訓練の段階に応じて迅速性に重点を置くときには必ずしもこの基準によらず、場合によっては、全力疾走を行う。

また、節度正しく行うのは、動作及び操作を確実に体得し、教育効果をあげるための一つの技術である。教育訓練においては、実災害の活動からみると多少不自然であっても、動作及び操作を規律正しく行う必要がある。

第四号関係

機械器具を粗暴な取扱いによって損傷することは、不測の事故につながる危険がある。隊員は、常に、機械器具の愛護に心掛ける精神を身につけなければならない。

機械器具の事前点検は、訓練の準備として必要な範囲内で、訓練礼式の基準第二百十五条第三項に定めるところによって各隊員が自主的に行うものとする。訓練を行った後の機械器具の点検は、消防救助操法の基準第七条第五号に定めるところにより、及び訓練礼式の基準第二百三十一条及び第二百三十二条に準じて実施する。

（参　考）　消防訓練礼式の基準

第二百十五条第三項　機械器具の点検は、保存手入の良否及び応急準備の適否を検査するものとする。

一　機械各部の清掃及び手入の状況
二　機械各部の液体ろう洩、物品の脱落及び破損箇所の有無
三　機関部及びポンプ部の良否
四　冷却水、オイル及びガソリンの状況
五　積載品の完否
六　タイヤ及び空気圧の良否
七　計器類の良否
八　操縦装置及び制動装置の良否
九　照明装置の良否
十　警音器具の良否
十一　その他必要事項

（現場点検の内容）

第二百三十一条　現場点検は、水火災の防ぎよその他の作業が終わつたとき、現場において、次の各号の事項について異状の有無について検査を行なう。

一　人員及び服装
二　機械器具
三　その他必要事項

（現場点検の要領）

第二百三十二条　前条の点検は、出場の車両、消防艇及び徒歩部隊ごとにその長が行なう。

2　隊員は、隊員の事故又は機械器具及び物品の紛失若しくはき損があるときは、直ちに点検者に申告し、その検査を受けなければならない。

3　上級指揮者があるときは、点検者は前二項による点検の結果の報告を行ない、その指示を受けるものとする。

第五号関係

機関員については、機関員としての特別の教育を必要とする。消防学校の教育訓練の基準（昭和四十五年消防庁告示第一号）に定める教科目別時間数によれば、消防職員については機関科機関運用課程百四十時間、消防団員については、機関科二十四時間の専科教育を実施するものとしている。

機関員は、はしご車操法を実施するときは、特に、他の隊員との連携、はしごの伸てい、架てい要領など機関運用の実践要領を体得することが必要である。

第六号関係

二種以上の操作からなる操法について操作の分担を交替してそれぞれの操作を習熟することは、部隊行動にとって欠くべからざる連携動作を習得し、及び実災害における応用力を身につけるために必要なことである。

第七号関係

隊員は、指揮者の指示及び命令の内容を了解したことを明らかにするため、呼唱及び復唱を明確に行う必要がある。また、一定の操作を行う場合の区切りにも「よし」の呼唱を定め、操作の確認を行う必要がある。

第八号関係

機械器具は、精密な部分が多く、その取扱いにおいて落下、転倒等の衝撃を与え、又は許容能力以上の荷重をかけると、機械器具が故障、損傷し、隊員の人命にかかわることとなるためその取扱いには十分注意する必要がある。

第九号関係

訓練施設、機械器具及び安全器具に異状のあるときは、直ちに操法を中止し、隊員は安全な場所に脱するとともに、指揮者は、隊員に適切な指示を行って事故が起こらないように配意する必要がある。

なお、異状のある訓練施設は、速やかに補修又は取替えを行う必要がある。

（操法実施上の指揮者の留意事項）

第五条　指揮者は、次の各号に掲げる事項に留意しなければならない。

一　指揮態度を厳正にし、常に指揮に便利でかつ隊員を掌握できるところに位置すること。

二　隊員の動作及び操作を十分に監視し、必要な命令及び指示を与えること。

三　号令は、明りように唱え、命令及び指示は、簡明適切に行つて隊員に徹底させること。

四　訓練施設、機械器具及び安全器具を綿密に点検し、安全の確保を期すること。

五　隊員の健康状態に十分配意すること。
六　隊員の練度に応じて適切な指導を行うこと。
2　指揮者が隊員の操作を補助する場合には、前条に定める事項についても留意しなければならない。

【趣　旨】

指揮者は、指揮下にある隊員の行動について重大な責任を負っている。隊員及び機器を有効に活用して最大の効果をあげることは、指揮者に課せられた使命であり、指揮者は不必要な危険に身をさらすような行動を慎しみ、確実な自己確保の手段を講じ、率先して危害防止の範を示すことに努めなければならない。この基準では、指揮者の指揮能力の涵養を図ることも一つの目的としており、本条は、指揮者が操法を実施するうえで特に必要な留意事項を定めたものである。

なお、指揮者には、指導力と隊員の信頼を有し、かつ、救助業務に必要な知識、技術を修得した者が当たる必要がある。

【解　説】

第一項関係

㈠　指揮者が隊員に対して指揮命令を行うために便利な位置とは、隊員の操作の支障とならず、かつ、命令及び指示を有効適切に隊員に徹底できるところであって、一定の位置にとどまることを意味しない。実戦的操法では、指揮者は、災害現場を一巡して災害の実態を把握し、防御の要となるべきところに位置して、隊員の指揮を行う必要があるが、基本訓練においては、隊員の動作及び操作の監視に重点を置いて位置する。

　また、指揮者が、全隊員を掌握することは、常に可能とは限らないが、無線機あるいは伝令員を活用することによって隊員の状況を的確につかむよう心掛けることが必要である（第一号）。

㈡　指揮者は、隊員の動作及び操作を十分に監視する必要があるが、原則として、隊員は定められた任務分担に基づいて行動するものであるから、必要以上に命令及び指示をすることは避けなければならない。操作上の重大なミスについては可能な限りその都度是正し、細部にわたる誤りについては、訓練が終了した後指摘するのが適当である（第二号）。

㈢　救助訓練は、隊員相互の確実な連携動作によって安全が保持でき、確実性及び迅速性につながるものであり、号令、命令及び指示は極めて重要である。このため、指揮者は、明瞭に号令を唱え、簡明適切に命令及び指示を行い、隊員に徹底させなければならない。

　なお、隊員が号令の内容を了解したことを明らかにするために、特に必要があるときは号令の復唱及び「よし」の呼唱を定めている場合がある。誤った復唱又は操作が行われたときは、指揮者は時機を失することなく、重ねて号令をする（第三号）。

㈣　訓練施設、機械器具及び安全器具が損傷していると不測の事故につながる危険があるため、指揮者は、訓練実施前及び実施後には綿密に点検し、点検の結果不備があれば直ちに適切な処置を講じ、常に完全な準備の下に訓練が行われるよう配慮し、隊員の安全を確保しなければならない（第四号）。

　なお、機械器具の点検は、第四条第四号関係を参照のこと。

㈤　隊員の健康状態は、訓練の成果に影響を及ぼすのみでなく、訓練実施上の安全に大きな要素を占めるため、指揮者は、平常から隊員全員の健康管理に注意を払わなければならない。特に、訓練の開始に当たっては、隊員の心身の状況を十分確認し、訓練の実施上不適当と認められる者があったときは、軽易な訓練にとどめるか、又は見学させる等の措置をする（第五号）。

また、訓練に入る前には準備体操を行い、筋肉、関節を柔軟にし、血液の循環を盛んにして身体の調整を行う必要がある。

なお、指揮者は、訓練実施時においては特に気象条件にも留意し、降雨、強い風が吹いているなど環境条件が少しでも悪いときは、訓練を実施してはならない。

㈥　救助操法は、高度の技能が必要なうえに、隊員間の連携動作が重要な役割をもつ。そのためには、隊員の練度及び能力に応じた適切な指導が危害の未然防止を図ることにもなる。したがって、指揮者は、隊員の練度及び能力を絶えず観察する等により的確に把握し、必要があれば個人別にその能力を考慮し、各人の心理、体力、技術に適応するよう指導する必要がある（第六号）。

なお、新しい課目の訓練に当たっては、指導員又は補助員がまず正しい操法を展示することが極めて大切なことである。操法の展示を行う場合、その前後の動作は努めて隊員が既に習得した技術を使用して行い、隊員をして自己の技術に自信を持たせることが重要である。

第二項関係

指揮者は、指揮に重大な影響を及ぼさない範囲内で必要最小限度の補助操作を行うことがある。その際、指揮者は指揮者としての留意事項はもちろんのこと、隊員としての留意事項についても意を配しなければならない。本項はこのような趣旨を徹底するために規定されたものである。

なお、実災害においては、梯子の架梯の補助等指揮者の補助操作はしばしば行われるが、このように情勢に応じて指揮者が補助操作をすることは指揮者の隊員に対する安全管理にもつながるものであり、状況によっては欠かせないものとなる。

（意図の伝達及び要領）

第六条　指揮者及び隊員の意図の伝達は、音声（無線を含む。）によるほか、状況により信号を用いることができる。

2　手又は旗による信号を用いるときは、次の各号の要領による。

一　始め　右手又は旗を真上に上げる。

二　やめ　右手又は旗を横水平に上げる。

三　おさめ　両手又は旗を頭上で交差させる。

四　よし　両腕で又は片手の親指及び人さし指で輪をつくる。

五　発見　右手又は旗で横に8の字をえがく。

六　待て　両手又は片手の手のひらを示す。

七　退出　右手又は旗を頭上で左右に連続して振る。

3　警笛による信号を用いるときは、次の各号の要領による。
一　始め　長声一声
二　やめ　二声
三　おさめ　三声
四　よし　長声一声　短声二声
五　発見　長声一声　短声三声
六　待て　長声一声　短声四声
七　退出　短声連続
4　音による信号を用いるときは、次の各号の要領による。
一　始め　一打
二　やめ　二打
三　おさめ　三打
四　よし　一打と二打の斑打
五　発見　一打と三打の斑打
六　待て　一打と四打の斑打
七　退出　連打
5　ロープによる信号を用いるときは、次の各号の要領による。
一　始め　大きく一回引く。

二　よし　二回引く。
三　発見　三回引く。
四　待て　四回引く。
五　退出　反復引きつづける。

6　灯火による信号を用いるときは、次の各号の要領による。
一　始め　円をえがき、垂直におろす。
二　やめ　水平に振ったのち、垂直におろす。
三　おさめ　円を連続してえがく。
四　よし　上下に振る。
五　発見　横に8の字をえがく。
六　待て　水平に振る。
七　退出　連続して点滅する。

【趣　旨】

指揮者の号令、命令、指示及び隊員の復唱、伝達、助言などの意図の伝達は、音声による方法が一般的であるが、騒音により又は遠距離であるために、確実性に欠ける場合がある。拡声器、メガホン等を使用するほか、信号の併用を行って意図の伝達を確実にする必要がある。

なお、本条に定めるもののほか、空気呼吸器操法における退出の合図（第十六条第三号）、はしご車操法におけるリフター上昇の合図（第百七十条第二号）などがあるが、さらに、危険の到来を警笛によって知らせる方法など、伝達の方法を創意工夫して定めることが望ましい。

【解　説】

第一項関係

無線機の活用は、迅速な救助行動を行うために有効であるので、無線用語例を定め、十分に取扱いの訓練を行う必要がある。ただし、無線機は、建物の構造や距離及び場所によって通話不能となることがあり、また、長時間使用すると電力不足のため通話困難となる。

意図の伝達は無線機のみに頼ることはできないので、基本訓練では、主として肉声及び信号による意図の伝達に重点を置いて操法を実施することが必要である。

第二項～第六項関係

本条においては、信号の方法として、手又は旗（第二項）、警笛（第三項）、音（第四項）、ロープ（第五項）及び灯火（第六項）を規定し、それぞれの要領を定めている。

（集合、点呼、想定、定位、点検、解散及び休憩の号令並びに要領）

第七条　隊員の集合、点呼、想定、定位、点検、解散及び休憩は、次の号令及び要領による。

一　集合　指揮者は、「集まれ」と号令し、待機線にいる隊員は隊の中心が機械器具の中央になるよう集合線で、一列横隊で整列する。

二　点呼　指揮者は、「番号」と号令し、点呼を行う。

三　想定　指揮者は、点呼を行ったのち、隊員に対し想定を与える。

四　定位　指揮者は、「定位につけ（車両については、「乗車」）」と号令し、隊員は所定の位置につき姿勢を正し、要救助者は想定に基づく位置で指揮者の指示した姿勢をとる。

五　点検　各隊員は、操作を終了したのち、現場点検を行い、指揮者に対し、集合線で一番員から順次（順位がない場合は適宜）異状の有無について報告をする。

六　解散　指揮者は「わかれ」と号令し、隊員は一斉に挙手注目の敬礼を行い、指揮者の答礼で解散する。

七　休憩　指揮者は必要に応じて「整列休め」又は「休め」と号令し、隊員はその場で整列休め又は休めの姿勢をとる。

【趣　旨】

本条は、第二編以下に定める操法の実施前後における訓練の要領を具体的に示したものである。指揮者は、必要に応じて各号の順序に従って、又は一部を省略して訓練を行う（ただし、休憩は適宜行う。）。第二編以下の操法は、隊員が第四号に定める定位についた後開始され、収納によって終了した後第五号に定める点検報告を行うこととなる。

なお、本条については、第二条の解説を参照のこと。

【解　説】

第一号関係

集合による整頓の基準は、隊の中心に位置する隊員（隊員数が偶数の場合は隊の中心の右翼に位置する隊員）とし、最右翼の隊員を除く列員が右手を腰にあて、ひじを側方に張り、頭を基準となる隊員の方向へまわし（基準隊員は頭をそのまま）、整頓を行う。整頓が終わったときは、基準となる隊員は右手を下ろし、以下順次頭を正面に復し、右手を下ろす。

第二号関係

点呼によって、指揮者は、人員を確認するとともに、各隊員に任務分担を確認させる。

第三号関係

想定は、操法を開始するのに必要な範囲内で付与するものである（第二条第一項関係㈢の解説参照）。

第四号関係

姿勢を正すとは、原則として、訓練礼式の基準第十四条第三項に定める不動の姿勢を指す。第二条第一項関係㈣の解説を参照のこと。

（参　考）　消防訓練礼式の基準

第十四条第三項　隊員は、前項の号令で両かかとを同一線上にそろえてつけ、両足先はおおむね六十度に開いてひとしく外に向け、ひざはまつすぐに伸ばし、体重をかかとと足の親指付根のふくらみに平均にかけ、上体を腰の上におちつけ、胸を張り、肩をやや後に引き一様にこれを下げ、腕は自然にたれ、手のひらをももにつけ、指を伸ばして並べ、中指をおおむねズボンの縫目にあてあごを引き、頭と首をまっすぐに保ち、口を閉じ、前方を直視して目を動かさない。

第五号関係

訓練中の事故その他機械器具の損傷については、隊員は遅滞なく指揮者に報告しなければならないが、操作終了後（原則として機械器具の収納後）、改めて点検を行って、異状の有無を報告する。点検は、隊員が自主的に行うのを原則とするが、指揮者の号令によって行ってもよい。

報告は、指揮者の「点検報告」の号令によって一番員から順次指揮者に正対して行い（敬礼の必要はない。）、異状のないときは、「○○員異状なし」と呼唱し、指揮者は、隊員の報告に対し「よし」と呼唱する。

第六号関係

解散の際、隊員は一斉に挙手注目の敬礼を行うが、この挙手注目の敬礼は、訓練礼式の基準第百四十三条第一号本文の規定のうち、「受礼者」を「指揮者」と読み替え、保安帽をかぶっているときは、「帽子の前ひさしの右端」を「帽子の前ひさしの右端に当たる部分」と読み替えて実施する。

（参　考）　消防訓練礼式の基準

第百四十三条第一号本文　挙手注目の敬礼は、受礼者に向つて姿勢を正し、右手を上げ、指を接して伸ばし、ひとさし指と中指とを帽子の前ひさしの右端にあて、手のひらを少し外方に向け、ひじを肩の方向にほぼその高さに上げ、受礼者に注目して行う。

第七号関係

休憩は、訓練実施中に必要がある場合に、訓練礼式の基準第十五条に準じて実施する。

集合線上に集合している隊員を一時休憩させるときには「整列休め」の号令をかけ、操作の展示を行うとか、操法を一時中止して隊員の個別指導を行うために他の隊員を休憩させるときには「休め」の号令をかけるのを原則とする。

（参　考）　消防訓練礼式の基準

第十五条　休めの姿勢は、「整列―休め」又は「休め」の号令をかける。

第十五条　休めの姿勢は、「整列休め」及び「休め」の二とおりとし、休めの姿勢をとらせるには、「整列―休め」又は「休め」の号令をかける。

2　「整列休め」は、主として命令、訓示、点検等の場合において一時的に隊員の緊張した姿勢を緩和するために用いるもので、隊員は、「整列―休め」の号令で、左足をおおむね二十五cm左へ活発に開き、ひざを軽く伸ばし、体重を左右の足に平均にかける。同時に手は後でズボンのバンド中央に重ねて組む。この際、手のひらは後に向けて開き、左手の親指と四指で右手の甲と四指を軽く握り、両親指を交差させる。この姿勢では、話をしたり動いたりしてはならない。

3　隊員は、「休め」の号令で、まず整列休めの姿勢をとり、その後はひざを軽く伸ばし、手を組んだまま手の位置を自然に下げる。この姿勢では、話をしたり動いたりしてはならない。

第2編
消防救助基本操法

第二編　消防救助基本操法

第一章　通　則

【概　説】

一　統率力に基づいた部隊行動を支えるのは、個々の隊員の確実な技術である。消防救助基本操法は、実際の救助活動において一般的に使用される救助用器具について、個々の器具の取扱い及び操作（操法）の基本を定め、これに基づいて反復訓練を行い、隊員の技術の練磨及び向上を図ることを目的としており、幾つかの操法を併用して救助を行う第四編の消防救助応用操法とはこの点において異なる。

二　この操法に基づいて訓練を行うときは、次の事項に留意することが必要である。

㈠　指揮者ないし指導者は、訓練を実施する前に、使用する器材についての特性を隊員に十分理解させ、訓練の目的を説明し、正しい操作を展示すること。

㈡　訓練場所又は器材の状況によって適宜の人員をもって一訓練単位とし、教育訓練の能率化を図ること。

㈢　消防救助操法中、特に、待機線及び集合線を示していない場合の器具操法は、個別訓練であり、必ずしも待機又は集合させる必要はなく、適宜の位置に隊員を整列させ、「定位につけ」の号令で隊員を定位につけさせ、操作を開始すること。

(四)　訓練の種別に応じて、隊員が相対して交互に操作を行い、及び適宜の人数の指導者を置いて操作の状況を監視させるなどして、訓練、指導の徹底を期すること。

(五)　各章各条に基づいて個別に訓練するほか、関連する操作を組み合わせて、一連の動作及び操作を習熟させること。この場合は、その都度定位につけることは必要でない。

(六)　本編各条においては、号令及び要領を定めている場合と、操作の要領だけを定めている場合とがある。本来連続して行われる操作を、訓練の必要に基づいて分解し、そのうち特に指揮者の号令になじむものについて、号令及び要領を定めた。ただし、訓練を行ううえで必要があれば、適宜号令を定めて訓練を実施することは差し支えない。

三　本編においては、隊員の動作及び操作について、詳細かつ具体的に規定しているが、その基本的考え方は次のとおりである。

(一)　迅速かつ確実に操作を行うには、定められた同一の動作及び操作を反復訓練し、これを体得する必要がある。

(二)　二人以上の隊員が同じ動作をしないと操作に支障をきたすような場合には、具体的に手足の位置や動きを定める。

(三)　利き手は右手であることを前提として、操作をしやすいように手の位置や動きを定める。軽い器材は左肩に担ぎ、又は左脇に抱えて、万一の危険に備えて右手をあけておき、比較的重い器材は、右肩に担ぐことを原則とする。

(四)　二人以上の隊員が一斉に同一の操作を行って訓練の能率化を図るときは、動作及び操作を統一して、誤った動作等を容易に発見できるようにする。

(五)　器具は、訓練をしやすいように配置する。器具と器具との間隔は、一つの器具を取り扱うのに他の器具が支障とならない程度、すなわち、握りこぶし一つ（約十㎝）を基準とする。機械又は器具と器具の間を隊員が移動する必要がある場合には、その間隔は五十㎝とする。定位は、操法を開始するのに便利な位置とし、原則として器具から五十㎝のところに統一する。

（消防救助基本操法）

第八条　消防救助基本操法を分けて、空気呼吸器操法、酸素呼吸器操法、送排風機操法、油圧式救助器具操法、大型油圧救助器具操法、マンホール救助器具操法、マット型空気ジャッキ操法、可搬式ウインチ操法、ガス溶断器操法、エンジンカッター操法、チェーンソー操法、空気鋸操法、空気切断機操法、削岩機操法、携帯用コンクリート破壊器具操法、救命ボート操法、救命索発射銃操法、簡易画像探索機操法(一)、簡易画像探索機操法(二)、ロープ操法、はしご操法及び人てい操法とする。

見出し…改正・本条…一部改正〔昭和六三年一二月消告六号〕、本条…一部改正〔平成一〇年二月消告一号〕

【趣　旨】

救助活動を行ううえで、基本的に必要となる消防救助用器具をその特性に応じて二十二種に大別し、それぞれの取扱い及び操作を空気呼吸器操法、酸素呼吸器操法、送排風機操法、油圧式救助器具操法、大型油圧救助器具操法、マンホール救助器具操法、マット型空気ジャッキ操法、可搬式ウインチ操法、ガス溶断器操法、エンジンカッター操法、チェーンソー操法、空気鋸操法、空気切断機操法、削岩機操法、携帯用コンクリート破壊器具操法、救命ボート操法、救命索発射銃操法、簡易画像探索機操法（一）、簡易画像探索機操法（二）、ロープ操法、はしご操法、人てい操法として定めている。実際の訓練に当たっては、各操法は必ずしも別個独立のものではなく、適宜組み合わせて実施することが肝要である。

本編は、一般的、標準的な器具を前提としているので、この操法に定めている器具と異なったもの又は型式等の異なったものについては、それぞれの器具に応じて各別に操法を定めることが必要である。

なお、消防救助基本操法のうち、空気呼吸器操法、ロープ操法中の結索操法並びにはしご操法中の三連はしご操法は、消防操法の基準（昭和四十七年消防庁告示第二号）にも規定されているが、これらの操法は、火災防御に係る操法としてだけでなく、人命救助に係る操法としても広く使用されており、このため、消防救助操法基準の完結性を期する観点からも救助操法の一つとして規定したものである。

（器具操法の姿勢）

第九条　器具操作の姿勢については、別に定めるもののほか、次の各号による。

一　低い姿勢で操作を行うときは、折りひざ又はこれに準じた姿勢をとること。

二　立つた姿勢で操作を行うときは、足を一歩開き、又はふみだした姿勢をとること。

【趣　旨】

器具操作を行うときは、身体に無理がかからず、自然な姿勢をとることが、不必要な疲労を避けるとともに、事故防止に役立つ。本条は、器具操作の姿勢の原則について定めたものである。

【解　説】

第一号関係

低い姿勢で地上に置いてある器具を取り扱うときなどは、原則として、左（右）足を一歩踏み出して、ひざを曲げ、腰を落とした折りひざの姿勢をとる。折りひざの姿勢は、立ち上がる際も容易であり、地上の器材を持ち上げるときに腰に無理がかからない。ただし、ホースの収納を行うときなどのように、必ずしもこの姿勢によることができないときは、ひざを浅く曲げ、腰をややかがめた姿勢をとる。

第二号関係

立った姿勢で操作を行うときは、身体を安定させるために足を一歩開き、又は踏み出した姿勢をとる。器具の種別又は状況によって、左右又は前後に身体を安定させる必要があるので、状況判断によって足を横に開くか、又は前へ踏み出す。

第二章　空気呼吸器操法

【概　説】

空気呼吸器は、呼吸に応じた必要量の空気をボンベから自動的に補給し、呼気はそのまま外部に放出する呼吸保護器具で、災害現場における濃煙、有毒ガス又は酸欠状態の中で安全に作業するためのものであり、救助隊員はこれの有効適切な使用法を習得する必要がある。空気呼吸器は、酸素のないところでも使用できるが、皮膚等の露出部分に影響を与えるような有毒ガス中での使用は適当でない。

ボンベの空気詰替えは比較的安価にできるが、重量の割に使用時分が短く、一般に災害現場での使用は四ℓボンベで十三分程度であるので、作業量と時間の経過を実戦的な訓練を通じて十分に体得できるよう訓練する。

なお、呼吸器具には、空気呼吸器のほかに、防煙具（濃煙、有害ガス等を吸収ろ過し、清浄な空気として呼吸する器具）、酸素呼吸器（自ら酸素を持ち、又は酸素を発生させ、外気と関係なく呼吸できる。）がある。防煙具は、操作が簡単で比較的長時間使用可能であるが、酸素不足又は対象ガスの種類が不明の場合は使用できないなど、使用範囲が限られ、あまり使用されていない。

（空気呼吸器各部の名称及び定位）

第十条　空気呼吸器各部の名称及び定位は、第一図のとおりとする。

第１図　空気呼吸器各部の名称及び定位

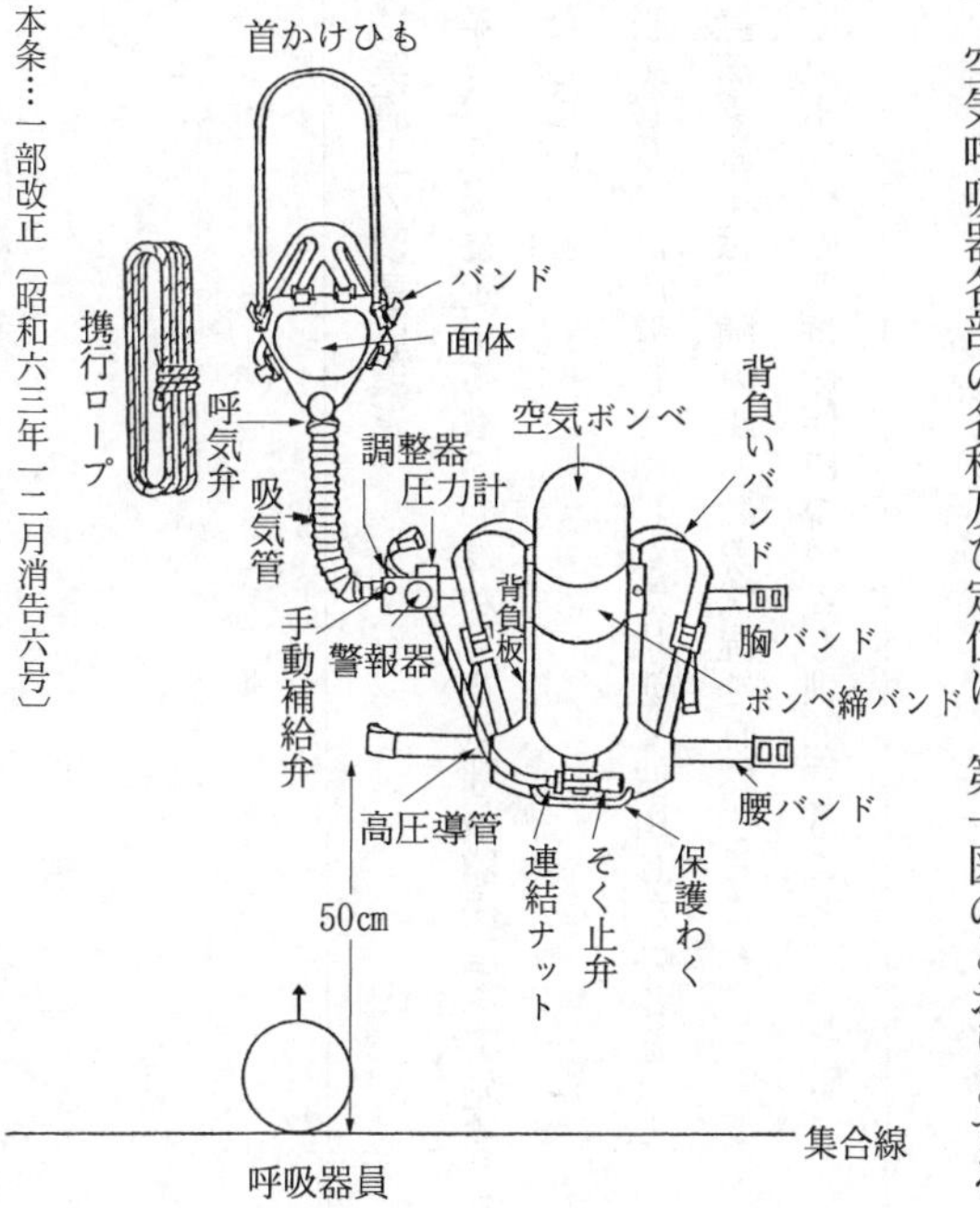

本条…一部改正〔昭和六三年一二月消告六号〕

【趣　旨】

本条は、空気呼吸器各部の名称及び操法実施時の定位について図示するものである。

携行ロープは、ロープが絡まず、また、広げやすいように巻いて一部をくくっておく。

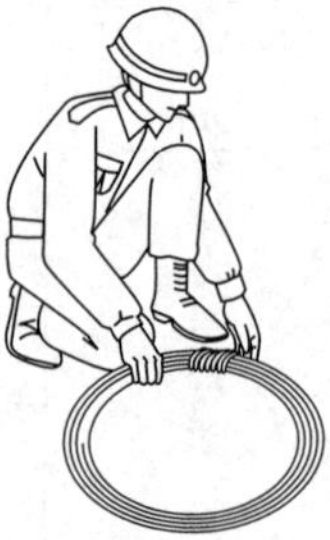

（操法実施上の留意事項）

第十一条　第四条に定めるもののほか、空気呼吸器操法を実施するときは、次の各号に掲げる事項に留意しなければならない。

一　吸気管及び高圧導管をねじつた状態で使用しないこと。

二　操法実施中は、随時圧力計の状況を確認すること。

三　空気ボンベの取替操作についても訓練すること。

【趣　旨】

本条は、第四条に定める一般的留意事項のほかに、空気呼吸器操法を実施するうえで特に必要な留意事項について定めたものである。指揮者は、第五条に定める留意事項についても留意しなければならない。

空気呼吸器には、精密な部分があり、これらの故障、損傷は隊員の人命にかかわることがあるので、点検整備を十分に行うとともに、取扱いには細心の注意を要する。

器具の故障、損傷等により呼吸が困難となるなどの異状があるときは、隊員は自主的に安全な場所に脱して直ちに面体をとり、又は指揮者が適切な指示を行って事故が起らないように配意する。

激しい労働で多量の空気が必要な場合その他減圧器の故障等があるときは、手動補給弁を開くことによって空気の補給を行うことができるので、これの操作を習得することも大切である。

なお、面体の気密を保つためには、面体の周縁が顔面に密着することが必要なので、不必要に長い頭髪、もみあげ等は望ましくない。

【解　説】

第一号関係

吸気管がよじれた状態で面体を着装することは、吸気管を傷めるばかりでなく、呼吸の妨げとなるので注意する。高圧導管は、ボンベを取り付ける段階で、着装するときによじれることのないように調整しておく。

第二号関係

ボンベ容量八ℓ充てん圧力十五MPa（温度三十五度）、呼吸量四十ℓ／minとして、約二十七分残圧一・五MPaとなる。作業中は、圧力計の確認を励行して、残圧で安全な場所へ退避できるように心掛け、適宜作業を中止し、又は他の隊員と交替する。濃煙中では、圧力計を視認することができない場合があるので、一定の圧力（普通三MPa）になると、ベルがなるように警報器を取り付けるほか、携行灯を携帯することが望ましい。

第三号関係

長時間現場作業を行うときは、随時空気ボンベの取替えをする必要がある。夜間、悪条件の中でもボンベの取替操作ができるよう十分な訓練を行うこと。

（空気呼吸器の着装準備）

第十二条　空気呼吸器の着装を準備するには、次の号令及び要領による。

一　指揮者は、「着装用意」と号令する。

二　呼吸器員は、前号の号令で左手で面体をもち、呼気弁の点検を行い、「呼気弁よし」と呼唱し、圧力計を右手にもつてこれに面体をかけ、圧力計を左手にもちかえ、右手で保護カバーをはずして右後方に置き、又はポケットに入れ、右手でそく止弁を全開し、圧力を確認して「圧力○○メガ」と呼唱し、圧力計を静かにその場に置く。

本条…一部改正〔平成一一年九月消告九号〕

【趣　旨】

空気呼吸器は、災害時の使用に備えて事前に点検整備を行って格納されているが、本条は、着装する直前に再度点検をし、機器の安全性を確認するための操作について定めたものである。

【解　説】

警報器の点検を付加するときは、圧力確認後そく止弁を閉め、手動補給弁を徐々に開いてベルの鳴動を確認する。

呼吸器員は、指揮者の「着装用意」の号令により、次の要領で空気呼吸器の着装を準備する。

(1)　左手で面体を持ち、呼気弁の点検を行う。なお、この場合、呼気弁に亀裂があったり、正しい状態にセットされていないときは、空気呼吸器は正常に作動しない。呼気と吸気によって弁が開閉する呼気弁の構造と機能をよく理解することが大切である。

(2)　異状がなければ「呼気弁よし」と呼唱する。なお、この場合の「呼唱」は、呼気弁に異状がないことを呼吸器員自身が確認したことを明示するために発声する確認の発声であって意図の伝達の一種である「合図」とは異なる。呼気弁に補正のきかない異状があるときは、操作を中断して呼気弁を交換するか、又は別の呼吸器を使用する。

(3)　圧力計を右手に持ってこれに面体をかけ、圧力計を左手に持ち替え、右手で保護カバーを外して右後方に置き、又はポケットに入れる。なお、この場合の保護カバーは、圧力計を保護するためのものであるから、訓練中は、取り外しておくが、紛失しないように注意する。実災害では、空気呼吸器格納箱に納めるのが適当である。

(4)　右手でそく止弁を全開し、圧力を確認して「圧力○○メガ」と呼唱し、圧力計を静かにその場に置く。なお、ボンベの充てん圧力は、最高十五MPaが基準であるが、気温によって変化することに注意する。実戦的訓練を行うときは、最低十一・五MPa（使用時分二十分程度）は必要であるが、訓練の内容、目的によってはこれ以下でも差し支えない。

（空気呼吸器本体の着装）

第十三条　空気呼吸器の本体を着装するには、次の号令及び要領による。

一　指揮者は、「本体着装」と号令する。

二　呼吸器員は、前号の号令で右手でそく止弁の保護わくをもち、左手で左背負いバンドの上部をもって空気呼吸器本体を静かに引きおこし、右手で右背負いバンドの上部をもち、左からまわしながら左腕を左背負いバンドにとおし、つづいて右腕を右背負いバンドにとおして空気呼吸器を背負い、胸バンド、腰バンドの順に締めつけ、首かけひもを首にかけて「着装よし」と呼唱する。

本条…一部改正〔昭和六三年一二月消告六号〕

【趣　旨】

本条は、空気呼吸器の本体を着装する訓練について定めたものである。

空気呼吸器の面体の着装は、災害現場において、煙、有毒ガスの存在、酸素の欠乏等が予測される時点で行われるもので、あらかじめ着装すべき空気呼吸器本体とは別個に訓練するのが適当である。

【解　説】

呼吸器員は、指揮者の「本体着装」の号令により、次の要領で空気呼吸器の本体を着装する。

(1)　右手でそく止弁の保護わくを、左手で左背負いバンドの上部をそれぞれ持って、空気呼吸器本体を静かに引き起こす。

(2)　右手で右背負いバンドの上部を持ち、左からまわしながら左腕を左背負いバンドに通す。なお、この場合、圧力計や面体などを傷付けることのないように注意する必要があり、左手をやや伸ばして、圧力計等を宙に浮かし右手を頭上でまわすようにして左腕を左背負いバンドに通す。

(3) 次に、右腕を右背負いバンドに通して空気呼吸器を背負う。

(4) 胸バンド、腰バンドの順に締めつけた後、「着装よし」と呼唱する。なお、バンドの締めの際には、端末の処理に十分注意する。

(5) 脇バンドがある場合は、胸バンドを締める前に締めつける。

（空気呼吸器の面体着装）

第十四条　空気呼吸器の面体を着装するには、次の号令及び要領による。

一　指揮者は、「面体着装」と号令し、呼吸器員の着装完了の合図で、着装状態を点検し、異状のないときは「よし」と合図して右手で隊員の肩をたたく。

二　呼吸器員は、前号の号令で保安帽のあごひもをゆるめて保安帽を後にずらし、左手で面体、右手で面体のバンドをもつて顔面をあごから先に面体内に入れ、面体バンドを頭部、こめかみ、あごの順にしめ、両手で吸気管を押え面体の密着度を確認して、保安帽をかぶり、携行ロープを右肩にかけて立ち上がり、右手を上げて着装完了を合図する。

【趣　旨】

本条は、あらかじめ空気呼吸器の本体を着装した隊員が、面体を着装する訓練について定めたものである。空気呼吸器の面体は、清浄な空気の中では着装しない。

有毒ガスの存在等が予測される時点で着装するのを原則とする（第十三条の趣旨参照）が、有毒ガスや酸欠を一呼吸しただけで失神する場合もあるので、指揮者及び呼吸器員は、面体着装時期の選定を誤らないようにしなければならない。

【解　説】

呼吸器員は、指揮者の「面体着装」の号令により、次の要領で空気呼吸器の面体を着装する。

(1)　保安帽のあごひもを緩めて保安帽を後ろにずらす。

(2)　首かけバンドをかけ、左手で面体、右手で面体のバンドを持って顔面をあごから先に面体内に入れる。

(3)　面体バンドを頭部、こめかみ、あごの順に締める。

(4)　両手で吸気管を押さえて面体と顔面の密着度を確認するとともに、気密が保たれているかどうかを調べる。吸気が不能であれば、呼気弁及び面体の気密は完全である。吸気ができる場合には、面体バンドを締め付け、面体をかぶり直し、又は、呼気弁を再点検し、なお気密が完全でないときは、折りひざのまま右手を上にあげて、指揮者の指示を待つ。

(5)　保安帽をかぶり、携行ロープを右肩にかけて立ち上がり、右手をあげて着装完了を合図する。この場合の着装完了の合図は手信号によるのを原則とするが、拡声装置があるときは「着装完了」の合図を併せて行う。

（屋内進入）

第十五条　空気呼吸器の面体を着装し、屋内へ進入するには、次の号令及び要領による。

一　指揮者は、呼吸器員二人を一組とし、手信号で進入方向を示して「進入」と号令する。

二　第一呼吸器員は、前号の号令で命綱の端末を身体に結び、第二呼吸器員の「よし」の合図で前条第二号に定める要領で面体を着装し、みちあしで進入する。

三　第二呼吸器員は、第一号の号令で命綱を第一呼吸器員からおおむね三メートルの間隔をとって身体に結び、命綱の端末を適当な支持物に結着して「よし」と合図し、前条第二号に定める要領で面体を着装し、命綱を調整しながらみちあしで進入する。

【趣　旨】

本条は、二人の隊員が面体を着装し、協力して屋内に進入する訓練について定めたものである。

空気呼吸器を着装して作業を行う必要があるのは、屋外における有毒ガス漏洩、工事現場の坑内での人命救出など多種多様な場合があるが、本条は主として人命検索のため屋内に進入する場合を想定した訓練について定める。

【解　説】

呼吸器員二人を一組とするのは、災害現場が濃煙等により視界が悪く、また、危険な状況の中で作業を行うためであり、呼吸器員は二人一組となって行動するのを原則とする。

また、手信号を使用するのは、音声による号令では徹底を欠く場合があるため手信号を付加するものである。

屋内へ進入する場合の号令及び要領を整理すれば、次表のとおりである。

順　序	指　揮　者	第一呼吸器員	第二呼吸器員
1	手信号で進入方向を示して「進入」と号令する。	指揮者の「進入」の号令で命綱の端末を身体に結ぶ。なお、この場合の命綱とは、進入場所から安全に退出するためのものであり、携行ロープを利用する。筒先及びホースを持って進入する場合には、ホースが命綱の用をなす。	指揮者の「進入」の号令で命綱を第一呼吸器員からおおむね三mの間隔をとって身体に結ぶ。
2		第二呼吸器員の「よし」の合図で第十四条第二号に定める要領で面体を着装する。	第十四条第二号に定める要領で面体を着装する。
3		みちあしで進入する。なお、進入に際しては、進入場所は、視界が悪く、また、障害物の多いことが予想されるので、注意深く進入する。とび口を利用して、これを案内棒とすることもよい。不必要に激しい運動は、空気の使用量を増大させるので、いち早く要救助者を救出するなど特に必要な場合を除いて、かけ足による進入は行わない。	命綱を調整しながらみちあしで進入する。なお、この場合、命綱が障害物に絡んだり、もつれたりしないよう注意しながら第

命綱の端末を適当な支持物に結着して「よし」と合図する。	一呼吸器員の進入に併せて広げていく。

（退出）

第十六条　進入した場所から退出するには、次の号令及び要領による。

一　指揮者は、命綱により退出を命ずる合図をし、「退出」と号令する。

二　第一呼吸器員は、第二呼吸器員の退出の合図で第二呼吸器員につづいて退出し、保安帽のあごひもをゆるめて保安帽を後にずらし、左手で面体バンドを押え、右手で面体下部をもち、面体をあごからはずして、保安帽をかぶり、身体に結んだ命綱を解き、これを整理してもとの位置に置く。

三　第二呼吸器員は、第一号の合図及び号令で第一呼吸器員の肩をたたいて退出の合図をし、命綱をたぐりながら退出し、保安帽のあごひもをゆるめて保安帽を後にずらし、左手で面体バンドを押え、右手で面体の下部をもち、面体をあごからはずして、保安帽をかぶり、身体に結んだ命綱を解く。

本条…一部改正〔昭和六三年一二月消告六号〕

【趣　旨】

本条は、特に必要があって指揮者が退出を命ずる場合を想定した訓練について定めたものである。人命検索等の作業が終了し、若しくは要救助者を発見しこれを搬送するため、又はボンベの空気量が退出するのに必要な限度に達したときなどは、隊員は自主的に退出する。

安全な場所へ退出したときは、できる限り早く面体を外して清浄な空気を呼吸する。

【解　説】

進入した場所から退出する場合の号令及び要領を整理すれば、次表のとおりである。

順序	指揮者	第一呼吸器員	第二呼吸器員
1	第六条第五項第七号に定める要領により命綱を反復引き続け退出を命ずる合図をし、「退出」と号令する。		指揮者の命綱による合図及び「退出」の号令で第一呼吸器員との間の命綱を軽く引いて第一呼吸器員を停止させ、これをたぐって第一呼吸器員に近づき、肩を軽く二度たたいて合図する。なお、そのほかに要救助者の発見など必要な事項の意図の伝達について創意工夫
2		第二呼吸器員の退出の合図で第二呼吸器員に続いて退出する。	命綱をたぐりながら退出する。なお、退出は、命綱をたぐって、これを携行して退出するのを原則とするが、命綱が障害物に絡まって容易にとれないとき、早急に退出する必要があるとき又は要救助者搬出のため命綱をたぐる余裕のないときは、身体の結着を解い
3		保安帽のあごひもを緩めて保安帽を後ろにずらす。左手で面体バンドを押さえ、右手で面体下部を持ち、面体をあごから外す。なお、面体バンドは圧力計にかけてもよいものとする。保安帽をかぶり身体に結んだ命綱を解く。	保安帽のあごひもを緩めて保安帽を後ろにずらす。左手で面体バンドを押さえ、右手で面体下部を持ち、なお、面体バンドは圧力計にかけてもよいものとする。保安帽をかぶり、身体に結んだ命綱を解く。
4	命綱を整理してもとの位置に置く。		

することも必要である。

て、命綱をつたいながら又は命綱を屋内に放置して退出する。

（空気呼吸器の収納）

第十七条　空気呼吸器を収納するには、次の号令及び要領による。

一　指揮者は、「おさめ」と号令する。

二　呼吸器員は、前号の号令で首かけひもを外し、面体バンドを圧力計にかけ、腰バンド、胸バンド、つづいて右腕の背負いバンドの順にはずし、右手で左背負いバンドをもち、ボンベが前にくるようにして左腕を背負いバンドからぬき、空気呼吸器をもとの位置に置いて残圧を確認し、そく止弁を閉め、手動補給弁を開いて圧力を下げこれをふたたび閉め、圧力計に保護カバーをかけ、面体バンドを整え集合線にもどる。

本条…一部改正〔昭和六三年一二月消告六号〕

【趣　旨】

本条は、着装している空気呼吸器の本体を収納する訓練について定めたものである。空気呼吸器の面体は、作業が終わって安全な場所へ退出したら速やかに外し（前条参照）、操法開始時の定位に戻って待機する。もとの位置において呼吸器員は、本条の訓練を開始し、必要に応じて空気ボンベの取替操作を付加するものとする。

【解　説】

呼吸器員は、指揮者の「おさめ」の号令により、次の要領で空気呼吸器を収納する。

(1)　腰バンド、胸バンド、右腕の背負いバンドの順に外す。

(2)　右手で左背負いバンドを持ち、ボンベが前にくるようにして左腕を背負いバンドから抜く。

(3)　空気呼吸器をもとの位置に置いて残圧を確認する。

(4)　そく止弁を閉め、手動補給弁を開いて圧力を下げ（残圧を抜く）、圧力計が「0」になった後、これを再び閉める。

(5)　圧力計に保護カバーをかける。

(6)　面体バンドを整える。

第三章　酸素呼吸器操法

本章…追加（昭和六三年一二月消告六号）

【概　説】

酸素呼吸器は、外気とは全く関係なく呼吸ができる器機で、吸気は呼気を再生し、消費する酸素は定量補給及びデマンド補給（肺力自動補給）を併用して行っている「循環式酸素呼吸器」で、酸素濃度が低下している所、全く酸素のない所、あるいは有毒ガス等の中で安全に作業するためのものであり、救助隊員はこれの有効適切な使用法を習得する必要がある。酸素呼吸器は、各種災害現場において使用できるが、水中、高気圧環境下（おおむねゲージ圧で〇・〇五MPa以上）及び低温環境下（マイナス二十度以下）での使用は適当でない。酸素呼吸器の特長は、小型軽量であるが、空気呼吸器に比べ長時間使用でき、詰め替え可能な二酸化炭素吸収剤（カーライム専用）の清浄かんを使用するためランニングコストが大幅に低減される。

（酸素呼吸器各部の名称及び定位）

第十八条　酸素呼吸器各部の名称及び定位は、第二図及び第三図のとおりとする。

第2図　酸素呼吸器各部の名称

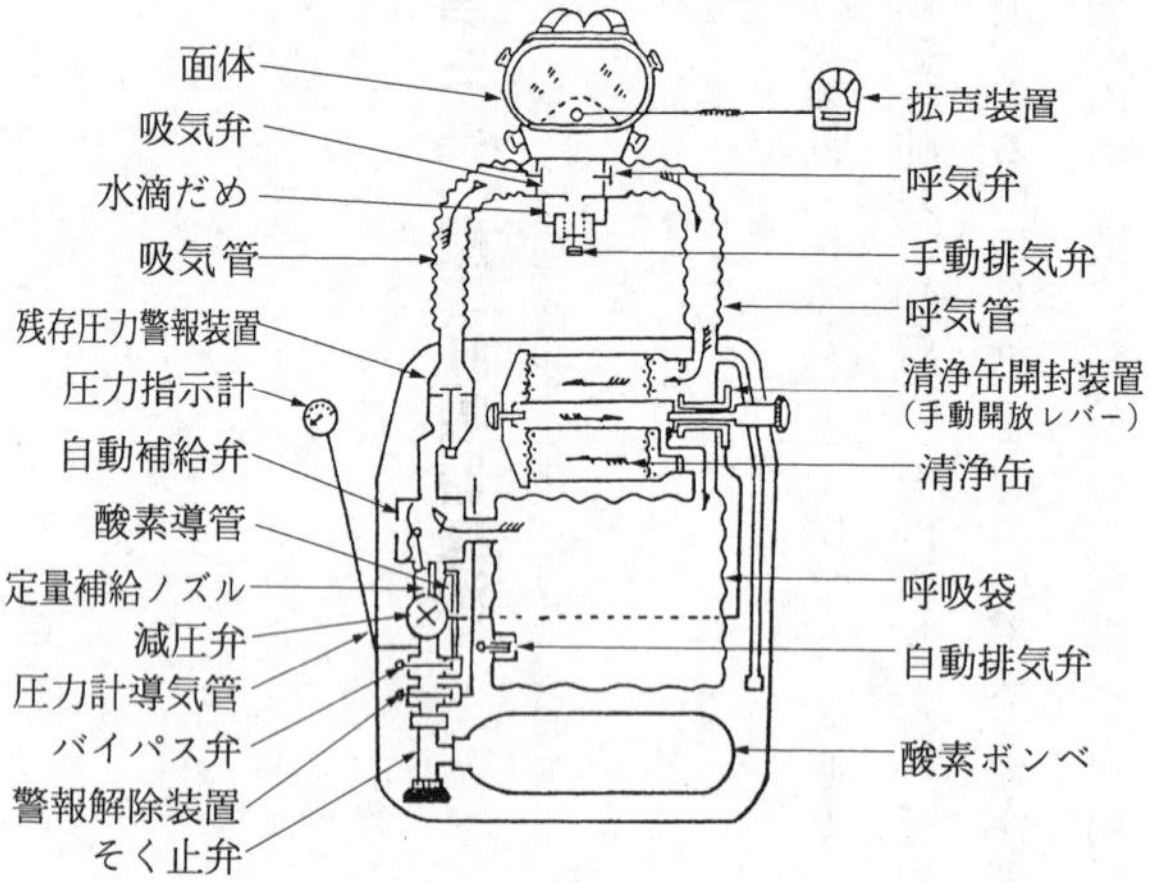

第3図　酸素呼吸器操法の定位

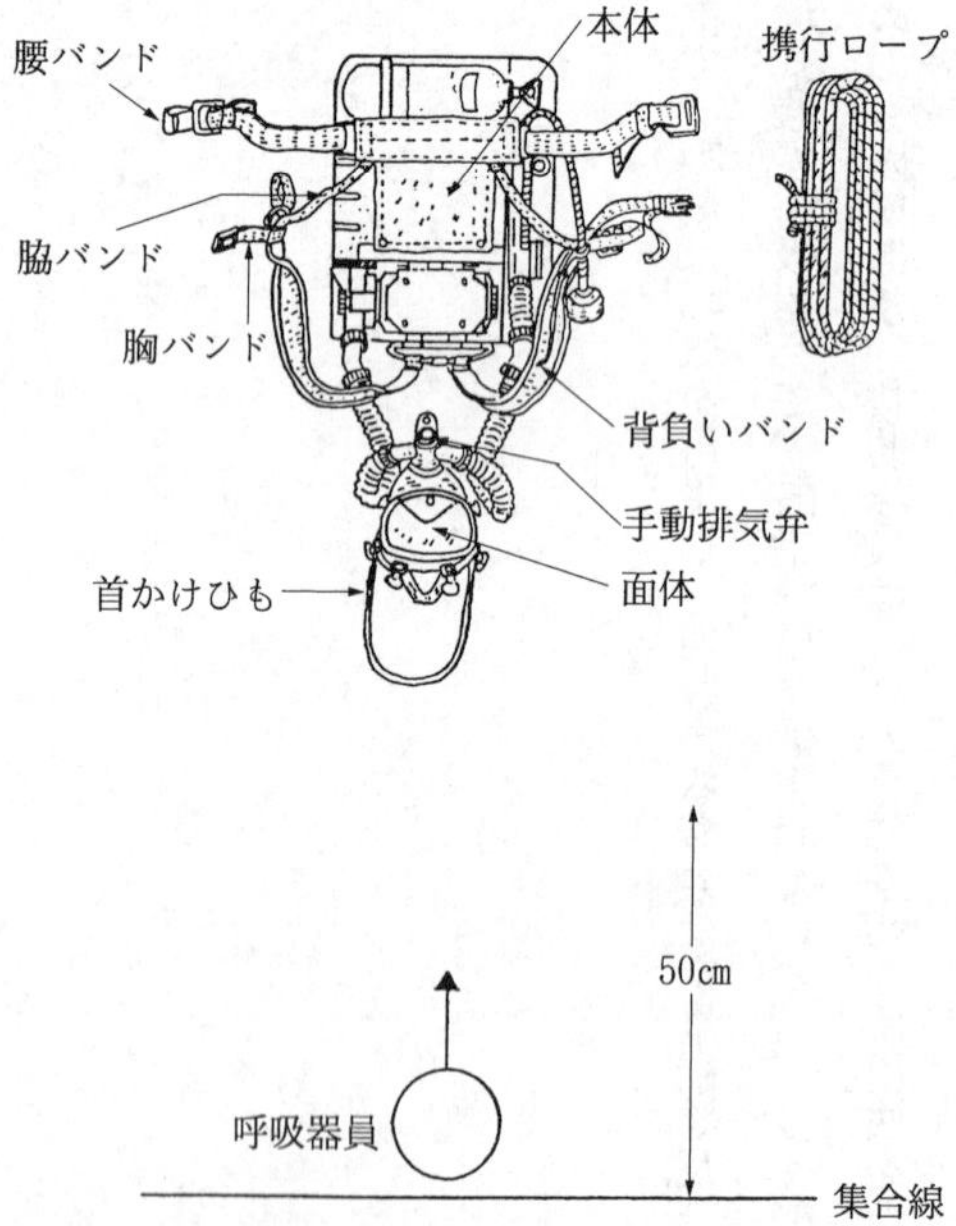

本条…追加〔昭和六三年一二月消告六号〕

【趣　旨】

本条は、酸素呼吸器各部の名称及び操法実施時の定位について図示するものである。携行ロープは、ロープが絡まず、また、広げやすいように巻いて一部をくくっておく。

（操法実施上の留意事項）

第十九条　第四条に定めるもののほか、酸素呼吸器操法を実施するときは、次の各号に掲げる事項に留意しなければならない。

一　高圧環境下においては、使用しないこと。

二　低温環境下（零下二十度以下）においては、使用しないこと。

三　清浄剤は、酸素ボンベを交換するとき又は、六月を経過したときは、必ず取り替えること。

四　操法実施中は、随時圧力計を見て、残存酸素量を確認すること。

五　清浄かんの手動開放レバーが「止」の位置にあることを確認すること。

本条…追加〔昭和六三年一二月消告六号〕

【趣　旨】

本条は、第四条に定める一般的留意事項のほかに、酸素呼吸器操法を実施するうえで特に必要な留意事項について定めたものである。指揮者は、第五条に定める留意事項についても留意しなければならない。

酸素呼吸器には、精密な部分があり、これらの故障、損傷は隊員の人命にかかわることがあるので、点検整備を十分に行うとともに、そく止弁を開放することにより、継続的に一定量の酸素を放出し続け、また、そく止弁を開放しなくても呼気のみが循環し、呼吸が可能であることから、酸欠になるおそれがあるなど、取扱いには細心の注意を要する。器具の故障、損傷等により呼吸が困難となるなどの異状があるときは、隊員は自主的に安全な場所に脱して直ちに面体を取り、又は指揮者が適切な指示を行って事故が起らないように配意する。

なお、面体の気密を保つためには、面体の周縁が顔面に密着することが必要なので、不必要に長い頭髪、もみあげ等は望ましくない。

【解　説】

第一号関係

特別に作られた柔軟性のある高圧導管を使用しているため、摂氏温度七十度以上においては使用しない。

第二号関係

特別に作られた柔軟性のある高圧導管を使用しているため、零下二十度以下においては使用しない。

第三号関係

二酸化炭素吸収剤を断続的に使用しないこと。また、使用時間が短時間であっても一度使用したら二酸化炭素吸収剤は新しいものに詰め替えること。六月を経過した二酸化炭素吸収剤は劣化が考えられ酸欠を起こすおそれがあるため必ず取り替えること。

かんには詰替月日を記入すること。

第四号関係

圧力が約三MPaになると警報器が作動する。

誤って解除装置の押しボタンを押したとき、警報器が正常に作動しないことがあるので十分留意すること。

圧力一MPa当たりの使用可能時間は約八～十分であるので、訓練時から十分機能を熟知しておくこと。

第五号関係

清浄かん開封装置の手動開放レバーを必ず「止」の位置にすること。

（酸素呼吸器の着装準備）

第二十条　酸素呼吸器の着装を準備するには、次の号令及び要領による。

一　指揮者は、「着装用意」と号令する。

二　呼吸器員は、前号の号令で左手で面体接続部を持ち、面体各部の点検を行い、「面体よし」と呼唱し、清浄かん開封装置及び各接続部の点検を行い、「清浄かんよし」、「手動開放レバーよし」、「接続部よし」と呼唱し、そく止弁を全開し、圧力を確認して「圧力〇〇メガ」と呼唱し、清浄かんの手動開放レバーが「開」の位置に作動したのを確認してバイパス弁を押して呼吸袋を膨らませ呼吸袋及び自動排気弁を点検し、そく止弁を閉鎖し、面体を顔面に押しつけ、呼吸袋の残圧空気を吸い、圧力計を視認して三メガで警報装置が鳴動するのを確認し、「警報器鳴動よし」と呼唱し、再びそく止弁を全開し、圧力を確認して「圧力○○メガ、準備よし」と合図する。

本条…追加〔昭和六三年一二月消告六号〕、一部改正〔平成一一年九月消告九号〕

【趣　旨】

酸素呼吸器は、各種災害時での長時間の活動に対する使用に備えて事前に点検整備を行って格納されているが、本条は着装する直前に再度点検をし、機器の安全性を確認するための操作について定めたものである。

警報器の点検を付加するときは、警報装置作動を確認後、警報解除ボタンを押す。

【解　説】

呼吸器員は、指揮者の「着装用意」の号令により、次の要領で酸素呼吸器の着装を準備する。

(1)　左手で面体接続部を持ち面体各部の点検を行い「面体よし」と呼唱する。面体各部の点検は、面体バンド、アイピースその他の破損の有無を調べる。

(2)　清浄かん開封装置の点検を行い「清浄かんよし」、「自動開放レバーよし」、「接続部よし」と呼唱する。清浄かん開封装置の点検は、手動開放レバーが確実に「止」の位置にセットされているかどうかを確認する。各接続部の点検は、各接続口ネジが確実に締まっているかどうかを調べる。

(3)　清浄かんが自動開封されないものについては、清浄かんのカッターを押して封板を破り、もとに戻して「清浄かんよし」と呼唱する。

(4)　圧力指示計を左手で持ち、右手でそく止弁を全開にし「圧力○○メガ」と呼唱し、圧力指示計を静かにその場に置く。

なお、ボンベの充てん圧力は、最高十五MPaである。しかし、実戦的な訓練を行うときは、最低十MPaは必要であるが、訓練の内容、目的によってはこれ以下でも差し支えない。

(5) 呼吸袋の残圧空気を吸い、圧力計を視認し、約三MPaで警報装置が作動するのを確認し、警報解除ボタンを押すこと。

(6) 点検は、原則として折りひざの姿勢とする。

（酸素呼吸器本体の着装）

第二十一条　酸素呼吸器本体を着装するには、次の号令及び要領による。

一　指揮者は、「本体着装」と号令する。

二　呼吸器員は、前号の号令で、右手で右背負いバンドの上部と二叉管を一緒に持ち左手で左背負いバンドの下から二叉管を持ち左肩から回しながらの背負い、左腕を背負いバンドに通すと同時に呼吸管を頭に通し、面体を胸部まで下ろし、右腕を肘から抜くように通し、脇バンド、胸バンド、腰バンドの順に締め付けたのち、首かけひもを首にかけ、拡声装置を取り付けて「着装よし」と呼唱する。

本条…追加〔昭和六三年一二月消告六号〕

【趣　旨】

本条は、酸素呼吸器の本体を着装する訓練について定めたものである。

酸素呼吸器は、各種災害現場で長時間活動するために使用するものであるため、特に面体の着装はあらかじめ着装すべき酸素呼吸器本体とは別個に訓練するのが適当である。

【解　説】

呼吸器員は、指揮者の「本体着装」の号令により、次の要領で酸素呼吸器の本体を着装する。

(1)　酸素呼吸器の本体着装要領は、第二号に基づき実施すること。

そく止弁は破損を防止するため全開後、約半回転から一回転戻すこと。

脇バンドは下へ引き、本体を背中に固定する（胸バンド及び腰バンドの締付けも確実に行う。）。

バンドの締めの際には、末端の処理に十分注意する。

(2)　着装は、原則として折りひざの姿勢とする。

（酸素呼吸器の面体着装）

第二十二条　酸素呼吸器の面体の着装をするには、次の号令及び要領による。

一　指揮者は、「面体着装」と号令し、呼吸器員の着装完了の合図で、着装状態を点検し、異常のないときは「よし」と合図して右手で呼吸器員の肩をたたく。

二　呼吸器員は、前号の号令で、保安帽のあごひもを緩めて保安帽を後ろにずらし、左手で面体、右手で面体のバンドを持つて顔面をあごから先に面体内に入れ、面体バンドを頭部、こめかみ、あごの順に締め、続いて右手で吸気管、左手で呼気管の順に握り、各弁の作動を確認し、さらに両手で吸気管、呼気管を握り、気密状態を確認したのち保安帽をかぶり、携行ロープを右肩にかけて立ち上がり右手を上げて着装完了を合図する。

本条…追加〔昭和六三年一二月消告六号〕

【趣　旨】

本条は、あらかじめ酸素呼吸器の本体を着装した隊員が、面体を着装する訓練について定めたものである。酸素呼吸器の面体は、安全かつ清浄な空気の中で着装する。

【解　説】

呼吸器員は、指揮者の「面体着装」の号令により、次の要領で酸素呼吸器の面体を着装する。

⑴　保安帽のあごひもを緩めて保安帽を後ろにずらす。

⑵　左手で面体、右手で面体のバンドを持って顔面をあごから先に面体内に入れる。

⑶　面体バンドを頭部、こめかみ、あごの順に締める。

⑷　右手で吸気管、左手で呼気管の順に握り、各弁の作動を確認し、両手で吸気管、呼気管を握り、気密が保たれているかどうかを調べる。

吸気が不能であれば面体の気密は完全である。

吸気ができる場合には、面体バンドを締め付け、面体をかぶり直し、又は、吸気弁・呼気弁を再点検し、なお気密が完全でないときは、折りひざのまま右手を上にあげて、指揮者の指示を待つ。
吸気管・呼気管はねじった状態で使用しないこと。

(5) 保安帽をかぶり、携行ロープを右肩にかけて立ち上がり、右手をあげて着装完了を合図する。この場合の着装完了の合図は手信号によるのを原則とするが、拡声装置があるときは「着装完了」の合図を併せて行う。

（屋内進入についての空気呼吸器操法の規定の準用）
第二十三条　酸素呼吸器の面体を着装し、屋内へ進入する場合の号令及び要領については、第十五条の規定を準用する。

本条…追加〔昭和六三年一二月消告六号〕

【趣　旨】

本条は、二人の隊員が面体を着装し、協力して、屋内に進入する訓練について定めたものである。酸素呼吸器を着装して作業を行う必要があるのは、鉱山、化学工場、地下街、トンネル、船舶などあらゆる場所、酸素濃度が低下している所、あるいは一酸化炭素、亜硫酸ガス、メタンガスなど有毒ガスのある所、消防活動、救助活動など過激な労働を含めた各種作業に使用できるが、本条は主として人命検索のため屋内に進入する場合を想定した訓練について定めている。

【解　説】

屋内へ進入する場合の号令及び要領は、第十五条屋内進入についての空気呼吸器操法の規定を準用する。

（退出についての空気呼吸器操法の規定の準用）

第二十四条　進入した場所から退出する場合の号令及び要領については、第十六条の規定を準用する。

本条…追加〔昭和六三年一二月消告六号〕

【趣　旨】

本条は、特に必要があって指揮者が退出を命ずる場合を想定した訓練について定めたものである。人命検索等の作業が終了し、若しくは要救助者を発見しこれを搬送するため、又はボンベの酸素量が退出するのに必要な限度に達したときなどは、隊員は自主的に退出する。

安全な場所へ退出したときは、できる限り早く面体を外して清浄な空気を呼吸する。

【解　説】

進入した場所から退出する場合の号令及び要領は、第十六条退出についての空気呼吸器操法の規定を準用する。

（酸素呼吸器の収納）

第二十五条　酸素呼吸器を収納するには、次の号令及び要領による。

一　指揮者は、「おさめ」と号令する。

二　呼吸器員は、前号の号令で、二又管を両手で広げて面体を後方に外し、首かけひもを首から外したのち、腰バンド、胸バンドの順で外し、脇バンドを緩め、つづいて右腕の背負いバンドを外し、右手で左背負いバンドを持ち、左腕を抜き、本体をもとの位置に置き、残圧を確認してそく止弁を閉め、バイパス弁を押して圧力を下げ、手動開放レバーを「閉」の位置にして面体バンドを整える。

本条…追加〔昭和六三年一二月消告六号〕

【趣　旨】

本条は、着装している酸素呼吸器の本体を収納する訓練について定めたものである。酸素呼吸器の面体は、作業が終わって安全な場所へ退出したら速やかに外し、操法開始時の定位に戻って待機する。もとの位置において呼吸器員は、本条の訓練を開始し、必要に応じて酸素ボンベの取替作業を付加するものとする（一度使用した清浄かん内容物（カーライム）は必ず交換する。）。

【解　説】

呼吸器員は、指揮者の「おさめ」の号令により、次の要領で酸素呼吸器を収納する。

(1) 二又管を両手で広げ面体を後方に外し、首かけひもを首から外す。

(2) 腰バンド、胸バンドの順で外し、脇バンドを緩める。

(3) 右腕の背負いバンドを外し、右手で左背負いバンドを持ち、左腕を抜き、酸素呼吸器をもとの位置に置く。

(4) 残圧を確認し、そく止弁を閉め、バイパス弁（手動補給弁）を押し、圧力計の指度が「0」になったことを確認する。

(5) 手動開放レバーを「閉」の位置にする。

(6) 面体バンドを整える。

第四章　送排風機操法

本章…追加〔昭和六三年一二月消告六号〕

【概　説】

送排風機操法は、災害現場において送排風機を使って煙、有毒ガスなどを強力・大容量で送風換気を行うことにより、要救助者の救助及び消防・救助活動を容易にするための操法である。一般的に送排風機には、標準型と防爆型がある。

また、送排風機は煙・熱気を迅速に減少するほか、視界の確保ができ、放水により発生する蒸気から解放されるとともに、特に一酸化炭素を効果的に減少し、フラッシュオーバー現象を抑制する。

（送排風機各部の名称及び定位）

第二十六条　送排風機各部の名称及び定位は、第四図及び第五図のとおりとする。

第4図　送排風機各部の名称

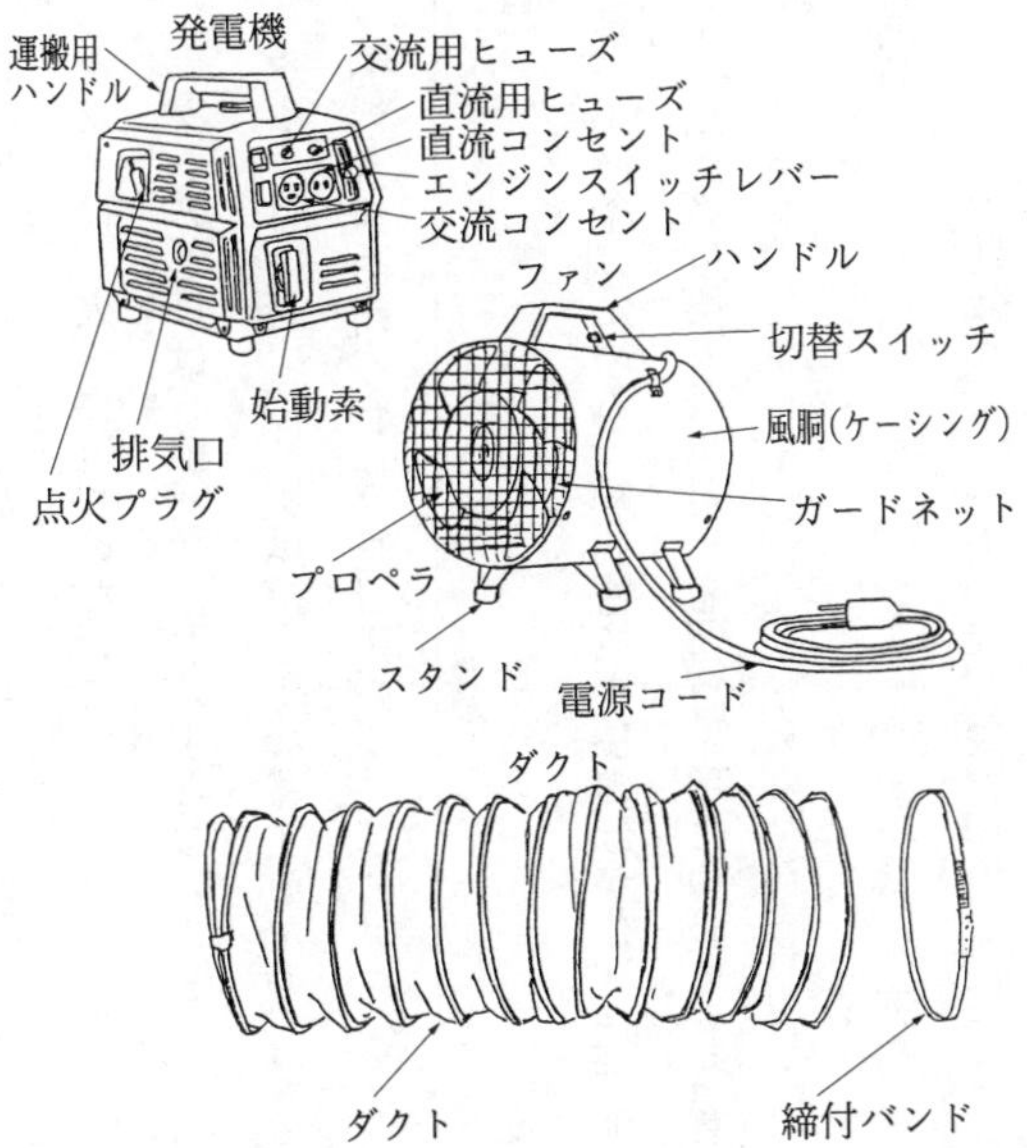

第5図　送排風機操法の定位

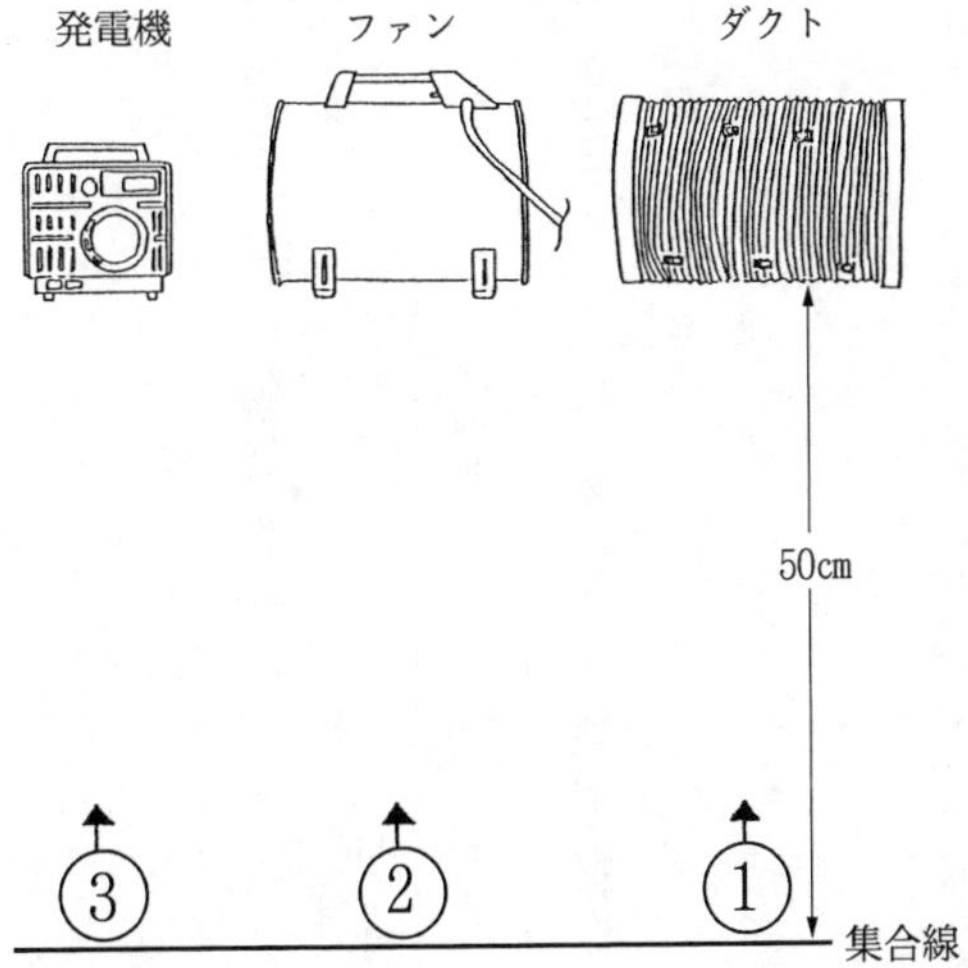

本条…追加〔昭和六三年一二月消告六号〕

【趣　旨】

本条は、送排風機各部の名称及び定位について図示するものである。

（操法実施上の留意事項）

第二十七条　第四条に定めるもののほか、送排風機操法を実施するときは、次の各号に掲げる事項に留意しなければならない。

一　切替スイッチが防爆型でないものは、爆発性ガス内では操作しないこと。

二　ダクトは、火気に近づけないこと。

三　ダクトの延長は、地盤面に引きずらないこと。

四　ダクトは、送（排）風抵抗を少なくするため、できるだけたるみをなくして延長すること。

本条…追加〔昭和六三年一二月消告六号〕

【趣　旨】

本条は、第四条に定める一般的留意事項のほかに、送排風機操法を実施するうえで特に必要な留意事項を定めたものである。指揮者は第五条に定める留意事項についても留意しなければならない。

【解　説】

第一号関係

切替スイッチが防爆型でないものは、災害現場では特に静電気による粉じん爆発、ダクト（風管）への静電気の帯電の危険があるため、爆発性ガス内では操作しないこと。

第二号関係

ダクトは、比較的耐水性に優れているが、熱には特に弱いので、火気に近づけないこと。

第三号関係

ダクトの延長は、ダクトが損傷するため地盤面に引きずらないこと。

第四号関係

ダクトの延長は、送排風抵抗を少なくし、送排風機の能率を良くするため、できるだけたるみをなくして延長すること。

（送排風機の搬送）

第二十八条　送排風機を操作位置に搬送するには、次の号令及び要領による。

一　指揮者は、「目標○○、搬送」と号令する。

二　一番員は、前号の号令でダクトを持ち、目標位置に搬送する。

三　二番員は、第一号の号令でファンを持ち、目標位置に搬送する。

四　三番員は、第一号の号令で発電機を持ち、目標位置に搬送する。

本条…追加〔昭和六三年一二月消告六号〕

【趣　旨】

本条は、送排風機を操作位置に搬送する場合の号令及び要領を定めたものである。

【解　説】

指揮者の「目標○○、搬送」の号令で一番員はダクトを持ち、二番員はファンを持ち、三番員は発電機を持ち、各々目標位置に搬送し、待機する。

（送排風機の組立て及び点検）

第二十九条　送排風機の組立て及び点検するには、次の号令及び要領による。

一　指揮者は、「送（排）風、組立て始め」と号令し、一番員の「取付けよし」の合図で「点検」と号令する。

二　一番員は、前号の「送（排）風、組立て始め」の号令で二番員と協力してダクトの連結及びダクトとファンの送口（吸口）側を取り付け、「取付けよし」と合図し、前号の「点検」の号令で二番員と協力してダクトとファンの外観を視認点検して「点検よし」と合図する。

三　二番員は、第一号の「送（排）風、組立て始め」の号令で一番員と協力してダクトの連結及びダクトとファンの送口（吸口）側を取り付け、同号の「点検」の号令で一番員と協力してダクトとファンの外観を視認点検する。

四　三番員は、第一号の「送（排）風、組立て始め」の号令でファンの電源コードを発電機のコードに差し込み、同号の「点検」の号令で発電機の燃料タンクの燃料を点検して「燃料よし」と合図し、さらに発電機の外観を視認点検して「点検よし」と合図する。

本条…追加〔昭和六三年一二月消告六号〕

【趣　旨】

本条は、送排風機を組立て及び点検する場合の号令及び要領を定めたものである。

【解　説】

送排風機を組立て及び点検する場合の号令及び要領を整理すれば、次表のとおりである。

順序	1	2
指揮者	「送（排）風、組立て始め」と号令する。	一番員の「取付けよし」の合図で「点検」と号令する。
一番員	指揮者の「送（排）風、組立て始め」の号令で二番員と協力してダクトの連結及びダクトとファンの送口（吸口）側を取り付け、「取付けよし」と合図する。	指揮者の「点検」の号令で二番員と協力してダクトとファンの外観を視認点検し、「点検よし」と合図する。
二番員	指揮者の「送（排）風、組立て始め」の号令で一番員と協力してダクトの連結及びダクトとファンの送口（吸口）側を取り付ける。	指揮者の「点検」の号令で一番員と協力してダクトとファンの外観を視認点検する。
三番員	指揮者の「送（排）風、組立て始め」の号令でファンの電源コードを発電機のコードに差し込む。	指揮者の「点検」の号令で発電機の燃料タンクの燃料を点検し、「燃料よし」と合図し、さらに発電機の外観点検を行い「点検よし」と合図する。
備考	送風、排風の方向が、適切及び確実に取り付けてあるかを確認すること。	作業中、発電機の燃料及びエンジンオイル等を確認し、送（排）風作業が中断しないようにすること。

（送排風機による送（排）風の準備）

第三十条　送排風機による送（排）風の準備を行うには、次の号令及び要領による。

一　指揮者は、「送（排）風用意」と号令する。

二　一番員は、前号の号令でダクト先端部を送（排）風箇所に延長して固定する。

三　二番員は、第一号の号令で一番員がダクトの先端部を延長するのを引きずらないように補助したのち、ファンの位置にもどり待機する。

四　三番員は、第一号の号令で左手で発電機を保持し、右手でチョークレバーを操作しスロットルレバーを調整し、始動索の取手をにぎり「エンジン始動」と合図し、始動索を引いてエンジンを始動し、次いでエンジン調整を行い、「エンジン回転よし」と合図する。

本条…追加〔昭和六三年一二月消告六号〕

【趣　旨】

本条は、送排風機を準備する場合の号令及び要領を定めたものである。

【解　説】

送排風機を準備する場合の号令及び要領を整理すれば、次表のとおりである。

順序	1	2	3
指揮者	「送（排）風用意」と号令する。		
	指揮者の「送（排）風用意」の号令		

一番員	でダクト先端部を送（排）風箇所に延長して固定する。		
二番員	指揮者の「送（排）風用意」の号令で一番員が行うダクト先端部の延長を引きずらないよう補助する。		ファンの位置に戻り待機する。
三番員	指揮者の「送（排）風用意」の号令で左手で発電機を保持し、右手でチョークレバーを操作しスロットルレバーを調整する。	始動索の取手を握り「エンジン始動」と合図し、始動索を引いてエンジンを始動する。	エンジン調整を行い、「エンジン回転よし」と合図する。
備考	ダクトの延長は第二十七条第三項、四項の要領による。	原則的に屋内等換気の悪い場所ではエンジンを始動しないこと。	

（送排風機の操作）

第三十一条　送排風機による送（排）風を行うには、次の号令及び要領による。

一　指揮者は、「送（排）風始め」と号令し、操作状況を確認して「送（排）風やめ」と号令する。

二　二番員は、前号の「送（排）風始め」の号令でファンのスイッチを入れ、「送（排）風よし」と合図し、前号の「送（排）風やめ」の号令でファンのスイッチを切り「よし」と合図する。

三　三番員は、第一号の「送（排）風やめ」の号令で発電機の停止ボタンを押してエンジンを停止させる。

本条…追加〔昭和六三年一二月消告六号〕

【趣　旨】

本条は、送排風機を操作する場合の号令及び要領を定めたものである。

【解　説】

送排風機を操作する場合の号令及び要領を整理すれば、次表のとおりである。

順序	指揮者	一番員	二番員	三番員	備考
1	「送（排）風始め」と号令する。		指揮者の「送（排）風始め」の号令でファンのスイッチを入れ、「送（排）風よし」と合図する。		可燃性ガス内では切替スイッチが防爆型でないものは使用しないこと。火災時での送風はバックドラフト等に注意すること。
2	操作状況を確認する。				
3	操作状況を確認し「送（排）風やめ」と号令する。		指揮者の「送（排）風やめ」の号令でファンのスイッチを切り「よし」と合図する。	指揮者の「送（排）風やめ」の号令で発電機の停止ボタンを押してエンジンを停止させる。	

（送排風機の収納）

第三十二条　送排風機を収納するには、次の号令及び要領による。

一　指揮者は、「おさめ」と号令する。

二　一番員は、前号の号令で二番員と協力してダクトを取り外し、ダクトをもとの位置に搬送して集合線にもどる。

三　二番員は、第一号の号令で一番員と協力してダクトを取り外し、ファンをもとの位置に搬送して集合線にもどる。

四　三番員は、第一号の号令で、ファンの電源コードを外したのち、発電機をもとの位置に搬送して集合線にもどる。

本条…追加〔昭和六三年一二月消告六号〕

【趣　旨】

本条は、設定された送排風機を収納する場合の号令及び要領について定めたものである。

【解　説】

送排風機を収納する場合の号令及び要領を整理すれば、次表のとおりである。

順序	指揮者	一番員
1	「おさめ」と号令する。	指揮者の「おさめ」の号令で、二番
2		ダクトをもとの位置に搬送する。
3		集合線に戻り待機する。

	員と協力してダクトを取り外す。		
二番員	指揮者の「おさめ」の号令で一番員と協力してダクトを取り外す。	ファンをもとの位置に搬送する。	一番員と同様。
三番員	指揮者の「おさめ」の号令でファンの電源コードを外す。	発電機をもとの位置に搬送する。	一番員と同様。

第五章　油圧式救助器具操法

旧三章…繰下〔昭和六三年一二月消告六号〕

【概　説】

油圧式救助器具操法は、災害現場において要救助者の身体が障害物に挟まれ、又は押しつぶされるなどの場合に、油圧式救助器具（油圧式のポンプとラムシリンダーを高圧ホースで接続し、ラムシリンダーに各種のアタッチメントを組み合わせて取り付ける。）を使って、持上げ、広げ、押えつけ、引張り及び締めつけなど比較的小規模な破壊、障害物の除去等を行うことにより、要救助者を救助するための操法である。

（油圧式救助器具各部の名称及び定位）

第三十三条　油圧式救助器具各部の名称及び定位は、第六図から第八図までのとおりとする。

第6図　油圧式救助器具油圧ユニット各部の名称

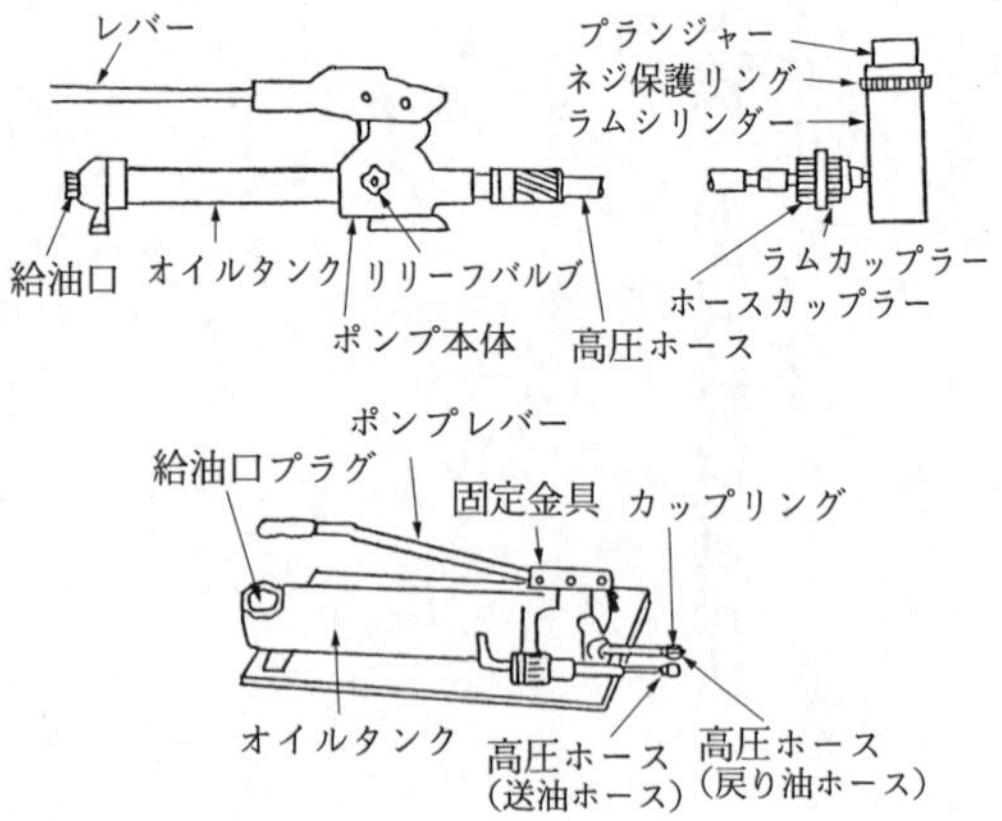

第7図　油圧式救助器具操法の定位

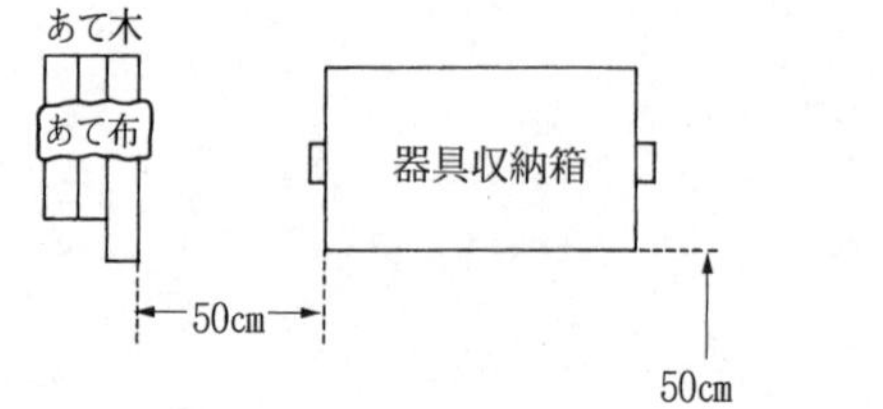

第8図　油圧式救助器具のアタツチメントの名称

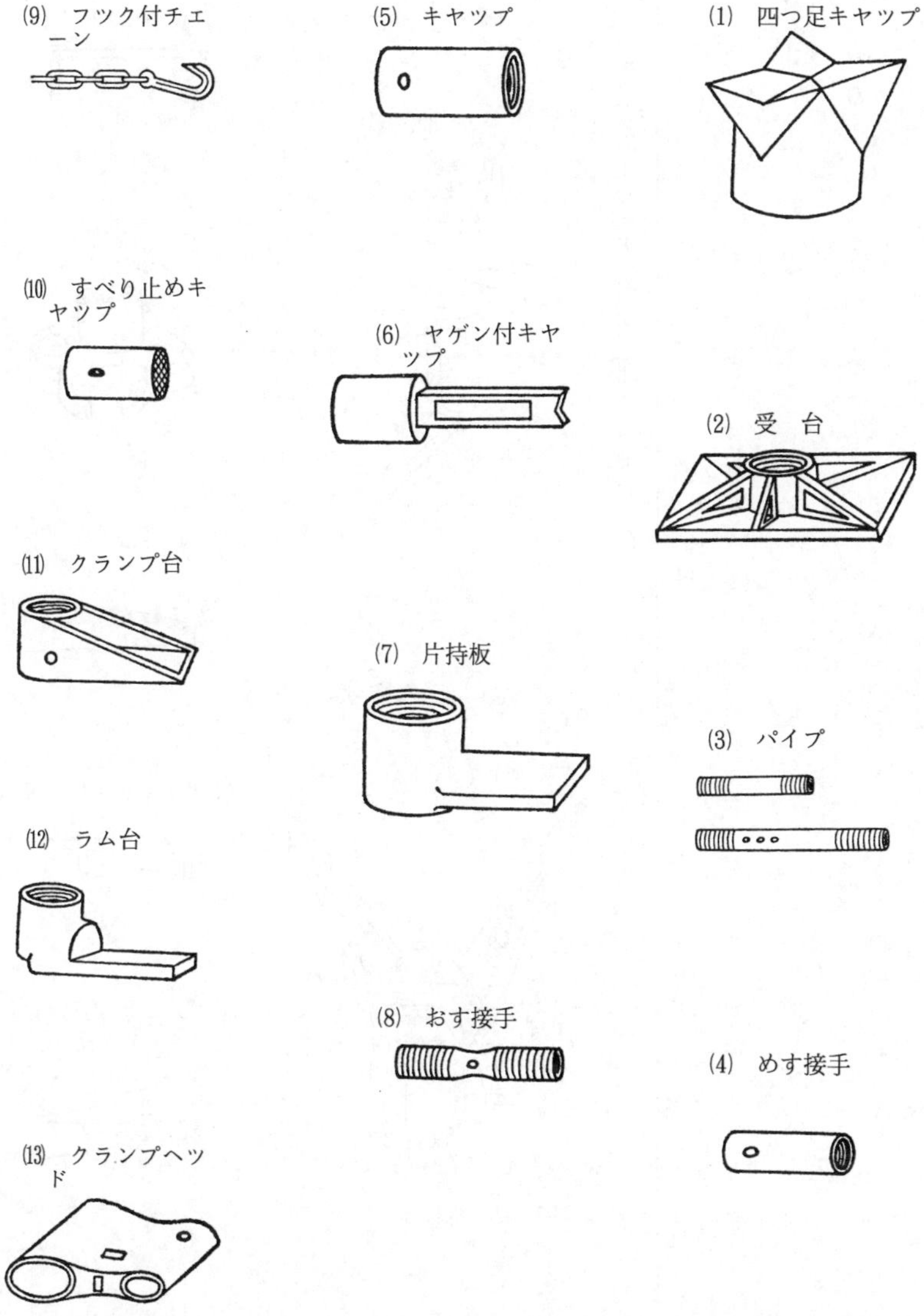

⒁　ロックピン

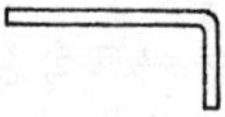

⒂　十字型チェーンかけ

⒃　チェーンかけ

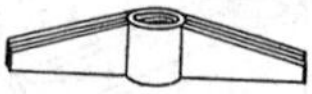

⒄　ウエツジラム（小）

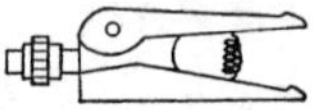

⒅　ウエツジラム（大）

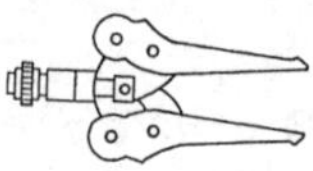

⒆　カッター

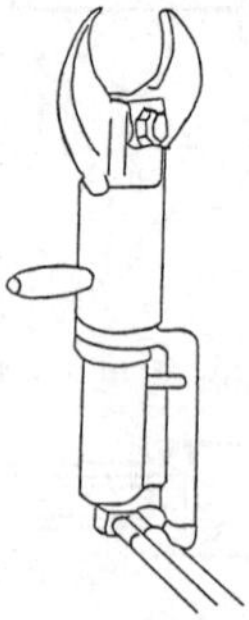

⒇　スプレッダー

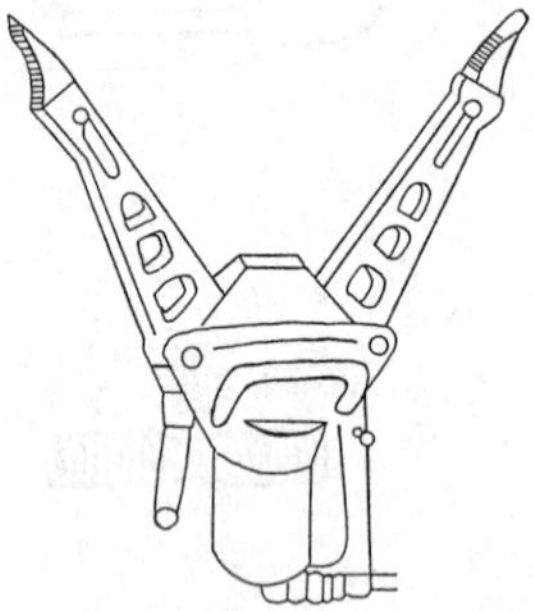

旧一八条…一部改正し繰下〔昭和六三年一二月消告六号〕

【趣　旨】

本条は、油圧式救助器具各部の名称及び定位について定めたものである。

なお、油圧式救助器具の各アタッチメントの用途は、次表のとおりである。

油圧式救助器具のアタッチメントの用途

名　称	用　途
四つ足キャップ	プランジャー及びパイプ先端に取り付けるVブロック
受　台	プランジャー及びパイプ先端に取り付けて押し作業の台として用いる。
パイプ	作業用延長パイプ
めす接手	パイプ接続用
キャップ	プランジャー先端ねじの保護と物件への当金
ヤゲン付キャップ	プランジャー及びパイプ先端に取り付けるVブロック
片持板	引張り、広げ及び持上げ用
おす接手	パイプ接続用
フック付チェーン	引張り作業用
すべり止めキャップ	ねじの保護と物件への当金
クランプ台	広げ作業用
ラム台	広げ作業用
クランプヘッド	偏荷重の場合は、パイプに取り付けて用いる。引張り、締付け作業用
ロックピン	クランプ台及びクランプヘッド固定用

十字型チェーンかけ	チェーンによる引張り作業用
チェーンかけ	チェーンによる引張り作業用
ウェッジラム（小）	狭いところを広げるのに用いる。
ウェッジラム（大）	狭いところを広げるのに用いる。
カッター	切断作業用
スプレッダー	広げ、押えつけ及びチェーンによる引張り作業用

（操法実施上の留意事項）

第三十四条　第四条に定めるもののほか、油圧式救助器具操法を実施するときは、次の各号に掲げる事項に留意しなければならない。

一　ポンプ本体を設定するときは、水平又は給油口側が高くなるようにすること。

二　ポンプ本体を高圧ホース及びラムシリンダーに取りつけるときは、接続部分のねじは確実にねじこむこと。

三　荷重は、ラムの中心にかかるようにし、レバー操作が片手手動で容易に作動する範囲にとどめ、許容能力以上の負荷をかけないこと。

四　プランジャーの揚程不足のときは、あて木等によつて不足を補い、揚程限界（赤色マーク）以上に油圧をかけないこと。
五　高圧ホースには、極端な曲げ、重量物の落下及び加熱等がないようにすること。
六　カツプラーを使用しないときは、必ずキヤツプをしておくこと。

旧一九条…繰下〔昭和六三年一二月消告六号〕

【趣　旨】

本条は、第四条に定める一般的留意事項のほかに、油圧式救助器具操法を実施するうえで特に必要な留意事項を定めたものである。指揮者は、第五条に定める留意事項についても留意しなければならない。

【解　説】

第一号関係

ポンプ本体の設定場所は、プランジャーの作動によって重心の位置が変化しても安全な位置を選ぶ必要があり、ポンプ本体が水平になるように、又は給油口側が高くなるようにする。

第二号関係

ポンプ本体を高圧ホース及びラムシリンダーに取り付けるときは、離脱又は緩みを防ぐため接続部分のネジは確実にねじこむ必要があり、これはアタッチメントをラムシリンダーに取り付けるときも同様である。なお、ねじの締込みが不完全な場合には、油漏れ及び空泡がポンプ本体に入ることとなり、ポンプ本体の故障の原因となるとともに、ねじ山が破損する原因にもなる。

第三号関係

油圧式救助器具の定められた性能及び用法に従い、荷重はラムの中心にかかるようにし、また、レバー操作については片手手動で容易に作動する範囲にとどめ（ポンプの作動を容易にするためにレバーにパイプ等をはめてはならない。）、許容能力以上の負荷をかけてはならない。

なお、荷重がラムの中心にかからない状態で使用した場合、当て木等が飛散して非常に危険である。

第四号関係

プランジャーの揚程が不足するときは、当て木等強固で安定した仲介物で揚程不足を補い、プランジャーが揚程限界（赤色マーク）に達したらそれ以上油圧をかけてはならない。

第五号関係

高圧ホースは、極端に曲げたり、その上に物を落としたり、また、加熱したりすると、摩耗、損傷し、オイルが漏れたりして事故の原因になるので、このようなことがないよう注意する。

第六号関係

カップラーは、ラムシリンダーと高圧ホースを接続するものであるから、使用しないときは、ゴミ、水など異物が入らないよう必ずキャップをしておかなければならない。

（油圧式救助器具の操作の種別及び要領）

第三十五条　油圧式救助器具の操作を分けて、持上げ操作、拡げ操作、押えつけ操作、引張り操作、しめつけ操作及び切断操作とする。

2　次の各号に掲げる持上げ操作の要領は、当該各号に定めるところによる。

一　簡易な持上げ

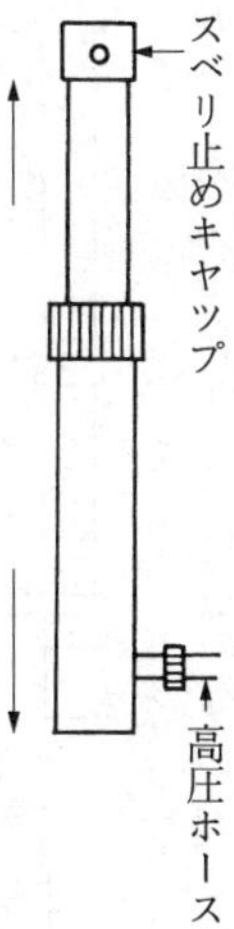

二　重量物の持上げ

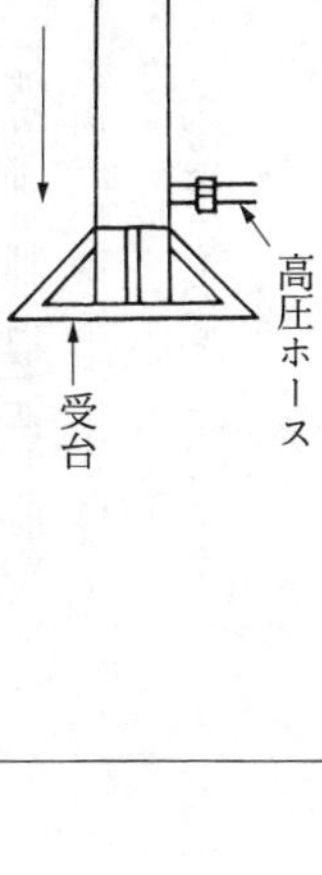

3　次の各号に掲げる拡げ操作の要領は、当該各号に定めるところによる。

一　狭間隙の拡げ

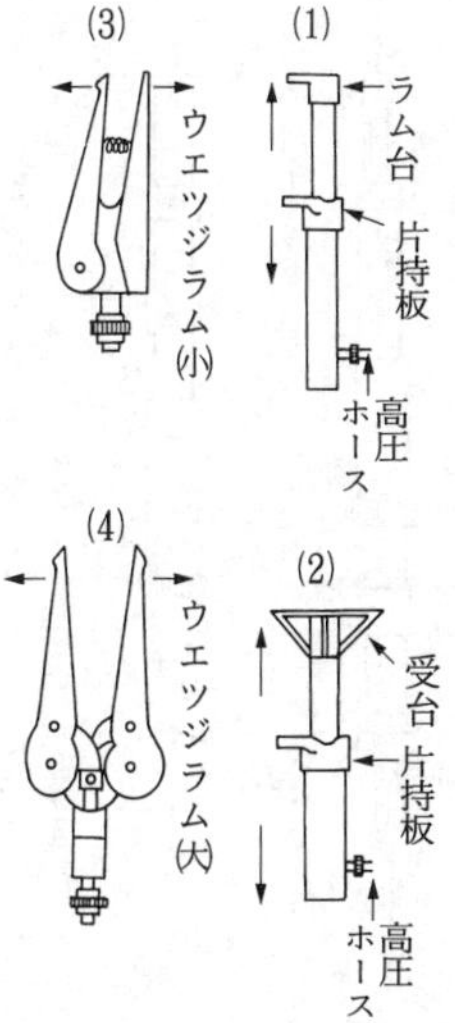

(5)　スプレッダー

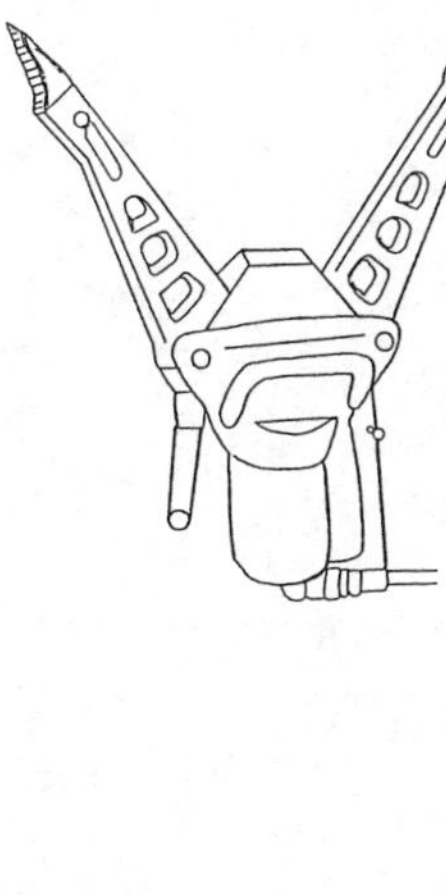

二　広間隙の拡げ

(1)

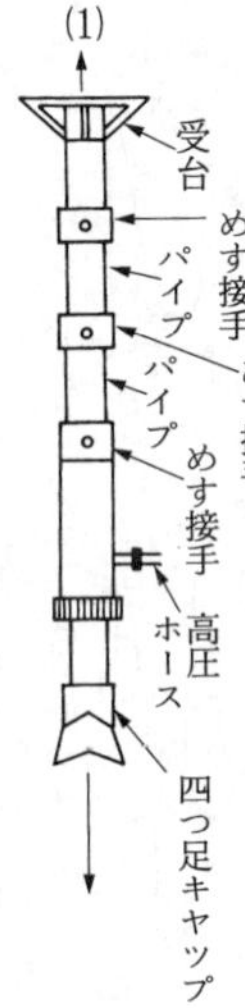

(2)

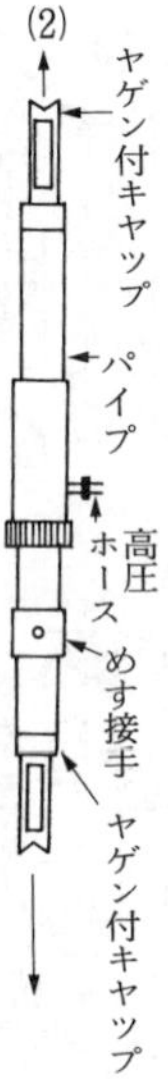

4　押えつけ操作の要領は、次に定めるところによる。

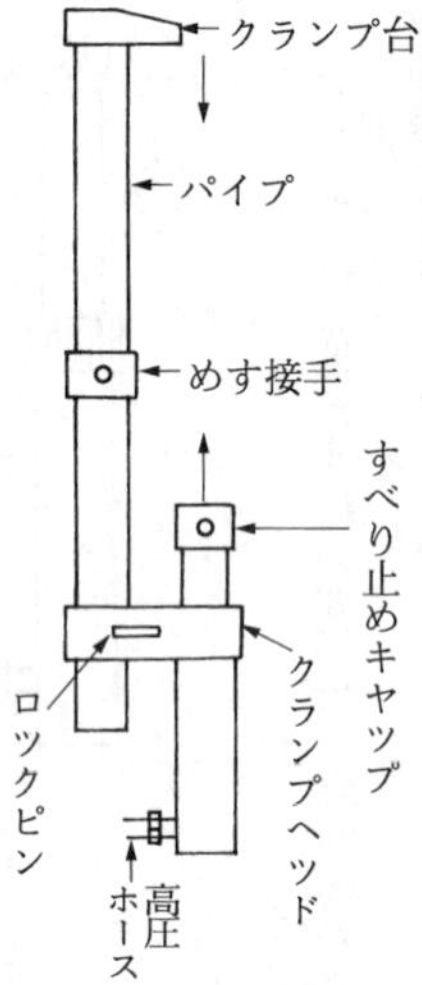

5　引張り操作の要領は、次に定めるところによる。

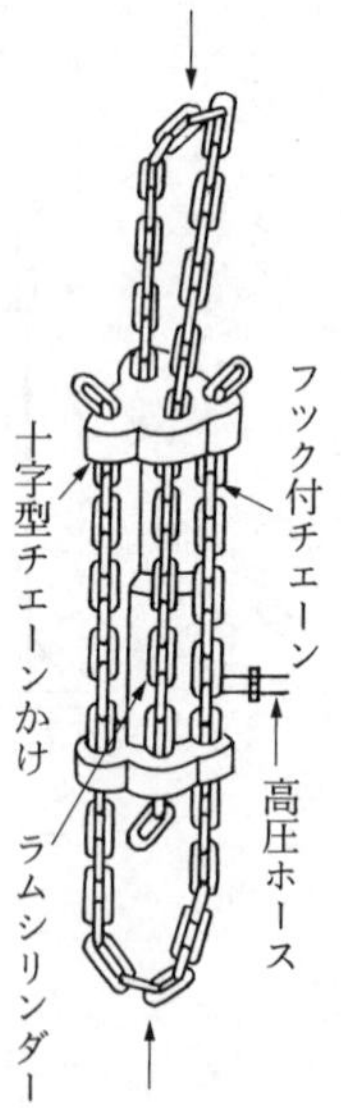

6　しめつけ操作の要領は、次に定めるところによる。

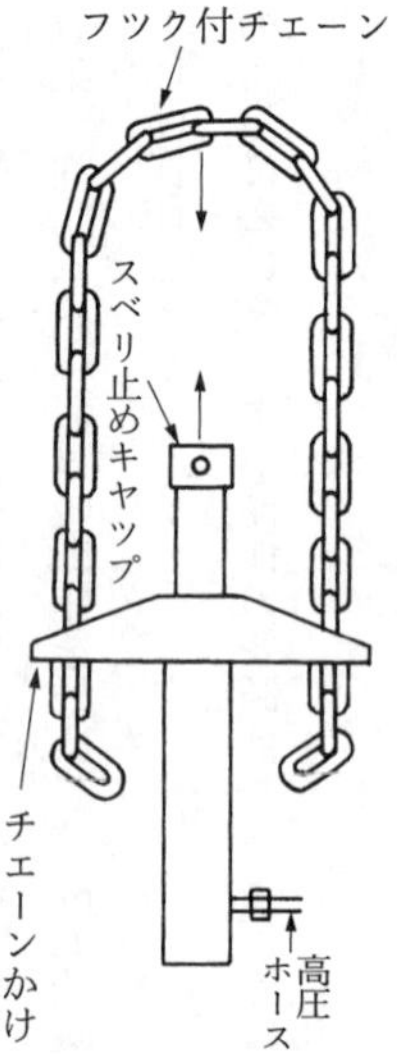

7　切断操作の要領は、次に定めるところによる。

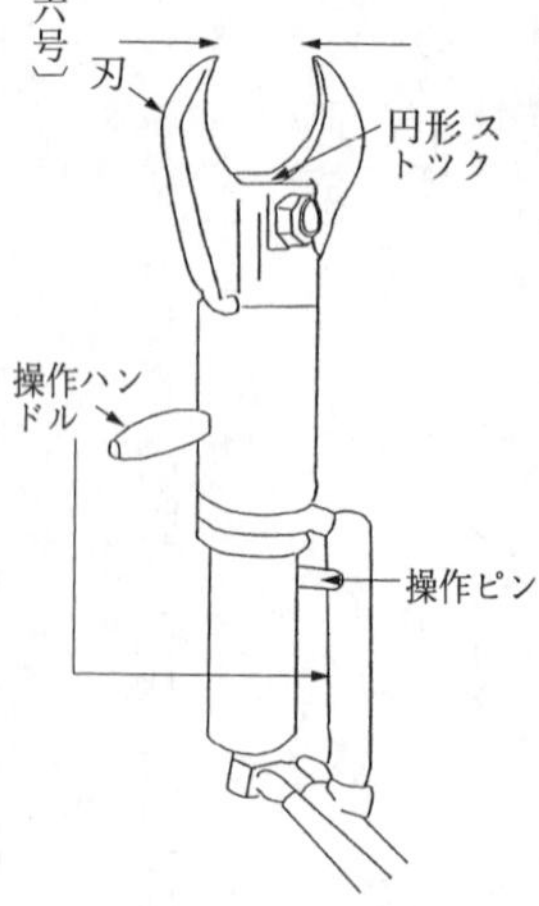

一・三項…一部改正・七項…追加・旧二〇条…繰下〔昭和六三年一二月消告六号〕

【趣　旨】

本条は、油圧式救助器具の操作の種別及び要領を定めている。

油圧式救助器具の基本操作としては、各種アタッチメントの組み合わせにより、持上げ操作、広げ操作、押えつけ操作、引張り操作があり、それぞれの操作の要領が第二項から第六項までに定められている。

（油圧式救助器具の搬送）

第三十六条　油圧式救助器具を操作位置に搬送するには、次の号令及び要領による。

一　指揮者は、「目標○○、搬送」と号令する。

二　一番員は、前号の号令で左手で器具収納箱の取手をもち、二番員の「よし」の合図で二番員と協力して箱をもち上げ、目標位置に搬送する。

三　二番員は、第一号の号令で右手で器具収納箱の取手をもつて「よし」と合図し、一番員と協力して箱をもち上げ、目標位置に搬送する。

四　三番員は、第一号の号令であて木及びあて布を左脇にかかえもち、目標位置に搬送する。

旧二一条…繰下〔昭和六三年一二月消告六号〕

【趣　旨】
本条は、油圧式救助器具を操作位置に搬送する場合の号令及び要領を定めたものである。

【解　説】
指揮者の「目標○○、搬送」の号令で一番員は左手で器具収納箱の取手を持ち、二番員は右手で器具収納箱の取手を持って二番員が「よし」と合図して互いに協力して器具収納箱を目標に搬送する。この場合、器具収納箱は相当の重量があり、器具収納箱を持ち上げる場合腰を痛める危険性があるので、持ち上げる時は腰を落とした姿勢で十分注意して持ち上げること。
なお、三番員は、当て木及び当て布を搬送する。

（油圧式救助器具の組立て）
第三十七条　油圧式救助器具を組み立てるには、次の号令及び要領による。
一　指揮者は、「○○操作組立て用意」と号令し、一番員の「準備よし」の合図で「組立て始め」と号令する。
二　一番員は、前号の「○○操作組立て用意」の号令で器具収納箱からラムシリンダーを取り出して組立て位置に置き、二番員からホースカップラーを受け取り、高圧ホースを伸ばして「高圧ホースよし」と合図し、三番員の「アタッチメントよし」の合図で「準備よし」と合図し、前号の「組立て始め」の号令で三番員と協力し、第三十五条第二項から第六項までに定める要領でアタッチメントを組み立て、ホースカップラーとラムカップラーを結合して「組立てよし」と合図する。

三　二番員は、第一号の「〇〇操作組立て用意」の号令で器具収納箱からポンプを取り出して設定し、「ホースカップラー」と合図してこれを一番員に渡し、同号の「組立て始め」の号令でポンプレバーを取りつけ、リリーフバルブの閉じているのを確認して「ポンプよし」と合図する。

四　三番員は、第一号の「〇〇操作組立て用意」の号令で器具収納箱から操作に必要なアタッチメントを取り出して組立て位置に置き「アタッチメントよし」と合図し、同号の「組立て始め」の号令で一番員と協力して第三十五条第二項から第六項までに定める要領で、アタッチメントを組み立てる。

旧二三条…一部改正し繰下〔昭和六三年一二月消告六号〕

【趣旨】

本条は、油圧式救助器具を組み立てる場合の号令及び要領を定めたものである。

【解説】

油圧式救助器具を組み立てる場合の号令及び要領を整理すれば、次表のとおりである。

順序	指揮者	
1	「〇〇操作組立て用意」と号令する。	指揮者の「〇〇操作組立て用意」の号令で器具収納箱からラムシリンダーを取り
2		二番員の「ホースカップラー」の合図で、二番員からホースカップラーを受け取
3		三番員の「アタッチメントよし」の合図で「準備よし」と合図する。
4	一番員の「準備よし」の合図で「組立て始め」と号令する。	指揮者の「組立て始め」の号令で三番員と協力し、第三十五条第二項から第六項

一番員	二番員	三番員	備考
出して組立て位置に置く。この場合、ラムシリンダーは重いので、落として足等を負傷することのないよう十分注意すること。	指揮者の「○○操作組立て用意」の号令で器具収納箱からポンプを取り出して設定し、「ホースカップラー」と合図してこれを一番員に渡す。この場合、ポンプ本体は水平又は給油口が高くなるよう設定する必要がある。	指揮者の「○○操作組立て用意」の号令で器具収納箱から操作に必要なアタッチメントを取り出して組立て位置に置き「アタッチメントよし」と合図する。この場合、アタッチメントは重くかつ色々な型をしているため、落として足等を負傷することのないよう十分注意する必要がある。	指揮者の「○○操作」とは、第三十五条第二項から第六項までに定める操作の種別を指すものである。
り、高圧ホースを伸ばして「高圧ホースよし」と合図する。			
までに定める要領でアタッチメントを組み立て、ホースカップラーとラムカップラーを結合して「組立てよし」と合図する。	指揮者の「組立て始め」の号令でポンプレバーを取り付け、リリーフバルブの閉じているのを確認して「ポンプよし」と合図する。	指揮者の「組立て始め」の号令で一番員と協力して第三十五条第二項から第六項までに定める要領で、アタッチメントを組み立てる。	組立てにおいて、アタッチメント及びホースカップラー等の結合は完全に行うこと。アタッチメント等の結合の不備は、器具の故障、損傷を招くばかりでなく、不測の事故につながる危険がある。

（油圧式救助器具の操作）

第三十八条　油圧式救助器具を操作するには、次の号令及び要領による。

一　指揮者は、「○○操作始め」と号令し、操作の状況を確認して「やめ」と号令する。

二　一番員は、前号の「○○操作始め」の号令で組み立てたアタッチメントを三番員と協力して対象物に設定し、あて木、あて布で揚程不足の補充及びすべり止めの処置を行つて「設定よし」と合図し、器具の作動状況を合図する。

三　二番員は、第一号の「○○操作始め」の号令でポンプレバーを右手でもち、一番員の「設定よし」の合図でポンプレバーを操作し、同号の「やめ」の号令で操作を停止する。

四　三番員は、第一号の「○○操作始め」の号令で、一番員のアタッチメント設定に協力する。

旧二三条…繰下〔昭和六三年一二月消告六号〕

【趣　旨】

本条は、油圧式救助器具を操作する場合の号令及び要領を定めたものである。

【解　説】

油圧式救助器具を操作する場合の号令及び要領を整理すれば、次表のとおりである。

順序	1	2	3
指揮者	「○○操作始め」と号令する。	操作状況を確認する。	操作の状況を確認して「やめ」と号令する。
	指揮者の「○○操作始め」の号令で	二番員のポンプレバー操作により、	

一番員	二番員	三番員	備考
組み立てたアタッチメントを三番員と協力して対象物に設定し、当て木、当て布で揚程不足の補充及びすべり止めの処置を行って「設定よし」と合図する。	指揮者の「○○操作始め」の号令でポンプレバーを右手で持ち、一番員の「設定よし」の合図でポンプレバーを操作する。	指揮者の「○○操作始め」の号令で、一番員のアタッチメント設定に協力する。	二番員は、一番員の「設定よし」の合図で必ずポンプレバーを操作すること。ポンプレバーの操作が早すぎると一番員及び三番員が指を負傷する原因となる。また、ポンプレバー操作は最初は対象物に完全に揚程がなされるまでは慎重に行うこと。
器具の作動状況を合図する。			二番員のポンプレバー操作により当て木等が曲がりアタッチメントが不安定になった場合には、ポンプレバー操作を一時中止させ、アタッチメントの安定を図った後、再度ポンプレバーの操作を行う。
	指揮者の「やめ」の号令で操作を停止する。		

（油圧式救助器具の収納）

第三十九条　設定された油圧式救助器具を収納するには、次の号令及び要領による。

一　指揮者は、「おさめ」と号令する。

二　一番員は、前号の号令でラムシリンダーを保持し、二番員の「リリーフバルブよし」の合図で設定箇所からアタッチメントをはずし、プランジヤーがもどつたのを確認してホースカツプラーの結合をはずし、次いで三番員と協力して組み立てたアタッチメントを分解し、ラムシリンダーとともに器具収納箱におさめ、二番員と協力してもとの位置に搬送して集合線にもどる。

三　二番員は、第一号の号令でリリーフバルブをゆるめて油圧をさげ「リリーフバルブよし」と合図し、ポンプレバーをはずし、ポンプ本体、レバー及び高圧ホースを器具収納箱におさめ、一番員と協力してもとの位置に搬送して集合線にもどる。

四　三番員は、第一号の号令であて木を保持し、二番員の「リリーフバルブよし」の合図であて木及びあて布をはずして整理し、次いで一番員と協力してアタッチメントを分解して器具収納箱におさめ、あて木及びあて布をもとの位置に搬送して集合線にもどる。

旧二四条…一部改正し繰下〔昭和六三年一二月消告六号〕

【趣　旨】

本条は、設定された油圧式救助器具を収納する場合の号令及び要領について定めたものである。

【解　説】
油圧式救助器具を収納する場合の号令及び要領を整理すれば、次表のとおりである。

順序	指揮者	一番員	二番員	三番員	備考
1	「おさめ」と号令する。	指揮者の「おさめ」の号令でラムシリンダーを保持する。	指揮者の「おさめ」の号令でリリーフバルブを緩めて油圧をさげ、「リリーフバルブよし」と合図する。	指揮者の「おさめ」の号令で当て木を保持する。	二番員は、三番員が当て木等を完全に保持したことを確認してリリーフバルブを緩める必要がある。三番員の当て木等保持が不十分な状態でリリーフバルブを緩めると、当て木等が落下して三番員が足等を負傷する危険性がある。
2		二番員の「リリーフバルブよし」の合図で設定箇所からアタッチメントを外し、プランジャーが戻ったのを確認して、ホースカップラーの結合を外し、次いで三番員と協力して組み立てたアタッチメントを分解しラムシリンダーとともに器具収納箱に納める。	ポンプレバーを外し、ポンプ本体、レバー及び高圧ホースを器具収納箱に納める。	二番員の「リリーフバルブよし」の合図で当て木及び当て布を外して整理し、次いで一番員と協力してアタッチメントを分解して器具収納箱に納める。	一番員が、アタッチメントの分解をする場合、アタッチメントを結合した状態は非常に不安定であり、かつ重いため転倒して足、手等を負傷する危険があるので十分注意する必要がある。
3		二番員と協力して器具収納箱をもとの位置に搬送して集合線に戻る。	一番員と協力して器具収納箱をもとの位置に搬送して集合線に戻る。	当て木及び当て布をもとの位置に搬送して集合線に戻る。	一番員、二番員が協力して器具収納箱を搬送するに当たって器具収納箱を持ち上げる場合、腰を痛めないよう腰を落とし安定した姿勢をとること。

第六章　大型油圧救助器具操法

本章…追加〔昭和六三年一二月消告六号〕

【概　説】

大型油圧救助器具操法は、災害現場において要救助者の身体が障害物に挟まれ、又は押しつぶされるなどの場合に、大型油圧救助器具（エンジンポンプに高圧ホースを接続し、その高圧ホースにカッター、スプレッダーを取り付ける。）を使って、切断、広げ、押えつけなど、油圧式救助器具と比べ比較的大規模な破壊、障害物の除去等を行うことにより、要救助者を救助するための操法である。

（大型油圧救助器具各部の名称及び定位）

第四十条　大型油圧救助器具各部の名称及び定位は、第九図及び第十図のとおりとする。

本条…追加〔昭和六三年一二月消告六号〕

第９図　大型油圧救助器具各部の名称

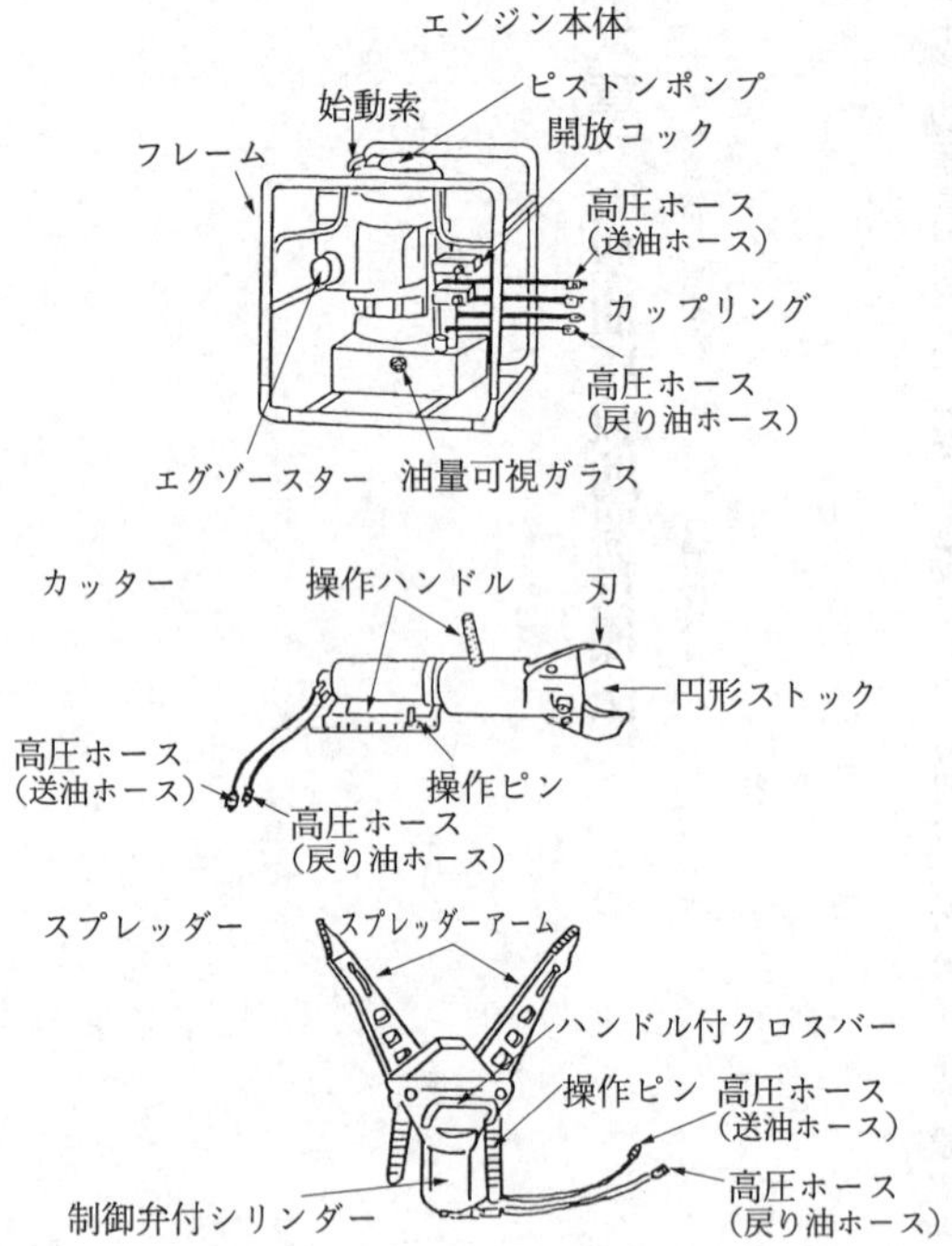

第10図　大型油圧救助器具操法の定位

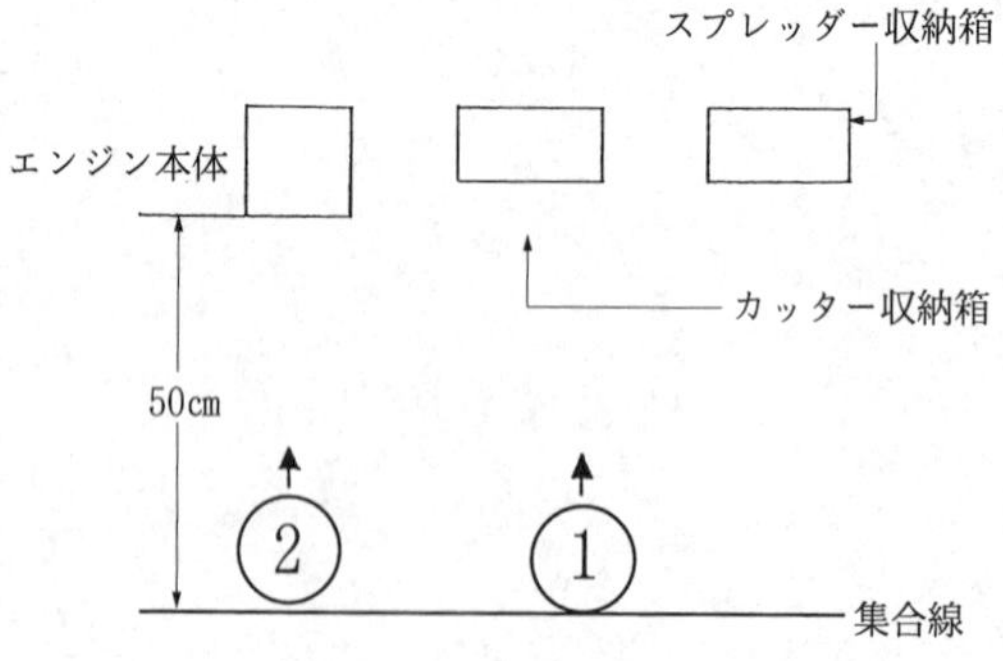

【趣　旨】

本条は、大型油圧救助器具各部の名称及び定位について図示するものである。

（操法実施上の留意事項）

第四十一条　第四条に定めるもののほか、大型油圧救助器具操法を実施するときは、次の各号に掲げる事項に留意しなければならない。

一　エンジンの始動前には、通風の状況を確認し、適宜換気の手段を講ずること。

二　高圧ホースには、極端な曲げ、重量物の落下及び過熱等がないようにすること。

三　切断刃は、過負荷による割れ目が生じていないことを確認すること。

本条…追加〔昭和六三年一二月消告六号〕

【趣　旨】

本条は、第四条に定める一般留意事項のほかに、大型油圧救助器具操法を実施するうえで特に必要な留意事項を定めたものである。指揮者は、第五条に定める留意事項についても留意しなければならない。

【解　説】

第一号関係

エンジンポンプは重量があるため落下などに注意し、エンジンポンプを屋内で使用する場合、風通しの状況を確認し、換気には十分注意すること。

第二号関係

高圧ホースには、高圧のオイルが流れているので、極端な曲げ、重量物の落下及び過熱等がないようにすること。

第三号関係

カッターは能力の範囲内で使うこと。特に作業終了後は切断刃に割れ目が生じていないかを確認すること。

（大型油圧救助器具の操作の種別及び要領）

第四十二条　大型油圧救助器具の操作を分けて、拡げ操作、押えつけ操作、引張り操作及び切断操作とする。

2　拡げ操作の要領は、次に定めるところによる。

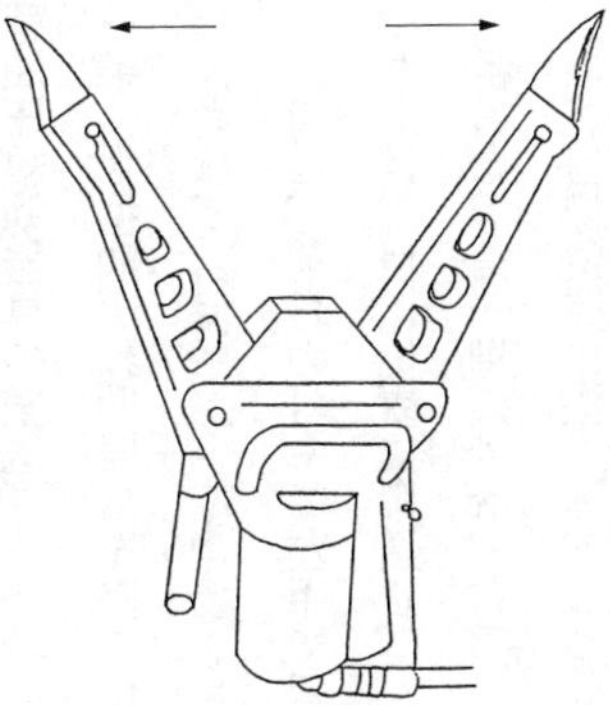

3　押えつけ操作の要領は、次に定めるところによる。

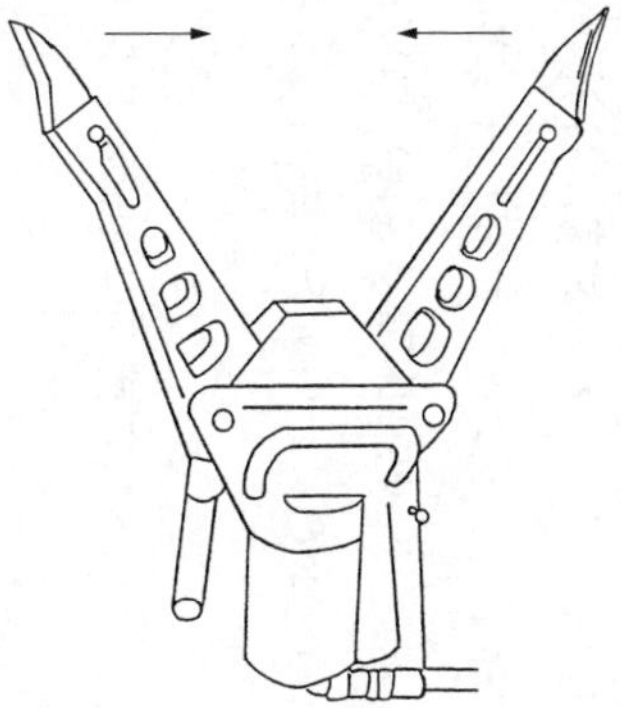

4　引張り操作の要領は、次に定めるところによる。

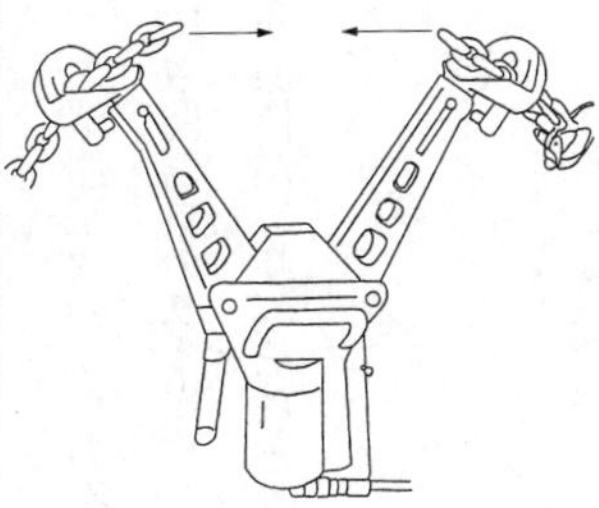

5　切断操作の要領は、次に定めるところによる。

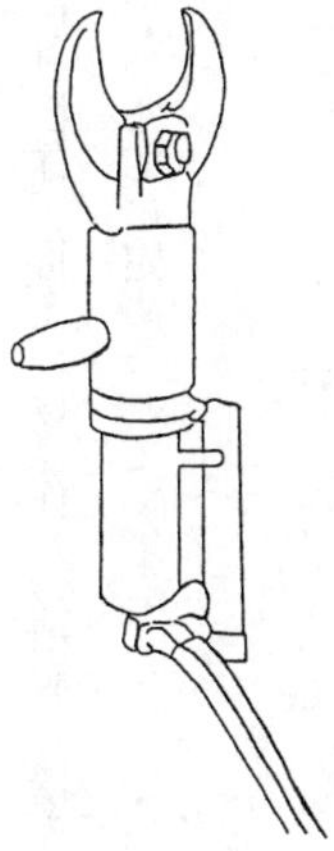

本条…追加〔昭和六三年一二月消告六号〕

【趣　旨】

本条は、大型油圧救助器具の操作の種別及び要領を定めている。大型油圧救助器具の基本操作としては、スプレッダーによる広げ操作、押えつけ操作及び引張り操作と、カッターによる切断操作があり、それぞれの操作の要領が第二項から第五項までに定められている。

（大型油圧救助器具の搬送）

第四十三条　大型油圧救助器具を操作位置に搬送するには、次の号令及び要領による。

一　指揮者は、「目標○○、搬送」と号令する。

二　一番員は、前号の号令で左手で器具収納箱の取手を持ち、二番員の「よし」の合図で二番員と協力して箱を持ち上げ、目標位置に搬送し、つづいて同じ要領でエンジン本体を搬送する。

三　二番員は、第一号の号令で右手で器具収納箱の取手を持つて「よし」と合図し、一番員と協力して箱を持ち上げ、目標位置に搬送し、つづいて同じ要領でエンジン本体を搬送する。

本条…追加〔昭和六三年一二月消告六号〕

【趣　旨】

本条は、大型油圧救助器具を操作位置に搬送する場合の号令及び要領を定めたものである。

【解　説】

指揮者の「目標○○、搬送」の号令で一番員は左手で器具収納箱の取手を持ち、二番員は右手で器具収納箱の取手を持って二番員が「よし」と合図し、互いに協力して器具収納箱を目標位置に搬送する。続いて同じ要領でエンジン本体を搬送する。

この場合、器具収納箱及びエンジン本体は相当の重量があり、持ち上げる場合腰を痛める危険性があるので、持ち上げるときは腰を落とした姿勢で十分注意をして持ち上げること。

（大型油圧救助器具の組立て）

第四十四条　大型油圧救助器具の組立て及び点検をするには、次の号令及び要領による。

一　指揮者は、「○○操作、組立て始め」と号令し、一番員の「組立よし」の合図で、「点検」と号令する。

二　一番員は、前号の「○○操作、組立て始め」の号令で器具収納箱からアタッチメント及び防塵眼鏡を取り出して置き、第四十二条第二項から第五項に定める要領でアタッチメントを取り付け、二番員から受け取った高圧ホースを結合し、「組立てよし」と合図し、前号の「点検」の号令で、アタッチメントの組立て状態を点検して「点検よし」と合図して前に置く。

三　二番員は、第一号の「○○操作、組立て始め」の号令で高圧ホースを延長し、一番員に「高圧ホース」と合図して渡し、同号の「点検」の号令で燃料タンクの燃料及び操作用オイルを点検して「燃料、オイルよし」と合図し、外観を視認点検し、開放コックを「閉」の位置にして「点検よし」と合図し待機する。

本条…追加〔昭和六三年一二月消告六号〕

【趣　旨】

本条は、大型油圧救助器具を組み立てる場合の号令及び要領を定めたものである。

【解　説】

大型油圧救助器具を組み立てる場合の号令及び要領を整理すれば、次表のとおりである。

順　序	
1	「○○操作、組立て始め」
2	
3	
4	一番員の「組立てよし」の

指揮者	一番員	二番員	備考
と号令する。	指揮者の「○○操作、組立て始め」の号令で器具収納箱からアタッチメント及び防塵眼鏡を取り出して組立て位置に置く。	指揮者の「○○操作、組立て始め」の号令で高圧ホースを延長する。	指揮者の「○○操作、組立て始め」とは、○○操作、第四十二条第二項から第五項までに定める操作の種別をさすものである。
	第四十二条第二項から第五項に定める要領でアタッチメントを取り付け、二番員の「高圧ホース」の合図で、二番員から受け取った高圧ホースを結合し、「組立てよし」と合図する。	一番員に「高圧ホース」と合図し、一番員に高圧ホースを渡す。	
合図で「点検」と号令する。	指揮者の「点検」の号令で、アタッチメントの組立て状態を点検し、「点検よし」と合図して前に置く。	指揮者の「点検」の号令で燃料タンクの燃料及び操作用オイルを点検し、「燃料オイルよし」と合図し、外観を視認点検し、開放コックを「閉」の位置にし「点検よし」と合図し待機する。	組立てにおいて、高圧ホースとスプレッダー、カッターとの結合は完全に行うこと。結合の不備は、器具の故障、損傷を招くばかりでなく、不測の事故につながる危険がある。

（大型油圧救助器具の操作）

第四十五条　大型油圧救助器具を操作するには、次の号令及び要領による。

一　指揮者は、「○○操作始め」と号令し、操作の状況を確認して「やめ」と号令する。

二　一番員は、前号の「○○操作始め」の号令で防塵眼鏡を着装し、続いて組み立てたアタッチメントの作動状況を確認したのち対象物に設定し「設定よし」と合図し、二番員の「開放よし」の合図で、操作ピンを操作し器具の作動状況を注視し、前号の「やめ」の号令で再び操作ピンを操作し、器具をもとにもどす。

三　二番員は、第一号の「○○操作始め」の号令で左手でエンジン本体取手を保持し、右手でスロットルレバーを調節し、始動索を引いてエンジンを始動させ、エンジン調整を行つて「エンジン回転よし」と合図し、一番員の「設定よし」の合図で開放コックを操作し、「開放よし」と合図し、同号の「やめ」の号令で一番員が器具をもとにもどしたのを確認したのち開放コックを「閉」の位置にもどし、エンジンを停止する。

本条…追加〔昭和六三年一二月消告六号〕

【趣　旨】

本条は、大型油圧救助器具を操作する場合の号令及び要領を定めたものである。

【解　説】

大型油圧救助器具を操作する場合の号令及び要領を整理すれば、次表のとおりである。

順序	指揮者
1	「○○操作始め」と号令する。
2	操作状況を確認する。
3	操作の状況を確認して「やめ」と号令

			する。
一番員	指揮者の「○○操作始め」の号令で防塵眼鏡を着装、続いて組み立てたアタッチメントの作動状況を確認し、対象物に設定、「設定よし」と合図する。	二番員の「開放よし」の合図で、操作ピンを操作し器具の作動状況を注視する。	指揮者の「やめ」の号令で再び操作ピンを操作し、器具をもとに戻す。
二番員	指揮者の「○○操作始め」の号令で左手でエンジン本体取手を保持し、右手でスロットルレバーを調節し、始動索を引いてエンジンを始動させ、エンジン調整を行い「エンジン回転よし」と合図する。	一番員の「設定よし」の合図で開放コックを操作し、「開放よし」と合図する。	指揮者の「やめ」の号令で一番員が器具を戻したのを確認したのち開放コックを「閉」の位置に戻し、エンジンを停止する。
備考	エンジン始動の際は、第四十一条第一項に留意する。		

（大型油圧救助器具の収納）

第四十六条　設定された大型油圧救助器具を収納するには、次の号令及び要領による。

一　指揮者は、「おさめ」と号令する。
二　一番員は、前号の号令でアタッチメントを高圧ホースから離脱して器具収納箱に収納し、二番員と協力して、器具収納箱続いてエンジン本体をもとの位置に搬送して集合線にもどる。
三　二番員は、第一号の号令で高圧ホースを巻きエンジン部に固定し、一番員と協力して、器具収納箱続いてエンジン本体をもとの位置に搬送して集合線にもどる。

本条…追加〔昭和六三年一二月消告六号〕

【趣　旨】

本条は、設定された大型油圧救助器具を収納する場合の号令及び要領について定めたものである。

【解　説】

大型油圧救助器具を収納する場合の号令及び要領を整理すれば、次表のとおりである。

順序	指揮者	一番員	二番員	備考
1	「おさめ」と号令する。	指揮者の「おさめ」の号令でアタッチメントを高圧ホースから離脱して器具収納箱に収納する。	指揮者の「おさめ」の号令で高圧ホースを巻きエンジン部に固定する。	
2		二番員と協力して、器具収納箱、続いてエンジン本体をもとの位置に搬送する。	一番員と協力して、以下一番員の要領による。	器具収納箱及びエンジン本体を搬送するに当たって持ち上げる場合、腰を痛めないよう腰を落とし安定した姿勢をとること。
3		集合線に戻り、待機する。	一番員の要領による。	

第六章の二　マンホール救助器具操法

本章…追加〔平成一〇年二月消告一号〕

【概　説】

マンホール救助器具操法は、災害現場において要救助者がマンホール等から脱出不能等の場合において、マンホール救助器具を使って要救助者をつり上げ又はつり下げ、救助・救出する操法である。

（マンホール救助器具各部の名称及び定位）

第四十六条の二　マンホール救助器具各部の名称及び定位は、第十図の二のとおりとする。

本条…追加〔平成一〇年二月消告一号〕

第10図の2　マンホール救助器具各部の名称及び定位

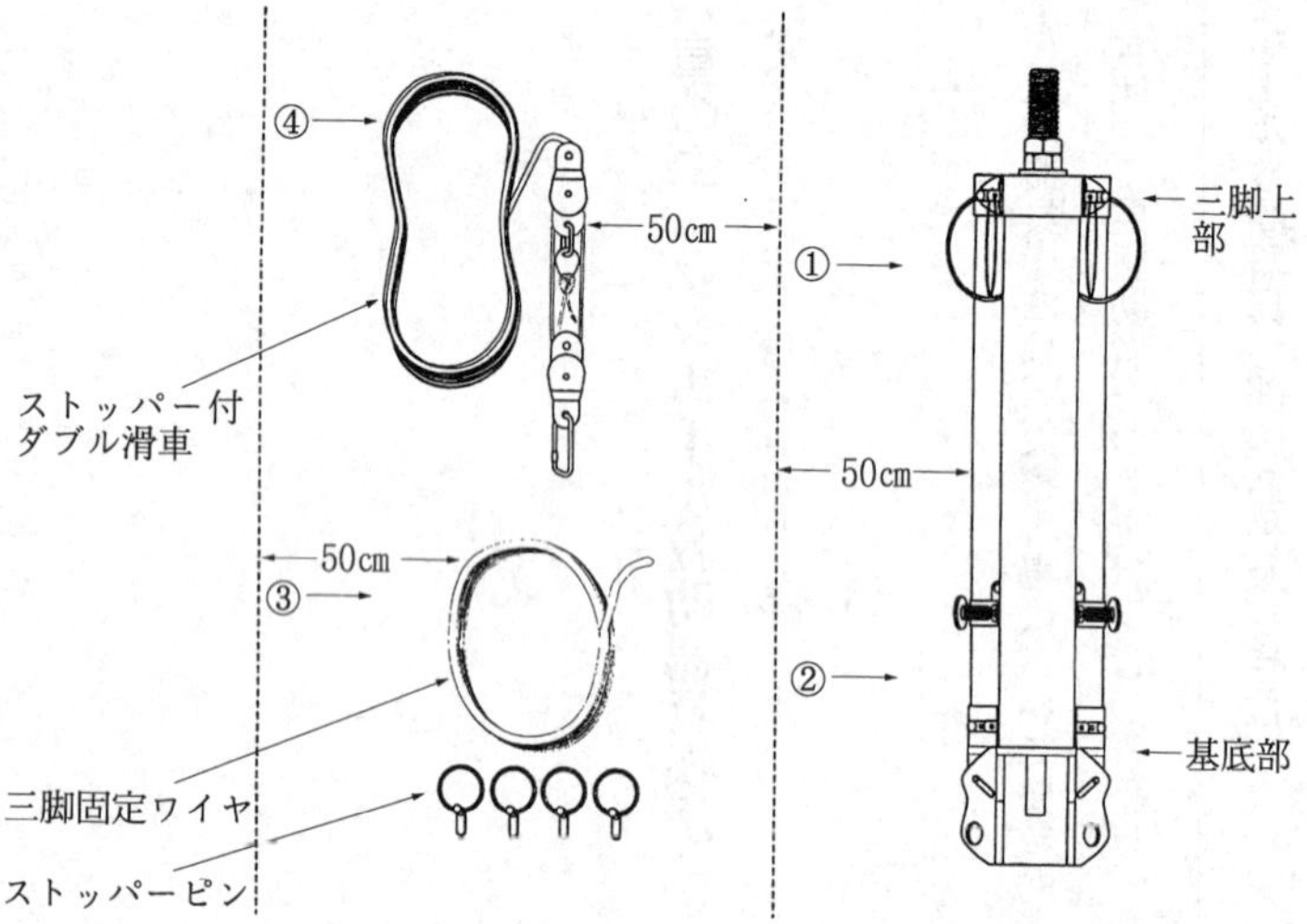

【趣　旨】

本条は、マンホール救助器具各部の名称及び定位について図示するものである。

（操法実施上の留意事項）

第四十六条の三　第四条に定めるもののほか、マンホール救助器具操法を実施するときは、次の各号に掲げる事項に留意しなければならない。

一　設置位置の傾斜を考慮した設定をすること。

二　三脚の固定金具を確実に固定すること。

三　三脚の中心に荷重が均等にかかるように設定すること。

四　三脚の広がり防止措置を行うこと。

五　三脚の長さ調整ができるものについては、設定高さを容易に救出できる高さとし、三脚基底部の一辺の長さが三脚の長さの七十五パーセントを超えないこと。

本条…追加〔平成一〇年二月消告一号〕

【趣　旨】

本条は、第四条に定める一般的な留意事項のほかに、マンホール救助器具操法を実施するうえでの安全を図るために特に留意すべき事項について定めたものである。指揮者は、第五条に定める留意事項についても留意しなければならない。

【解　説】

第一号関係

　設置位置は、水平で平らな場所に設置することとし、万一傾斜地等に設置する場合には、傾斜を考慮した場所へ設定すること。

第二号関係

　脚部が荷重等により移動又は外れるおそれがあるため、固定金具は確実に固定すること。

第三号関係

　三脚が横転又は回転しやすくなるため、中心に荷重が均等にかかるように設定すること。

第四号関係

　ワイヤー、ロープ等を使用し、三脚の広がり防止措置を行うこと。

第五号関係

　三脚の長さ調整ができるものについては、設定高さを容易に救出できる高さとし、三脚基底部の一辺の長さが三脚の長さの七十五％を超えず設定するとともに三脚と地面とのなす角度にも十分留意すること。

（マンホール救助器具の搬送）

第四十六条の四　マンホール救助器具を操作位置に搬送するには、次の号令及び要領による。

一　指揮者は、「目標○○、搬送」と号令する。

二　一番員は、前号の号令で三脚上部を腰部右側に抱えて立ち上がり、二番員の「よし」の合図で前進し、目標位置にいたり、「止まれ」と合図して停止する。

三　二番員は、第一号の号令で三脚基底部を腰部右側に抱えて立ち上がり、「よし」と合図して前進し、目標位置にいたり、一番員の「止まれ」の合図で停止する。

四　三番員は、第一号の号令でストッパーピン及び三脚固定ワイヤーを持つて目標位置に搬送する。

五　四番員は、第一号の号令でストッパー付ダブル滑車を持つて目標位置に搬送する。

本条…追加〔平成一〇年二月消告一号〕

【趣　旨】

本条は、マンホール救助器具を操作位置に搬送する場合の号令及び要領を定めたものである。

【解　説】

マンホール救助器具を操作位置に搬送する場合の号令及び要領を整理すれば、次表のとおりである。

順序	指揮者	一番員
1	「目標○○、搬送」と号令する。	指揮者の「目標○○、搬送」の号令で三脚上部を腰部右
2		二番員の「よし」の合図で前進し、目標位置に至り、

	側に抱えて立ち上がる。	「止まれ」と合図して停止する。
二番員	指揮者の「目標○○、搬送」の号令で三脚基底部を腰部右側に抱えて立ち上がる。	「よし」と合図して前進し、目標位置に至り、一番員の「止まれ」の合図で停止する。
三番員	指揮者の「目標○○、搬送」の号令でストッパーピン及び三脚固定ワイヤーを持つ。	目標位置に搬送する。
四番員	指揮者の「目標○○、搬送」の号令でストッパー付ダブル滑車を持つ。	目標位置に搬送する。
備考	目標位置を指示する場合は、操作する隊員及び周囲の隊員等への危害のおそれのない箇所を指示する。	

（マンホール救助器具の組立て及び点検）

第四十六条の五　マンホール救助器具の組立て及び点検をするには、次の号令及び要領による。

一　指揮者は、「組立て始め」と号令し、一番員の「組立てよし」の合図で「点検」と号令する。

二　一番員は、前号の「組立て始め」の号令で三脚の上部を両手で持ち、垂直に起こし、二、三番員と協力して脚部を開き、四番員の「滑車取付よし」の合図で脚部の高さを調整し、「組立てよし」と合図し、同号の「点検」の号令でストッパーピンを点検して「点検よし」と合図する。

三　二番員は、第一号の「組立て始め」の号令で三脚下部を両手で押さえ、一、三番員と協力して脚部を開き、四番員の「滑車取付よし」の合図で脚部の高さを調整し、同号の「点検」の号令でストッパーピンを点検して「点検よし」と合図する。

四　三番員は、第一号の「組立て始め」の号令で三脚下部を両手で押さえ、一、二番員と協力して脚部を開き、四番員の「滑車取付よし」の合図で脚部の高さを調整し、同号の「点検」の号令でストッパーピンを点検して「点検よし」と合図する。

五　四番員は、第一号の「組立て始め」の号令でストッパー付ダブル滑車及び三脚固定ワイヤーを用意し、三脚にストッパー付ダブル滑車を取り付け、「滑車取付よし」と合図し、同号の「点検」の号令でストッパー付ダブル滑車を点検して「点検よし」と合図する。

本条…追加〔平成一〇年二月消告一号〕

【趣　旨】

本条は、マンホール救助器具の組立て及び点検を行う場合の号令及び要領について定めたものである。

【解　説】

マンホール救助器具の組立て及び点検を行う場合の号令及び要領を整理すれば、次表のとおりである。

順序	指揮者	一番員
1	「組立て始め」と号令する。	指揮者の「組立て始め」の号令で三脚の上部を両手で持ち、垂直に起こし、二、三番員と協力して脚部を開く。
2		四番員の「滑車取付よし」の合図で脚部の高さを調整し、「組立てよし」と合図する。
3	一番員の「組立てよし」の合図で「点検」と号令する。	指揮者の「点検」の号令でストッパーピンを点検して「点検よし」と合図する。

二番員	指揮者の「組立て始め」の号令で三脚下部を両手で押さえ、一、三番員と協力して脚部を開く。	四番員の「滑車取付よし」の合図で脚部の高さを調整する。	指揮者の「点検」の号令でストッパーピンを点検して「点検よし」と合図する。
三番員	指揮者の「組立て始め」の号令で三脚下部を両手で押さえ、一、二番員と協力して脚部を開く。	四番員の「滑車取付よし」の合図で脚部の高さを調整する。	指揮者の「点検」の号令でストッパーピンを点検して「点検よし」と合図する。
四番員	指揮者の「組立て始め」の号令でストッパー付ダブル滑車及び三脚固定ワイヤーを用意する。	三脚にストッパー付ダブル滑車を取り付け、「滑車取付よし」と合図する。	指揮者の「点検」の号令でストッパー付ダブル滑車を点検して「点検よし」と合図する。
備考	設定位置は、第四十六条の三第一号に留意する。	滑車取付けは、垂直になるよう設定する。必ず完全に組み立てること。	

（マンホール救助器具の操作）

第四十六条の六　マンホール救助器具を操作するには、次の号令及び要領による。

一　指揮者は、「操作始め」と号令し、操作状況を確認して「やめ」と号令する。

二　一番員は、前号の「操作始め」の号令で二、三番員と協力して三脚を指定された場所に移動し、脚部の高さ等を調整し、三脚固定ワイヤーで固定して三番員の「基底部固定よし」の合図で「三脚設定よし」と合図する。

三　二番員は、第一号の「操作始め」の号令で一、三番員と協力して三脚を指定された場所に移動し、脚部の高さ等を調整し、三脚固定ワイヤーで固定する。
四　三番員は、第一号の「操作始め」の号令で一、二番員と協力して三脚を指定された場所に移動し、脚部の高さ等を調整し、三脚固定ワイヤーで固定して「基底部固定よし」と合図する。
五　四番員は、第一号の「操作始め」の号令で救出ロープを保持して指定された場所に移動し、同号の「やめ」の号令で操作を停止する。

本条…追加〔平成一〇年二月消告一号〕

【趣　旨】
本条は、マンホール救助器具を操作する場合の号令及び要領を定めたものである。

【解　説】
マンホール救助器具を操作する場合の号令及び要領を整理すれば、次表のとおりである。

順序	1	2	3
指揮者	「操作始め」と号令する。		操作状況を確認して「やめ」と号令する。
一番員	指揮者の「操作始め」の号令で二、三番員と協力して三脚を指定された場所に移動する。	脚部の高さ等を調整し、三脚固定ワイヤーで固定する。	三番員の「基底部固定よし」の合図で「三脚設定よし」と合図する。
二番員	指揮者の「操作始め」の号令で一、三番員と協力して三脚を指定された場所に移動する。	脚部の高さ等を調整し、三脚固定ワイヤーで固定する。	
三番員	指揮者の「操作始め」の号令で一、二番員と協力して三脚を指定された	脚部の高さ等を調整し、三脚固定ワイヤーで固定して「基底部固定よ	

	場所に移動する。	し」と合図する。	
四番員	指揮者の「操作始め」の号令で救出ロープを保持して指定された場所に移動する。		指揮者の「やめ」の号令で操作を停止する。
備考		高さ等の調整は、第四十六条の三第五号に定めるとおりとする。重大な事故につながるおそれがあるため必ず最大負荷重量以下で使用すること。つり上げ、つり下げは常にゆっくりと器具に衝撃を与えないこと。	三脚設定位置は、第四十六条の三第一号に定めるとおりとする。

（マンホール救助器具の収納）

第四十六条の七　設定されたマンホール救助器具を収納するには、次の号令及び要領による。

一　指揮者は、「おさめ」と号令する。

二　一番員は、前号の号令で二、三番員と協力して三脚を指定された場所から移動し、三脚固定ワイヤーを取り外し、三番員の「基底部離脱よし」の合図でストッパーピンを抜き、引き出した部分を収納し、三脚をまとめ、横にし、二番員と協力して三脚をもとの位置に搬送して集合線にもどる。

三　二番員は、第一号の号令で一、三番員と協力して三脚を指定された場所から移動し、三脚固定ワイヤーを取り外し、三番員の「基底部離脱よし」の合図でストッパーピンを抜き、引き出した部分を収納し、三脚をまとめ、横にし、「三脚収納よし」と合図し、一番員と協力して三脚をもとの位置に搬送して集合線にもどる。

四　三番員は、第一号の号令で一、二番員と協力して三脚を指定された場所から移動し、三脚固定ワイヤーを取り外し、「基底部離脱よし」と合図し、ストッパーピンを抜き、引き出した部分を収納し、ストッパーピン及び三脚固定ワイヤーをもとの位置に搬送して集合線にもどる。

五　四番員は、第一号の号令でストッパー付ダブル滑車を取り外し、「滑車離脱よし」と合図し、ストッパー付ダブル滑車をもとの位置に搬送して集合線にもどる。

本条…追加〔平成一〇年二月消告一号〕

【趣旨】

本条は、マンホール救助器具を収納する場合の号令及び要領について定めたものである。

【解説】

マンホール救助器具を収納する場合の号令及び要領を整理すれば、次表のとおりである。

順序	指揮者	一番員
1	「おさめ」と号令する。	指揮者の「おさめ」の号令で二、三番員と協力して三脚を指定された場所から移動し、三脚固定ワイヤーを取り外す。
2		三番員の「基底部離脱よし」の合図でストッパーピンを抜き、引き出した部分を収納し、三脚をまとめ、横にする。
3		二番員と協力して三脚をもとの位置に搬送して集合線に戻る。

二番員	指揮者の「おさめ」の号令で一、三番員と協力して三脚を指定された場所から移動し、三脚固定ワイヤーを取り外す。	三番員の「基底部離脱よし」の合図でストッパーピンを抜き、引き出した部分を収納し、三脚をまとめ、横にし、「三脚収納よし」と合図する。	一番員と協力して三脚をもとの位置に搬送して集合線に戻る。
三番員	指揮者の「おさめ」の号令で一、二番員と協力して三脚を指定された場所から移動し、三脚固定ワイヤーを取り外し、「基底部離脱よし」と合図する。	ストッパーピンを抜き、引き出した部分を収納する。	ストッパーピン及び三脚固定ワイヤーをもとの位置に搬送して集合線に戻る。
四番員	指揮者の「おさめ」の号令でストッパー付ダブル滑車を取り外し、「滑車離脱よし」と合図する。		ストッパー付ダブル滑車をもとの位置に搬送して集合線に戻る。
備考	三脚等に反り、ひずみ等著しい変形がないか確認するとともに、ロープに異状がないか併せて確認する。なおロープは、外傷があるもの、毛羽だちや極度に摩耗しているもの等は使用しないこと。砂や汚れがある場合は、ウエス等で拭きとり、汚れがひどい場合は中性洗剤で拭きとること。		

第七章　マット型空気ジャッキ操法

本章…追加〔昭和六三年一二月消告六号〕

【概　説】

マット型空気ジャッキ操法は、災害現場においてマット型空気ジャッキを使って障害物に挟まれ又は閉じ込められた要救助者を空気圧を利用したバックを拡張させ、その力で障害物を持ち上げ、押し広げを行うことにより、救助するための操法である。

本章に定めるマット型空気ジャッキは、各消防本部で一般的に広く使用されているジャッキで、バックの型式により最大揚力が数トンから四十トン超のものがある。

なおこのジャッキは、障害物と接地面との間隔が数㎝あれば操作できる利点がある。

（マット型空気ジャッキ各部の名称及び定位）

第四十七条　マット型空気ジャッキの各部の名称及び定位は、第十一図及び第十二図のとおりとする。

第11図　マット型空気ジャッキ各部の名称

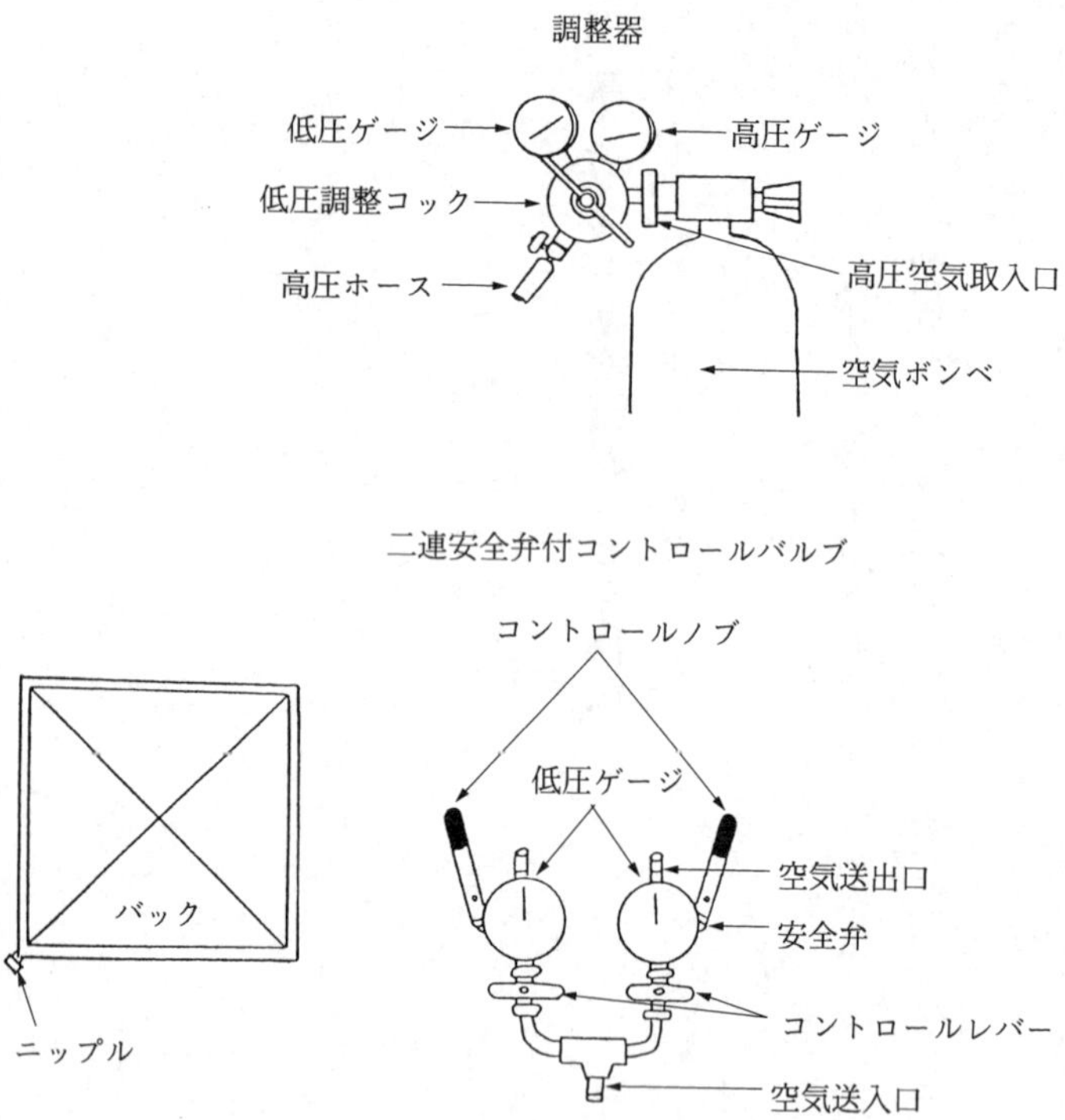

第12図　マット型空気ジャッキ操法の定位

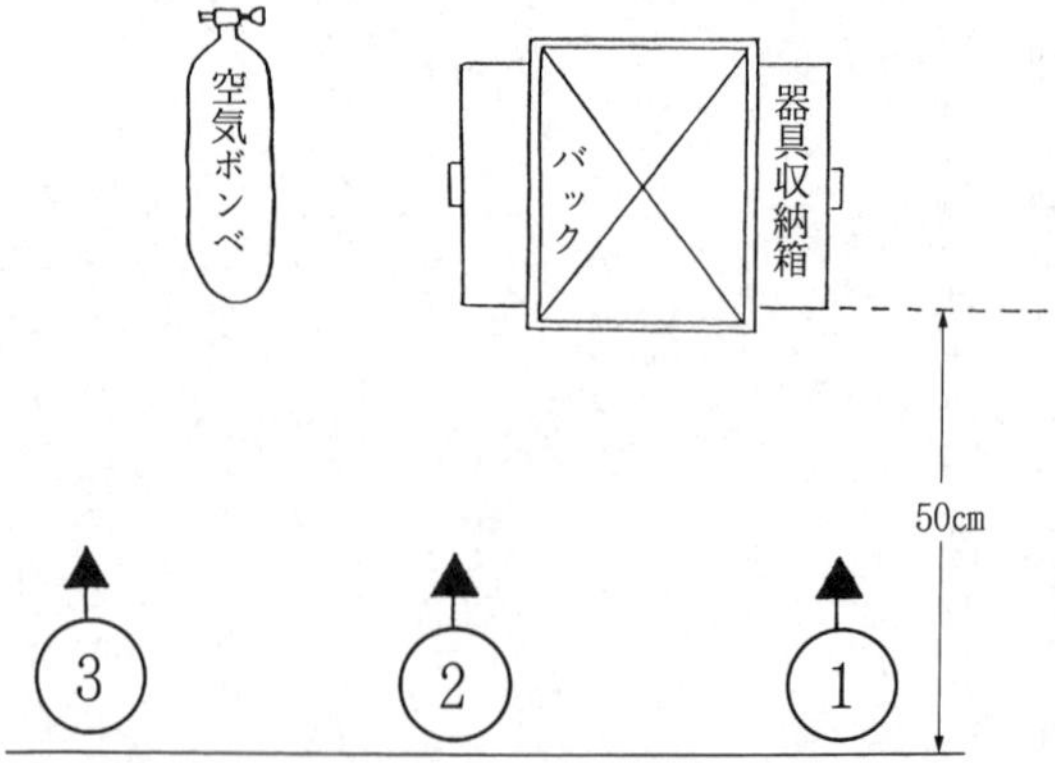

本条…追加〔昭和六三年一二月消告六号〕

【趣　旨】

本条は、マット型空気ジャッキ各部の名称及び定位について図示するものである。

（操法実施上の留意事項）

第四十八条　第四条に定めるもののほか、マット型空気ジャッキ操法を実施するときは、次の各号に掲げる事項に留意しなければならない。

一　対象物を上げる前に、必要なブロック、支柱を準備すること。

二　バックは、必ず徐々に膨らませること。

三　鋭利な対象物又は、摂氏百五度以上の対象物に対し使用しないこと。

四　重ね使いは、二枚までとし、必ず下になつたバックから先に膨らませること。

五　そく止弁を開くときは、全てのバルブが閉じていることを確認すること。

本条…追加〔昭和六三年一二月消告六号〕

【趣　旨】

本条は、第四条に定める一般的留意事項のほかに、マット型空気ジャッキ操法を実施するうえで特に必要な留意事項を定めたものである。指揮者は、第五条に定める留意事項についても留意しなければならない。

【解　説】

第一号関係

対象物を上げる前に対象物の滑り止め、補強等を目的としたブロック、支柱、当て木を準備すること。

第二号関係

バックを膨らませることにより、接地面が湾曲になり、対象物が動いたり、バックがはじかれることがあるため必ず徐々に膨らませること。

第三号関係

鋭利な対象物、又は摂氏百五度以上の対象物に対し、使用しないこと。

第四号関係

バックの重ね使いは、二枚までとし、大きさの異なるバックを重ねる場合は、大きいバックを下にし、必ず下になったバックから先に膨らませること。

第五号関係

そく止弁を開くときは、すべてのバルブが閉じていることを確認し、ゆっくり開け、ボンベの圧力を確認するとともにエア漏れ等の有無を点検すること。

（マット型空気ジャッキの操作の種別及び要領）

第四十九条　マット型空気ジャッキの操作を分けて、持上げ操作及び拡げ操作とする。

2　持上げ操作の要領は、次に定めるところによる。

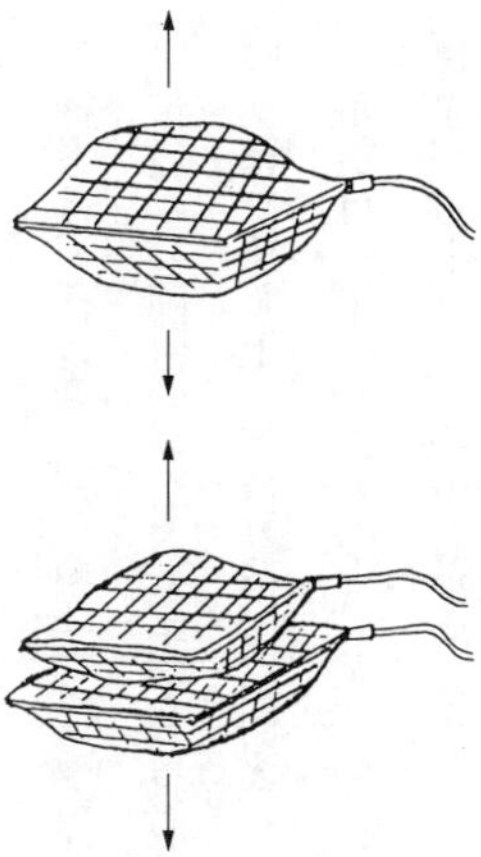

3　拡げ操作の要領は、次に定めるところによる。

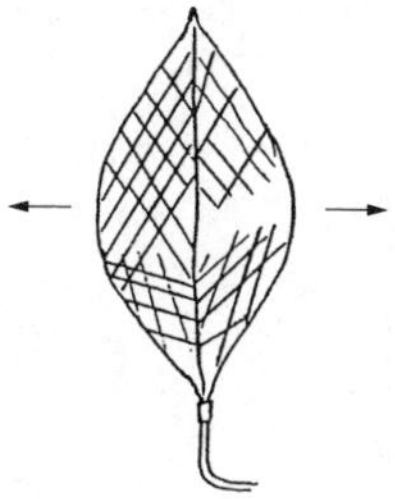

本条…追加〔昭和六三年一二月消告六号〕

【趣　旨】

本条は、マット型空気ジャッキの操作の種別及び要領を定めている。

マット型空気ジャッキの基本操作としては、バックを設定する向きにより、持上げ操作、広げ操作があり、それぞれの操作の要領が第二項、三項に定められている。

（マット型空気ジャッキの搬送）

第五十条　マット型空気ジャッキを操作位置に搬送するには、次の号令及び要領による。

一　指揮者は、「目標○○、搬送」と号令する。

二　一番員は、前号の号令で左手で器具収納箱の取手を持ち、二番員の「よし」の合図で二番員と協力して器具収納箱を持ち上げ、目標位置に搬送する。

三　二番員は、第一号の号令で右手で器具収納箱の取手を持ち、「よし」と合図し、一番員と協力して器具収納箱を持ち上げ、目標位置に搬送する。

四　三番員は、第一号の号令で右手でそく止弁を覆うようにしてつかみ空気ボンベ本体を持ち上げ、左脇腹にはさみ、目標位置に搬送する。

本条…追加〔昭和六三年一二月消告六号〕

【趣　旨】

本条は、マット型空気ジャッキを操作位置に搬送する場合の号令及び要領を定めたものである。

【解　説】

マット型空気ジャッキを搬送する場合の号令及び要領を整理すれば、次表のとおりである。

順　序	1	2	3
指揮者	「目標○○、搬送」と号令する。		
一番員	指揮者の「目標○○、搬送」の号令で器具収納箱の取手を持つ。	二番員の「よし」の合図で二番員と協力して器具収納箱を持ち上げる。	目標位置に搬送し待機する。
二番員	指揮者の「目標○○、搬送」の号令で器具収納箱の取手を持ち、「よし」と合図する。	一番員と協力して器具収納箱を持ち上げる。	一番員と同様。
三番員	指揮者の「目標○○、搬送」の号令で右手でそく止弁を覆うようにしてつかむ。	空気ボンベ本体を持ち上げ、左脇腹に挟む。	一番員と同様。
備　考	空気ボンベの取扱いには十分留意し、はずみによるそく止弁の開放も併せて注意すること。		

（マット型空気ジャッキの組立て）

第五十一条　マット型空気ジャッキの組立て及び点検をするには、次の号令及び要領による。

一　指揮者は、「○○操作組立て始め」と号令し、三番員の「組立てよし」の合図で「点検」と号令する。

二　一番員は、前号の「○○操作組立て始め」の号令で、器具収納箱からマット側高圧ホースを取り出し、マットに結合し、「結合よし」と合図し、もう一方の接続部を二番員に渡し、前号の「点検」の号令で、マット本体の外観視認点検を行い「点検よし」と合図する。

三　二番員は、第一号の「○○操作組立て始め」の号令で、器具収納箱から二連安全弁付コントロールバルブを取り出し、空気送出口に一番員から受け取ったマット側高圧ホースを結合し「結合よし」と合図し、二連安全弁付コントロールバルブの空気送入口に調整器側高圧ホースを結合して「結合よし」と合図したのち、調整器側高圧ホースのもう一方を三番員に渡し、同号の「点検」の号令で二連安全弁付コントロールバルブのコントロールレバー及びコントロールノブが閉じた状態を確認し、高圧ホース接続部の外観視認点検を行い「点検よし」と合図する。

四　三番員は、第一号の「○○操作組立て始め」の号令で、器具収納箱から調整器を取り出し、ボンベに結合して、「取付けよし」と合図し、二番員から調整器側高圧ホースの一方を受け取り調整器に結合して「組立てよし」と合図し、同号の「点検」の号令で、空気ボンベのそく止弁を開き圧力を確認して「圧力○○メガ」と合図し、調整器、空気ボンベの外観視認点検を行い「点検よし」と合図する。

本条…追加〔昭和六三年一二月消告六号〕、一部改正〔平成一一年九月消告九号〕

【趣　旨】

本条は、マット型空気ジャッキを組み立てる場合の号令及び要領を定めたものである。

【解　説】

マット型空気ジャッキを組み立てる場合の号令及び要領を整理すれば、次表のとおりである。

順序	指揮者	一番員	二番員	三番員
1	「○○操作組立て始め」と号令する。	指揮者の「○○操作組立て始め」の号令で、器具収納箱からマット側高圧ホースを取り出す。	指揮者の「○○操作組立て始め」の号令で器具収納箱から二連安全弁付コントロールバルブを取り出す。	指揮者の「○○操作組立て始め」の号令で器具収納箱から調整器を取り出す。
2		マット（バック）に結合し、「結合よし」と合図する。	空気送出口に一番員から受け取ったマット（バック）側高圧ホースを結合し「結合よし」と合図する。	ボンベに結合して、「取付けよし」と合図する。
3		もう一方の接続部を二番員に渡す。	二連安全弁付コントロールバルブの空気送入口に調整器側高圧ホースを結合して「結合よし」と合図する。	
4	三番員の「組立てよし」の合図で「点検」と号令する。	指揮者の「点検」の号令でマット（バック）本体の外観視認点検を行い「点検よし」と合図する。	調整器側高圧ホースのもう一方を三番員に渡し、指揮者の「点検」の号令で二連安全弁コントロールバルブのコントロールレバー及びコントロールノブが閉じた状態を確認し、高圧ホース接続部の外観視認点検を行い「点検よし」と合図する。	二番員から調整器側高圧ホースの一方を受け取り調整器に結合して「組立てよし」と合図し、指揮者の「点検」の号令で、空気ボンベのそく止弁を開き圧力メガを確認して「圧力○○、○○」と合図し、調整器、空

	備考
	高圧ホースの引きずり、接続部の落下等留意すること。
	接続部がクイックカップリンクの場合は「カチッ」と音がするまでしっかりと差し込むこと。
気ボンベの外観視認点検を行い「点検よし」と合図する。	

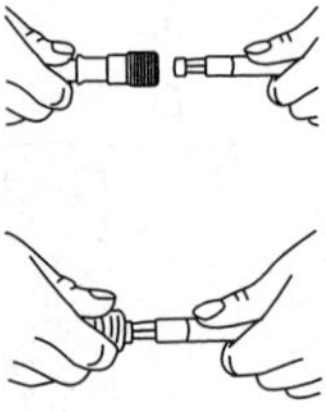

（マット型空気ジャッキの操作）

第五十二条　マット型空気ジャッキを操作するには、次の号令及び要領による。

一　指揮者は、「○○操作始め」と号令し、操作の状況を確認して「やめ」と号令する。

二　一番員は、前号の「○○操作始め」の号令でマットを指示された箇所に設定し、「設定よし」と合図し、マットの作動状況を注視する。

三　二番員は、一番員の「設定よし」の合図及び三番員の「調整圧力○○メガ」の合図で、コントロールレバーをゆっくり操作し、マットを徐々に膨らまし、第一号の「やめ」の号令でコントロールレバーの操作を停止する。

四　三番員は、第一号の「○○操作始め」の号令で、調整バルブを操作して設定圧力に調整し、「調整圧力○○メガ」と合図し、調整器の圧力に注意しながら操作状況を注視する。

本条…追加〔昭和六三年一二月消告六号〕、一部改正〔平成一一年九月消告九号〕

【趣　旨】

本条は、マット型空気ジャッキを操作する場合の号令及び要領を定めたものである。

【解　説】

マット型空気ジャッキを操作する場合の号令及び要領を整理すれば、次表のとおりである。

順序	1	2	3
指揮者	「○○操作始め」と号令する。	操作の状況を確認する。	操作の状況を確認して「やめ」と号令する。
一番員	指揮者の「○○操作始め」の号令でマット（バック）を指示された箇所に設定し、「設定よし」と合図する。	マット（バック）の作動状況を注視する。	
二番員		一番員の「設定よし」の合図及び三番員の「調整圧力○○メガ」の合図で、コントロールレバーをゆっくり操作し、マット（バック）を徐々に膨らませる。	指揮者の「やめ」の号令でコントロールレバーの操作を停止する。
三番員	指揮者の「○○操作始め」の号令で調整バルブ（低圧調整コック）を操作し、設定圧力（おおむね八キロ）に調整し、「調整圧力○○メガ」と合図する。	調整器の圧力に注意しながら操作状況を注視する。	
備考	操作に当たっては、第四十八条第一項から第五項までに定める要領による。		

（マット型空気ジャッキの収納）

第五十三条　設定されたマット型空気ジャッキを収納するには、次の号令及び要領による。

一　指揮者は、「おさめ」と号令する。

二　一番員は、二番員の「エアー抜きよし」の合図で、設定箇所からマットを外し、次いでマットから高圧ホースを取り外し、器具収納箱に納め、マットをもとの位置に搬送して集合線にもどる。

三　二番員は、三番員の「そく止弁閉鎖よし」の合図で、コントロールノブを操作しマット側のエアーを抜き、次いでコントロールレバーを操作し、ボンベ側高圧ホースのエアーを抜き「エアー抜きよし」と合図し、二連安全弁付コントロールバルブから高圧ホースを取り外し、二連安全弁付コントロールバルブ及び高圧ホースを器具収納箱に収納し、収納箱をもとの位置に搬送して、集合線にもどる。

四　三番員は、第一号の「おさめ」の号令で空気ボンベのそく止弁を閉じ、「そく止弁閉鎖よし」と合図し、二番員の「エアー抜きよし」の合図で調整器から高圧ホースを取り外したのち、空気ボンベから調整器を取り外し、次いで高圧ホース、調整器を器具収納箱に収納し、空気ボンベをもとの位置に搬送して、集合線にもどる。

本条…追加〔昭和六三年一二月消告六号〕

【趣　旨】

本条は、設定されたマット型空気ジャッキを収納する場合の号令及び要領について定めたものである。

【解　説】

マット型空気ジャッキを収納する場合の号令及び要領を整理すれば、次表のとおりである。

順序	1	2	3
指揮者	「おさめ」と号令する。		
一番員		二番員の「エアー抜きよし」の合図で、設定箇所からマット（バック）を外し、マット（バック）から高圧ホースを取り外し器具収納箱に納める。	マット（バック）をもとの位置に搬送して集合線に戻る。
二番員	三番員の「そく止弁閉鎖よし」の合図で、コントロールノブを操作しマット（バック）側のエアーを抜き、ボンベ側高圧ホースのエアーを抜き「エアー抜きよし」と合図する。	二連安全弁付コントロールバルブから高圧ホースを取り外し、二連安全弁付コントロールバルブ及び高圧ホースを器具収納箱に収納する。	収納箱をもとの位置に搬送して、集合線に戻る。
三番員	指揮者の「おさめ」の号令で空気ボンベのそく止弁を閉じ、「そく止弁閉鎖よし」と合図、二番員の「エアー抜きよし」の合図で調整器から高圧ホースを取り外す。	空気ボンベから調整器を取り外し、高圧ホース、調整器を器具収納箱に収納する。	空気ボンベをもとの位置に搬送して、集合線に戻る。
備考	マット（バック）及び高圧ホース内に高圧がかかったままの状態で高圧ホースを離脱すると、高圧ホースが跳ね、足等を負傷する危険性がある。 マット（バック）内の空気はゆっくり抜く。	調整器の取り外しは、放出バルブを反時計方向にまわし、空気を排出すること。	

第八章　可搬式ウインチ操法

旧四章…繰下〔昭和六三年一二月消告六号〕

【概　説】

可搬式ウインチ操法は、災害現場において可搬式ウインチを使って強固な重量のある障害物のけん引、除去、ロープの展張等を行うことにより、要救助者を救助するための操法である。

本章に定める可搬式ウインチは、各消防本部で一般的に広く使用されているウインチで、ギヤ、巻胴等を使用せず、前後二組のつかみ装置が交互に作動してワイヤーロープを前方に直接的に送り出す機構で、操作の簡単なウインチである。

なお、このウインチは、巻胴を使用しないためウインチワイヤーがある限り揚程の限界はなく、また、使用角度はいかなる状態でも使用できる利点がある。操作はテコによる復動式で、ワイヤーの前進後退は、パイプハンドルの差し替えによって簡単に切り替えることができる。

（可搬式ウインチ各部の名称及び定位）

第五十四条　可搬式ウインチ各部の名称及び定位は、第十三図及び第十四図のとおりとする。

第13図　可搬式ウインチ各部の名称

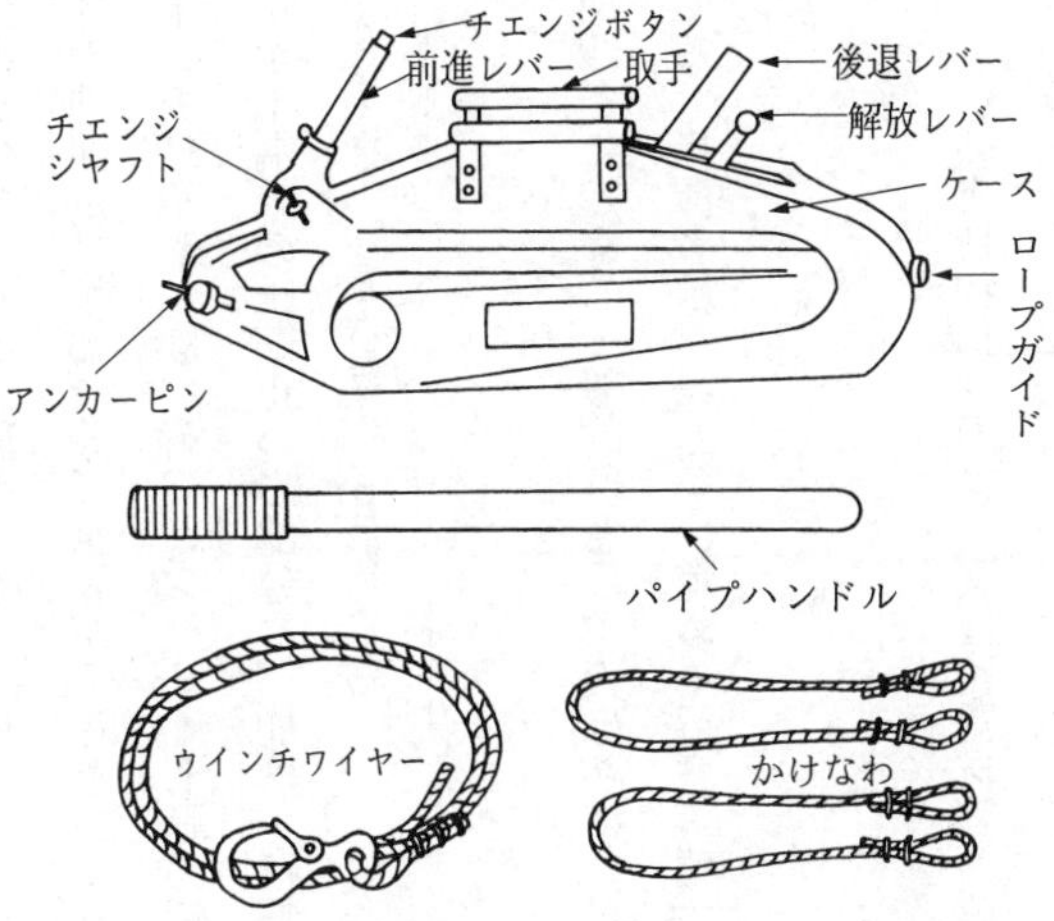

第14図　可搬式ウインチ操法の定位

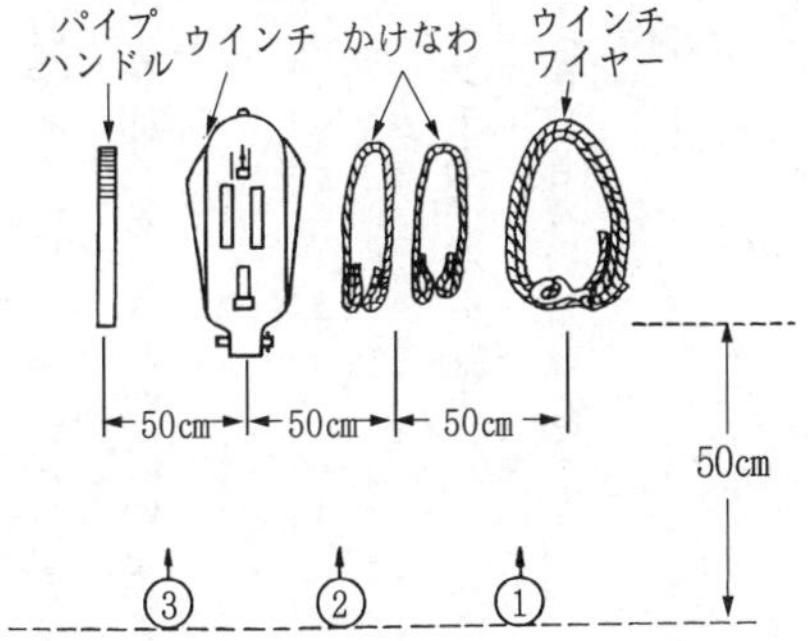

旧二五条…一部改正し繰下〔昭和六三年一二月消告六号〕

【趣　旨】

本条は、可搬式ウインチ各部の名称及び定位について図示するものである。

（操法実施上の留意事項）

第五十五条　第四条に定めるもののほか、可搬式ウインチ操法を実施するときは、次の各号に掲げる事項に留意しなければならない。

一　本体の支持物は、作業荷重に十分耐えられるものを選定すること。

二　本体の内部及び軸部に砂、水等が入らないようにすること。

三　ウインチワイヤーは、石、コンクリート等の鋭い角に直接あてたり、かけなわなどに使用しないこと。

四　ワイヤー端末の圧縮止めの部分に、加熱、打撃及び強圧を加えるような取扱いをしないこと。

旧二六条…繰下〔昭和六三年一二月消告六号〕

【趣　旨】

本条は、第四条に定める一般的留意事項のほかに、可搬式ウインチ操法を実施するうえで特に必要な留意事項を定めたものである。指揮者は、第五条に定める留意事項についても留意しなければならない。

【解　説】

第一号関係

可搬式ウインチの支持物は、障害物又は資器材等の荷重に十分耐えられる堅固な支持物を選んで使用する。

第二号関係

可搬式ウインチの内部や軸部に砂、水等が入ると故障のもととなるので、砂、水等が入らないよう十分注意を払う必要がある。

第三号関係

ウインチワイヤーを石、コンクリート等の鋭い角に直接当てると作業荷重等により切断するおそれがあるので、鋭い角の場所には布等を使用して直接ウインチワイヤーが鋭い角に当たらないようにする。

また、ウインチワイヤーをかけなわなどに使用すると曲がりぐせができ、操作が円滑にできなくなるばかりでなく、機能低下及びキンクの原因となるので、かけなわなど目的外使用は避ける。

ウインチワイヤーを解く場合は、キンクを生じさせないよう回転させながら解く。

なお、新しいウインチワイヤーは軽荷重、低速で使用し、なじませる必要がある。

第四号関係

ウインチワイヤー端末の圧縮止めの部分に加熱、打撃及び強圧を加えると、圧縮止めが取れる等の障害が生じ、機能低下をきたすこととなるので、これらのことをしてはならない。

また、ウインチワイヤーは端末の圧縮止めが可搬式ウインチ本体に接触するまで引くことのないよう注意する必要がある。

なお、本条各号に掲げる留意事項は、可搬式ウインチ操法を実施するうえでの基本的なものであるが、これらのほか、可搬式ウインチの取扱い及び操作を行うに当たっては、次の事項にも留意する必要がある。

⑴　解放レバーを引いてつかみ装置を解放にするとき、ハンマー等で打つようなことはしないこと。

⑵　ハンドル操作は、ゆっくり大きく行うこと。

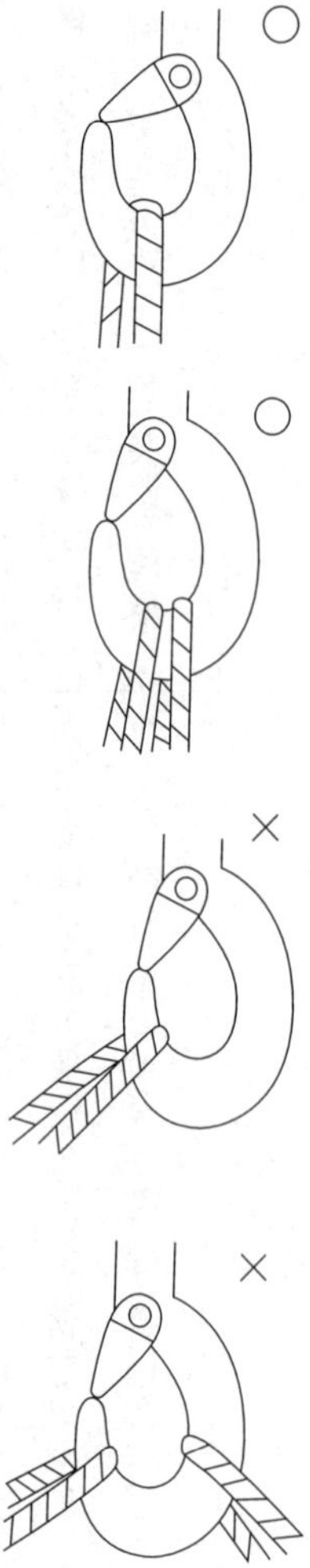

(3)　安全フックの使用中は安全キャップを確実にかけること。
(4)　安全フックに横方向の力がかかる使い方は、絶対に避けること。
(5)　ストランド中の近接断線数が五以上あったり、ストランドのよりの変形、圧縮止め部分のきず、変形等の損傷があるときは、交換すること。

（可搬式ウインチの操作の種別及び要領）

第五十六条　可搬式ウインチの操作を分けて、吊り上げ操作及び横引き操作とする。

2　次の各号に掲げる吊り上げ操作の要領は、当該各号に定めるところによる。

一　吊り上げ操作（一）

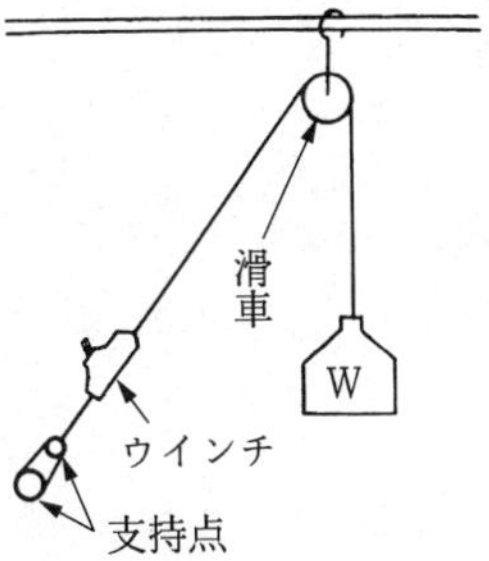

二　吊り上げ操作（二）

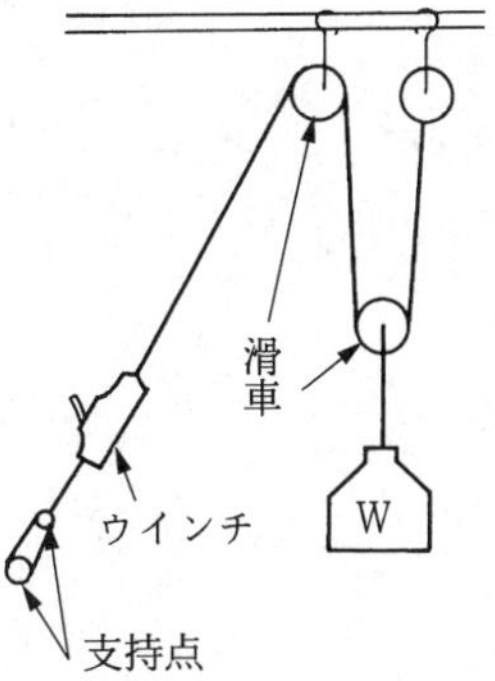

3　次の各号に掲げる横引き操作の要領は、当該各号に定めるところによる。

一　横引き操作（一）

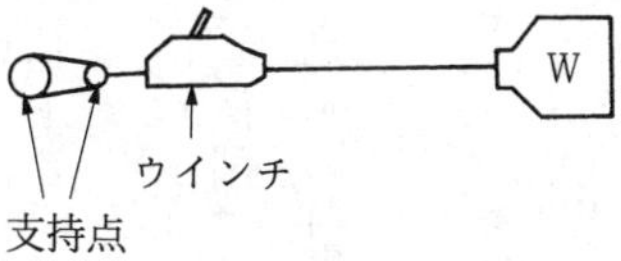

二　横引き操作（二）

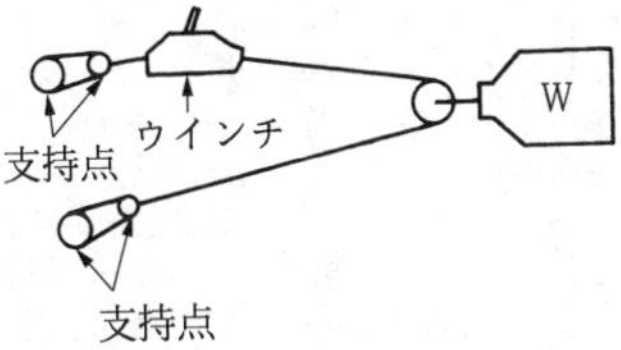

旧二七条…繰下〔昭和六三年一二月消告六号〕

【趣　旨】

本条は、可搬式ウインチの操作の種別及び要領を定めたものである。可搬式ウインチの操作には、つり上げ操作及び横引き操作がある。

【解　説】

つり角度は、原則として六十度以下とする必要がある。

また、障害物等の荷重とウインチの能力範囲を考え、能力以上の荷重の場合は滑車を使用することとする。

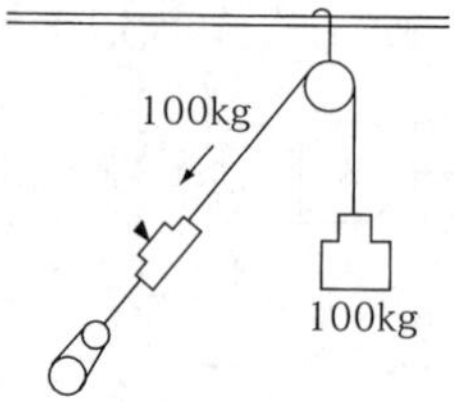

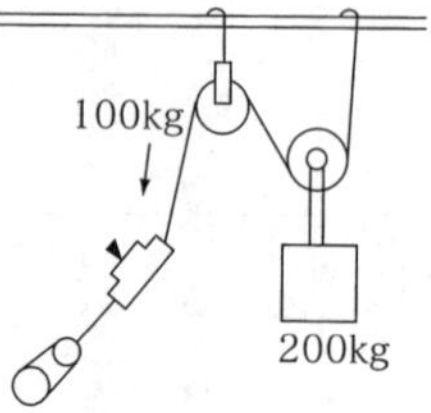

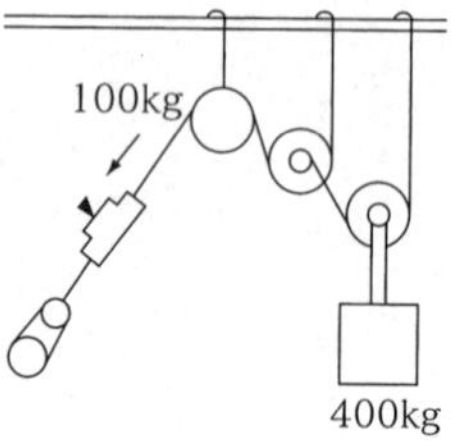

（可搬式ウインチの搬送）

第五十七条　可搬式ウインチを操作位置に搬送するには、次の号令及び要領による。

一　指揮者は、「目標○○、搬送」と号令する。

二　一番員は、前号の号令でウインチワイヤーを右肩にかけ、左手でかけなわをもつて目標位置に搬送する。

三　二番員は、第一号の号令で、右手でかけなわをもち、左手でウインチ右側取手をもち、三番員の「よし」の合図で、三番員と協力してウインチをもち上げ、目標位置に搬送する。

四　三番員は、第一号の号令で左手でパイプハンドルをもち、右手でウインチ左側取手をもち、「よし」と合図し、二番員と協力してウインチをもち上げ、目標位置に搬送する。

旧二八条…繰下〔昭和六三年一二月消告六号〕

【趣　旨】

本条は、可搬式ウインチを操作位置に搬送する場合の号令及び要領について定めたものである。

【解　説】

可搬式ウインチを搬送する場合の号令及び要領を整理すれば、次表のとおりである。

順序	指揮者	一番員	二番員	三番員
1	「目標○○、搬送」と号令する。	指揮者の「目標○○、搬送」の号令でウインチワイヤーを右肩にかけ、左手でかけなわを持って目標位置に搬送する。	指揮者の「目標○○、搬送」の号令で右手でかけなわを持ち、左手でウインチの右側取手を持つ。	指揮者の「目標○○、搬送」の号令で左手でパイプハンドルを持ち、右手でウインチ左側取手を持ち「よし」と合図する。
2			三番員の「よし」の合図で、三番員と協力してウインチを持ち上げ目標位置に搬送する。	二番員と協力してウインチを持ち上げ、目標位置に搬送する。

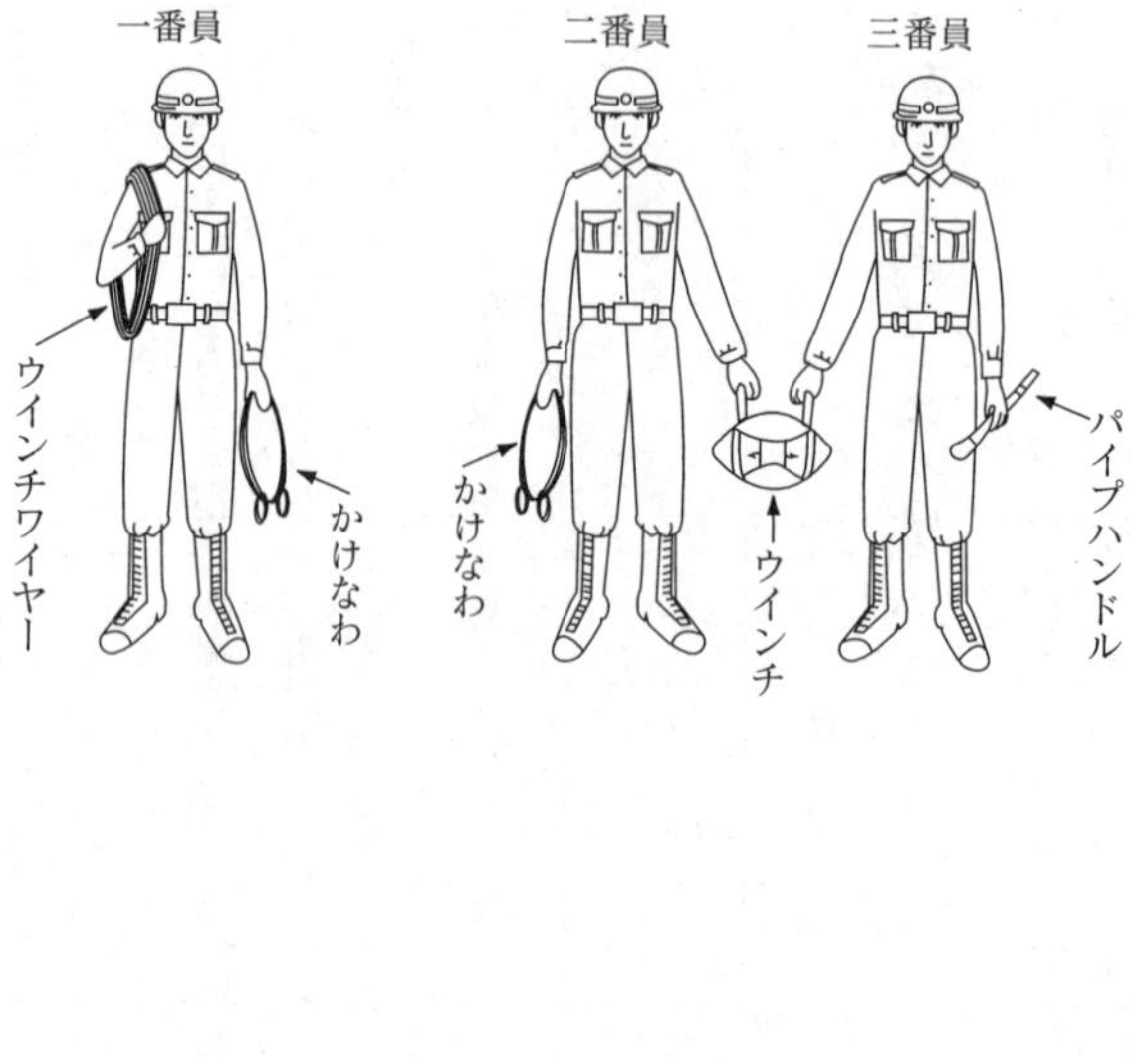

（可搬式ウインチのけん引準備）

第五十八条　可搬式ウインチによるけん引の準備をするには、次の号令及び要領による。

一　指揮者は、「けん引用意」と号令する。
二　一番員は、前号の号令でかけなわをけん引対象物にかけて「かけなわよし」と合図し、次いでかけなわの輪にウインチワイヤーのフツクをかけて「フツクよし」と合図し、ウインチワイヤーをウインチの位置まで伸ばして端末を二番員に「ワイヤー」と合図して渡し、けん引対象物の位置にもどる。
三　二番員は、第一号の号令でかけなわを支持物にかけて「かけなわよし」と合図し、かけなわの輪を三番員がはずしたアンカーピンにかけて「アンカーピンよし」と合図して、ウインチの前にまわり一番員の「ワイヤー」の合図でウインチワイヤーの端末を受け取り、三番員と協力してウインチワイヤーをロープガイドにとおし、ワイヤーのたるみをなくしたのち、支持物の位置にもどる。
四　三番員は、第一号の号令でアンカーピンをはずし、二番員の「アンカーピンよし」の合図でかけなわが張るように本体を移動して「本体よし」と合図し、一番員の「ワイヤー」の合図で二番員に協力してウインチワイヤーをロープガイドにとおし、解放レバーを押してつかみ装置とし、前進レバーにパイプハンドルをそう入して両手でもち「準備よし」と合図する。

旧二九条…繰下〔昭和六三年一二月消告六号〕

【趣　旨】
本条は、可搬式ウインチによるけん引の準備をする場合の号令及び要領を定めたものである。

【解　説】
可搬式ウインチによるけん引の準備をする場合の号令及び要領を整理すれば、次表のとおりである。

順序	指揮者	一番員	二番員	三番員
1	「けん引用意」と号令する。一番員、二番員、三番員の操作の状況を確認する。	指揮者の「けん引用意」の号令でかけなわをけん引対象物にかけ「かけなわよし」と合図する。	指揮者の「けん引用意」の号令でかけなわを支持物にかけて「かけなわよし」と合図する。この場合、支持物はけん引対象物に応じた堅固なものを利用すること。	指揮者の「けん引用意」の号令でアンカーピンを外す。
2		かけなわの輪にウインチワイヤーのフックをかけて「フックよし」と合図する。	かけなわの輪を三番員が外したアンカーピンにかけて「アンカーピンよし」と合図してウインチの前にまわる。	二番員の「アンカーピンよし」の合図でかけなわが張るように本体を移動して「本体よし」と合図する。
3		ウインチワイヤーをウインチの位置まで伸ばして端末を二番員に「ワイヤー」と合図して渡す。	一番員の「ワイヤー」の合図でウインチワイヤーの端末を受け取り、三番員と協力してウインチワイヤーをロープガイドに通し、ワイヤーのたるみをなくす。	一番員の「ワイヤー」の合図で二番員に協力してウインチワイヤーをロープガイドに通す。
4		けん引対象物の位置に戻る。	支持物の位置に戻る。	解放レバーを押してつかみ装置とし、前進レバーにパイプハンドルを挿入して両手で持ち「準備よし」と合図する。

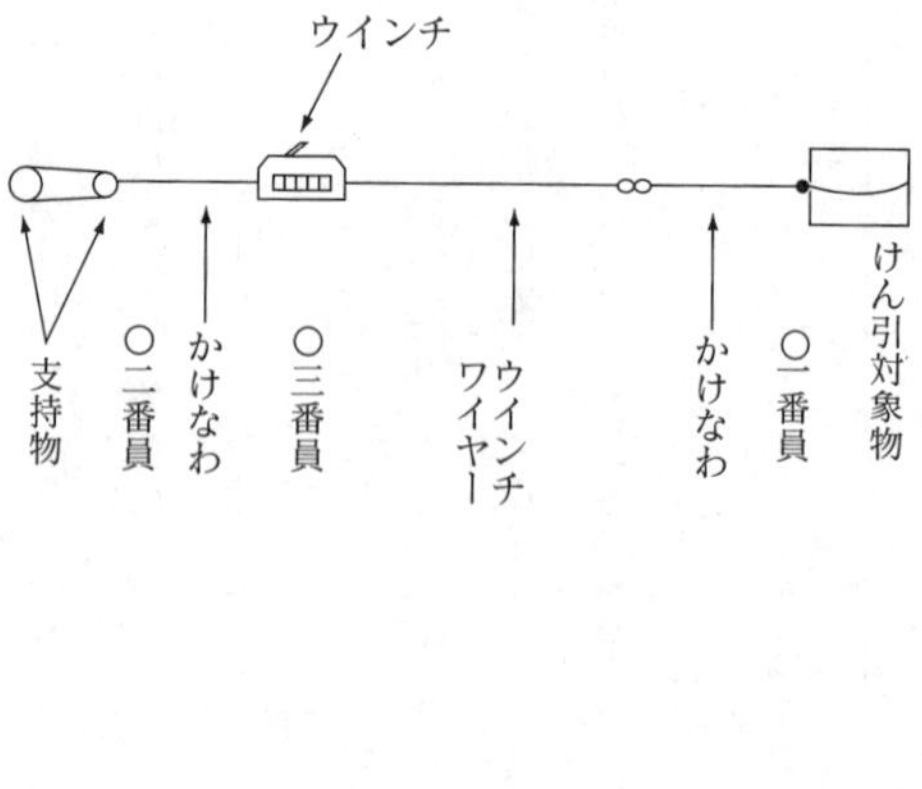

（可搬式ウインチのけん引）

第五十九条　可搬式ウインチによるけん引を行うには、次の号令及び要領による。

一　指揮者は、「けん引始め」と号令し、けん引の状況を確認して「けん引やめ」と号令する。

二　一番員は、前号の「けん引始め」の号令でけん引対象物、かけなわ及びウインチワイヤーのフックの状況を監視するとともに、三番員に適宜合図する。

三　二番員は、第一号の「けん引始め」の号令で支持物の状況を監視するとともに、三番員に適宜合図する。

四　三番員は、第一号の「けん引始め」の号令でパイプハンドルを操作し、同号の「けん引やめ」の号令で操作を停止する。

旧三〇条…繰下〔昭和六三年一二月消告六号〕

【趣　旨】

本条は、可搬式ウインチによるけん引を行う場合の号令及び要領を定めたものである。

【解　説】

可搬式ウインチによるけん引を行う場合の号令及び要領を整理すれば、次表のとおりである。

順序	指揮者	一番員
1	「けん引始め」と号令する。	指揮者の「けん引始め」の号令でけん引対象物、かけなわ及びウインチワイヤーのフックの状況を監視するとともに、三番員に適宜合図する。
2	けん引の状況を確認して「けん引やめ」と号令する。	

二番員	指揮者の「けん引始め」の号令で支持物の状況を監視するとともに、三番員に適宜合図する。	
三番員	指揮者の「けん引始め」の号令でパイプハンドルを一番員及び二番員の適宜の合図に合わせて操作する。	指揮者の「けん引やめ」の号令で操作を停止する。
備考	一番員、二番員は三番員に対して、ウインチワイヤー及びかけなわが張るまでけん引を行わせた後、かけなわが張った状態で、けん引対象物、フックの状況、支持物等の状況を確認し、再度けん引を行わせる。	

（可搬式ウインチの収納）

第六十条　可搬式ウインチを収納するには、次の号令及び要領による。

一　指揮者は、「おさめ」と号令する。

二　一番員は、前号の号令で三番員がハンドル操作を行つてウインチワイヤーがゆるんだら「ゆるみよし」と合図し、かけなわからワイヤーのフックをはずし、次いでかけなわをけん引対象物からはずし、ウインチワイヤー及びかけなわを整理し、もとの位置に搬送して集合線にもどる。

三　二番員は、第一号の号令でウインチの前にまわり、三番員の「解放よし」の合図でウインチワイヤーをもち、三番員と協力してウインチワイヤーをロープガイドから抜きとつて「ワイヤーよし」と合図し、次いで支持物の位置にいたり、かけなわを支持物からはずして右手にもち、左手でウインチの右側取手をもち、三番員の「よし」の合図で三番員と協力してウインチをもち上げ、もとの位置に搬送して集合線にもどる。

四　三番員は、第一号の号令でパイプハンドルを後進レバーに入れ換えてハンドルを操作し、一番員の「ゆるみよし」の合図でハンドルを後進レバーからはずし、次いで解放レバーを引いてつかみ装置を解放にして「解放よし」と合図し、二番員と協力してウインチワイヤーをロープガイドから抜きとり、次いでアンカーピンを抜いてかけなわをはずし、アンカーピンをもとにもどして「アンカーピンよし」と合図し、左手でパイプハンドルをもち、右手でウインチの左側取手をもつて「よし」と合図し、二番員と協力してウインチをもち上げ、もとの位置に搬送して集合線にもどる。

旧三一条…一部改正し繰下〔昭和六三年一二月消告六号〕

【趣旨】

本条は、使用後の可搬式ウインチを収納する場合の号令及び要領について定めたものである。

【解説】

可搬式ウインチを収納する場合の号令及び要領を整理すれば、次表のとおりである。

順序	指揮者	一番員
1	「おさめ」と号令する。	
2		三番員のハンドル操作によってウインチワイヤーが緩んだら「ゆるみよし」と合図する。
3		かけなわからワイヤーのフックを外し、次いでかけなわをけん引対象物から外す。
4		二番員の「ワイヤーよし」及び三番員の「アンカーピンよし」の合図を受け、ウインチワイヤー及びかけなわを
5		ウインチワイヤー及びかけなわをもとの位置に搬送して集合線に戻る。

	二番員	三番員
	指揮者の「おさめ」の号令で可搬式ウインチの前にまわる。	指揮者の「おさめ」の号令でパイプハンドルを後進レバーに入れ換えてハンドルを操作する。
		一番員の「ゆるみよし」の合図でハンドルを後進レバーから外し、次いで解放レバーを引いてつかみ装置を解放にしてから「解放よし」と合図する。
	三番員の「解放よし」の合図でウインチワイヤーを持ち、三番員と協力してウインチワイヤーをロープガイドから抜きとって「ワイヤーよし」と合図する。	二番員と協力してウインチワイヤーをロープガイドから抜きとり、次いでアンカーピンを抜いてかけなわを外し、アンカーピンをもとに戻して「アンカーピンよし」と合図する。
整理する。	支持物の位置に至り、かけなわを外して右手に持ち、左手でウインチの右側取手を持つ。	左手でパイプハンドルを持ち、右手でウインチの左側取手を持って「よし」と合図する。
	三番員の「よし」の合図で三番員と協力してウインチを持ち上げ、もとの位置に搬送して集合線に戻る。	二番員と協力してウインチを持ち上げ、もとの位置に搬送して集合線に戻る。

第九章　ガス溶断器操法

本章…追加〔昭和六三年一二月消告六号〕

【概　説】

ガス溶断器操法は災害現場において要救助者が障害物（金属）に挟まれ、又は閉じ込められた場合等に、ガス溶断器を使って障害物（金属）を溶断除去することにより要救助者の救助及び進入路の確保をする操法である。

ガス溶断器は、可燃性ガス（一般的にはアセチレンガスを使用）と酸素を使って金属を溶断する器具であり、取扱いについては、労働基準関係法規に定める資格が必要である。

（ガス溶断器の名称及び定位）

第六十一条　ガス溶断器各部の名称及び定位は、第十五図及び第十六図のとおりとする。

第15図　ガス溶断器各部の名称

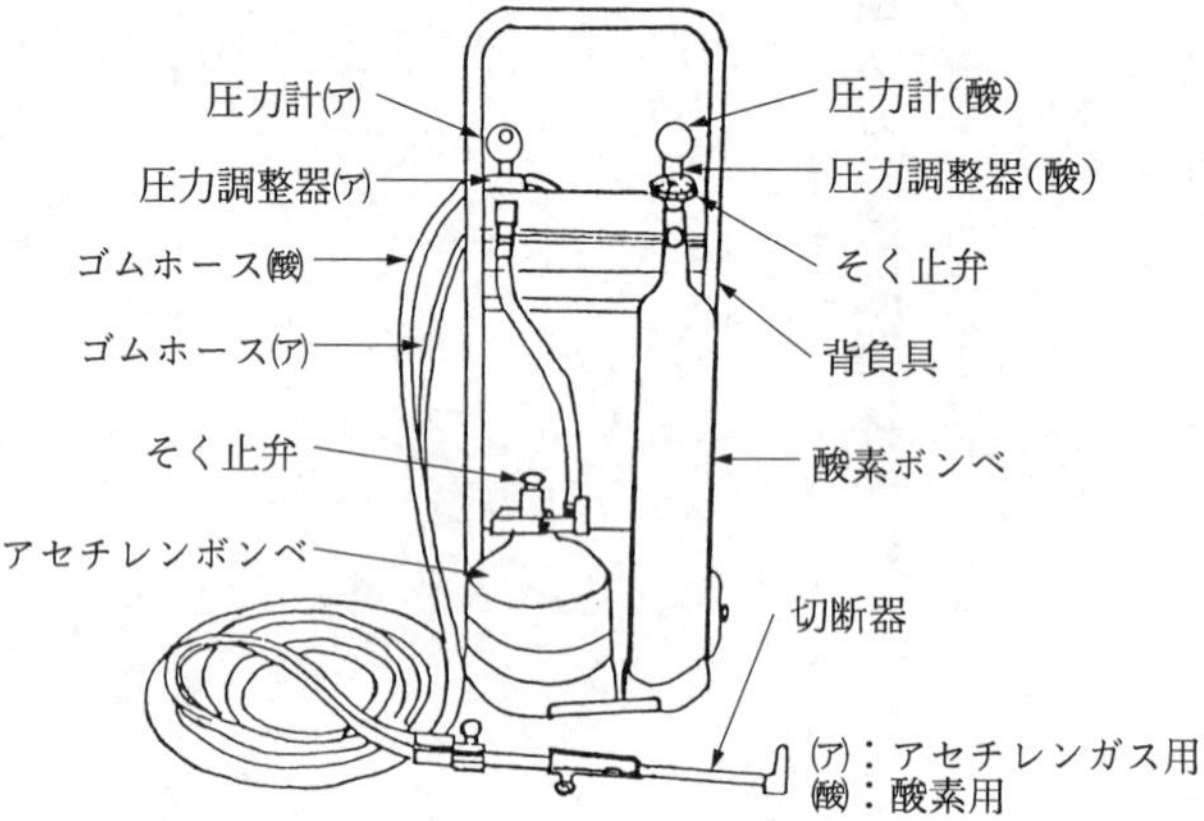

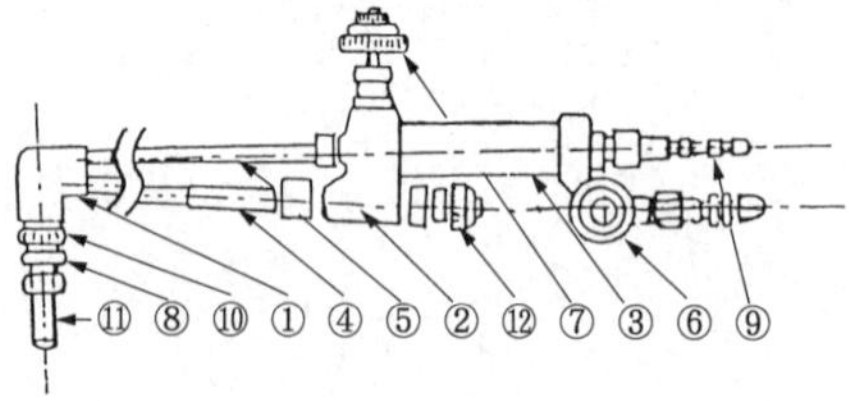

1．トーチヘッド　2．胴体　3．握り管　4．予熱管
5．酸素管　6．アセチレンバルブ　7．切断用酸素バルブ
8．火口本体　9．ホース口　10．バックナット
11．火口先　12．酸素バルブ

第16図　ガス溶断器操法の定位

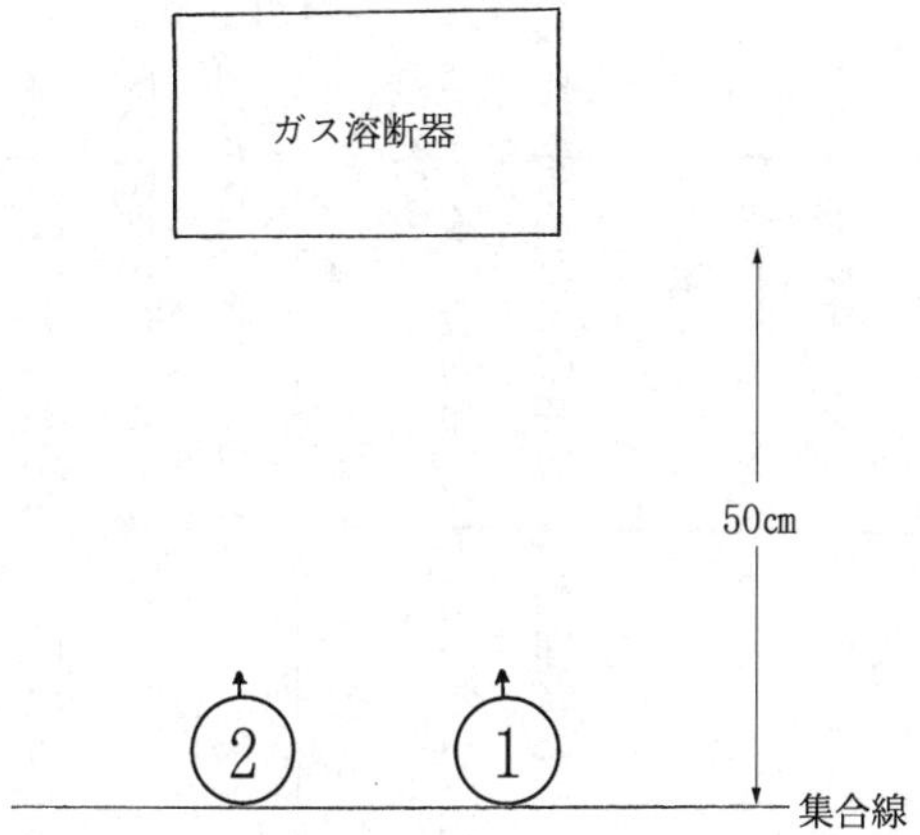

本条…追加〔昭和六三年一二月消告六号〕

【趣　旨】

本条は、ガス溶断器各部の名称及び定位について図示するものである。

（操法実施上の留意事項）

第六十二条　第四条に定めるもののほか、ガス溶断器操法を実施するときは、次の各号に掲げる事項に留意しなければならない。

一　ガスの滞留するようなタンク内等の換気の悪い場所では作業をしないこと。

二　周囲に引火性のガス、液体及び蒸気並びに粉じん等のある場所では作業をしないこと。

三　点火する時は、付近に人を近づけないこと。

四　火口のつまり、バルブレバーの異常に注意すること。

五　ホースは、切断の火粉がかかる方向に置かないこと。

六　消火手段の確保を行うこと。

本条…追加〔昭和六三年一二月消告六号〕

【趣　旨】

本条は第四条に定める一般的な留意事項のほかに、ガス溶断器操法を実施するうえでの安全を図るために特に留意すべき事項について定めたものである。指揮者は、第五条に定める留意事項についても留意しなければならない。

【解　説】

第一号関係

切断作業は、ガスの滞留するようなタンク内等換気の悪い場所での作業は実施せず、通気・換気には十分留意すること。

第二号関係

切断作業を行う周囲に、引火性のガス、液体及び蒸気並びに粉じん等のある場所では作業をしないこと。やむを得ず作業する場合には、火の粉の飛散するおそれのある範囲を不燃材で覆う等措置を講ずること。

第三号関係

点火する時は、専用の点火器を使用し、付近には人を近づけないこと。

第四号関係

調整器等を取り付ける時は、ホコリ等による火口のつまりを完全に除去し、バルブレバー等からのガス漏れが絶対にないように気をつけること。

第五号関係

切断器は炎のついたまま放置せず、切断の火の粉等によりゴムホースの損傷のおそれがあるためゴムホースの引きずり、火の粉がかかる方向への放置に十分留意すること。

第六号関係

万一に備え、消火器等による消火手段を講ずること。

（ガス溶断器の搬送）
第六十三条　ガス溶断器を操作位置に搬送するには、次の号令及び要領による。
一　指揮者は、「目標○○、搬送」と号令する。
二　一番員は、前号の号令で左手で器具収納箱の取手を持ち、二番員の「よし」の合図で二番員と協力して、器具収納箱を持ち上げ目標位置に搬送する。
三　二番員は、第一号の号令で右手で器具収納箱の取手を持ち「よし」と合図し、一番員と協力して器具収納箱を持ち上げ目標位置に搬送する。

本条…追加〔昭和六三年一二月消告六号〕

【趣　旨】
本条は、ガス溶断器を操作位置に搬送する場合の号令及び要領を定めたものである。

【解　説】
ガス溶断器を操作位置に搬送する場合の号令及び要領を整理すれば、次表のとおりである。

順序	指揮者	一番員	二番員
1	「目標○○、搬送」と号令する。	指揮者の「目標○○、搬送」の号令で、左手で器具収納箱の取手を持つ。	指揮者の「目標○○、搬送」の号令で、右手で器具収納箱の取手を持ち「よし」と合図する。
2		二番員の「よし」の合図で二番員と協力して、器具収納箱を持ち上げ目標位置に搬送する。	一番員と協力して器具収納箱を持ち上げ、目標位置に搬送する。

備考	器具収納箱には衝撃等与えないこと。

（ガス溶断器の組立て及び点検）

第六十四条　ガス溶断器の組立て及び点検をするには、次の号令及び要領による。

一　指揮者は、「○○切断、組立て始め」と号令し、二番員の「ホース取付けよし」の合図で「点検」と号令する。

二　一番員は、前号の「○○切断、組立て始め」の号令で、切断に適した火口を切断器に取り付け、「火口取付けよし」と合図し、次いで、ホースを吹管に取り付けて「ホース取付けよし」と合図し、前号の「点検」の号令で吹管の外観を視認点検して「点検よし」と合図する。

三　二番員は、第一号の「○○切断、組立て始め」の号令で、各連結部の取付け状態を確認し、「ホース取付けよし」と合図し、同号の「点検」の号令で各ボンベのそく止弁をゆっくり全開し、圧力を確認して「酸素○○メガ、アセチレン○○メガ」と合図し、調整器、ホース接続部の視認点検を行い「点検よし」と合図する。

本条…追加〔昭和六三年一二月消告六号〕、一部改正〔平成一一年九月消告九号〕

【趣　旨】　本条は、ガス溶断器の組立て及び点検を行う場合の号令及び要領について定めたものである。

【解　説】　ガス溶断器の組立て及び点検を行う場合の号令及び要領を整理すれば、次表のとおりである。

順序	指揮者	一番員	二番員	備考
1	「○○切断、組立て始め」と号令する。	指揮者の「○○切断、組立て始め」の号令で、切断に適した火口を切断器に取り付け、「火口取付けよし」と合図する。	指揮者の「○○切断、組立て始め」の号令で、各連結部の取付け状態を確認し、「ホース取付けよし」と合図する。	火口は完全に結合すること。 ゴムホースは専用のものを使用し、曲折、ねじれ等を作らないこと。 なお、ゴムホースが損傷したときは、交換し、テープ等で補修して使うようなことを避けること。
2		ホースを吹管に取り付け「ホース取付けよし」と合図する。		
3	二番員の「ホース取付けよし」の合図で「点検」と号令する。	指揮者の「点検」の号令で吹管の外観を視認点検し「点検よし」と合図する。	指揮者の「点検」の号令で各ボンベのそく止弁をゆっくり全開し、圧力を確認して「酸素○○メガ、アセチレン○○メガ」と合図し、調整器、ホース接続部の視認点検を行い「点検よし」と合図する。	各接続部の漏気は、石けん液を塗り、ゴムホースは水中に入れて点検すること。

（ガス溶断器による切断準備）

第六十五条　ガス溶断器による切断準備を行うには、次の号令及び要領による。

一　指揮者は、切断箇所を指示したのち「切断用意」と号令する。

二　一番員は、前号の号令で保護眼鏡を着装し、二番員の「調整圧力、酸素○○メガ、アセチレン○○メガ」の合図で、切断器のアセチレンバルブ及び低圧酸素バルブをわずかに開き、点火器で点火したのち両方のバルブで徐々に炎を調節して切断姿勢をとり「切断準備よし」と合図する。

三　二番員は、第一号の号令で「調整圧力、酸素○○メガ、アセチレン○○メガ」と合図する。

本条…追加〔昭和六三年一二月消告六号〕、一部改正〔平成一一年九月消告九号〕

【趣　旨】

本条は、ガス溶断器による切断準備を行う場合の号令及び要領について定めたものである。

【解　説】

ガス溶断器による切断準備を行う場合の号令及び要領を整理すれば、次表のとおりである。

順序	指揮者	一番員
1	切断箇所を指示したのち「切断用意」と号令する。	指揮者の「切断用意」の号令で保護眼鏡を着装する。
2		二番員の「調整圧力、酸素○○メガ、アセチレン○○メガ」の合図で、切断器のアセチレンバルブ及び低圧酸素バルブをわずかに開き、専用点火器で点火する。
3		両方のバルブで徐々に炎を調節して切断姿勢をとり「切断準備よし」と合図する。

二番員	備考
指揮者の「切断用意」の号令で、「調整圧力、酸素○○メガ、アセチレン○○メガ」と合図する。	切断作業には必ず保護眼鏡、皮手袋を着用すること。
	逆火（切断器の取扱いが悪い場合、パチパチと音をたて、パンと大きな音を火口で発し炎が消えること）を防止すること。
	ホース内での燃焼を避けるため、酸素バルブを少し開けてからアセチレンを出し点火する。

（ガス溶断器による切断）

第六十六条　ガス溶断器による切断を行うには、次の号令及び要領による。

一　指揮者は、「切断始め」と号令し、操作状況を確認して「切断やめ」と号令する。

二　一番員は、前号の「切断始め」の号令で切断箇所を加熱し、切断用酸素バルブを開き、高圧酸素を吹き付け切断操作を行い、前号の「切断やめ」の号令で切断操作を止め、切断用酸素バルブ、切断器の酸素バルブ次いでアセチレンバルブを閉じ、「消火よし」と合図する。

本条…追加〔昭和六三年一二月消告六号〕

【趣　旨】

本条は、ガス溶断器による切断を行う場合の号令及び要領について定めたものである。

【解説】

ガス溶断器による切断を行う場合の号令及び要領を整理すれば、次表のとおりである。

順序	指揮者	一番員	備考
1	「切断始め」と号令する。	指揮者の「切断始め」の号令で、切断箇所を加熱し、切断用酸素バルブを開き、高圧酸素を吹き付け切断操作を行う。	切断は、鋼材を対象に行う。切断用酸素の噴出量は、切断材の厚さに応じて加減し、ガスのなくなったボンベはそく止弁を確実に閉じること。
2	操作状況を確認する。		
3	操作状況を確認して「切断やめ」と号令する。	指揮者の「切断やめ」の号令で切断操作をやめ、切断用酸素バルブ、切断器の酸素バルブ、次いでアセチレンバルブを閉じ、「消火よし」と合図する。	切断用酸素バルブ、酸素バルブ、アセチレンバルブ、酸素元バルブの順序で行う。

（ガス溶断器の収納）

第六十七条　ガス溶断器を収納するには、次の号令及び要領による。

一　指揮者は、「おさめ」と号令する。

二　一番員は、二番員の「ボンベ閉鎖よし」の合図で切断器内のガスを抜き、二番員と協力して器具収納箱に収納し、もとの位置に搬送して集合線にもどる。

三　二番員は、第一号の号令でアセチレンボンベ、酸素ボンベのそく止弁を閉じ、「ボンベ閉鎖よし」と合図し、一番員と協力して器具収納箱に収納し、もとの位置に搬送して集合線にもどる。

本条…追加〔昭和六三年一二月消告六号〕

【趣　旨】

本条は、ガス溶断器を収納する場合の号令及び要領について定めたものである。

【解　説】

ガス溶断器を収納する場合の号令及び要領を整理すれば、次表のとおりである。

順序	指揮者	一番員	二番員	備考
1	「おさめ」と号令する。		指揮者の「おさめ」の号令で、アセチレンボンベ、酸素ボンベのそく止弁を閉じ、「ボンベ閉鎖よし」と合図する。	アセチレンボンベ、酸素ボンベのそく止弁を閉じ、切断器のバルブを開放し、残留ガスを放出してから、切断器のバルブを閉じ、火口が冷却してから収納する。
2		二番員の「ボンベ閉鎖よし」の合図で切断器内のガスを抜き、二番員と協力して器具収納箱に収納する。	一番員と協力して器具収納箱に収納する。	
3		もとの位置に搬送して集合線に戻り、待機する。	もとの位置に搬送して集合線に戻り、待機する。	

第十章　エンジンカッター操法

旧五章…繰下〔昭和六三年一二月消告六号〕

【概　説】

エンジンカッター操法は、災害現場において要救助者が障害物に挟まれ、又は閉じ込められた場合等に、エンジンカッターを使って障害物を切断することにより要救助者を救助する操法である。

エンジンカッターは、小型エンジンを動力とし、鉄、コンクリート、木材等の障害物（切断物）に最も適した円盤形の切断刃を回転させて障害物を切断する器具である。

消防救助操法の基準においては、切断器具として一般的に使用され、また用途の広いエンジンカッター操法について規定しているが、他の切断器具についても最近における災害態様の複雑化、多様化に伴い、その取扱い及び操作に習熟しておく必要がある。

（エンジンカッター各部の名称及び定位）

第六十八条　エンジンカッター各部の名称及び定位は、第十七図及び第十八図のとおりとする。

第17図　エンジンカッター各部の名称

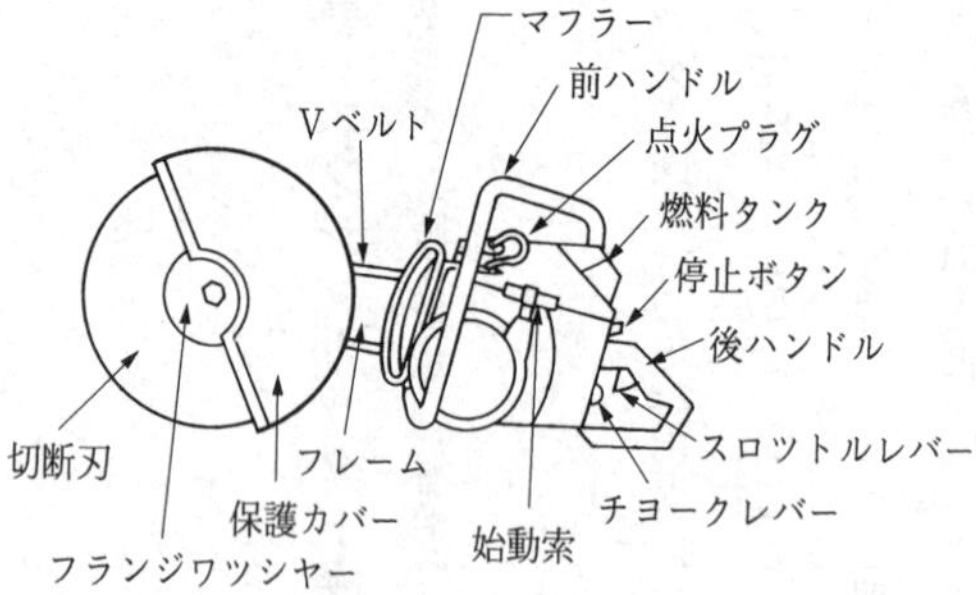

第18図　エンジンカッター操法の定位

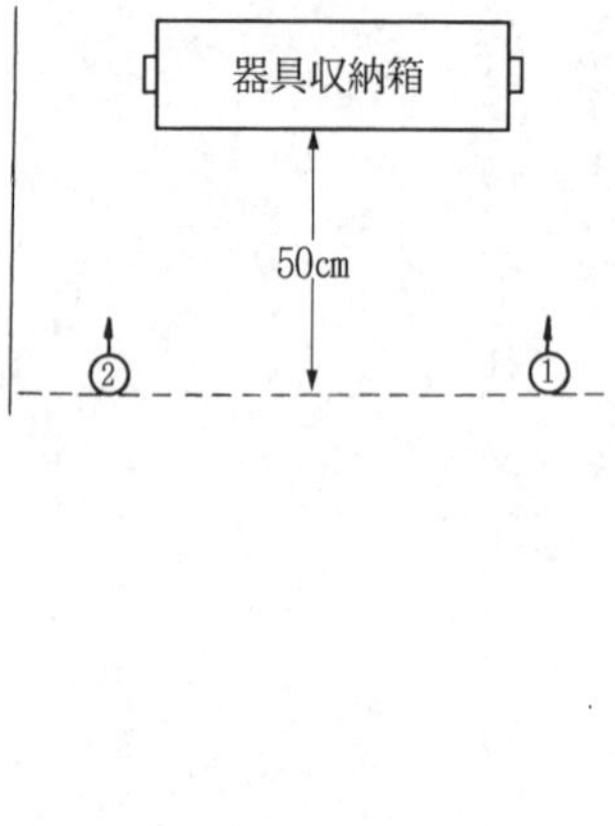

旧三二条…一部改正し繰下〔昭和六三年一二月消告六号〕

【趣　旨】

本条は、エンジンカッター各部の名称及び定位について図示するものである。

（操法実施上の留意事項）

第六十九条　第四条に定めるもののほか、エンジンカッター操法を実施するときは、次の各号に掲げる事項に留意しなければならない。

一　切断操作は、防塵眼鏡を使用し、十分に身体の安定をはかり、器具を確実に保持して行うこと。

二　切断刃は、切断材に適するものを選定すること。

三　引火及び発火の危険の予想される場所での操作は、行わないこと。

四　切断操作は、切断刃が切断面に対し垂直となるように行い、切断材への無理な押しつけ、又は刃をこじる等の操作は行わないこと。

五　操作中は、切断刃の前方及び後方に人を近づけないこと。

六　操作員は、切断刃の後方直線上に足を置かないこと。

旧三三条…一部改正し繰下〔昭和六三年一二月消告六号〕

【趣　旨】

本条は、第四条に定める一般的な留意事項のほかに、エンジンカッター操法を実施するうえでの安全を図るために特に留意すべき事項について定めたものである。指揮者は、第五条に定める留意事項についても留意しなければならない。

【解　説】

第一号関係

エンジンカッターで切断を行う場合には、火花、粉じん等が発生するので手及び目を保護するために皮手袋及び防塵眼鏡を使用するほか、作業衣等は必ず長袖のものを着用する。

また、切断操作を行うに際しては小型エンジンを動力として円盤形切断刃が高速回転し、危険が伴うので、十分に身体の安定を図り、器具を確実に保持する必要がある。

第二号関係

切断刃は、切断材に最も適した刃を選定して確実に固定する必要がある。切断刃の選定を誤ると、切断刃が破損して飛散し、操作員及び周囲の者が危害を受けることにもなりかねない。

第三号関係

切断操作中は火花等が発生するので、引火及び発火の危険物がある場所では切断操作に伴う二次的災害の危険性がある。したがって、引火及び発火の危険が予想される場所での切断操作は行わないようにするなど、常に、周囲の状況を確認し、十分安全対策を講ずる必要がある。

第四号関係

切断に際しては、前述のように円盤形切断刃が高速回転し、危険が伴うので、切断刃が切断面に対し垂直となるようにして、切断は上から下に真っすぐに行い、切断刃を切断材へ無理に押しつけたり、切断刃をねじるような取扱いをしてはならない。

第五号、六号関係

操作中は、円盤形切断刃が高速回転し火花、粉じん等が発生するため危険が伴うので、周囲、特に切断刃の前方及び後方に人を近づけないようにするとともに、操作員も事故防止等のため切断刃の後方直線上に足を置かないようにしなければならない。

（エンジンカッターの搬送）

第七十条　エンジンカツターを操作位置に搬送するには、次の号令及び要領による。

一　指揮者は、「目標〇〇搬送」と号令する。

二　一番員は、前号の号令で左手で器具収納箱の取手をもち、二番員の「よし」の合図で二番員と協力して器具収納箱をもち上げ、目標位置に搬送する。

三　二番員は、第一号の号令で右手で器具収納箱の取手をもち、「よし」と合図し、一番員と協力して器具収納箱をもち上げ、目標位置に搬送する。

旧三四条…繰下〔昭和六三年一二月消告六号〕

【趣　旨】

本条は、エンジンカッターを操作位置に搬送する場合の号令及び要領を定めたものである。

【解　説】

エンジンカッターを操作位置に搬送する場合の号令及び要領を整理すれば、次表のとおりである。

順序	指揮者	一番員	二番員	備考
1	「目標○○搬送」と号令する。	指揮者の「目標○○搬送」の号令で左手で器具収納箱の取手を持つ。	指揮者の「目標○○搬送」の号令で右手で器具収納箱の取手を持ち「よし」と合図する。	器具収納箱を持ち上げるときは腰を落とし安定した姿勢をとる。
2		二番員の「よし」の合図で二番員と協力して器具収納箱を持ち上げ目標位置に搬送する。	一番員と協力して器具収納箱を持ち上げ目標位置に搬送する。	

（エンジンカッターの切断刃の組立て及び点検）

第七十一条　エンジンカッターの切断刃の組立て及び点検をするには、次の号令及び要領による。

一　指揮者は、「○○切断、切断刃取付け」と号令し、一番員の「取付けよし」の合図で、「点検」と号令する。

二　一番員は、前号の「○○切断、切断刃取付け」の号令で器具収納箱からエンジンカッター、防塵眼鏡を取り出して置き、二番員から切断刃と切断刃取付工具を受け取って「よし」と合図し、切断刃を確実に取り付けて「取付けよし」と合図して、切断刃取付工具を二番員に渡し、前号の「点検」の号令で燃料タンクの燃料を点検して「燃料よし」と合図し、前ハンドルをもち、エンジンカッターをもち上げ、外観を視認点検し、「点検よし」と合図して二番員の前方に置く。

三　二番員は、第一号の「〇〇切断、切断刃取付け」の号令で器具収納箱から〇〇切断に適する切断刃と切断刃取付工具を取り出し、「〇〇用切断刃」と合図して一番員に渡し、一番員の切断刃取付け操作に協力し、一番員の「取付けよし」の合図で一番員から切断刃取付工具を受け取り、器具収納箱に収納する。

旧三五条…一部改正し繰下〔昭和六三年一二月消告六号〕

【趣　旨】

本条は、エンジンカッターの切断刃の組立て及び点検を行う場合の号令及び要領について定めたものである。

【解　説】

エンジンカッターの切断刃の組立て及び点検を行う場合の号令及び要領を整理すれば、次表のとおりである。

順序	指揮者	一番員	二番員
1	「〇〇切断、切断刃取付け」と号令する。	指揮者の「〇〇切断、切断刃取付け」の号令で器具収納箱からエンジンカッター、防塵眼鏡を取り出して置く。	指揮者の「〇〇切断、切断刃取付け」の号令で器具収納箱から〇〇切断に適する切断刃と切断刃取付工具を取り出し、「〇〇用切断刃」と合図して一番員に渡す。
2		二番員から切断刃と切断刃取付工具を受け取って「よし」と合図し、切断刃を確実に取り付けて「取付けよし」と合図して、切断刃取付工具を二番員に渡す。	一番員の切断刃取付け操作に協力し、一番員の「取付けよし」の合図で一番員から切断刃取付工具を受け取り、器具収納箱に収納する。
3	一番員の「取付けよし」の合図で、「点検」と号令する。	指揮者の「点検」の号令で燃料タンクの燃料を点検して「燃料よし」と合図し、前ハンドルを持ち、エンジンカッターを持ち上げ、外観を視認点検し、「点検よし」と合図して二番員の前方に置く。	

（エンジンカッターによる切断準備）

第七十二条　エンジンカッターによる切断準備を行うには、次の号令及び要領による。

一　指揮者は、切断箇所及び第六条に定める信号要領を指示したのち、「切断用意」と号令する。

二　一番員は、前号の号令で防塵眼鏡を着装し、二番員の「エンジン回転よし」の合図で、二番員の右前方側から接近し、左手で前ハンドルを右手で後ハンドル及びスロットルレバーをもち、「よし」と合図して二番員からエンジンカッターを受け取り、切断場所にいたり、切断姿勢をとり「準備よし」と合図する。

三　二番員は、第一号の号令で左手で前ハンドルを保持し、右手でチョークレバーを操作し、スロットルレバーを調節し、始動索の取手を握り「エンジン始動」と合図し、始動索を引いてエンジンを始動させ、エンジン調整を行つて「エンジン回転よし」と合図し、一番員の「よし」の合図でエンジンカッターを一番員に渡したのち、器具収納箱の位置にもどり、待機する。

旧三六条…一部改正し繰下〔昭和六三年一二月消告六号〕

【趣　旨】

本条は、エンジンカッターによる切断準備を行う場合の号令及び要領について定めたものである。

【解　説】

エンジンカッターによる切断準備を行う場合の号令及び要領を整理すれば、次表のとおりである。

順序	1	2	3
	一番員及び二番員に切断箇所及び第		

指揮者	一番員	二番員	備考
六条に定める信号要領を指示した後、「切断用意」と号令する。	指揮者から切断箇所及び信号要領の指示を受けた後、「切断用意」の号令で防塵眼鏡を着装する。	指揮者から切断箇所及び信号要領の指示を受けた後、「切断用意」の号令で左手でエンジンカッターの前ハンドルを保持し、右手でチョークレバーを操作し、スロットルレバーを調節し、始動索の取手を握り「エンジン始動」と合図し、始動索を引いてエンジンを始動させ、エンジン調整を行って「エンジン回転よし」と合図する。	指揮者が一番員及び二番員に指示する信号要領は、エンジンカッターを始動させた場合相当高い音が出るため、指示が周知徹底できる信号要領を使用すること。二番員は、エンジンを始動するときは障害物がなく、足場の良い場所を選ぶこと。
	二番員の「エンジン回転よし」の合図で、二番員の右前方側から接近し、左手で前ハンドルを、右手で後ろハンドル及びスロットルレバーを持ち、「よし」と合図する。	一番員の「よし」の合図でエンジンカッターを一番員に渡す。	
	二番員からエンジンカッターを受け取り、切断場所に至り、切断姿勢をとり「準備よし」と合図する。	器具収納箱の位置に戻り、待機する。	

（エンジンカッターによる切断）

第七十三条　エンジンカッターによる切断を行うには、次の号令及び要領による。

一　指揮者は、「切断始め」と号令（合図）し、操作状況を確認して「切断やめ」と号令（合図）する。

二　一番員は、前号の「切断始め」の号令（合図）でエンジンの回転数を上げ、指揮者から指示された箇所の切断操作を行ない、前号の「切断やめ」の号令（合図）で切断操作をやめ右手で停止ボタンを押してエンジンを停止させる。

旧三七条…繰下〔昭和六三年一二月消告六号〕

【趣　旨】

本条は、エンジンカッターによる切断を行う場合の号令及び要領について定めたものである。

【解　説】

エンジンカッターによる切断を行う場合の号令及び要領を整理すれば、次表のとおりである。

順　　序	1	2
指　揮　者	「切断始め」と号令（合図）する。	一番員の切断操作状況を確認して切断箇所の切断が終了したら「切断やめ」と号令（合図）する。
一　番　員	指揮者の「切断始め」の号令（合図）でエンジンの回転数を上げ指揮者から指示された箇所の切断を行う。	指揮者の「切断やめ」の号令（合図）で切断操作をやめ右手で停止ボタンを押してエンジンを停止させる。
備　　考	切断刃は切断面に対して垂直となるようにし、無理な押し付け、又は刃をこじる等の操作は行わないこと。	

（エンジンカッターの収納）

第七十四条　エンジンカッターを収納するには、次の号令及び要領による。

一　指揮者は、「切断刃取りはずし」と号令し、一番員の「取りはずしよし」の合図で、「おさめ」と号令する。

二　一番員は、前号の「切断刃取りはずし」の号令で二番員から切断刃取りはずし工具を受け取って「よし」と合図し、切断刃を取りはずし「取りはずしよし」と合図し、切断刃と切断刃取りはずし工具を二番員に渡し、前号の「おさめ」の号令でエンジンカッターを二番員に渡し、防塵眼鏡及び皮手袋をはずして器具収納箱に納め、二番員と協力してもとの位置に搬送して集合線にもどる。

三　二番員は、第一号の「切断刃取りはずし」の号令で器具収納箱から切断刃取りはずし工具を取り出して一番員に渡し、一番員の切断刃取りはずし操作に協力し、一番員の「取りはずしよし」の合図で一番員から切断刃と切断刃取りはずし工具を受け取つて器具収納箱に収納し、同号の「おさめ」の号令で一番員からエンジンカッターを受け取つて器具収納箱に収納し、一番員と協力してもとの位置に搬送して集合線にもどる。

旧三八条…一部改正し繰下〔昭和六三年一二月消告六号〕

【趣　旨】

本条は、エンジンカッターを収納する場合の号令及び要領について定めたものである。

【解　説】

エンジンカッターを収納する場合の号令及び要領を整理すれば、次表のとおりである。

順序	指揮者	一番員	二番員
1	「切断刃取りはずし」と号令する。		指揮者の「切断刃取りはずし」の号令で器具収納箱から切断刃取り外し工具を取り出して一番員に渡す。
2		二番員から切断刃取り外し工具を受け取って「よし」と合図し、二番員の協力を得て切断刃を取り外し「取りはずしよし」と合図し、切断刃と切断刃取り外し工具を二番員に渡す。	一番員の切断刃取り外し操作に協力し、一番員の「取りはずしよし」の合図で一番員から切断刃と切断刃取り外し工具を受け取って器具収納箱に収納する。
3	一番員の「取りはずしよし」の合図で、「おさめ」と号令する。	指揮者の「おさめ」の号令でエンジンカッターを二番員に渡し、防塵眼鏡及び皮手袋を外して器具収納箱に納め、二番員と協力してもとの位置に搬送して集合線に戻る。	指揮者の「おさめ」の号令により一番員からエンジンカッターを受け取って器具収納箱に収納し、一番員と協力してもとの位置に搬送して集合線に戻る。

第十一章　チェーンソー操法

本章…追加〔昭和六三年一二月消告六号〕

【概　説】

チェーンソー操法は、災害現場において要救助者が障害物（樹木・木材等）に挟まれ、又は閉じ込められた場合等にチェーンソーを使って障害物を切断することにより要救助者を救助する操法である。

チェーンソーは、小型エンジンを動力とし、樹木・木材等の障害物を帯状の切断刃（ソーチェーン）を駆動させて障害物を切断する器具である。

（チェーンソー各部の名称及び定位）

第七十五条　チェーンソー各部の名称及び定位は、第十九図及び第二十図のとおりとする。

第19図　チェーンソー各部の名称

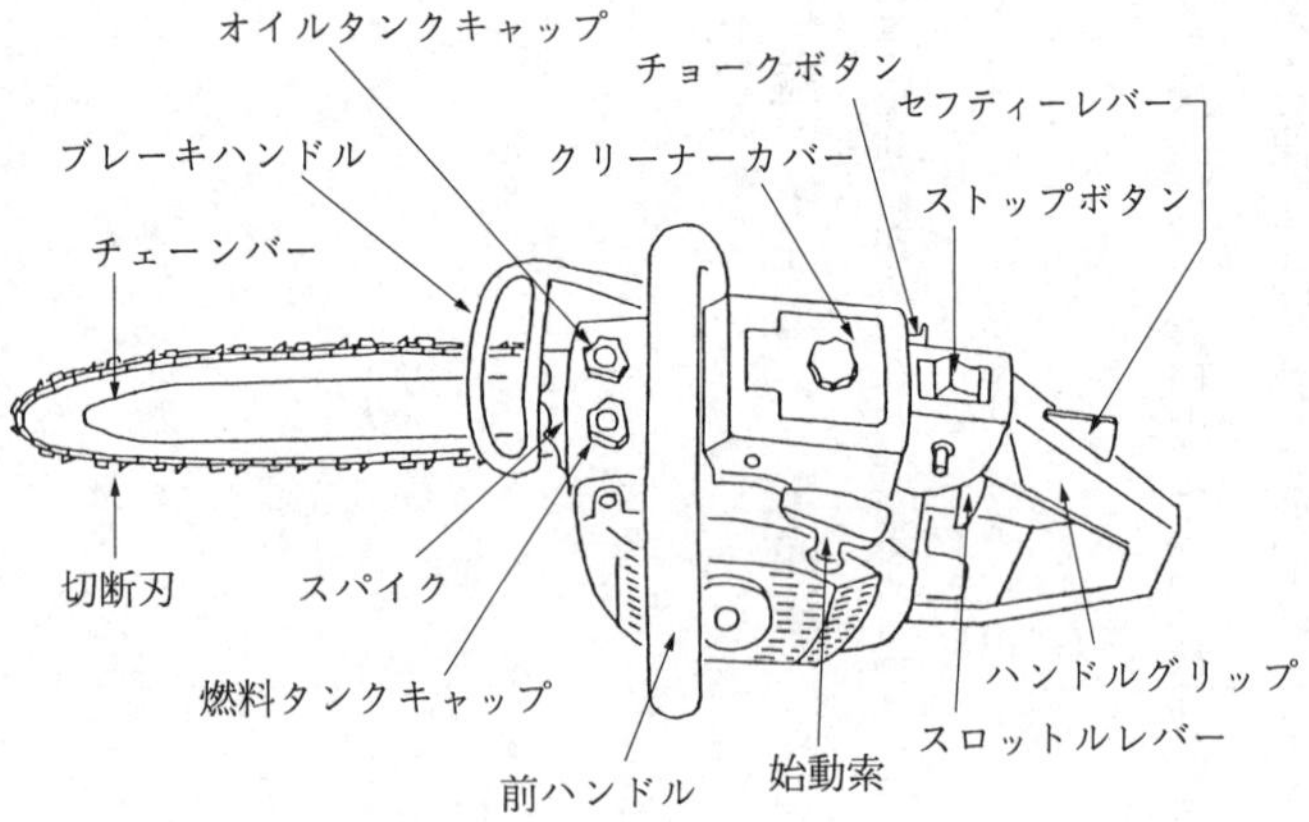

第20図　チェーンソー操法の定位

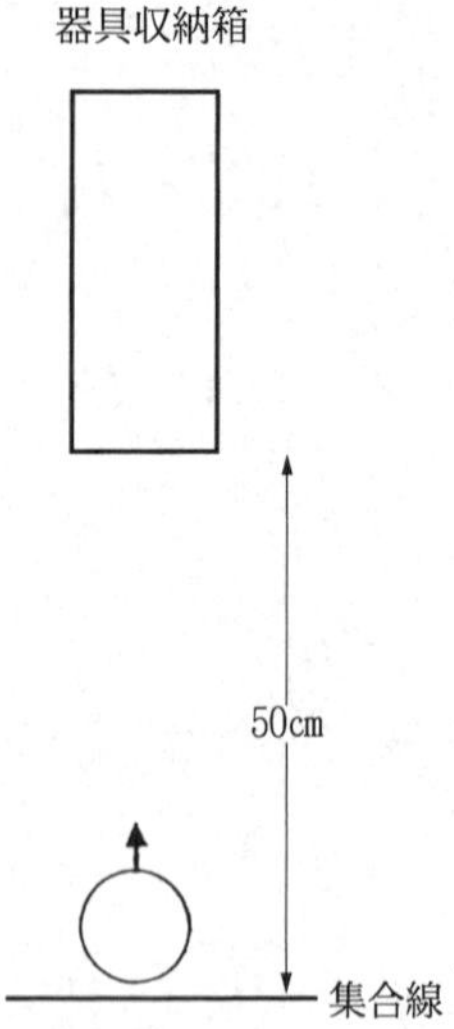

本条…追加〔昭和六三年一二月消告六号〕

【趣　旨】
本条は、チェーンソー各部の名称及び定位について図示するものである。

（操法実施上の留意事項）
第七十六条　第四条に定めるもののほか、チェーンソー操法を実施するときは、次の各号に掲げる事項に留意しなければならない。
一　切断操作は、十分に身体の安定を図り器具を確実に保持して行うこと。
二　操作中は、周囲に人を近づけないこと。
三　器具を落したり、切断刃を打ちつける等、刃に異常な衝撃を与えないこと。
四　切断操作は、強く押しつけたりせず、まっすぐ行い、刃をねじるような取扱いをしないこと。
本条…追加〔昭和六三年一二月消告六号〕

【趣　旨】
本条は、第四条に定める一般的な留意事項のほかに、チェーンソー操法を実施するうえでの安全を図るために特に留意すべき事項について定めたものである。指揮者は、第五条に定める留意事項についても留意しなければならない。

【解　説】

第一号関係

チェーンソーで切断を行う場合には、手及び目を保護するために、皮手袋及び防塵眼鏡を使用するほか、作業衣等は必ず長袖のものを着用する。また、切断操作を行うに際しては小型エンジンを動力として帯状の切断刃が高速回転し、危険が伴うので、十分に身体の安全を図り、器具を確実に保持する必要がある。

第二号関係

始動索を引く前に、周囲に人や障害物のないことを確認するとともに、操作中は切断刃の張りが緩み飛散するおそれがあるので、周囲に人を近づけず切断刃の後方直線上に足を置かないこと。

第三号関係

器具を落としたり、切断刃を打ちつける等、刃に異常な衝撃を与えない。

くさびは、木製、プラスチック製のものを使用し、鉄鋼製のものを避ける。

第四号関係

切断は、強く押し付けたりせず、真っすぐ行い、刃をねじるような取扱いをしない（切断刃は、木に軽く当てるだけで十分である。）。

チェーンが木に挟まったり、ひっかかったりした場合は、スロットルレバーを離してチェーンの回転を止める。

（チェーンソーの搬送）

第七十七条　チェーンソーを操作位置に搬送するには、次の号令及び要領による。

一　指揮者は、「目標○○、搬送」と号令する。

二　操作員は、前号の号令で器具収納箱を持ち上げ、目標位置に搬送する。

本条…追加〔昭和六三年一二月消告六号〕

【趣　旨】

本条は、チェーンソーを操作位置に搬送する場合の号令及び要領を定めたものである。

【解　説】

第一号関係

指揮者は「目標○○、搬送」と号令する。

第二号関係

操作員は、指揮者の「目標○○、搬送」の号令で器具収納箱を持ち上げ、目標位置に搬送する。器具収納箱を持ち上げるときは、腰を落とし安定した姿勢をとる。

（チェーンソーの点検及び切断準備）

第七十八条　チェーンソーの点検及び切断準備をするには、次の号令及び要領による。

一　指揮者は、「点検」と号令し、操作員の「点検よし」の呼唱で「切断用意」と号令する。

二　操作員は、前号の「点検」の号令で器具収納箱からチェーンソー及び防塵眼鏡を取り出して置き、燃料タンクを点検して「燃料よし」と呼唱し、チェーンソーを持ち上げ外観を視認点検し「点検よし」と呼唱し、前号の「切断用意」の号令で防塵眼鏡を着装し、チョークレバーを操作して、次いでスロットルレバーを調節し、始動索の取手を握り、「エンジン始動」と呼唱して、始動索を引いてエンジンを始動させ、エンジン調整を行つて「エンジン回転よし」と呼唱し、切断場所に行き、切断姿勢をとり「準備よし」と呼唱する。

本条…追加〔昭和六三年一二月消告六号〕

【趣　旨】

本条は、チェーンソーの点検及び切断準備を行う場合の号令及び要領について定めたものである。

【解　説】

チェーンソーの点検及び切断準備を行う場合の号令及び要領を整理すれば、次表のとおりである。

順序	指揮者	操作員
1	「点検」と号令する。	指揮者の「点検」の号令で器具収納箱からチェーンソー及び防塵眼鏡を取り出して置き、燃料タンクの燃料を点検して「燃料よし」と合図し、チェーンソーを持ち上げ
2	操作員の「点検よし」の合図で「切断用意」と号令する。	指揮者の「切断用意」の号令で防塵眼鏡を着装し、チョークレバーを操作し、次いでスロットルレバーを調節し、始動索の取手を握り、「エンジン始動」と合図して、

	備考
外観を視認点検し「点検よし」と合図する。	切断刃の振り具合は、常に点検するとともに燃料、各種取付けボルト等も合わせて点検する。
始動索を引いてエンジンを始動させ、エンジン調整を行って「エンジン回転よし」と合図し、切断場所に行き、切断姿勢をとり「準備よし」と合図する。	エンジンを始動する際の留意事項は第七十六条第二号等の要領による。 エンジン始動は、 (1)チョークレバーを倒す。 (2)スロットル固定ピンを押したまま、スロットルレバーを引くと固定ピンで固定される。 (3)左手で前ハンドルを押さえ、右手で始動索を引く。 (4)始動したら、自動巻込みの速度に合わせて始動索を静かに戻す。 の順で行う。

（チェーンソーによる切断）

第七十九条　チェーンソーによる切断を行うには、次の号令及び要領による。

一　指揮者は、「切断始め」と号令し、操作状況を確認して「切断やめ」と号令する。

二　操作員は、前号の「切断始め」の号令でエンジン回転数を上げ、指揮者から指示された箇所の切断操作を行い、前号の「切断やめ」の号令で切断操作をやめ、右手で停止ボタンを押してエンジンを停止させる。

本条…追加〔昭和六三年一二月消告六号〕

【趣旨】

本条は、チェーンソーによる切断を行う場合の号令及び要領について定めたものである。

【解説】

チェーンソーによる切断を行う場合の号令及び要領を整理すれば、次表のとおりである。

順序	指揮者	操作員	備考
1	「切断始め」と号令する。	指揮者の「切断始め」の号令でエンジン回転数を上げ、指揮者から指示された箇所の切断操作を行う。	切断刃を切断面にできるだけ垂直に当て切断する。
2	操作状況を確認して「切断やめ」と号令する。	指揮者の「切断やめ」の号令で切断操作をやめ、右手で停止ボタンを押してエンジンを停止させる。	始動索の巻込みを防ぐため、始動索を少し引き、停止ボタンを押す。

（チェーンソーの収納）

第八十条　チェーンソーを収納するには、次の号令及び要領による。

一　指揮者は、「おさめ」と号令する。

二　操作員は、前号の号令で防塵眼鏡を外し、チェーンソーとともに器具収納箱に収納し、もとの位置に搬送して集合線にもどる。

本条…追加〔昭和六三年一二月消告六号〕

【趣　旨】

本条は、チェーンソーを収納する場合の号令及び要領について定めたものである。

【解　説】

チェーンソーを収納する場合の号令及び要領を整理すれば、次表のとおりである。

順序	指揮者	操作員
1	「おさめ」と号令する。	指揮者の「おさめ」の号令で防塵眼鏡を外し、チェーンソーとともに器具収納箱に収納する。
2		もとの位置に搬送して集合線に戻る。

第十二章　空気鋸操法

本章…追加〔昭和六三年一二月消告六号〕

【概　説】

空気鋸操法は、災害現場において要救助者が障害物に挟まれ、又は閉じ込められた場合等に空気鋸を使って障害物を切断することにより要救助者を救助する操法である。

空気鋸の動力源は空気又は窒素を使用し、鋼材、非鉄金属、プラスチック、木材等の障害物を切断する器具である。

（空気鋸各部の名称及び定位）

第八十一条　空気鋸各部の名称及び定位は、第二十一図及び第二十二図のとおりとする。

第21図　空気鋸各部の名称

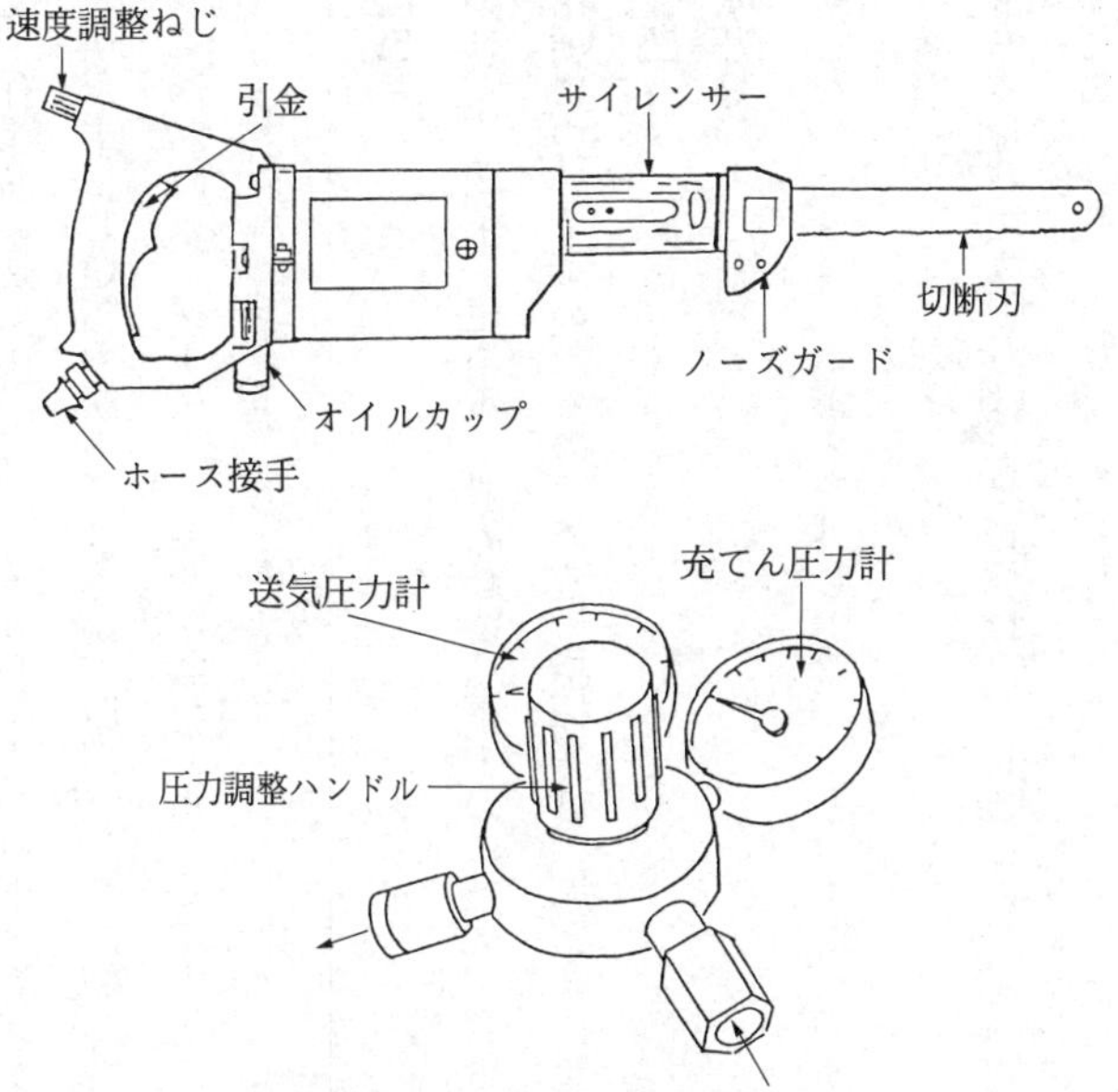

第22図　空気鋸操法の定位

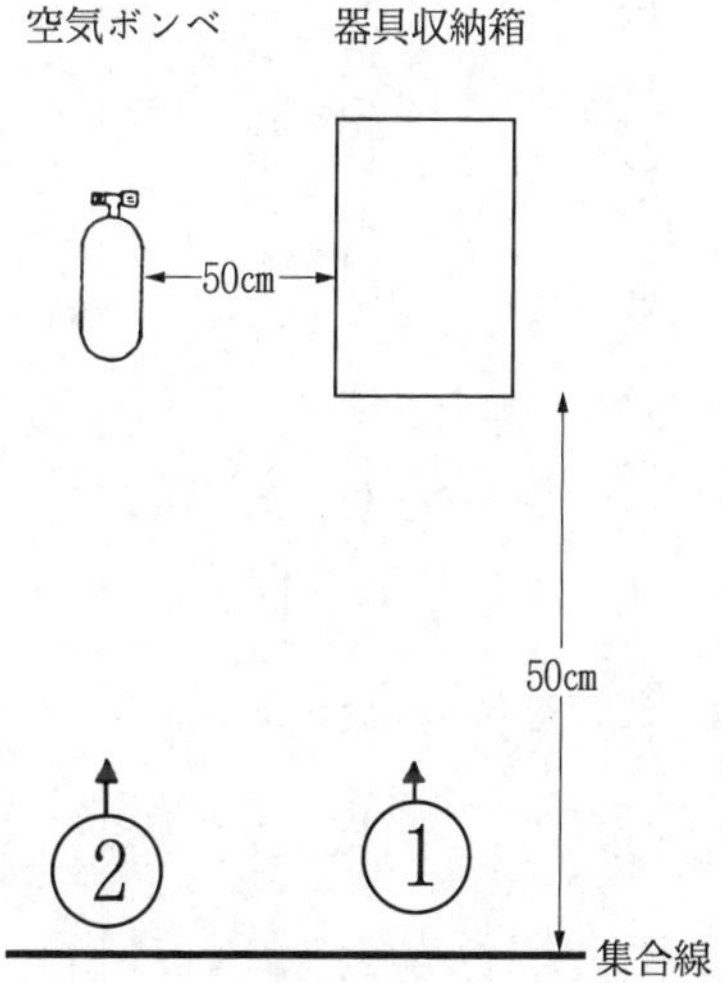

本条…追加〔昭和六三年一二月消告六号〕

【趣　旨】

本条は、空気鋸各部の名称及び定位について図示するものである。

（操法実施上の留意事項）

第八十二条　第四条に定めるもののほか、空気鋸操法を実施するときは、次の各号に掲げる事項に留意しなければならない。

一　切断刃の取付け及び取外しは、必ずホースを外して行うこと。

二　作業時の送気圧力は、一メガパスカル以下を厳守すること。

三　水中においても使用できるが、原則として訓練等では使用しないこと。

四　切断時は、ノーズガイドを切断物に当て安定させること。

本条…追加〔昭和六三年一二月消告六号〕、一部改正〔平成一一年九月消告九号〕

【趣　旨】

本条は、第四条に定める一般的な留意事項のほかに、空気鋸操法を実施するうえでの安全を図るために特に留意すべき事項について定めたものである。指揮者は、第五条に定める留意事項についても留意しなければならない。

【解　説】

第一号関係

切断しないときは、ホースを外しておくこと。また、切断刃の取付け、取外しは、必ずホースを外して行うこと。

第二号関係

通常作業時の送気圧力は、おおむね〇・七MPaとし、高い能力を必要とする場合であっても、送気圧力は一MPa以下を厳守すること。

第三号関係

水中においても使用できるが、原則として訓練等では使用しないこと。

水中では、ホースの着脱を絶対に行わないこと。

第四号関係

切断時は、ノーズガイドを切断物に当て安定させること。

切断物にノーズガイドが当たらないような場合では、速度を下げてから切り始め、徐々に速度を上げて切るようにする。

（空気鋸の搬送）

第八十三条　空気鋸を操作位置に搬送するには、次の号令及び要領による。

一　指揮者は、「目標〇〇、搬送」と号令する。

二　一番員は、前号の号令で空気鋸収納箱を持つて目標位置に搬送する。

三　二番員は、第一号の号令で空気ボンベを持つて目標位置に搬送する。

本条…追加〔昭和六三年一二月消告六号〕

【趣旨】
本条は、空気鋸を操作位置に搬送する場合の号令及び要領を定めたものである。

【解説】
空気鋸を操作位置に搬送する場合の号令及び要領を整理すれば、次表のとおりである。

順序	1	2
指揮者	「目標○○、搬送」と号令する。	
一番員	指揮者の「目標○○、搬送」の号令で、空気鋸収納箱を持つ。	目標位置に空気鋸収納箱を搬送する。
二番員	指揮者の「目標○○、搬送」の号令で空気ボンベを持つ。	目標位置に空気ボンベを搬送する。
備考		空気ボンベの転倒、転落などによる衝撃及びバルブ（そく止弁）の損傷等に十分留意すること。

（空気鋸の切断刃の組立て及び点検）

第八十四条　空気鋸の切断刃の組立て及び点検をするには、次の号令及び要領による。

一　指揮者は、「○○切断、切断刃取付け」と号令し、一番員の「結合よし」の合図で「点検」と号令する。

二　一番員は、前号の「○○切断、切断刃取付け」の号令で収納箱から空気鋸本体及び○○切断に適する鋸刃を取り出し、本体に確実に取り付けて「取付けよし」と合図して、二番員から高圧ホースを受け取り本体に結合し、「結合よし」と合図し、前号の「点検」の号令で本体を持ち上げて外観及び作動油を視認点検して、「点検よし」と合図する。

三　二番員は、第一号の「○○切断、切断刃取付け」の号令で、器具収納箱から、調整器及び高圧ホースを取り出し、調整器を空気ボンベに取り付け、「取付けよし」と合図し、高圧ホースを調整器に結合し、「結合よし」と合図し、一番員に高圧ホースの一方を渡し、同号の「点検」の号令で空気ボンベのそく止弁を開き圧力計の圧力を確認して「圧力○○メガ」と合図し、外観を視認点検して「点検よし」と合図する。

本条…追加〔昭和六三年一二月消告六号〕、一部改正〔平成一一年九月消告九号〕

【趣　旨】

本条は、空気鋸の切断刃の組立て及び点検を行う場合の号令及び要領について定めたものである。

【解　説】

空気鋸の切断刃の組立て及び点検を行う場合の号令及び要領を整理すれば、次表のとおりである。

順序	指揮者	一番員
1	「○○切断、切断刃取付け」と号令する。	指揮者の「○○切断、切断刃取付け」の号令で収納箱から空気鋸本体及び○○切断に適する鋸刃を取り出し、本体に確実に取り付けて「取付けよし」と合図する。
2		二番員から高圧ホースを受け取り本体に結合し、「結合よし」と合図する。
3	一番員の「結合よし」の合図で「点検」と号令する。	指揮者の「点検」の号令で本体を持ち上げて、外観及び作動油を視認点検し、「点検よし」と合図する。

二番員	備考
指揮者の「○○切断、切断刃取付け」の号令で、収納箱から調整器及び高圧ホースを取り出し、調整器を空気ボンベに取り付け「取付けよし」と合図する。	切断刃の取付けは、サイレンサーをまわし、六角棒スパナで切断鋸刃取付ねじを緩め、切断鋸刃の歯をハンドルの方向に向けてノーズガイドを通して六角棒スパナで取り付け、ねじを締めて固定する。この場合、ノーズガイドから鋸刃の先端まで五cm以上あれば折れた刃でも使用可能である。空気ボンベに調整器を結合する場合は、スパナ等で確実に取り付ける。
高圧ホースを調整器に結合し、「結合よし」と合図し、一番員に高圧ホースの一方を渡す。	ホース各結合部等にごみ、水等が付いていないかを点検し、結合する。
指揮者の「点検」の号令で空気ボンベのそく止弁を開き圧力計の圧力を確認して「圧力○○メガ」と合図し、外観を視認点検して「点検よし」と合図する。	作動油の不足により、切断操作等に支障をきたすため、必ず作動油の量を確認する（目安としてハンドル底部のプラスチックのカップにいっぱい補給する）。

（空気鋸による切断準備）

第八十五条　空気鋸による切断準備を行うには、次の号令及び要領による。

一　指揮者は、切断箇所を指示したのち、「切断用意」と号令する。

二　一番員は、前号の号令で器具収納箱から防塵眼鏡を取り出して着装し、空気鋸を持つて切断場所にいたり、切断姿勢をとつて「準備よし」と合図する。

三　二番員は、第一号の「切断用意」の号令で調整器のバルブを操作して設定圧力に調整し「調整圧力○○メガ」と合図する。

本条…追加〔昭和六三年一二月消告六号〕、一部改正〔平成一一年九月消告九号〕

【趣　旨】

本条は、空気鋸による切断準備を行う場合の号令及び要領について定めたものである。

【解　説】

空気鋸による切断準備を行う場合の号令及び要領を整理すれば、次表のとおりである。

順序	指揮者	一番員	二番員	備考
1	一番員に切断箇所を指示した後、「切断用意」と号令する。	指揮者の「切断用意」の号令で器具収納箱から防塵眼鏡を取り出して着装する。	指揮者の「切断用意」の号令で、調整器のバルブを操作して設定圧力に調整し「調整圧力〇〇メガ」と合図する。	防塵眼鏡の着装は、切断者のみでなく周囲にいる者も着装する。 設定圧力の調整要領は、第八十二条第二号に定めるとおりとする。
2		空気鋸を持って切断場所に至り、切断姿勢をとって「準備よし」と合図する。		切断姿勢はしっかりとした平らな場所に立つように、常にバランスを保つこと。

（空気鋸による切断）

第八十六条　空気鋸による切断を行うには、次の号令及び要領による。

一　指揮者は、「切断始め」と号令し、操作状況を確認して「切断やめ」と号令する。

二　一番員は、前号の「切断始め」の号令で引金を引いて切断操作を行い、前号の「切断やめ」の号令で切断操作をやめ、引金をゆるめて停止させる。

三　二番員は、第一号の「切断始め」の号令で圧力に注意しながら、切断操作状況を注視する。

本条…追加〔昭和六三年一二月消告六号〕

【趣　旨】

本条は、空気鋸による切断を行う場合の号令及び要領について定めたものである。

【解　説】

空気鋸による切断を行う場合の号令及び要領を整理すれば、次表のとおりである。

順　序	1	2
指揮者	「切断始め」と号令する。	操作状況を確認して「切断やめ」と号令する。
一番員	指揮者の「切断始め」の号令で引金を引いて切断操作を行う。	指揮者の「切断やめ」の号令で切断操作をやめ、引金を緩めて停止させる。
二番員	指揮者の「切断始め」の号令で圧力に注意しながら、切断操作状況を注視する。 操作中切断刃を、切ることができない物や、地面に接触させないこと。	

備考

操作中に次の作業地に移動する場合は、たとえ短い距離であっても停止すること。対象物に本体の先端をしっかりと当てて引金を引く。また、対象物の種類に応じて切断刃を変換すること。
切断は、サイレンサーの上部に二本の指を置く程度で、力をかけすぎないようにして切る。

（空気鋸の収納）

第八十七条　空気鋸を収納するには、次の号令及び要領による。

一　指揮者は、「切断刃取外し」と号令し、一番員の「取外しよし」の合図で、「おさめ」と号令する。

二　一番員は、二番員の「そく止弁閉鎖よし」の合図で高圧ホース内の残圧を抜き、空気鋸を置いて防塵眼鏡を外し、接続部を取り外して高圧ホースを二番員に渡し、次いで切断用鋸刃を取り外し、「取外しよし」と合図し、前号の「おさめ」の号令で空気鋸本体、鋸刃及び防塵眼鏡を収納箱に収納し、収納箱をもとの位置に搬送して集合線にもどる。

三　二番員は、第一号の「切断刃取外し」の号令で空気ボンベのそく止弁を閉め、「そく止弁閉鎖よし」と合図して、一番員から高圧ホースを受け取り、ホースを調整器から取り外し、同号の「おさめ」の号令で調整器をボンベから取り外し、ホースとともに収納箱に収納し、空気ボンベをもとの位置に搬送して集合線にもどる。

本条…追加〔昭和六三年一二月消告六号〕

【趣　旨】

本条は、空気鋸を収納する場合の号令及び要領について定めたものである。

【解　説】

空気鋸を収納する場合の号令及び要領を整理すれば、次表のとおりである。

順序	指揮者	一番員	二番員	備考
1	「切断刃取外し」と号令する。	二番員の「そく止弁閉鎖よし」の合図で高圧ホース内の残圧を抜き、空気鋸を置いて防塵眼鏡を外す。	指揮者の「切断刃取外し」の号令で空気ボンベのそく止弁を閉め、「そく止弁閉鎖よし」と合図する。	水中で作業した場合、使用後はできるだけ早くきれいな水をサイレンサーに注入しよく洗い、オイル溜めに新しいオイルを入れる等の措置を講ずること。
2		接続部を取り外して高圧ホースを二番員に渡し、切断用鋸刃を取り外し、「取外しよし」と合図する。	一番員から高圧ホースを受け取り、ホースを調整器から取り外す。	ホースの取外しを確認した後、切断刃を取り外すこと。取り外した切断刃に割れ、欠け、曲がりなどがないか確認すること。
3	一番員の「取外しよし」の合図で、「おさめ」と号令する。	指揮者の「おさめ」の号令で空気鋸本体、鋸刃及び防塵眼鏡を収納箱に収納し、収納箱をもとの位置に搬送して集合線に戻る。	指揮者の「おさめ」の号令で調整器をボンベから取り外し、ホースとともに収納箱に収納し、空気ボンベをもとの位置に搬送して集合線に戻る。	長期間使用しないときは、屋内の湿気やほこりの少ない場所に保管する。

第十二章の二　空気切断機操法

本章…追加〔平成一〇年二月消告一号〕

【概　説】

空気切断機操法は、災害現場、特に交通災害等において要救助者が障害物に挟まれ、又は閉じ込められた場合等に空気切断機を使って障害物から緊急に要救助者を救助する操法である。

空気切断機は、圧縮空気を動力源（エアー・コンプレッサー又は空気呼吸器のボンベから取り出して使用）として切断刃を駆動して障害物を切断する器具である。

（空気切断機各部の名称及び定位）

第八十七条の二　空気切断機各部の名称及び定位は、第二十二図の二及び第二十二図の三のとおりとする。

第22図の２　空気切断機各部の名称

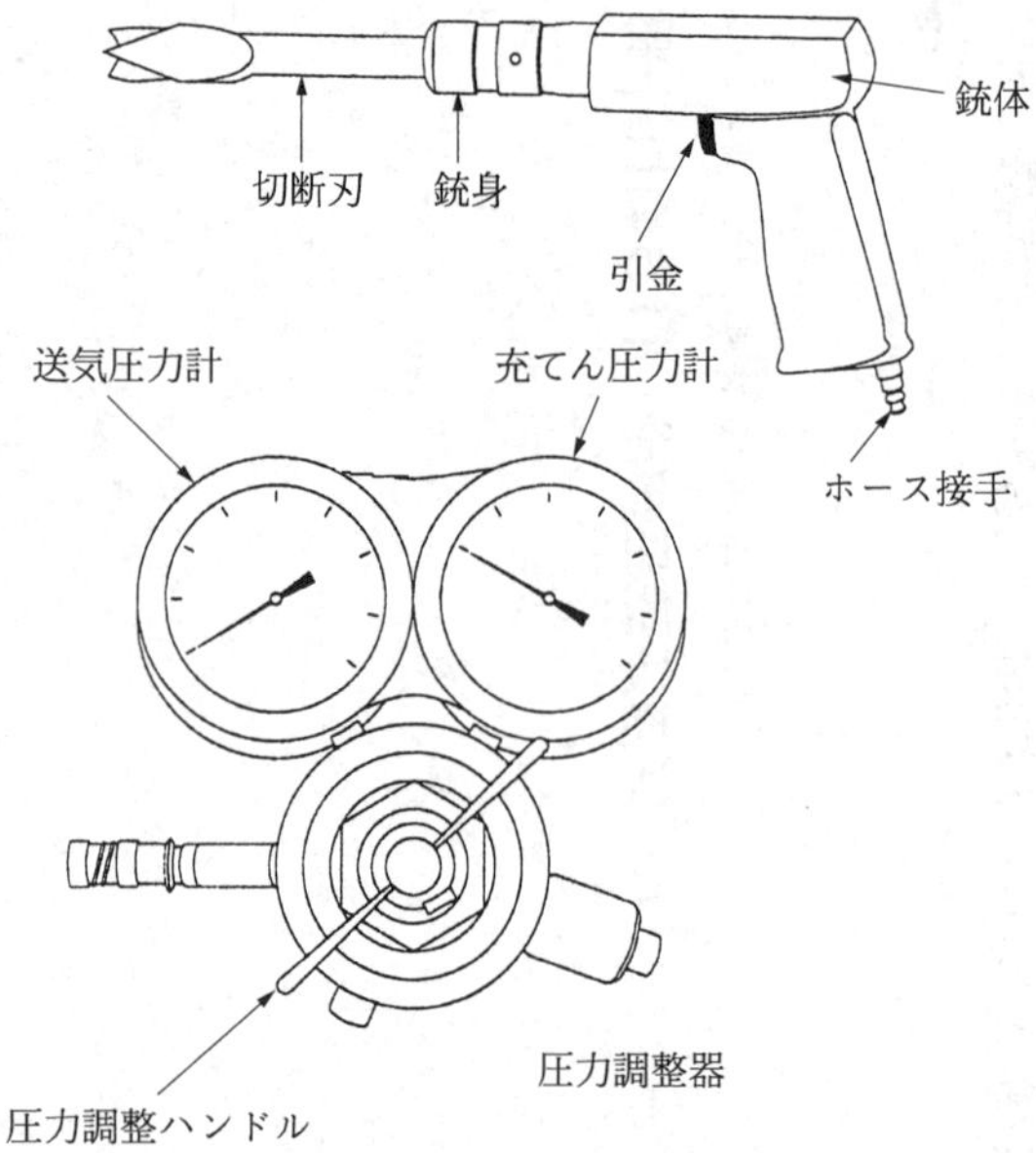

第22図の３　空気切断機操法の定位

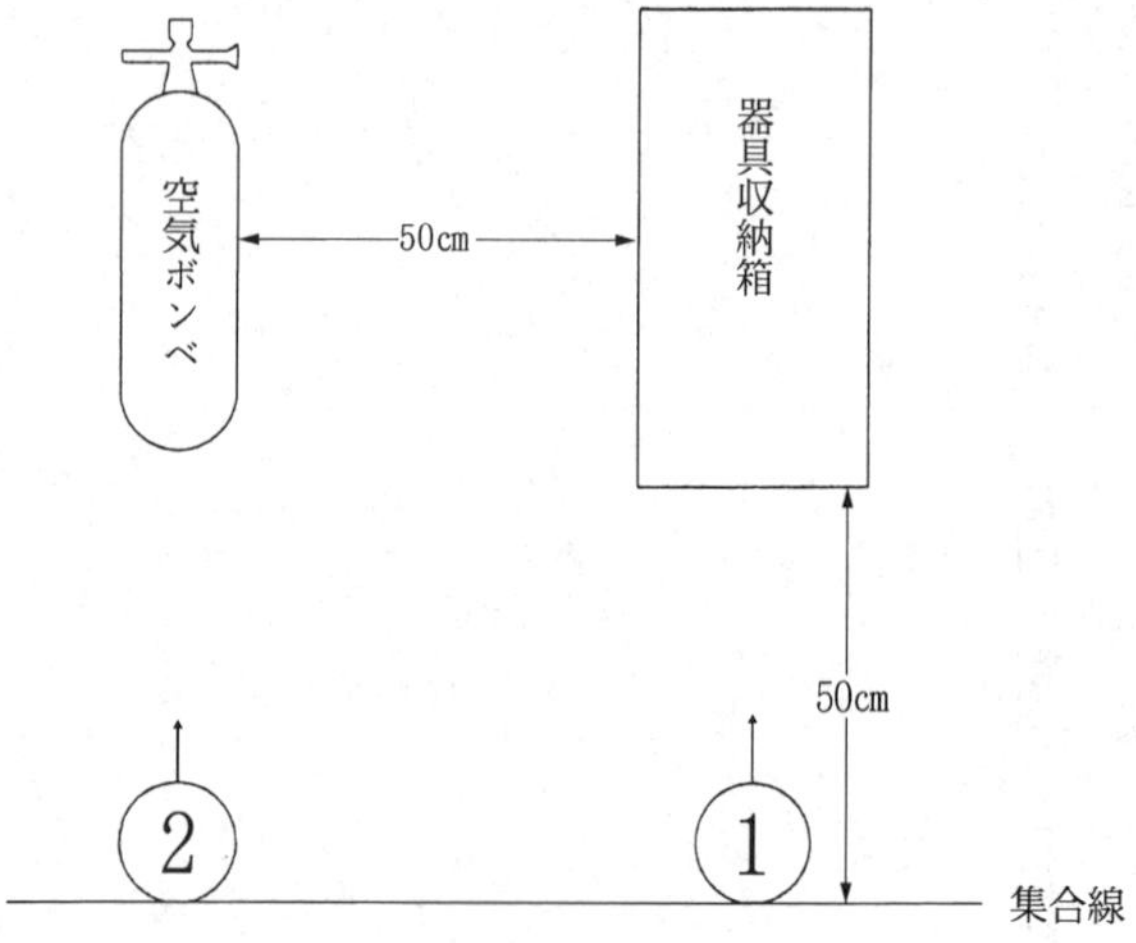

本条…追加〔平成一〇年二月消告一号〕

【趣　旨】

本条は、空気切断機各部の名称及び定位について図示するものである。

（操法実施上の留意事項）

第八十七条の三　第四条に定めるもののほか、空気切断機操法を実施するときは、次の各号に掲げる事項に留意しなければならない。

一　切断刃の取付け及び取外しは、必ずホースを外して行うこと。

二　作業時の送気圧力は、〇・八メガパスカルを限度とし、切断作業内容に適した圧力で行うこと。

三　切断刃は、対象物に適したものを使用すること。

四　切断前は、必ず専用オイルを注油すること。

五　切断時は、切断物を固定し、切断刃を切断箇所に当ててから引金を引き、切断を開始すること。

六　水中においても使用できるが、原則として訓練等では使用しないこと。

本条…追加〔平成一〇年二月消告一号〕、一部改正〔平成一一年九月消告九号〕

【趣　旨】

本条は、第四条に定める一般的な留意事項のほかに、空気切断機操法を実施するうえでの安全を図るために特に留意すべき事項について定めたものである。指揮者は、第五条に定める留意事項についても留意しなければならない。

【解　説】

第一号関係

切断刃の取付け及び取外しの際は、必ずホースを外す。

エアー吸入口には、砂、ゴミ等の付着のないことを確認する。

第二号関係

切断作業時の送気圧力は、〇・八MPaを限度とし、切断作業内容に適した圧力で行う。

空気圧力は規定より高すぎても低すぎても、満足な性能を発揮できない。

第三号関係

切断刃は、切断する障害物に適したものを使用する。

第四号関係

切断前は、必ず専用オイルを注油するとともに、使用後も数滴注油する。

第五号関係

切断時は、切断物を固定し、切断刃を切断箇所に当ててから引金を引く。急激な回転は、部品の破損を招くだけでなく、人身事故等の危険を伴うおそれがあるため十分留意する。

第六号関係

水中においても使用できるが、原則として訓練では使用しない。また、水中で使用した場合には、動力部がさびつくおそれがあるため、手入れは十分に行う。

（空気切断機の搬送）

第八十七条の四　空気切断機を操作位置に搬送するには、次の号令及び要領による。

一　指揮者は、「目標○○、搬送」と号令する。

二　一番員は、前号の号令で器具収納箱を持つて目標位置に搬送する。

三　二番員は、第一号の号令で空気ボンベを持つて目標位置に搬送する。

本条…追加〔平成一〇年二月消告一号〕

【趣　旨】

本条は、空気切断機を操作位置に搬送する場合の号令及び要領を定めたものである。

【解　説】

空気切断機を操作位置に搬送する場合の号令及び要領を整備すれば、次表のとおりである。

順序	1	2
指揮者	「目標○○、搬送」と号令する。	
一番員	指揮者の「目標○○、搬送」の号令で器具収納箱を持つ。	目標位置に搬送する。
二番員	指揮者の「目標○○、搬送」の号令で空気ボンベを持つ。	目標位置に搬送する。
備考		空気ボンベの転倒、転落などによる衝撃及びバルブ（そく止弁）の損傷等に十分留意すること。

（空気切断機の切断刃の組立て及び点検）

第八十七条の五　空気切断機の切断刃の組立て及び点検をするには、次の号令及び要領による。

一　指揮者は、「○○切断、切断刃取付け」と号令し、一番員の「結合よし」の合図で「点検」と号令する。

二　一番員は、前号の「○○切断、切断刃取付け」の号令で器具収納箱から空気切断機本体及び○○切断に適する切断刃を取り出し、本体に確実に取り付けて「取付けよし」と合図し、二番員から高圧ホースを受け取り本体に結合し、「結合よし」と合図し、同号の「点検」の号令で本体を持ち上げて外観を視認点検して「点検よし」と合図する。

三　二番員は、第一号の「○○切断、切断刃取付け」の号令で器具収納箱から、圧力調整器及び高圧ホースを取り出し、圧力調整器を空気ボンベに取り付けて「取付けよし」と合図し、高圧ホースを圧力調整器に結合し、「結合よし」と合図し、一番員に高圧ホースの一方を渡し、同号の「点検」の号令で空気ボンベのそく止弁を開き充てん圧力計の圧力を確認して「充てん圧力○○メガ」と合図し、外観を視認点検して「点検よし」と合図する。

本条…追加〔平成一〇年二月消告一号〕、一部改正〔平成一一年九月消告九号〕

【趣　旨】

本条は、空気切断機の切断刃の組立て及び点検を行う場合の号令及び要領について定めたものである。

【解　説】

空気切断機の切断刃の組立て及び点検を行う場合の号令及び要領を整理すれば、次表のとおりである。

順序	指揮者	一番員	二番員	備考
1	「○○切断、切断刃取付け」と号令する。	指揮者の「○○切断、切断刃取付け」の号令で器具収納箱から空気切断機本体及び○○切断に適する切断刃を取り出す。	指揮者の「○○切断、切断刃取付け」の号令で器具収納箱から、圧力調整器及び高圧ホースを取り出し、圧力調整器を空気ボンベに取り付け「取付けよし」と合図する。	空気ボンベに圧力調整器を結合する場合はスパナ等で確実に取り付ける。
2		本体に確実に取り付けて「取付けよし」と合図し、二番員から高圧ホースを受け取り本体に結合し、「結合よし」と合図する。	高圧ホースを圧力調整器に結合し、「結合よし」と合図し、一番員に高圧ホースの一方を渡す。	ホース接手等に砂、ゴミ等の付着がないか注意する。本体にホースを取り付ける前、エアーを空吹かしし、ホース内の水分、ゴミ等を飛ばす。
3	一番員の「結合よし」の合図で「点検」と号令する。	指揮者の「点検」の号令で本体を持ち上げ、外観を視認点検し、「点検よし」と合図する。	指揮者の「点検」の号令で空気ボンベのそく止弁を開き充てん圧力を確認し「充てん圧力○○メガ」と合図し、外観を視認点検して「点検よし」と合図する。	

（空気切断機による切断準備）

第八十七条の六　空気切断機による切断準備を行うには、次の号令及び要領による。

一　指揮者は、切断箇所を指示したのち、「切断用意」と号令する。

二　一番員は、前号の号令で器具収納箱から防塵眼鏡を取り出して着装し、空気切断機を持つて切断箇所にいたり、切断姿勢をとつて「準備よし」と合図する。

三　二番員は、第一号の号令で圧力調整器のハンドルを操作して送気圧力を調整し、「送気圧力○○メガ」と合図する。

本条…追加〔平成一〇年二月消告一号〕、一部改正〔平成一一年九月消告九号〕

【趣　旨】

本条は、空気切断機による切断準備を行う場合の号令及び要領について定めたものである。

【解　説】

空気切断機による切断準備を行う場合の号令及び要領を整理すれば、次表のとおりである。

順序	1	2
指揮者	一番員に切断箇所を指示した後「切断用意」と号令する。	
一番員	指揮者の「切断用意」の号令で器具収納箱から防塵眼鏡を取り出し着装する。	空気切断器を持って切断箇所に至り、切断姿勢をとり「準備よし」と合図する。
二番員	指揮者の「切断用意」の号令で圧力調整器のハンドルを操作する。	送気圧力を調整し、「送気圧力○○メガ」と合図する。

備　考		
		送気圧力は、第八十七条の三第二号に定めるとおりとする。

（空気切断機による切断）

第八十七条の七　空気切断機による切断を行うには、次の号令及び要領による。

一　指揮者は、「切断始め」と号令し、操作状況を確認して「切断やめ」と号令する。

二　一番員は、前号の「切断始め」の号令で引金を引いて切断操作を行い、同号の「切断やめ」の号令で切断操作をやめ、引金をゆるめて停止させる。

三　二番員は、第一号の「切断始め」の号令で圧力に注意しながら、切断操作状況を注視する。

本条…追加〔平成一〇年二月消告一号〕

【趣　旨】

本条は、空気切断機による切断を行う場合の号令及び要領について定めたものである。

【解　説】

空気切断機による切断を行う場合の号令及び要領を整理すれば、次表のとおりである。

順　序	1	2
指揮者	「切断始め」と号令する。	操作状況を確認して「切断やめ」と号令する。

一番員	指揮者の「切断始め」の号令で引金を引いて切断操作を行う。	指揮者の「切断やめ」の号令で切断操作をやめ、引金を緩めて停止させる。
二番員	指揮者の「切断始め」の号令で圧力に注意しながら、切断操作の状況を注視する。	
備考	無負荷運転（空打）は部品の損耗を早め、性能を低下させる原因となるため避けること。また、急激な回転は避け、徐々に回転を高めること。切断操作中、異状を発見した場合、ただちに操作を中止する。	

（空気切断機の収納）

第八十七条の八　空気切断機を収納するには、次の号令及び要領による。

一　指揮者は、「切断刃取外し」と号令し、一番員の「取外しよし」の合図で「おさめ」と号令する。

二　一番員は、二番員の「そく止弁閉鎖よし」の合図で高圧ホース内の残圧を抜き、空気切断機を置いて防塵眼鏡を外し、接続部を取り外して高圧ホースを二番員に渡し、切断刃を取り外して「取外しよし」と合図し、前号の「おさめ」の号令で空気切断機本体、切断刃及び防塵眼鏡を器具収納箱に収納し、器具収納箱をもとの位置に搬送して集合線にもどる。

三　二番員は、第一号の「切断刃取外し」の号令で空気ボンベのそく止弁を閉め、圧力調整ハンドルを操作して「そく止弁閉鎖よし」と合図し、一番員から高圧ホースを受け取り、高圧ホースを圧力調整器から取り外し、同号の「おさめ」の号令で圧力調整器をボンベから取り外し、高圧ホースとともに器具収納箱に収納し、空気ボンベをもとの位置に搬送して集合線にもどる。

本条…追加〔平成一〇年二月消告一号〕

【趣　旨】

本条は、空気切断機を収納する場合の号令及び要領について定めたものである。

【解　説】

空気切断機を収納する場合の号令及び要領を整理すれば、次表のとおりである。

順序	指揮者	一番員	二番員	備考
1	「切断刃取外し」と号令する。	二番員の「そく止弁閉鎖よし」の合図で高圧ホース内の残圧を抜き、空気切断機を置いて防塵眼鏡を外す。	指揮者の「切断刃取外し」の号令で空気ボンベのそく止弁を閉め、圧力調整ハンドルを操作して「そく止弁閉鎖よし」と合図する。	
2		接続部を取り外し高圧ホースを二番員に渡し、切断刃を取り外して「取外しよし」と合図する。	一番員から高圧ホースを受け取り高圧ホースを圧力調整器から取り外す。	
3	一番員の「取外しよし」の合図で「おさめ」と号令する。	指揮者の「おさめ」の号令で空気切断機本体、切断刃及び防塵眼鏡を器具収納箱に収納し、器具収納箱をもとの位置に搬送して集合線に戻る。	指揮者の「おさめ」の号令で圧力調整器をボンベから取り外し、高圧ホースとともに器具収納箱に収納し、空気ボンベをもとの位置に搬送して集合線に戻る。	湿気の少ない場所に保管する。長期間使用しない場合は、十分に注油し保管すること。

第十三章　削岩機操法

本章…追加〔昭和六三年一二月消告六号〕

【概　説】

削岩機操法は、災害現場（耐火建築物等の倒壊、コンクリート製の障害物）において要救助者が脱出困難等になった場合に削岩機を使って障害物を破壊することにより要救助者を救助する操法である。

削岩機はコンクリート等の破壊作業に最も適しピット部分を振動させ障害物を破壊する器具である。

（削岩機各部の名称及び定位）

第八十八条　削岩機各部の名称及び定位は、第二十三図及び第二十四図のとおりとする。

【趣　旨】

本条は、削岩機各部の名称及び定位について図示するものである。

本条…追加〔昭和六三年一二月消告六号〕

第23図　削岩機各部の名称

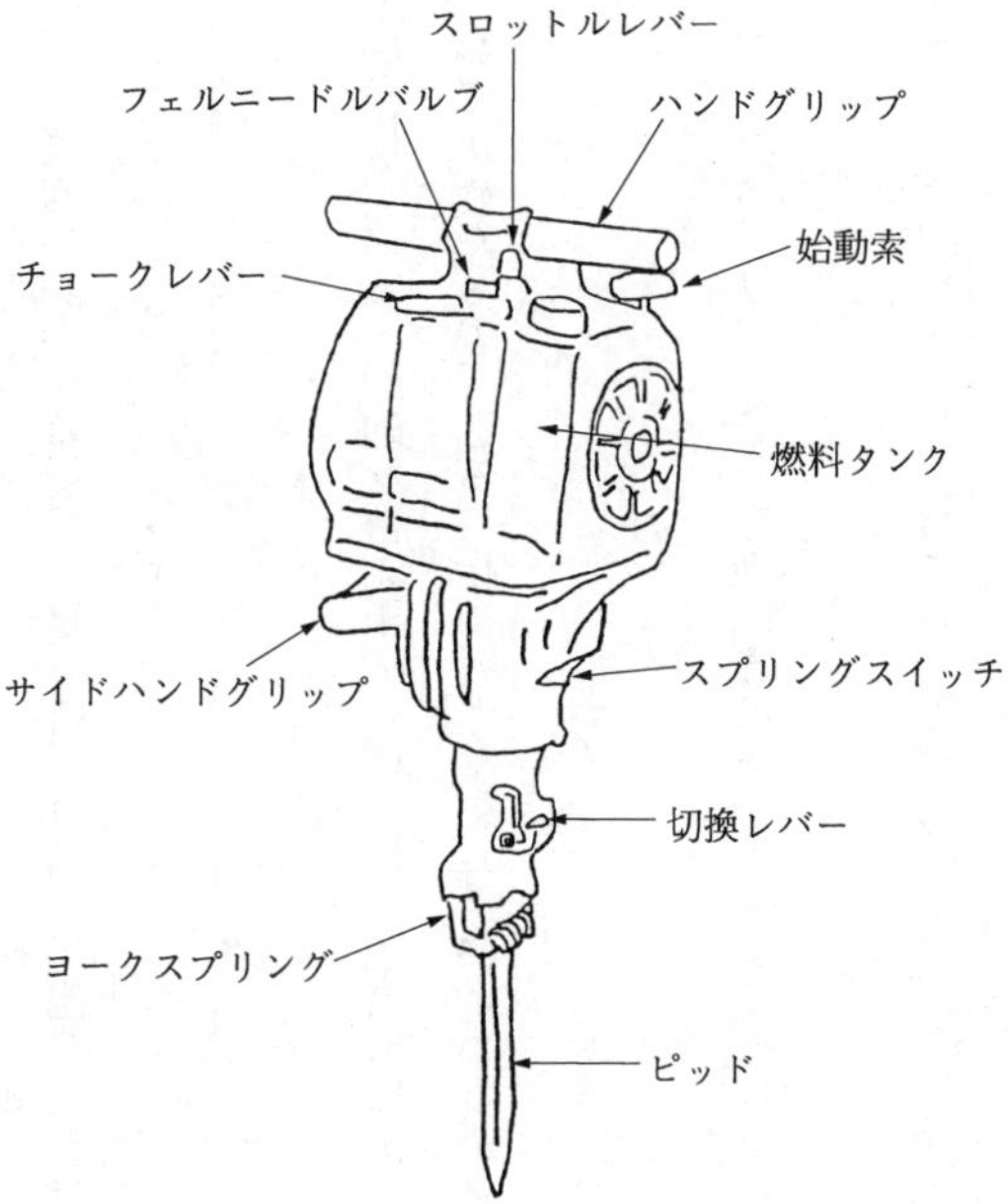

第24図　削岩機操法の定位

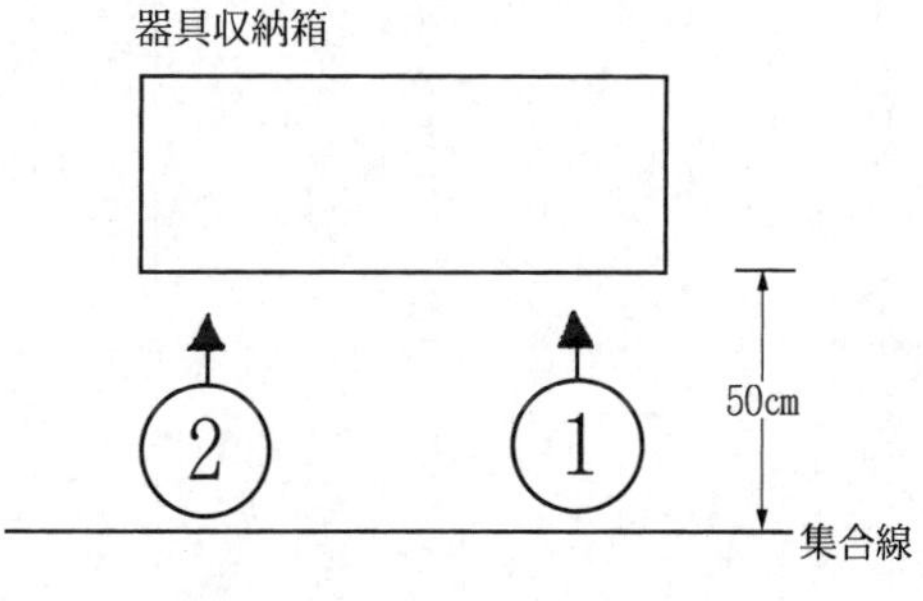

（操法実施上の留意事項）

第八十九条　第四条に定めるもののほか、削岩機操法を実施するときは、次の各号に掲げる事項に留意しなければならない。

一　点検時は、ヨークスプリングの保護をすること。

二　操作中は、付近に人を近づけないこと。

三　操作中は、防塵眼鏡を使用すること。

四　密閉した室内で操作する場合には、排気ガスの排出措置を講ずること。

本条…追加〔昭和六三年一二月消告六号〕

【趣　旨】

本条は、第四条に定める一般的な留意事項のほかに、削岩機操法を実施するうえでの安全を図るために特に留意すべき事項について定めたものである。指揮者は、第五条に定める留意事項についても留意しなければならない。

【解　説】

第一号関係

点検時は、ヨークスプリングを直接地面等に接触させることは避け、保護すること。

第二号関係

コンクリート等の破壊作業を行うため破片等が飛散し周囲の隊員等が受傷するおそれがあるため操作中は、付近に人を近づけないこと。

第三号関係
操作中は、操作員はもとより、操作員以外の隊員も防塵眼鏡を着装すること。
第四号関係
密閉した室内等で操作する場合には、排気ガスの排出措置を講ずること。

（削岩機の搬送）
第九十条　削岩機を操作位置に搬送するには、次の号令及び要領による。
一　指揮者は、「目標○○、搬送」と号令する。
二　一番員は、前号の号令で、左手で器具収納箱の取手を持ち、二番員の「よし」の合図で二番員と協力して器具収納箱を持ち上げ、目標位置に搬送する。
三　二番員は、第一号の号令で、右手で器具収納箱の取手を持ち、「よし」と合図し、一番員と協力して器具収納箱を持ち上げ、目標位置に搬送する。
本条…追加〔昭和六三年一二月消告六号〕

【趣　旨】
本条は、削岩機を操作位置に搬送する場合の号令及び要領を定めたものである。

【解　説】

削岩機を操作位置に搬送する場合の号令及び要領を整理すれば、次表のとおりである。

順序	1	2
指揮者	「目標○○、搬送」と号令する。	
一番員	指揮者の「目標○○、搬送」の号令で、左手で器具収納箱の取手を持つ。	二番員の「よし」の合図で二番員と協力して器具収納箱を持ち上げ、目標位置に搬送する。
二番員	指揮者の「目標○○、搬送」の号令で、右手で器具収納箱の取手を持ち「よし」と合図する。	一番員と協力して器具収納箱を持ち上げ、目標位置に搬送する。
備考	削岩機は相当の重量があり、器具収納箱を持ち上げる場合、腰などを痛める危険性があるので、持ち上げるときは腰を落とした姿勢で十分注意をして持ち上げること。	

（削岩機の組立て及び点検）

第九十一条　削岩機の組立て及び点検をするには、次の号令及び要領による。

一　指揮者は、「削岩機組立て始め」と号令し、一番員の「組立てよし」の合図で、「点検」と号令する。

二　一番員は、前号の「削岩機組立て始め」の号令で、器具収納箱から削岩機本体、防塵眼鏡を取り出して置き、二番員から削岩刃を受け取り、削岩機本体に取り付けて「組立てよし」と合図し、前号の点検の号令で、燃料タンクの燃料を点検して「燃料よし」、外観を視認点検して「点検よし」と合図する。

三　二番員は、第一号の「削岩機組立て始め」の号令で器具収納箱から削岩箇所に適した削岩刃を取り出して、一番員に渡し、同号の「点検」の号令で削岩機本体を起し、一番員の点検を補助する。

本条…追加〔昭和六三年一二月消告六号〕

【趣　旨】

本条は、削岩機を組み立てる場合の号令及び要領を定めたものである。

【解　説】

削岩機を組み立てる場合の号令及び要領を整理すれば、次表のとおりである。

順序	指揮者	一番員	二番員	備考
1	「削岩機組立て始め」と号令する。	指揮者の「削岩機組立て始め」の号令で、器具収納箱から削岩機本体、防塵眼鏡を取り出して置く。	指揮者の「削岩機組立て始め」の号令で器具収納箱から削岩刃を取り出し一番員に渡す。	切断、破壊等する障害物により切断刃を交換すること。
2		二番員から削岩刃を受け取り、削岩機本体に取り付けて「組立てよし」と合図する。		
3	一番員の「組立てよし」の合図で、「点検」と号令する。	指揮者の「点検」の号令で、燃料タンクの燃料を点検して「燃料よし」、外観を視認点検して「点検よし」と合図する。	指揮者の「点検」の号令で削岩機本体を起こし、一番員の点検を補助する。	燃料は通常ガソリン十二対オイル一の混合である。

（削岩機による削岩準備）

第九十二条　削岩機による削岩準備を行うには、次の号令及び要領による。

一　指揮者は、削岩箇所及び第六条に定める信号要領を指示したのち「削岩用意」と号令する。

二　一番員は、前号の号令で防塵眼鏡を着装し、二番員の「エンジン回転よし」の合図で、二番員に相対して左手でサイドハンドグリップ、右手でハンドグリップを持ち、「よし」と合図して、二番員から削岩機を受け取り削岩場所にいたり、削岩姿勢をとり、「準備よし」と合図する。

三　二番員は、第一号の号令で、周囲の状況を確認し、削岩機のハンドグリップを左手で保持し、右手でチョークレバーを操作し、次いでスロットルレバーを調節し、始動索の取手を握り、「エンジン始動」と合図し、始動索を引いて、エンジンを始動させ、エンジン調整を行つて「エンジン回転よし」と合図し、一番員の「よし」の合図で一番員に削岩機を渡したのち、器具収納箱の位置にもどり待機する。

本条…追加〔昭和六三年一二月消告六号〕

【趣　旨】

本条は、削岩機による削岩の準備をする場合の号令及び要領を定めたものである。

【解　説】

削岩機による削岩の準備をする場合の号令及び要領を整理すれば、次表のとおりである。

順序	指揮者	一番員	二番員	備考
1	削岩箇所及び第六条に定める信号要領を指示した後「削岩用意」と号令する。	指揮者の「削岩用意」の号令で防塵眼鏡を着装する。	指揮者の「削岩用意」の号令で、周囲の状況を確認し、削岩機のハンドグリップを左手で保持し、右手でチョークレバーを操作する。	防塵眼鏡着装要領は第八十九条第三号に定める。
2		二番員の「エンジン回転よし」の合図で、二番員に相対して左手でサイドハンドグリップ、右手でハンドグリップを持ち「よし」と合図する。	スロットルレバーを調節し、始動索の取手を握り「エンジン始動」と合図し、始動索を引いて、エンジンを始動させ、エンジンの調整を行って「エンジン回転よし」と合図し、一番員の「よし」の合図で一番員に削岩機を渡す。	始動索を引く前には、必ず周囲の状況を確認する（人や障害物の有無）。エンジンを始動させる場合、本体を安定させるとともに、本体を確実に保持する（一人で無理な場合は、二人保持で行うこと）。
3		二番員から削岩機を受け取り削岩場所に至り、削岩姿勢をとり、「準備よし」と合図する。	器具収納箱の位置に戻り待機する。	

（削岩機による削岩）

第九十三条　削岩機による削岩を行うには、次の号令及び要領による。

一　指揮者は、「削岩始め」と号令し、一番員の操作状況を確認して「削岩やめ」と号令する。

二　一番員は、前号の「削岩始め」の号令で指揮者から指示された箇所の削岩を行い、前号の「削岩やめ」の号令で削岩操作をやめ、エンジン回転を低速にしたのち、右手でスプリングスイッチを押してエンジンを停止させる。

本条…追加〔昭和六三年一二月消告六号〕

【趣　旨】

本条は、削岩機による削岩を行う場合の号令及び要領について定めたものである。

【解　説】

削岩機による削岩を行う場合の号令及び要領を整理すれば、次表のとおりである。

順序	指揮者	一番員	備考
1	「削岩始め」と号令する。	指揮者の「削岩始め」の号令で指揮者から指示された箇所の削岩を行う。	削岩中、周囲に人を近づけず、また、防塵眼鏡を着装し、受傷に対し十分留意すること。本体は重量があり又振動により不安定になるため、操作員は体を安定させ、本体を確実に保持すること。
2	一番員の操作状況を確認して「削岩やめ」と号令する。	指揮者の「削岩やめ」の号令で削岩操作をやめ、エンジン回転を低速にした後、右手でスプリングスイッチを押してエンジンを停止させる。	

身体に支障をきたすおそれがあるので長時間の連続操作は避けること。

（削岩機の収納）

第九十四条　削岩機を収納するには、次の号令及び要領による。

一　指揮者は、「おさめ」と号令する。

二　一番員は、前号の「おさめ」の号令で防塵眼鏡を外し、削岩機から削岩刃を取り外し、削岩機本体、防塵眼鏡を器具収納箱に収納し、二番員と協力して器具収納箱をもとの位置に搬送して、集合線にもどる。

三　二番員は、第一号の号令で削岩刃を器具収納箱に収納し、一番員と協力して器具収納箱をもとの位置に搬送して集合線にもどる。

本条…追加〔昭和六三年一二月消告六号〕

【趣　旨】

本条は、削岩機を収納する場合の号令及び要領について定めたものである。

【解　説】

削岩機を収納する場合の号令及び要領を整理すれば、次表のとおりである。

順序	1	2	3
指揮者	「おさめ」と号令する。		
一番員	指揮者の「おさめ」の号令で防塵眼鏡を外す。	削岩機から削岩刃を取り外し、削岩機本体、防塵眼鏡を器具収納箱に収納する。	二番員と協力して器具収納箱をもとの位置に搬送して集合線に戻る。
二番員		指揮者の「おさめ」の号令で、削岩刃を器具収納箱に収納する。	一番員と協力して器具収納箱をもとの位置に搬送して集合線に戻る。
備考			第九十条、解説中の備考参照。

第十三章の二　携帯用コンクリート破壊器具操法

本章…追加〔平成一〇年二月消告一号〕

【概　説】

携帯用コンクリート破壊器具操法は、災害現場において要救助者の身体が、コンクリート、ブロック等に挟まれ、又は自動車内部や建物の扉等からの脱出などの場合に、携帯用コンクリート破壊器具を使って破壊、切断など比較的小規模な作業を行うことにより、要救助者を救助するための操法である。

（携帯用コンクリート破壊器具の名称及び定位）

第九十四条の二　携帯用コンクリート破壊器具各部の名称及び定位は、第二十四図の二及び第二十四図の三のとおりとする。

第24図の２　携帯用コンクリート破壊器具各部の名称

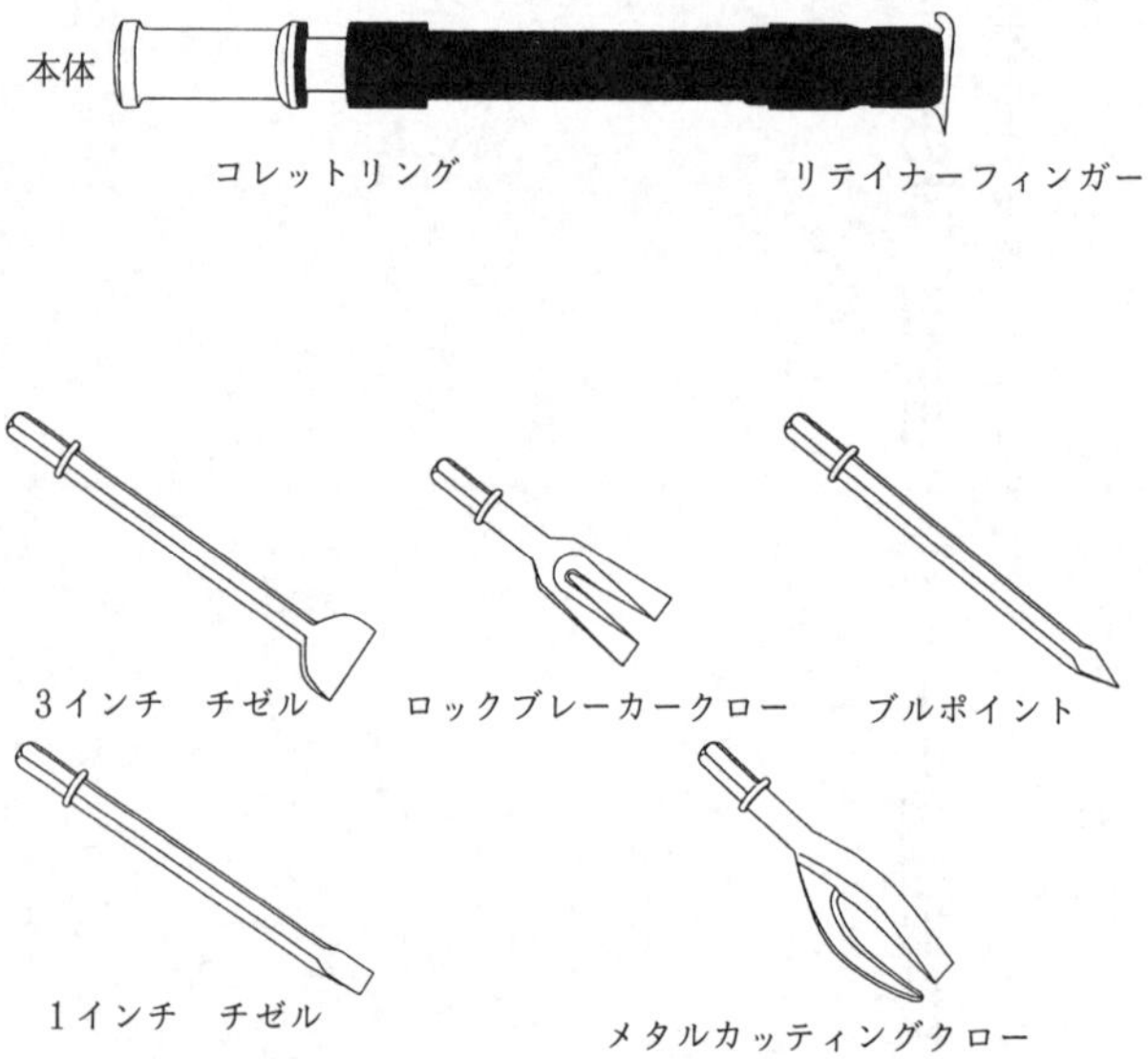

第24図の３　携帯用コンクリート破壊器具操法の定位

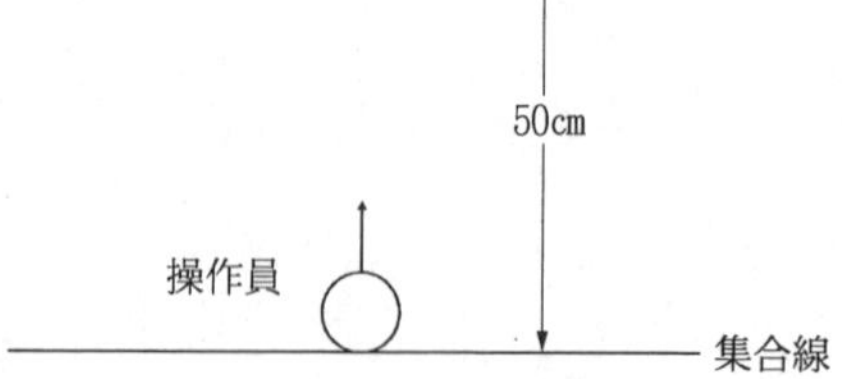

本条…追加〔平成一〇年二月消告一号〕

【趣　旨】

本条は、携帯用コンクリート破壊器具各部の名称及び定位について図示するものである。

（操法実施上の留意事項）

第九十四条の三　第四条に定めるもののほか、携帯用コンクリート破壊器具操法を実施するときは、次の各号に掲げる事項に留意しなければならない。

一　操作中は、防塵眼鏡を使用すること。

二　破壊操作は、十分に身体の安全を図り器具を確実に保持して行うこと。

三　アタッチメントは、破壊対象物に適するものを選定すること。

四　破壊中は、アタッチメントに手や身体の一部が触れないようにすること。

五　操作中は、付近に人を近づけないこと。

六　破壊操作は、常にアタッチメントを破壊対象物表面に当てた状態にすること。

本条…追加〔平成一〇年二月消告一号〕

【趣　旨】

本条は、第四条に定める一般的留意事項のほかに、携帯用コンクリート破壊器具操法を実施するうえで特に必要な留意事項を定めたものである。指揮者は、第五条に定める留意事項についても、留意しなければならない。

【解　説】

第一号関係

操作中は、コンクリート等の破片が飛散し、目に受傷する危険性があるため、操作員はもとより、周囲の隊員は必ず防塵眼鏡を着装すること。

第二号関係

破壊操作は、十分に身体の安定を図りリテイナーロッキングリングを締め、先端器具を確実に保持して行う。

第三号関係

アタッチメントは、目的に合わせ破壊救助作業ができるため、破壊対象物に適するものを選定すること。

第四号関係

衝撃操作時には、アタッチメントに手や身体の一部が触れないようにすること。ハンドルとコレットリングの間に指を入れないこと。

第五号関係

操作中は、コンクリート等の破片が飛散し、身体に受傷する危険性があるため付近に人を近づけないこと。

第六号関係

常にアタッチメントを破壊対象物表面に当てた状態で操作すること。

（携帯用コンクリート破壊器具の搬送）
第九十四条の四　携帯用コンクリート破壊器具を操作位置に搬送するには、次の号令及び要領による。
一　指揮者は、「目標○○、搬送」と号令する。
二　操作員は、前号の号令で器具収納袋を持ち上げ、目標位置に搬送する。
本条…追加〔平成一〇年二月消告一号〕

【趣　旨】
本条は、携帯用コンクリート破壊器具を操作位置に搬送する場合の号令及び要領を定めたものである。

【解　説】
指揮者は、「目標○○、搬送」と号令する。
操作員は、指揮者の「目標○○、搬送」の号令で、左手で器具収納袋を持ち又は抱え、目標位置に搬送する。

（携帯用コンクリート破壊器具の組立て及び点検）
第九十四条の五　携帯用コンクリート破壊器具の組立て及び点検をするには、次の号令及び要領による。
一　指揮者は、「○○破壊、○○アタッチメント取付け」と号令し、操作員の「○○取付けよし」の合図で「点検」と号令する。

二　操作員は、前号の「○○破壊、○○アタッチメント取付け」の号令で器具収納袋から本体、アタッチメント及び防塵眼鏡を取り出して置き、アタッチメントを確実に本体に取り付けて、「取付けよし」と合図し、同号の「点検」の号令で本体の外観及びアタッチメント取付け部を視認点検して「点検よし」と合図する。

本条…追加〔平成一〇年二月消告一号〕

【趣旨】

本条は、携帯用コンクリート破壊器具を組立て及び点検をする場合の号令及び要領を定めたものである。

【解説】

携帯用コンクリート破壊器具を組立て及び点検をする場合の号令及び要領を整理すれば、次表のとおりである。

順序	指揮者	操作員	備考
1	「○○破壊、○○アタッチメント取付け」と号令する。	指揮者の「○○破壊、○○アタッチメント取付け」の号令で器具収納袋から本体、アタッチメント及び防塵眼鏡を取り出して置く。	破壊対象物によりアタッチメントを的確に選択する。器具収納袋を開け、コレットリングが確実に締まっていることを確認して、本体を取り出す。
2		アタッチメントを確実に本体に取り付けて「取付けよし」と合図する。	アタッチメントは、リテイナーの中にしっかり確実に差し込むこと。リテイナーフィンガーがアタッチメントのシャンクのカラーに掛かり、抜け落ちないことを確認する。
3	操作員の「○○取付けよし」の合図で「点検」と号令する。	指揮者の「点検」の号令で本体の外観及びアタッチメント取付け部を視認点検して「点検よし」と合図する。	

（携帯用コンクリート破壊器具による破壊準備）

第九十四条の六　携帯用コンクリート破壊器具による破壊準備を行うには、次の号令及び要領による。

一　指揮者は、破壊箇所を指示したのち、「破壊用意」と号令する。

二　操作員は、前号の号令で防塵眼鏡を着装し、携帯用コンクリート破壊器具を持つて破壊箇所にいたり、破壊姿勢をとつて「準備よし」と合図する。

本条…追加〔平成一〇年二月消告一号〕

【趣　旨】

本条は、携帯用コンクリート破壊器具による破壊準備を行う場合の号令及び要領について定めたものである。

【解　説】

携帯用コンクリート破壊器具による破壊準備を行う場合の号令及び要領を整理すれば、次表のとおりである。

順序	指揮者	操作員	備考
1	破壊箇所を指示した後、「破壊用意」と号令する。	指揮者の「破壊用意」の号令で、防塵眼鏡を着装する。	防塵眼鏡着装要領は、第九十四条の三第一号に定める。
2		携帯用コンクリート破壊器具を持って破壊箇所に至り、破壊姿勢をとって「準備よし」と合図する。	

（携帯用コンクリート破壊器具による破壊）

第九十四条の七　携帯用コンクリート破壊器具による破壊を行うには、次の号令及び要領による。

一　指揮者は、「破壊始め」と号令し、操作状況を確認して「破壊やめ」と号令する。

二　操作員は、前号の「破壊始め」の号令で指揮者から指示された箇所の破壊を行い、同号の「破壊やめ」の号令で破壊操作をやめる。

本条…追加〔平成一〇年二月消告一号〕

【趣旨】

本条は、携帯用コンクリート破壊器具による破壊を行う場合の号令及び要領について定めたものである。

【解説】

携帯用コンクリート破壊器具による破壊を行う場合の号令及び要領を整理すれば、次表のとおりである。

順序	指揮者	操作員	備考
1	「破壊始め」と号令する。	指揮者の「破壊始め」の号令で指揮者から指示された箇所の破壊を行う。	本体を逆さにしたり、アタッチメントを交換する時は、コレットリングを締め、ハンドルラム部を確実に固定する。リテイナーフィンガーの固定が不十分の場合、アタッチメントが外れ、飛び出し、事故に至るおそれがあるので、十分注意すること。
2	操作状況を確認して「破壊やめ」と号令する。	指揮者の「破壊やめ」の号令で破壊操作をやめる。	

（携帯用コンクリート破壊器具の収納）

第九十四条の八　携帯用コンクリート破壊器具を収納するには、次の号令及び要領による。

一　指揮者は、「おさめ」と号令する。

二　操作員は、前号の号令で防塵眼鏡を外し、本体からアタッチメントを取り外し、本体、アタッチメント及び防塵眼鏡を器具収納袋に収納し、もとの位置に搬送して集合線にもどる。

本条…追加〔平成一〇年二月消告一号〕

【趣　旨】

本条は、携帯用コンクリート破壊器具を収納する場合の号令及び要領について定めたものである。

【解　説】

携帯用コンクリート破壊器具を収納する場合の号令及び要領を整理すれば、次表のとおりである。

順序	指揮者	操作員	備考
1	「おさめ」と号令する。	指揮者の「おさめ」の号令で防塵眼鏡を外し、本体からアタッチメントを取り外す。	
2		本体、アタッチメント及び防塵眼鏡を器具収納袋に収納し、もとの位置に搬送して集合線に戻る。	使用後は、汚れ、水分を落としコレットリングを締め、ハンドルラム部を固定した状態で保管する。アタッチメントは、グラインダー等で研磨し、常に鋭利な状態にしておく。

第十四章　救命ボート操法

本章…追加〔昭和六三年一二月消告六号〕

【概　説】

救命ボート操法は、水泳中の溺者、水中転落、中洲等に取り残された要救助者を救助するため、救命ボートにより要救助者に至り救助する方法である。

本章においてはアルミ製折りたたみ式について、その取扱い及び操作を規定したものである。救命ボートには、このほかゴム製のものがある。

（救命ボート各部の名称及び定位）

第九十五条　救命ボート各部の名称及び定位は、第二十五図及び第二十六図のとおりとする。

第25図　救命ボート各部の名称

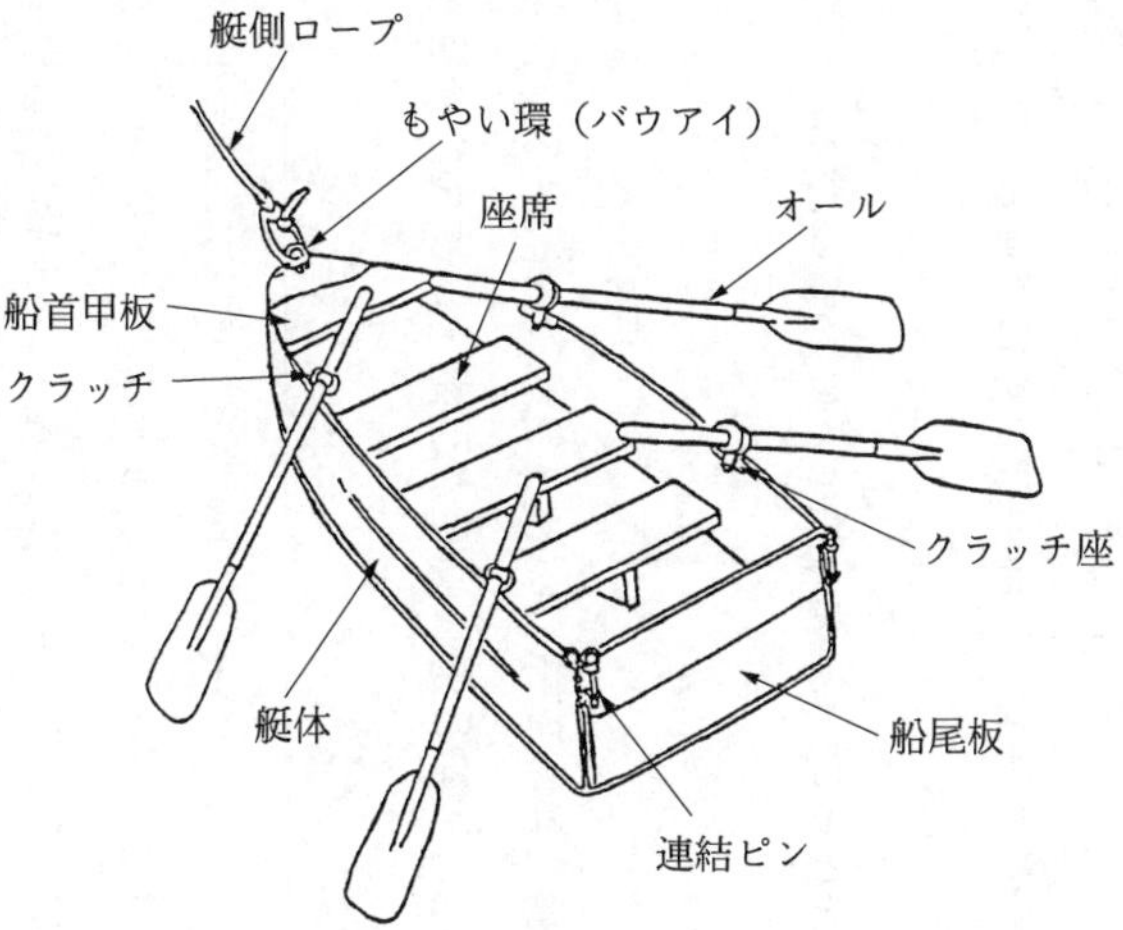

第26図　救命ボート操法の定位

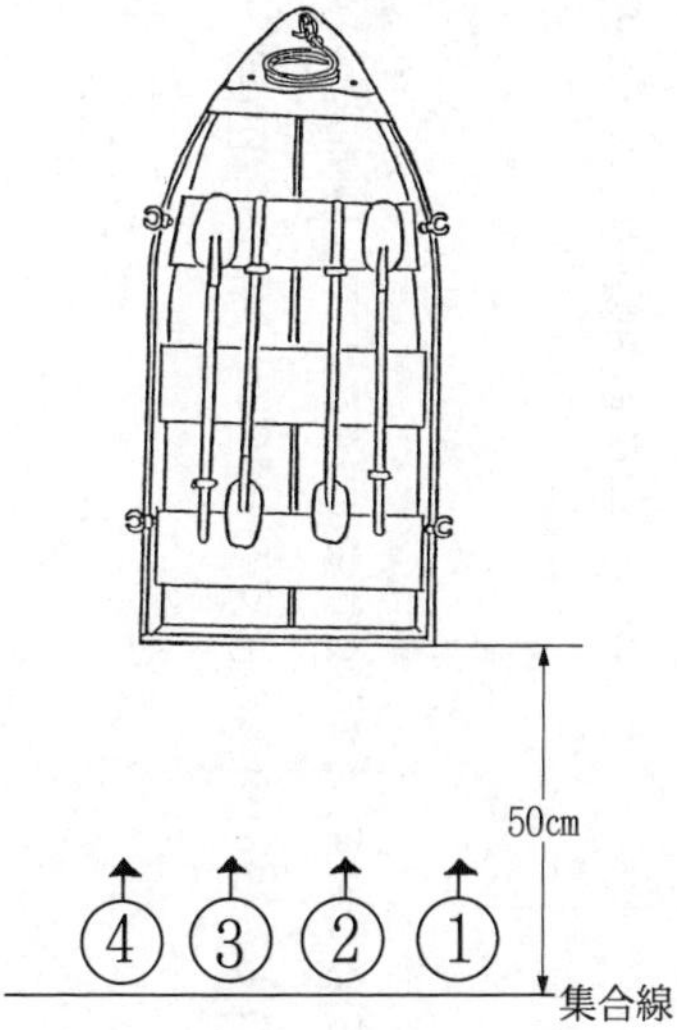

本条…追加〔昭和六三年一二月消告六号〕

【趣　旨】

本条は、救命ボート各部の名称及び定位について図示するものである。

（操法実施上の留意事項）

第九十六条　第四条に定めるもののほか、救命ボート操法を実施するときは、次の各号に掲げる事項に留意しなければならない。

一　ボートの組立てを行う場合は、平坦な場所で行うこと。

二　航行は、原則として流れを利用してオール操作を行うこと。

本条…追加〔昭和六三年一二月消告六号〕

【趣　旨】

本条は、第四条に定める一般的な留意事項のほかに、救命ボート操法を実施するうえでの安全を図るために特に留意すべき事項について定めたものである。指揮者は、第五条に定める留意事項についても留意しなければならない。

【解　説】

第一号関係

ボートの組立てを行う場合は、平坦な場所で行うとともに、手順どおり、丁寧正確に行うこと。

第二号関係

航行は、原則として流れに逆らわず流れを利用しオール操作を行うこと。

ボートの曳航は原則として徐行であること。

（救命ボートの搬送）

第九十七条　救命ボートを搬送するには、次の号令及び要領による。

一　指揮者は、「目標○○、救命ボート搬送」と号令する。

二　一番員は、前号の号令で救命ボートの右側前部に位置し、両手で艇を持ち上げ、四番員の「よし」の合図で全員協力して、目標位置に搬送する。

三　二番員は、第一号の号令で、救命ボートの右側後部に位置し、両手で艇を持ち上げ、四番員の「よし」の合図で全員協力して、目標位置に搬送する。

四　三番員は、第一号の号令で救命ボートの左側前部に位置し、両手で艇を持ち上げ、四番員の「よし」の合図で全員協力して、目標位置に搬送する。

五　四番員は、第一号の号令で救命ボート左側後部に位置し、両手で艇を持ち上げ、「よし」と合図して全員協力して、目標位置に搬送する。

本条…追加〔昭和六三年一二月消告六号〕

【趣　旨】

本条は、救命ボートを操作位置に搬送する場合の号令及び要領を定めたものである。

【解　説】

救命ボートを操作位置に搬送する場合の号令及び要領を整理すれば、次表のとおりである。

順序	指揮者	一番員	二番員	三番員	四番員	備考
1	「目標○○、救命ボート搬送」と号令する。	指揮者の「目標○○、救命ボート搬送」の号令で、救命ボートの右側前部に位置し、両手で艇を持ち上げる。	指揮者の「目標○○、救命ボート搬送」の号令で、救命ボートの右側後部に位置し、両手で艇を持ち上げる。	指揮者の「目標○○、救命ボート搬送」の号令で、救命ボートの左側前部に位置し、両手で艇を持ち上げる。	指揮者の「目標○○、救命ボート搬送」の号令で、救命ボートの左側後部に位置し、両手で艇を持ち上げ「よし」と合図する。	艇を持ち上げる場合腰を痛める危険性があるので、持ち上げるときは腰を落とした姿勢で十分注意して持ち上げること。
2		四番員の「よし」の合図で全員協力して、目標位置に搬送する。	一番員と同様。	一番員と同様。	全員で協力して目標位置に搬送する。	搬送する場合は四人の気持ちを一つにし、呼唱しながらの搬送もよい。引きずり、放り投げは絶対に行わない。

（救命ボートへの乗船）

第九十八条　救命ボートへ乗船するには、次の号令及び要領による。

一　指揮者は、もやいロープを伸ばし確保姿勢をとり、「ボート降ろせ」と号令し、ボートが水面に降りたのを確認して「乗船」と号令し、全員の乗船を確認したのち、もやいロープを三番員に渡して乗船する。

二　一番員は、前号の「ボート降ろせ」の号令でボート右側前部を持ち、他の操作員と協力してボートを水面に降ろし、四番員の「よし」の合図で乗船し、「よし」と合図する。

三　二番員は、第一号の「ボート降ろせ」の号令で、ボート右側後部を持ち、他の操作員と協力してボートを水面に降ろし、第一号の「乗船」の号令で乗船し、「よし」と合図する。

四　三番員は、第一号の「ボート降ろせ」の号令で、ボート左側前部を持ち、他の操作員と協力してボートを水面に降ろし、一番員の「よし」の合図で乗船し、「よし」と合図して指揮者から確保ロープを受け取る。

五　四番員は、第一号の「ボート降ろせ」の号令で、ボート左側後部を持ち、他の操作員と協力してボートを水面に降ろし、二番員の「よし」の合図で乗船し、「よし」と合図する。

本条…追加〔昭和六三年一二月消告六号〕

【趣　旨】

本条は、救命ボートへ乗船する場合の号令及び要領を定めたものである。

【解　説】

救命ボートへ乗船する場合の号令及び要領を整理すれば、次表のとおりである。

順序	指揮者	一番員	二番員	三番員	四番員	備考
1	もやいロープを伸ばし確保姿勢をとり、「ボート降ろせ」と号令する。	指揮者の「ボート降ろせ」の号令で、ボート右側前部を持つ。	指揮者の「ボート降ろせ」の号令で、ボート右側後部を持つ。	指揮者の「ボート降ろせ」の号令で、ボート左側前部を持つ。	指揮者の「ボート降ろせ」の号令で、ボート左側後部を持つ。	ボートを降ろす要領は、ボートを持ち上げる要領の逆で行う。
2	ボートが水面に降りたのを確認して「乗船」と号令する。	他の操作員と協力してボートを水面に降ろす。	一番員と同様。	一番員と同様。	一番員と同様。	乗船する際バランスを崩し転落等しないように十分注意する。
3	全員の乗船を確認した後、もやいロープを三番員に渡して乗船する。	四番員の「よし」の合図で乗船し、「よし」と合図する。	指揮者の「乗船」の号令で乗船し、「よし」と合図する。	一番員の「よし」の合図で乗船し、「よし」と合図して指揮者から確保ロープを受け取る。	二番員の「よし」の合図で乗船し、「よし」と合図する。	乗船順序は、二番員、四番員、一番員、三番員、指揮者の順とする。足場等不安定なため十分注意すること。

（救命ボートの操作）

第九十九条　救命ボートを操作するには、次の号令及び要領による。

一　指揮者は、「操船用意」と号令し、各操作員の「準備よし」の合図で、「オール操作始め」と号令する。

二　各操作員は、前号の「操船用意」の号令で、オールを取り出し、「準備よし」と合図し、前号の「オール操作始め」の号令で離岸したのち、目標位置までこぐ。

本条…追加〔昭和六三年一二月消告六号〕

【趣　旨】

本条は、救命ボートを操作する場合の号令及び要領について定めたものである。

【解　説】

救命ボートを操作する場合の号令及び要領を整理すれば、次表のとおりである。

順序	指揮者	各操作員	備考
1	「操船用意」と号令する。	指揮者の「操船用意」の号令で、オールを取り出し、「準備よし」と合図する。	
2	各操作員の「準備よし」の合図で、「オール操作始め」と号令する。	指揮者の「オール操作始め」の号令で離岸した後、目標位置まで漕ぐ。	ボートの曳航は原則的に徐行とする。またボート尾部に船外機の取付け可能なボートもある。

（救命ボートの接岸）

第百条　救命ボートを接岸するには、次の号令及び要領による。

一　指揮者は、「接岸」と号令し、一番員の「接岸よし」の合図で「上陸始め」と号令し、全員上陸したのを確認したのち、上陸する。

二　一番員は、前号の「接岸」の号令で、オール操作をやめ、オールを収納したのち、もやいロープを持つて船首に向かつて立ち、接岸姿勢をとり、接岸を確認して「接岸よし」と合図し、三番員の「確保よし」の合図で上陸し、「よし」と合図する。

三　二番員は、第一号の「接岸」の号令で、四番員と協力し、静かにボートを岸に寄せ、四番員の「よし」の合図で上陸し、「よし」と合図する。

四　三番員は、第一号の「接岸」の号令で、オール操作をやめ、オールを収納し、第一号の「上陸始め」の号令で上陸し、確保姿勢をとり、「確保よし」と合図する。

五　四番員は、第一号の「接岸」の号令で、二番員と協力して静かにボートを寄せ、一番員の「よし」の合図で上陸し、「よし」と合図する。

本条…追加〔昭和六三年一二月消告六号〕

【趣　旨】

本条は、救命ボートを接岸する場合の号令及び要領について定めたものである。

【解　説】

救命ボートを接岸する場合の号令及び要領を整理すれば、次表のとおりである。

順序	1	2	3
指揮者	「接岸」と号令する。	一番員の「接岸よし」の合図で「上陸始め」と号令する。	全員上陸したのを確認した後、上陸する。
一番員	指揮者の「接岸」の号令で、オール操作をやめ、オールを収納した後、もやいロープを持って船首に向かって立つ。	接岸姿勢をとり、接岸を確認して「接岸よし」と合図する。	三番員の「確保よし」の合図で上陸し、「よし」と合図する。
二番員	指揮者の「接岸」の号令で、四番員と協力し、静かにボートを岸に寄せる。		四番員の「よし」の合図で上陸し、「よし」と合図する。
三番員	指揮者の「接岸」の号令で、オール操作をやめ、オールを収納する。		指揮者の「上陸始め」の号令で上陸し、確保姿勢をとり「確保よし」と合図する。
四番員	指揮者の「接岸」の号令で、二番員と協力して静かにボートを寄せる。		一番員の「よし」の合図で上陸し、「よし」と合図する。
備考	接岸する際、ボートの座礁、転覆に十分注意すること。		上陸順序は三番員、一番員、四番員、二番員、指揮者の順とする。足場等不安定なため、十分注意すること。

（救命ボートの収納）

第百一条　救命ボートを収納するには、次の号令及び要領による。

一　指揮者は、「ボート引上げ」と号令し、引上げ状況を確認して「おさめ」と号令する。

二　各操作員は、前号の「ボート引上げ」の号令で、全員協力してボートを引き上げ、前号の「おさめ」の号令で、第九十七条に規定する救命ボートの搬送要領でボートをもとの位置に搬送して集合線にもどる。

本条…追加〔昭和六三年一二月消告六号〕

【趣　旨】

本条は、救命ボートを収納する場合の号令及び要領について定めたものである。

【解　説】

救命ボートを収納する場合の号令及び要領を整理すれば、次表のとおりである。

順序	1	2
指揮者	「ボート引上げ」と号令する。	引上げ状況を確認して「おさめ」と号令する。
各操作員	指揮者の「ボート引上げ」の号令で全員協力してボートを引き上げる。	指揮者の「おさめ」の号令でボートをもとの位置に搬送して集合線に戻る。搬送要領は第九十七条に定めるとおりとする。
備考	引上げ及び搬送する場合腰等を痛める危険性があるので十分注意すること。海水で使用した場合は、水洗いによる手入れは必ず行うこと。折りたたみ方は、組立ての手順の逆に行う。	

第十五章　救命索発射銃操法

旧六章…繰下〔昭和六三年一二月消告六号〕

【概　説】

救命索発射銃操法は、高所又は中洲等に取り残され又は孤立した要救助者を救助するため、救命索発射銃によりリードロープのついた発射体を目的地に向けて発射し、リードロープに結びつけた救助ロープを要救助者等が支持物に結着してロープを展張し、救助する方法である。

本章においては、一般的によく用いられているピストル型救命索発射銃について、その取扱い及び操作を規定したものである。なお、救命索発射銃には、このほかに遠距離に発射体を飛ばすことのできるものとして、銃身が長く台座のついた台座付救命索発射銃等がある。

（救命索発射銃各部の名称及び定位）

第百二条　救命索発射銃各部の名称及び定位は、第二十七図及び第二十八図のとおりとする。

第27図　救命索発射銃各部の名称

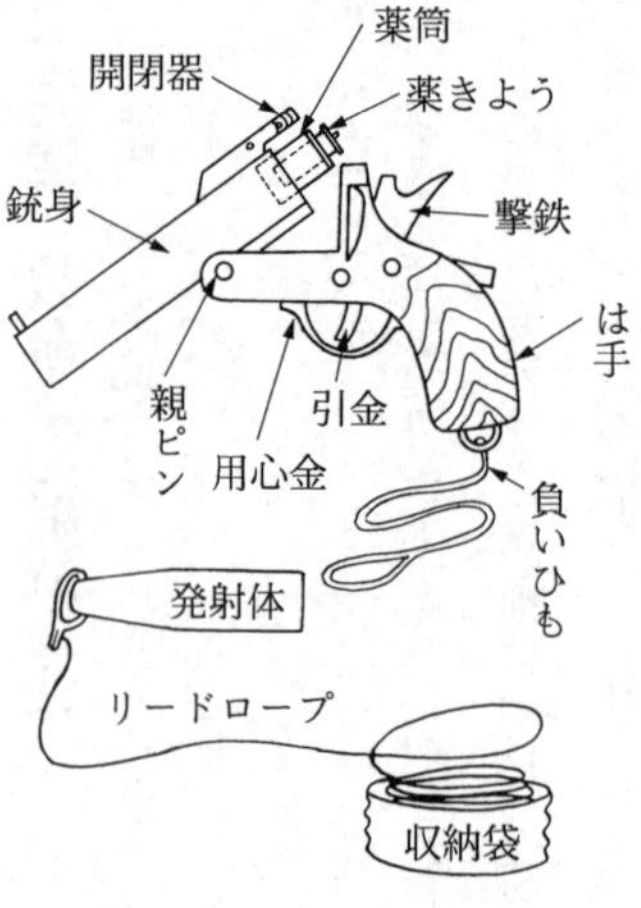

第28図　救命索発射銃操法の定位

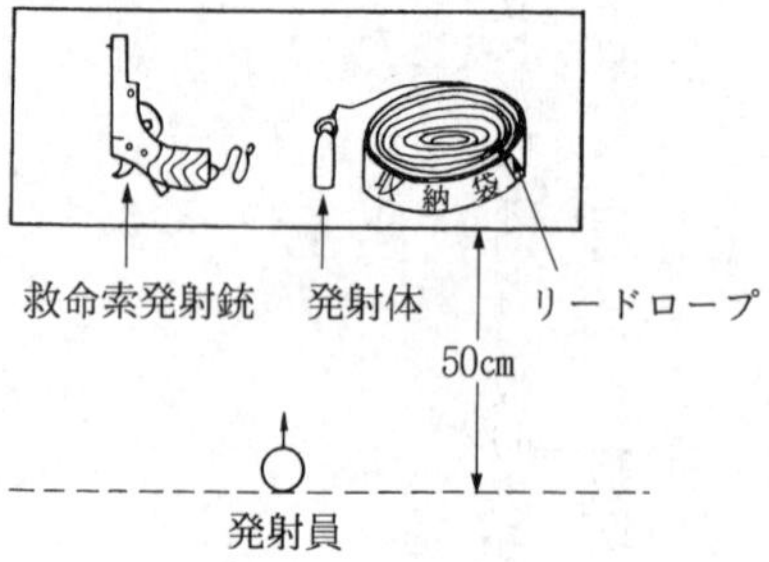

旧三九条…一部改正し繰下〔昭和六三年一二月消告六号〕

【趣　旨】

本条は、救命索発射銃各部の名称及び定位について図示するものである。

【解　説】

救命索発射銃は、取扱い方を誤ると二次災害を引き起こす要因となるため、その取扱いには十分注意する必要がある。このため、操法の実施に当たっては、救命索発射銃及び発射体等が誤って足等に触れないように、第二十八図に示すとおり、地上に置くことは避け、必ず台の上に置く必要がある。

また、リードロープも絡み合うことのないよう、きちんと整理して収納袋に収納しておく必要がある。

（操法実施上の留意事項）

第百三条　第四条に定めるもののほか、救命索発射銃操法を実施するときは、次の各号に掲げる事項に留意しなければならない。

一　撃鉄は、発射時以外はみだりに操作しないこと。

二　引金に指をかけた状態で撃鉄をおこさないこと。

三　不発の際は、数回発射を試みたのち、十分注意して発射体を取り出し、空包の抜き取りは慎重に行うこと。

四　空包及び発射体の装てんは、発射直前に行うこと。

五　空包及び発射体の装てんの有無にかかわらず、銃口を人に向けないこと。

六　空包を装てんした銃は、原則として移動しないこと。ただし、緊急やむを得ず移動するときは、銃口を下に向けて（安全装置のある銃にあつては、安全装置をして）行うこと。

七　発射の際は、左手で銃身を握り、左ひじを十分伸ばし、右手は発射時の反動で銃が振れないように注意すること。

旧四〇条…繰下〔昭和六三年一二月消告六号〕

【趣　旨】

本条は、第四条に定める一般的な留意事項のほかに、救命索発射銃を実施するうえでの安全を図るために特に留意すべき事項について定めたものである。指揮者については、第五条に定める留意事項についても留意することが必要である。

なお、本条各号に掲げる留意事項のほか、救命索発射銃の取扱いについて、日常、一般的に留意しなければならない事項については、参考として後掲する。

【解　説】

第一号関係

撃鉄は、発射に当たって起こすものであり、発射時以外に操作すると暴発のおそれがあり、発射員及び周囲の者に危害を加えることとなるため、みだりに撃鉄を操作してはならない。

第二号関係

引金に指をかけた状態で撃鉄を起こすと、誤って引金を引いてしまうおそれがあるので、撃鉄を起こす時は右手親指か左手で行い、すべり等に注意して完全にかけ、右手人差し指は、引金にかけてはならない。

第三号関係

救命索発射銃が不発の場合は、一回の発射によらず数回の発射を試みて不発であることを確認した後、引金の安全装置をかける等により安全な状態にして、十分注意しながら慎重に発射体の取出し、空包の抜取りを行う。

この場合、みだりに引金を引いたり、銃口をのぞき見る等は絶対に行ってはならない。

第四号関係

空包及び発射体の装てんは、発射位置において発射直前に行うこととし、空包及び発射体を装てんしたまま放置することは非常に危険であり、絶対行ってはならない。

第五号関係

救命索発射銃の銃口は、空包及び発射体を装てんしていなくても絶対人に向けてはならず、このことについて、指揮者は、発射員に徹底させる必要がある。

第六号関係

救命索発射銃に空包及び発射体を装てんしたまま銃を持って移動することは、非常に危険であり、絶対に行ってはならない。

もし、緊急事態が発生して装てんしたまま銃を持って小移動しなければならなくなった場合には、引金の安全装置をかけ、銃口を下に向ける等十分な安全措置を講ずる必要がある。

第七号関係

発射の際には、相当強い反動があるので、銃をしっかり握っていないと銃が振れて目標に当たらなくなる。また、姿勢についても、銃の反動でバランスを崩さないように安定した姿勢をとる必要がある。

（参　考）

（救命索発射銃の取扱いに係る一般的な留意事項）

(1)　使用後は、銃の外装の手入れを行うとともに、銃口内の清掃は、スピンドル油又はマシン油を用い、洗矢で十分に行うこと。

(2)　薬きょう（空包）は、湿気のない暗所に保管するとともに、保管を厳重にして紛失防止に努めること。

(3)　リードロープ等は、定期的に十分乾燥させること。

(4) 整備不良の発射体は直ちに事故につながるため、十分な点検、補修を行うこと。
(5) 銃の整備は、必ず取扱責任者立合いのもとに行うこと。
(6) 不発弾の処理は、塩水に二十四時間浸す方法もある。
(7) 銃の所持や使用については、「銃砲刀剣類所持等取締法」の規制を受けるほか、薬きょう（空包）の購入、消費についても「火薬類取締法」の規制を受けているので管理、監督の地位にある者は、これを認識し、使用者に対する指導の徹底を図ること。

（救命索発射銃の点検及び発射準備）

第百四条　救命索発射銃の点検及び発射の準備をするには、次の号令及び要領による。

一　指揮者は、「点検」と号令する。

二　発射員は、前号の号令で右手では手を左手で銃身をもち、銃の外観を視認点検したのち、左手で開閉器をはずして銃を折り、左手で銃身をもち、右手で薬筒を抜きとり、薬筒及び銃身内部を点検して「薬筒よし、銃身よし」と合図し、薬筒を銃身に装入し、右手では手をもち、左手で銃身をおこし、開閉器をかけて「開閉器よし」と合図し、右手の親指で撃鉄をおこし、右手の人さし指で引金を引き、作動状況を確認して「作動よし」と合図し、銃を静かにその場に置き、リードロープの状況を点検して「リードロープよし」と合図し、次いで発射体の点検を行い、「発射体よし」と合図し、リードロープの端末を発射体の索に結着してその場に置き、「点検よし、準備よし」と合図する。

旧四一条…繰下〔昭和六三年一二月消告六号〕

【趣　旨】

本条は、救命索発射銃の点検及び発射の準備をするに当たっての号令及び要領について定めたものである。

【解　説】

発射員は、指揮者の「点検」の号令により次の要領で救命索発射銃の点検及び発射準備を行う。

⑴　台上に置かれた救命索発射銃のは手を右手で、左手で銃身を持つ。

⑵　銃の外観を視認点検する。

⑶　左手で開閉器を外して銃を折り、左手で銃身を持ち、右手で薬筒を抜き取る。

⑷　薬筒及び銃身内部を点検して「薬筒よし、銃身よし」と指揮者に合図する。

⑸　薬筒を銃身に装入し、右手では手を持ち、左手で銃身を起こし、開閉器をかけて「開閉器よし」と指揮者に合図する。

⑹　右手の親指で撃鉄を起こし、右手の人差し指で引金を引き、作動状況を確認して「作動よし」と指揮者に合図する。

⑺　銃を静かにその場の台の上に置き、リードロープの状況を点検して「リードロープよし」と指揮者に合図する。

⑻　発射体の点検を行い「発射体よし」と指揮者に合図する。

⑼　リードロープの端末を発射体の索に結着してその場に置き、「点検よし、準備よし」と指揮者に合図する。

（救命索発射銃の発射）

第百五条　救命索発射銃を発射するには、次の号令及び要領による。

一　指揮者は、「操作始め」と号令し、発射員の「装てん準備よし」の合図で「空包装てん」と号令し、発射員の「空包装てんよし」の合図で「発射体装入」と号令し、発射員の「発射体装入よし」の合図で「目標○○、発射用意」と号令し、発射員の「発射準備よし」の合図で「発射」と号令する。

二　発射員は、前号の「操作始め」の号令で左手で銃身をもち、負いひもを右肩にかけ、は手を右手にもつて「装てん準備よし」と合図し、前号の「空包装てん」の号令で左手で開閉器をはずして銃身を折り、薬筒に空包を装てんし、開閉器をかけて「空包装てんよし」と合図し、前号の「発射体装入」の号令で左手で銃身をもち、右手でリードロープを結着した発射体を銃口から装入して「発射体装入よし」と合図し、前号の「目標○○、発射用意」の号令で右手では手をもち、左足を一歩ふみ出して半身となり、右手の親指で撃鉄をおこし、目標に銃をかまえて「発射準備よし」と合図し、前号の「発射」の号令を復唱したのち、右手の人さし指で引金を引いて発射する。

旧四二条…繰下〔昭和六三年一二月消告六号〕

【趣　旨】

本条は、救命索発射銃を発射する場合の号令及び要領について定めたものである。

【解　説】

救命索発射銃を発射する場合の号令及び要領を整理すれば、次表のとおりである。

順序	指揮者	発射員
1	「操作始め」と号令する。	指揮者の「操作始め」の号令で左手で銃身を持ち、負いひもを右肩にかけ、は手を右手に持って「装てん準備よし」と合図する。
2	発射員の「装てん準備よし」の合図で「空包装てん」と号令する。	指揮者の「空包装てん」の号令で左手で開閉器を外して銃身を折り、薬筒に空包を装てんし、開閉器をかけて「空包装てんよし」と合図する。
3	発射員の「空包装てんよし」の合図で「発射体装入」と号令する。	指揮者の「発射体装入」の号令で左手で銃身を持ち、右手でリードロープを結着した発射体を銃口から装入して「発射体装入よし」と合図する。
4	発射員の「発射体装入よし」の合図で「目標○○、発射用意」と号令する。	指揮者の「目標○○、発射用意」の号令で右手では手を持ち、左足を一歩踏み出して半身となり、右手の親指で撃鉄を起こし、目標に銃をかまえて「発射準備よし」と合図する。
5	発射員の「発射準備よし」の合図で「発射」と号令する。	指揮者の「発射」の号令を復唱した後、右手の人差し指で引金を引いて発射する。

（救命索発射銃の収納）

第百六条　救命索発射銃を収納するには、次の号令及び要領による。

一　指揮者は、「おさめ」と号令する。

二　発射員は、前号の号令でかまえた銃を体の前におろし、左手で開閉器をはずして銃身を折り、薬筒及び薬きようを抜き、開閉器をかけ、右手で負いひもをはずして銃をもとの位置に置き、発射体の落下地点にいたり、発射体をリードロープからはずしてもち、発射位置にもどつてリードロープを収納する。

旧四三条…繰下〔昭和六三年一二月消告六号〕

【趣　旨】

本条は、救命索発射銃を収納する場合の号令及び要領について定めたものである。

【解　説】

発射員は、指揮者の「おさめ」の号令により、次の要領で救命索発射銃を収納する。

(1)　指揮者の「おさめ」の号令でかまえた銃を体の前に降ろす。

(2)　左手で開閉器を外して銃身を折り、薬筒及び薬きょうを抜き、開閉器をかける。

(3)　右手で負いひもを外して銃をもとの位置に静かに置く。

(4)　発射体の落下地点に至り、発射体をリードロープから外して持ち、発射位置に戻り、もとの台上に置く。

(5)　リードロープを整理しながら収納する。

第十五章の二　簡易画像探索機操法（一）

本章…追加〔平成一〇年二月消告一号〕

【概　説】

簡易画像探索機操法（一）は、災害現場、特に建物崩壊等で下敷きになっている要救助者の捜索や状況把握をし、救助する操法である。

簡易画像探索機は、軽量で携帯可能な探査システムであり、震災時等における捜索での効果は大である。

ここでいう簡易画像探索機操法（一）は硬性伸縮式探索機をいう。

（簡易画像探索機各部の名称及び定位）

第百六条の二　簡易画像探索機各部の名称及び定位は、第二十八図の二及び第二十八図の三のとおりとする。

第28図の２　簡易画像探索機各部の名称

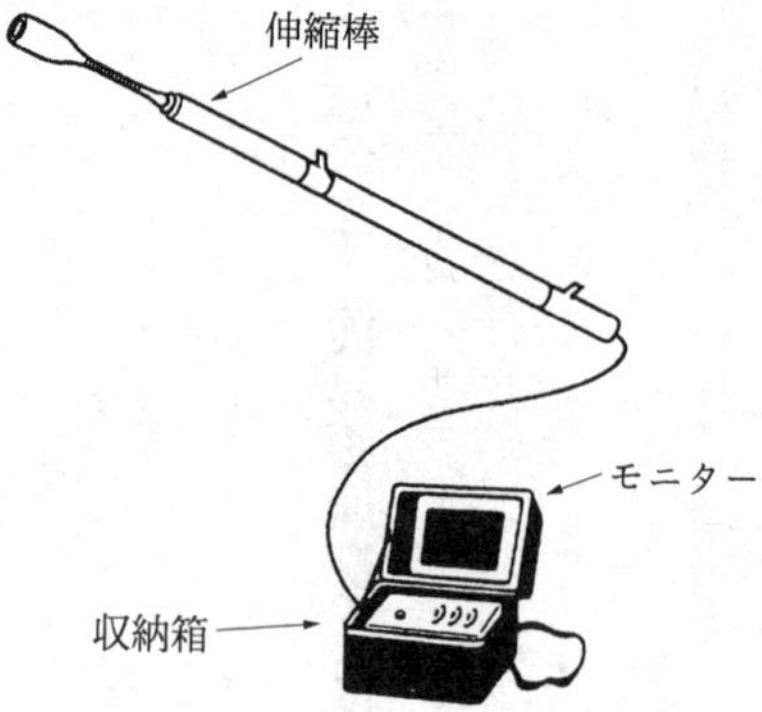

第28図の３　簡易画像探索機操法の定位

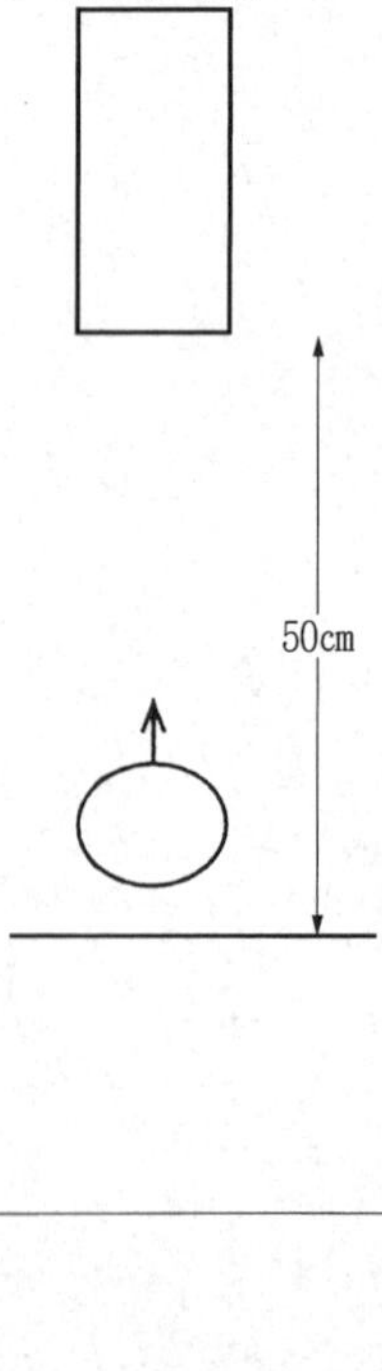

本条…追加〔平成一〇年二月消告一号〕

【趣　旨】

本条は、簡易画像探索機各部の名称及び定位について図示するものである。

（操法実施上の留意事項）

第百六条の三　第四条に定めるもののほか、簡易画像探索機操法（一）を実施するときは、次の各号に掲げる事項に留意しなければならない。

一　湾曲した隙間、障害物のある隙間等に無理に挿入しないこと。

二　水中では使用しないこと。

本条…追加〔平成一〇年二月消告一号〕

【趣　旨】

本条は、第四条に定める一般的な留意事項のほかに、簡易画像探索機操法（一）を実施するうえでの安全を図るために特に留意すべき事項について定めたものである。指揮者は、第五条に定める留意事項についても留意しなければならない。

【解　説】

第一号関係

伸縮棒は精密機器のため、衝撃を受け画面のズレ又は本体の損傷のおそれがあるため、湾曲した隙間、障害物のある隙間等に無理に挿入しないこと。

第二号関係

水中で使用できるもの以外、水中での使用はしないこと。

（簡易画像探索機の搬送）

第百六条の四　簡易画像探索機を操作位置に搬送するには、次の号令及び要領による。

一　指揮者は、「目標○○、搬送」と号令する。

二　操作員は、前号の号令で伸縮棒及び器具収納箱を持ち上げ、目標位置に搬送する。

本条…追加〔平成一〇年二月消告一号〕

【趣　旨】

本条は、簡易画像探索機を操作位置に搬送する場合の号令及び要領を定めたものである。

【解　説】

簡易画像探索機を操作位置に搬送する場合の号令及び要領を整理すれば、次表のとおりである。

順序	1	2
指揮者	「目標○○、搬送」と号令する。	
操作員	指揮者の「目標○○、搬送」の号令で、伸縮棒及び器具収納箱を持ち上げる。	目標位置に搬送する。
備考	伸縮棒及び器具収納箱を車両等から持ち上げ、搬送する場合、落としたり、強い衝撃を与えないこと。	

（簡易画像探索機の組立て及び点検）

第百六条の五　簡易画像探索機の組立て及び点検をするには、次の号令及び要領による。

一　指揮者は、「組立て始め」と号令し、操作員の「組立てよし」の合図で「点検」と号令する。

二　操作員は、前号の「組立て始め」の号令で器具収納箱からコード等を取り出し、器具収納箱のバンドを肩に掛け「着装よし」と合図し、伸縮棒とバッテリー等を接続して「接続よし」と合図し、収納されているモニターを監視できる位置に起こして「組立てよし」と合図し、同号の「点検」の号令で組立て状況を視認点検して「点検よし」と合図する。

本条…追加〔平成一〇年二月消告一号〕

【趣　旨】

本条は、簡易画像探索機の組立て及び点検を行う場合の号令及び要領について定めたものである。

【解　説】

簡易画像探索機の組立て及び点検を行う場合の号令及び要領を整理すれば、次表のとおりである。

順序	指揮者	操作員
1	「組立て始め」と号令する。	指揮者の「組立て始め」の号令で器具収納箱からコード等を取り出し、器具収納箱のバンドを肩に掛け「着装よし」と合図する。
2		伸縮棒とバッテリー等を接続して「接続よし」と合図し、収納されているモニターを監視できる位置に起こして「組立てよし」と合図する。
3	操作員の「組立てよし」の合図で「点検」と号令する。	指揮者の「点検」の号令で、組立て状況を視認点検して「点検よし」と合図する。

備考
モニターは操作員の最適な位置に動かす。

（簡易画像探索機の準備）

第百六条の六　簡易画像探索機の準備を行うには、次の号令及び要領による。

一　指揮者は、「検索位置○○」と号令する。

二　操作員は、前号の号令で本体を持ち検索位置にいたり、電源スイッチを入れて「準備よし」と合図する。

本条…追加〔平成一〇年二月消告一号〕

【趣　旨】

本条は、簡易画像探索機の準備を行う場合の号令及び要領について定めたものである。

【解　説】

簡易画像探索機の準備を行う場合の号令及び要領を整理すれば、次表のとおりである。

順序	指揮者	操作員
1	「検索位置○○」と号令する。	指揮者の「検索位置○○」の号令で本体を持ち検索位置に至る。
2		電源スイッチを入れて「準備よし」と合図する。

備考	持ち運びには十分注意すること。

（簡易画像探索機による検索）

第百六条の七　簡易画像探索機による検索を行うには、次の号令及び要領による。

一　指揮者は、「検索始め」と号令し、検索状況を確認して「検索やめ」と号令する。

二　操作員は、前号の「検索始め」の号令でモニターの照度等を調整し、先端の首振りを左右行い、「画像よし」と合図し、同号の「検索やめ」の号令で電源スイッチを切つて「よし」と合図する。

本条…追加〔平成一〇年二月消告一号〕

【趣　旨】

本条は、簡易画像探索機による検索を行う場合の号令及び要領について定めたものである。

【解　説】

簡易画像探索機による検索を行う場合の号令及び要領を整理すれば、次表のとおりである。

順序	指揮者	
1	「検索始め」と号令する。	指揮者の「検索始め」の号令でモニターの照度等を調整
2	検索状況を確認し「検索やめ」と号令する。	指揮者の「検索やめ」の号令で電源スイッチを切り「よ

操作員	し、先端の首振りを左右行い、「画像よし」と合図する。	し」と合図する。
備考	モニターの照度、カラーの強弱等調整し、鮮明な映像にする。 コードは必要な分だけ伸ばす。 必要に応じ、マイク、スピーカー等の電源スイッチを入れる。 カメラを使用しない場合は、必ず保護キャップを付ける。 （連続使用時間はおおむね六時間を限度とし、目等に異常を感じた場合は、直ちに作業を中止すること。）	

（簡易画像探索機の収納）

第百六条の八　簡易画像探索機を収納するには、次の号令及び要領による。

一　指揮者は、「おさめ」と号令する。

二　操作員は、前号の号令でコード等を取り外し、伸縮棒及びコード等を器具収納箱に収納し、器具収納箱をもとの位置に搬送して集合線にもどる。

本条…追加〔平成一〇年二月消告一号〕

【趣　旨】

本条は、簡易画像探索機を収納する場合の号令及び要領について定めたものである。

【解　説】

簡易画像探索機を収納する場合の号令及び要領を整理すれば、次表のとおりである。

順序	指揮者	操作員	備考
1	「おさめ」と号令する。	指揮者の「おさめ」の号令でコード等を取り外し、伸縮棒及びコード等を器具収納箱に収納する。	電源スイッチを切った直後は火傷等のおそれがあるため、ライトヘッドに接触しないこと。
2		器具収納箱をもとの位置に搬送して集合線に戻る。	

第十五章の三　簡易画像探索機操法（二）

本章…追加〔平成一〇年二月消告一号〕

【概　説】

簡易画像探索機操法（二）は災害現場、特に建物崩壊等で下敷きになっている要救助者の捜索や状況把握をし、救助する操法である。

簡易画像探索機は軽量で携帯可能な探査システムであり、震災時における捜索での効果は大である。

ここでいう簡易画像探索機操法（二）は、軟性蛇管式の探索機をいう。

（簡易画像探索機各部の名称及び定位）

第百六条の九　簡易画像探索機各部の名称及び定位は、第二十八図の四及び第二十八図の五のとおりとする。

第28図の4　簡易画像探索機各部の名称

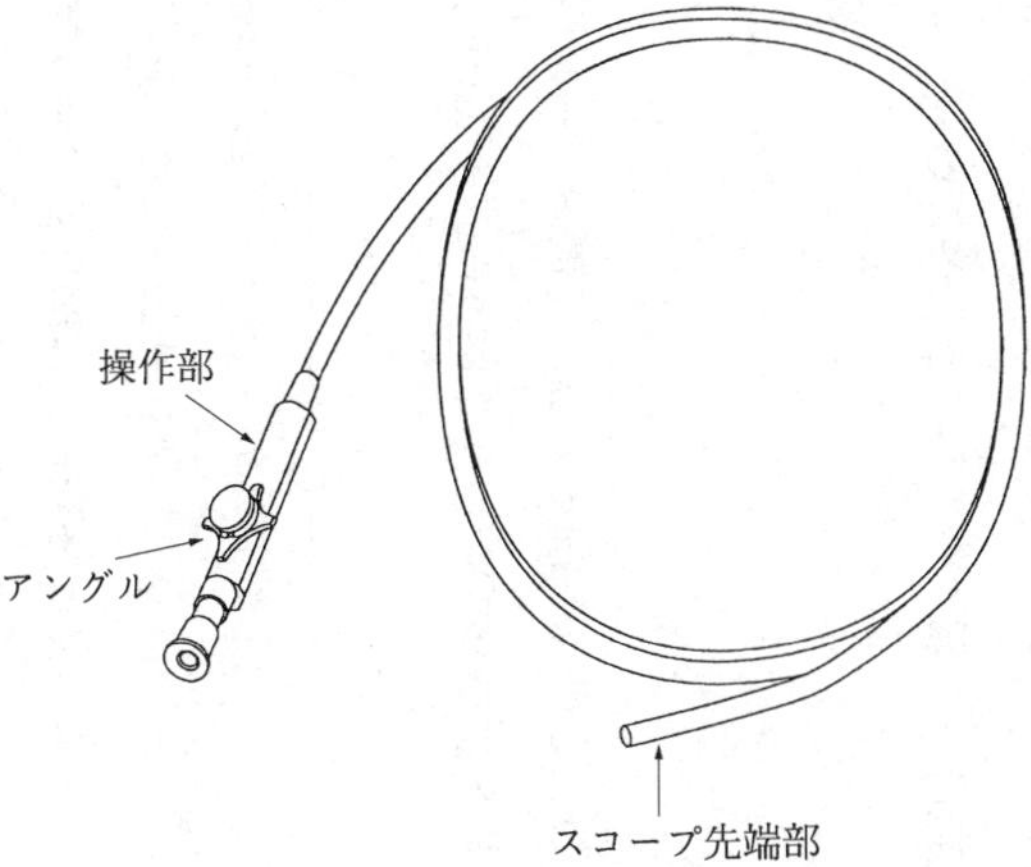

第28図の5　簡易画像探索機操法の定位

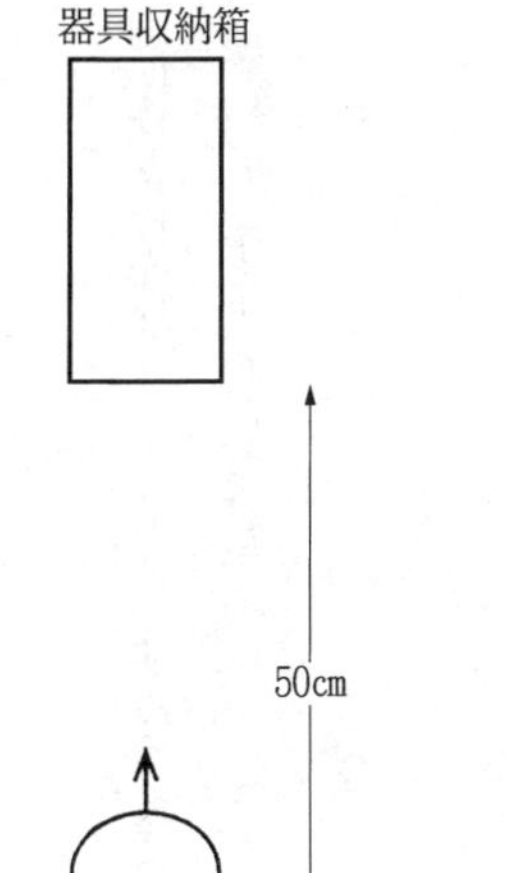

本条…追加〔平成一〇年二月消告一号〕

【趣　旨】

本条は、簡易画像探索機各部の名称及び定位について図示するものである。

（操法実施上の留意事項）

第百六条の十　第四条に定めるもののほか、簡易画像探索機操法（二）を実施するときは、次の各号に掲げる事項に留意しなければならない。

一　検索時は、軟性部の曲げ量を二巻以下にして使用すること。

二　軟性部の曲げ量は、半径十センチメートルより小さく曲げないこと。

三　挿入部を引き出すときは、全てのアングルのロックを解除し、ゆつくり引き出すこと。

本条…追加〔平成一〇年二月消告一号〕

【趣　旨】

本条は、第四条に定める一般的な留意事項のほかに、簡易画像探索機操法（二）を実施するうえでの安全を図るために特に留意すべき事項について定めたものである。指揮者は、第五条に定める留意事項についても留意しなければならない。

【解　説】

第一号関係

軟性チューブのため二向に曲げられ隅々まで探索できるが、検索時は曲げ量を二巻以下にして使用すること。

第二号関係

軟性部の曲げ量は、極端に小さく曲げないこと。

第三号関係

スコープ先端部には、超小型ＣＣＤカメラが内蔵されているため、引き出すときは、すべてのアングルのロックを解除し、ゆっくり引き出すこと。

（簡易画像探索機の搬送）

第百六条の十一　簡易画像探索機を操作位置に搬送するには、次の各号及び要領による。

一　指揮者は、「目標○○、搬送」と号令する。

二　操作員は、前号の号令で器具収納箱を持ち上げ、目標位置に搬送する。

本条…追加〔平成一〇年二月消告一号〕

【趣　旨】

本条は、簡易画像探索機を操作位置に搬送する場合の号令及び要領を定めたものである。

【解　説】

簡易画像探索機を操作位置に搬送する場合の号令及び要領を整理すれば、次表のとおりである。

順序	指揮者	操作員
1	「目標○○、搬送」と号令する。	指揮者の「目標○○、搬送」の号令で器具収納箱を持ち上げる。
2		目標位置に搬送する。

備考	器具収納箱を車両等から持ち上げ、搬送する場合、落としたり、強い衝撃を与えないこと。

（簡易画像探索機の組立て及び点検）

第百六条の十二　簡易画像探索機の組立て及び点検をするには、次の号令及び要領による。

一　指揮者は、「組立て始め」と号令し、操作員の「組立てよし」の合図で「点検」と号令する。

二　操作員は、前号の「組立て始め」の号令で器具収納箱からスコープ本体及びバッテリー等を取り出し、接続して「組立てよし」と合図し、同号の「点検」の号令で組立て状況を視認点検して「点検よし」と合図する。

本条…追加〔平成一〇年二月消告一号〕

【趣　旨】

本条は、簡易画像探索機の組立て及び点検を行う場合の号令及び要領について定めたものである。

【解　説】

簡易画像探索機の組立て及び点検を行う場合の号令及び要領を整理すれば、次表のとおりである。

順序	指揮者	操作員	備考
1	「組立て始め」と号令する。	指揮者の「組立て始め」の号令で器具収納箱からスコープ本体及びバッテリー等を取り出し、接続して「組立てよし」と合図する。	接続は確実に行う。
2	操作員の「組立てよし」の合図で「点検」と号令する。	指揮者の「点検」の号令で組立て状況を視認点検して「点検よし」と合図する。	チューブの損傷、亀裂等確認する。

（簡易画像探索機の準備）

第百六条の十三　簡易画像探索機の準備を行うには、次の号令及び要領による。

一　指揮者は、「検索位置○○」と号令する。

二　操作員は、前号の号令でスコープ本体を持ち検索位置にいたり、電源スイッチを入れて「準備よし」と合図する。

本条…追加〔平成一〇年二月消告一号〕

【趣　旨】

本条は、簡易画像探索機の準備を行う場合の号令及び要領について定めたものである。

【解　説】

簡易画像探索機の準備を行う場合の号令及び要領を整理すれば、次表のとおりである。

順序	指揮者	操作員	備考
1	「検索位置○○」と号令する。	指揮者の「検索位置○○」の号令でスコープ本体を持ち検索位置に至る。	検索位置へ搬送する際、特にスコープ先端部の地面等への接触は避けること。
2		電源スイッチを入れて「準備よし」と合図する。	

（簡易画像探索機による検索）

第百六条の十四　簡易画像探索機による検索を行うには、次の号令及び要領による。

一　指揮者は、「検索始め」と号令し、検索状況を確認して「検索やめ」と号令する。

二　操作員は、前号の「検索始め」の号令でスコープ先端部を検索位置にゆつくり挿入し、左手で操作部を持ち、スコープ先端部のアングルを調節しながら検索し、同号の「検索やめ」の号令でスコープ先端部を検索位置よりゆつくり抜き、電源スイッチを切り「よし」と合図する。

本条…追加〔平成一〇年二月消告一号〕

【趣　旨】

本条は、簡易画像探索機による検索を行う場合の号令及び要領について定めたものである。

【解　説】

簡易画像探索機による検索を行う場合の号令及び要領を整理すれば、次表のとおりである。

順序	1	2
指揮者	「検索始め」と号令する。	検索状況を確認して「検索やめ」と号令する。
操作員	指揮者の「検索始め」の号令でスコープ先端部を検索位置にゆっくり挿入し、左手で操作部を持ち、スコープ先端部のアングルを調節しながら検索する。	指揮者の「検索やめ」の号令で、スコープ先端部を検索位置よりゆっくり抜き、電源スイッチを切り「よし」と合図する。
備考	軟性蛇管式のチューブのため曲がった所への挿入も可能である。 先端部は上下左右四方面に湾曲でき、隅々まで観察できる。	挿入部から引き出す要領は、第百六条の十第三号に定めるとおりとする。

（簡易画像探索機の収納）

第百六条の十五　簡易画像探索機を収納するには、次の号令及び要領による。

一　指揮者は、「おさめ」と号令する。

二　操作員は、前号の号令でスコープ本体及びバッテリー等を取り外して器具収納箱に収納し、器具収納箱をもとの位置に搬送して集合線にもどる。

本条…追加〔平成一〇年二月消告一号〕

【趣　旨】

本条は、簡易画像探索機を収納する場合の号令及び要領について定めたものである。

【解　説】

簡易画像探索機を収納する場合の号令及び要領を整理すれば、次表のとおりである。

順序	指揮者	操作員
1	「おさめ」と号令する。	指揮者の「おさめ」の号令でスコープ本体及びバッテリー等を取り外して器具収納箱に収納する。
2		器具収納箱をもとの位置に搬送して、集合線に戻る。

なお、参考として、画像探索機Ⅰ型、画像探索機Ⅱ型についての性能等について掲げる。

緊急消防援助隊装備等の基準について

（平成八年三月二十九日　消防救第五十六号
各都道府県知事あて　消防庁長官）

品名	性能等
画像探索機Ⅰ型	先端CCDカメラ又は光ファイバーを使用し、マイク、照明装置及び温度センサーを備え、ガス採取及びエア送気が可能な軟性蛇管式の探索機
画像探索機Ⅱ型	先端CCDカメラを使用し、マイク及び照明装置を備えた硬性伸縮式の探索機又は光ファイバーを使用し、照明装置を備えた軟性蛇管式の探索機

第十六章　ロープ操法

旧七章…繰下〔昭和六三年一二月消告六号〕

第一節　通　則

【概　説】

ロープは、各種救助活動において、隊員の災害現場への進入、脱出、要救助者の救出、各種資器材の昇降、障害物のけん引除去等その用途は極めて広く、利用度も高い。

各種救助活動に用いられているロープには、麻等の天然繊維、ナイロン等の合成繊維及びワイヤーロープ等があり、太さも用途に応じて多種に分かれており、材質上、その使用目的により選択を誤ると二次災害を引き起こす危険性がある。

このため、救助活動に必要なロープの取扱いに関する基礎知識を習得し、ロープの正しい取扱い方と、災害事象に最も適した使用方法を体得することが必要である。

本章は、これらロープを使っての操法を結索操法、降下操法、登はん操法、渡過操法及び確保操法に分けてそれぞれ規定したものである。

〔参　考〕

(一)　ロープの種類

(1)　天然繊維……マニラ麻、サイガル麻、綿等

(2)　合成繊維……ナイロン、クレモナ、ビニロン、ポリエチレン、ポリプロピレン等

(3)　鋼鉄製……ワイヤーロープ

(二)　ロープの構成

繊維製ロープ

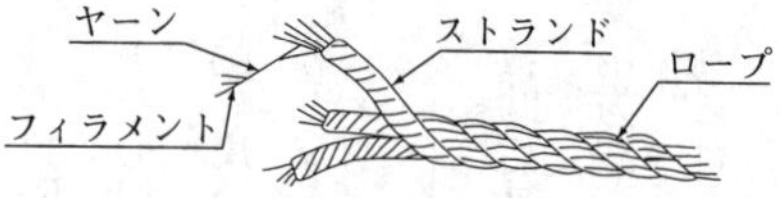

鋼性ロープ

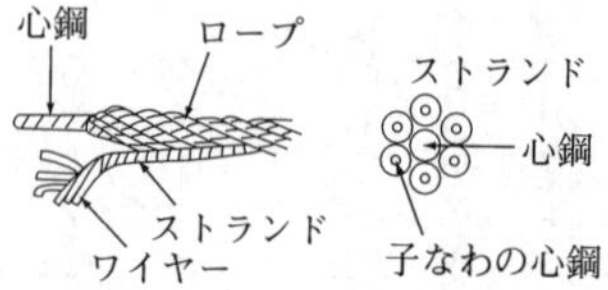

(三)　ロープの呼称等

区　分	呼　称	説　明
より	Zより Sより	
太さ	太さ	外接円の直径を、㎜で呼称する。 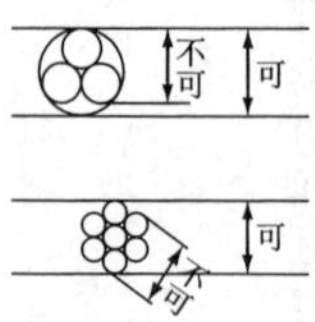
長さ	長さ 一巻き (一条)	mで呼称する。 特に指定のない限り200m。

(四)　ナイロンロープの材質上の特性等

ア　百八十℃で軟化し、二百十五℃で溶融する。

イ　キンク(注1)が生ずると、強度は、二十～三十％減となる。

ウ　結索部の強度は、最も有効な「もやい結び」でも五十％減となる。

エ　六十度の鋭角で六十kgの荷重をかけたロープを横に滑らせると、二十五㎝程度の滑りで切断する。

オ　すれ傷による強度は、二十～三十％減となる。

カ　ロープは、破断力（二千八百kg）の四十％以上の荷重をかけると荷重がなくなっても三％、ロープ破断力の九十％の荷重をかけると約七％伸びたままとなる（永久歪）。

キ　ロープは、日光にさらすと強度が低下する。例えば、雨ざらし、陽ざらしで七箇月放置すると強度は五十％減となる（紫外線に弱い。）。

ク　小石、鉄片等、異物がストランド等に混入すると、引張の際、ヤーンやストランドを切断する。

ナイロンロープ引張強度　（ＪＩＳ規格）

太さ（㎜）	重さ（二百mにつきkg）三つ打ちのもの	重さ（二百mにつきkg）八つ打ちのもの	引張強度
一〇	一二・三	一二・七	一・八五
一一	一四・八	一五・二	二・二一
一二	一七・七	一八・二	二・八〇
一四	二四・〇	二四・七	三・八三
一六	三一・三	三二・二	四・七八
一八	三九・七	四〇・九	五・九四

（注1）　キンク

キンク（Kink）とは、環状に巻かれたロープを解くときに、解き方を誤まるとロープに撚りが掛かったり、あるいは撚りが戻ったりする。この状態が一箇所に集中すると、ロープは異状な形となる。これをキンクという。

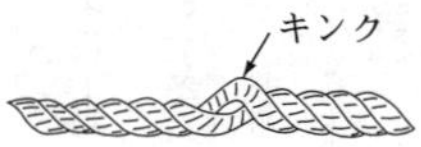

（ロープ操法の種別）

第百七条　ロープ操法を分けて、結索操法、降下操法、登はん操法、渡過操法及び確保操法とする。

旧四四条…繰下〔昭和六三年一二月消告六号〕

【趣　旨】

ロープ操法は、前述のように、災害現場において救助隊員がロープ等により要救助者を確保してこれを救助し、あるいは救助隊員が命綱等により自己の身体の安全を守るための操法で、あらゆる救助活動において最も基本的なものである。

本条は、ロープ操法の種類を結索操法、降下操法、登はん操法、渡過操法及び確保操法に分けて定めたものである。

（操法実施上の留意事項）
第百八条　第四条に定めるもののほか、ロープ操法を実施するときは、次の各号に掲げる事項に留意しなければならない。
一　ロープ操法においては、直径十ミリメートルから十二ミリメートルまで、長さ二・五メートルから六メートルまでの小綱及び三十メートルから五十メートルまでの繊維ロープを使用するものとすること。

二　ロープ及び器具は、許容荷重を超えて使用しないこと。
三　ロープは、必要以上に衝撃を与え、又は摩さつしないこと。
四　ロープを曲折部にかける場合は、緩衝物をあてること。
五　結索を完了したロープは結び目を整理し、ゆるみのないようにすること。
六　ロープを複数本使用するときは、必要に応じ色等により識別できるようにすること。
七　ロープは、踏みつけ又は引きずり等をしないこと。

旧四五条…繰下〔昭和六三年一二月消告六号〕

【趣　旨】

本条は、第四条に定める一般的留意事項のほかに、ロープを有効に利用し、作業の安全を図るために特に留意すべき事項について定めたものである。なお、指揮者については、第五条に定める事項についても留意する必要がある。

【解　説】

第一号関係

㈠　小綱は、正しい結索法を体得するのに適した操作の容易なロープとし、結索の要領だけを訓練するときは、二・五m〜三m程度がロープを引きずることがないので適当である。ただし、コイル巻もやい結びを行うとき及び実戦用を兼ねる場合には、さらに長いロープを使用するものとする。ロープの端末の切口は、ほつれてばらばらにならないように端止めを行う。ナイロンロープの場合は、ロープの端末を熱処理し、ほつれを防ぐ。

㈡　小綱のほかに用意するロープは、あらゆる災害事象に対応し、多目的に応用できる長さが必要である。高所への資器材等の引上げ、ふたつ折りロープによる高所からの隊員等の降下及び警戒区域等の設定のためなど、各種の用途に使用することを考慮し、おおむね三十～五十ｍの長さが適当である。

器具結索では、必ずしも三十ｍ以上のロープを必要としないが、長いロープの取扱いに習熟するために、長めのロープを使用することが望ましい。

第二号、第三号関係

ロープの許容荷重は、ロープの材質、太さ、使用の状況などによって異なる。新品の十二㎜ロープの場合、日本工業規格（ＪＩＳ）で定める切断荷重の基準は、麻製で約十kN（類及び種によって異なる。）、ナイロン製で二十八kNであるが、市販されているロープの切断荷重は、おおむね麻十四・五kN、ナイロン三十kN程度である。実際にロープを作業に使用する場合は、衝撃や摩擦が加わるので、安全荷重は、切断荷重の六分の一程度とする必要がある。

なお、摩擦等による損傷のためストランド（より）の谷が判別できない状態になると、切断荷重は半分以下となり、また、摩擦抵抗が小さくなって結索が解けやすくなるので注意する。

第四号関係

角材や窓枠などの角にロープをかけると、切断する危険性が大きくなるので、布、布団、ゴムなど、場合によっては手近にある新聞紙、雑誌などの緩衝物を小綱やガムテープ等で固定し、又はそのままの状態でロープをかけるものとする。

第五号関係

結び目を正しい形に整え、緩みなく結ぶことは、結索の効果を最大限にあげるために重要なことである。第百十二条第二項以下に示す各結索の完成図は、結び目の状態を明瞭にするために多少緩めに図示してある。

第六号関係

懸垂用ロープ、確保ロープ、救助ロープ、補助ロープなどロープを複数本使用するときは、ロープが絡んだりして、識別が困難になるので、ロープの色を変えたり、ロープにテープを巻くなどして各ロープを識別できるようにする。

第七号関係

ロープを踏みつけたり又は引きずったりなどすると、ロープが変形、摩滅するほか、微細な泥土や小石等の異物がストランドの間に混入し、引張の際、ヤーンやストランドを傷付け、ロープの寿命を短縮することになる。

（参　考）

小綱は、災害現場に携行して、多種の用途に使用される。小綱の携行姿勢は、コイル巻にして腰につるほか、小綱を右肩から左脇に二重又はそれ以上に回してかけ、両端末を左脇下で本結び又はひとえつなぎにし、さらに半結びをかけ、カラビナがあるときは、これを結び目の手前にかける。

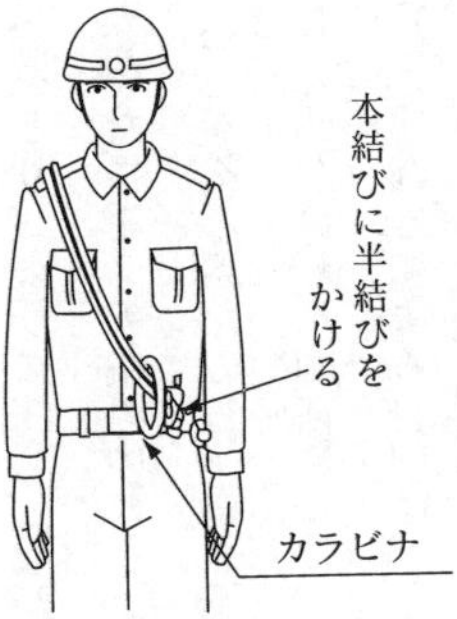

（ロープの整理）

第百九条　ロープ操法に使用する長いロープの整理は、次の各号の要領による。

一　一ひろ巻きによる整理は、ロープの一端を左手でもち、右手でロープを握つて両手をひろげて一ひろの長さをとり、よりに注意しながら輪にして左手に握りかえ、順次巻いていき、巻きどめのできる長さを残し、巻いたロープの輪の中に右（左）腕を入れて下げ、右（左）ひざを曲げてロープの輪の中に入れ、腕と足で巻きをそろえたのち、巻き始めの索端を折り返し、折り返したロープの上から巻きおわりのロープをしつかりと四ないし八回巻きつけ、この索端を折り返してできている輪の中にとおし、巻き始めの索端を引く。

二　応急巻きによる整理は、左ひざを立てて折りひざ姿勢をとり、左手でロープの索端をもつてひざの上に置き、右手でロープを左足の外側から靴底を経由して左足の内側を通してひざの上の左手でロープを押え、順次巻きとる。この場合において、巻き終りは前号の要領による。

旧四六条…繰下〔昭和六三年一二月消告六号〕

【趣　旨】

本条は、ロープの整理の要領について定めたものであり、使用したロープは、常に次の登はんや降下等に直ちに使用できる状態に正しく整理をしておく必要がある。

【解　説】

第一号関係（一ひろ巻き）

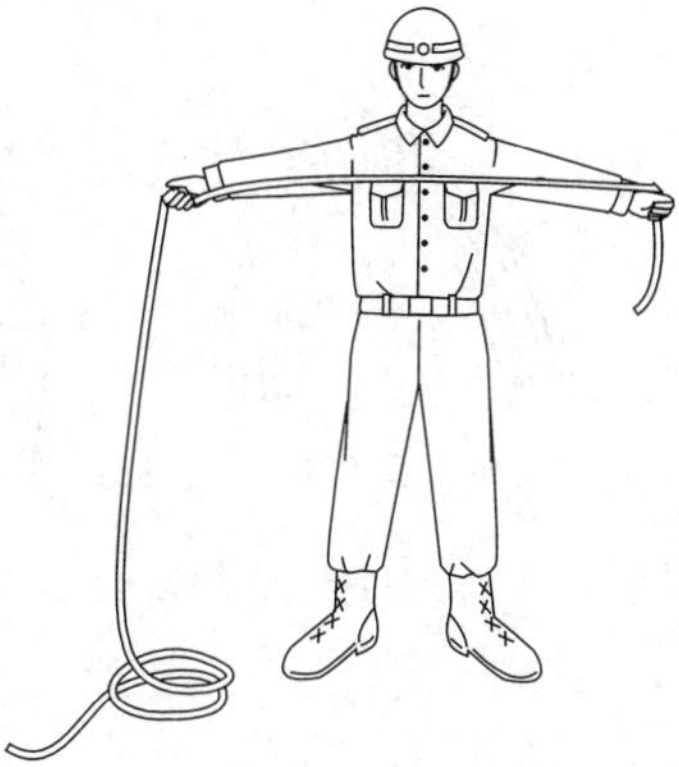

① ロープの一端を左手で持ち、右手でロープを握って両手を広げて一ひろの長さをとる。

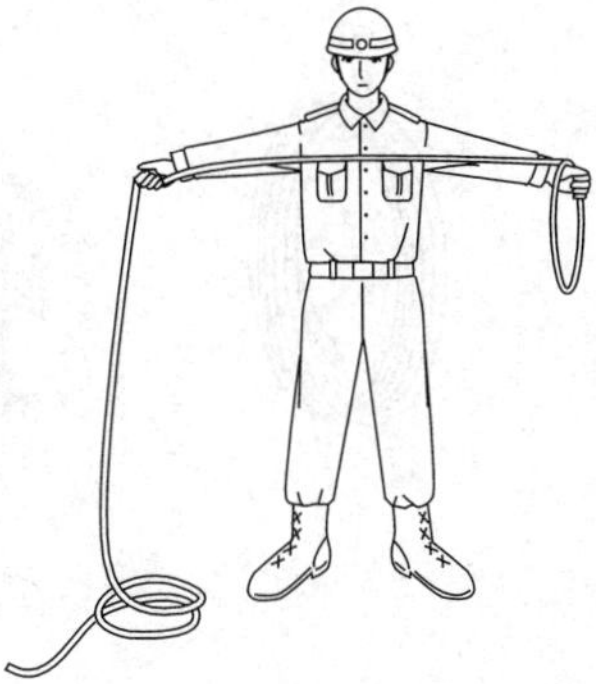

② ロープのよりに注意しながら輪にして左手に握り替え、順次巻いていき、巻きどめのできる長さを残す。

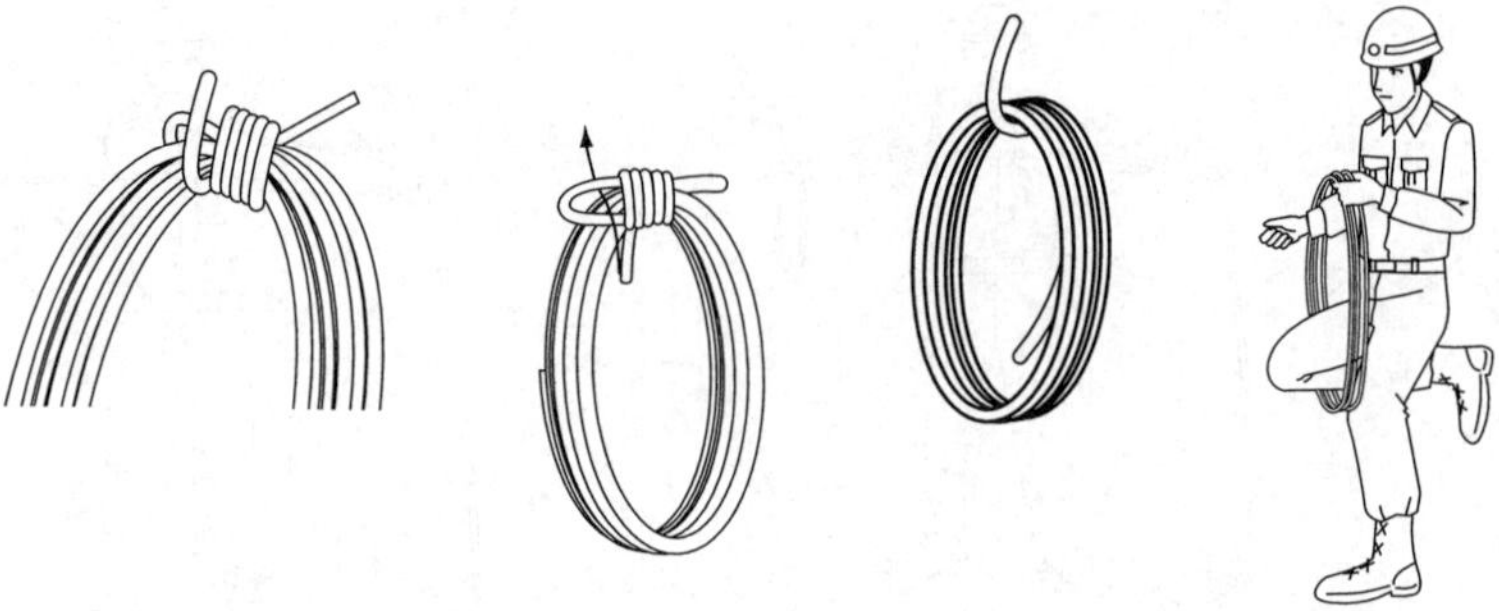

③　巻いたロープの輪の中に右（左）腕を入れて下げ、右（左）ひざを曲げてロープの輪の中に入れ、腕と足で二〜三度ロープを伸ばし巻きをそろえる。

④　巻き始めの索端を折り返す。

⑤　折り返したロープの上から巻き終りのロープをしっかりと四ないし八回巻き付ける。

⑥　巻き付けたロープの索端を折り返してできている輪の中に通し、巻き始めの索端を引く。

第二号関係（応急巻き）

① 左ひざを立てて折りひざ姿勢をとり、左手でロープの索端を持ってひざの上に置く。

② 右手でロープを左足の外側から靴底を経由して左足の内側を通してひざの上の左手でロープを押え、順次巻きとる。

③ 巻き終りは、一ひろ巻きの要領による。

④ なお、応急巻きは、暗夜や急を要する場合などに用いられる方法であり、ロープのねじれが直っていないから、そのまま放置せず、事後に必ず巻き直しをする必要がある。

（参　考）

㈠　ロープの巻き方

ロープの巻き方には、本条に定める一ひろ巻き及び応急巻きのほかに、次に掲げるように、腰綱（携帯用ロープ）等を携行するための結び方で、結びやすく解きやすいえび巻き（ふたつ折りにしたロープを使用する場合に適している。）と、小綱を携行する場合に腰につるして所持するのに適した結び方である棒結びがある。

(1)　えび巻き

ア　ロープの両端末をそろえてふたつ折りにし、折ったところを左手で持つ。

イ　右手で、二本のロープを8の字型に巻く。

ウ　端末を折り返して、最初の8の字の下の輪の中に入れて、左手のロープを折ったところを引いて端末をとめる。

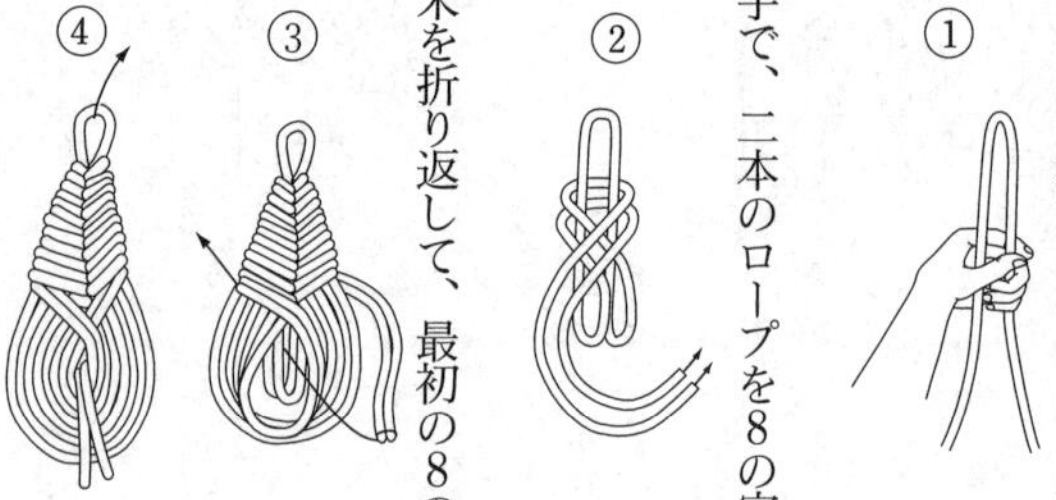

(2)　棒結び

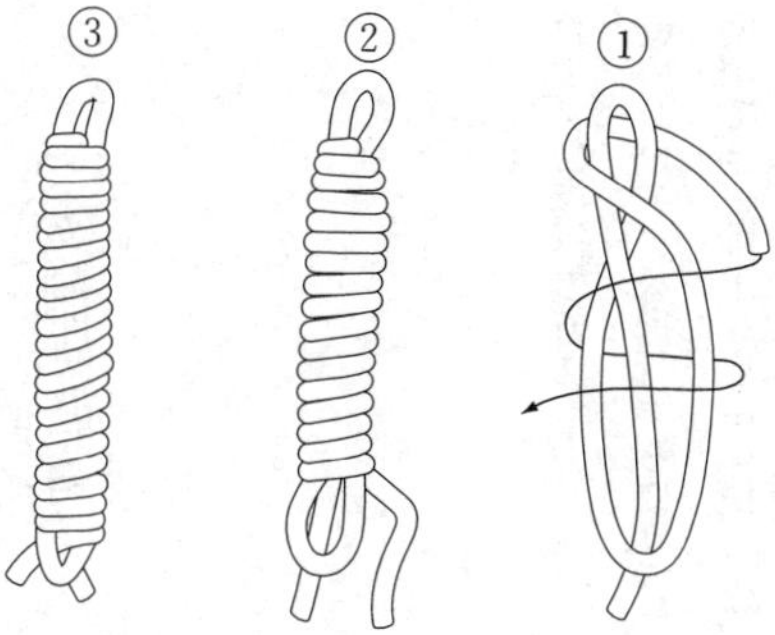

㈡　ロープのとめ方

巻いたロープをとめるには、細いロープの場合と太いロープの場合とでは異なるが、太いロープのとめ方には消防巻きと漁船員巻きとがある。

消防巻きは、上部の輪を物に掛け、又は持って搬送するのに便利で、かつ、端末を引けば容易に解ける利点がある。漁船員巻きは、巻き結びによってとめる方法である。

(1)　細いロープのとめ方

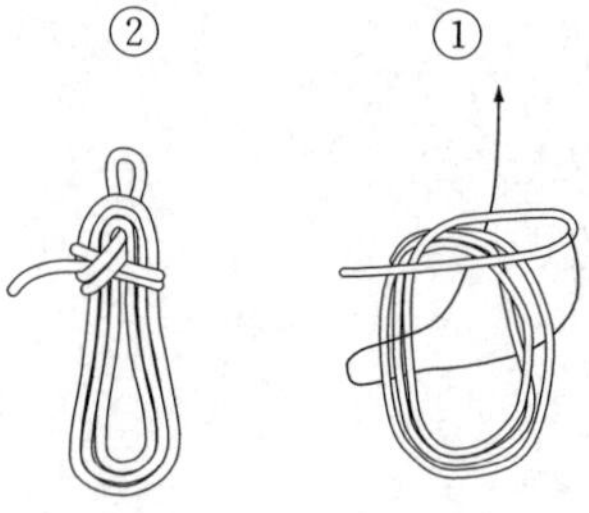

(2)　太いロープのとめ方

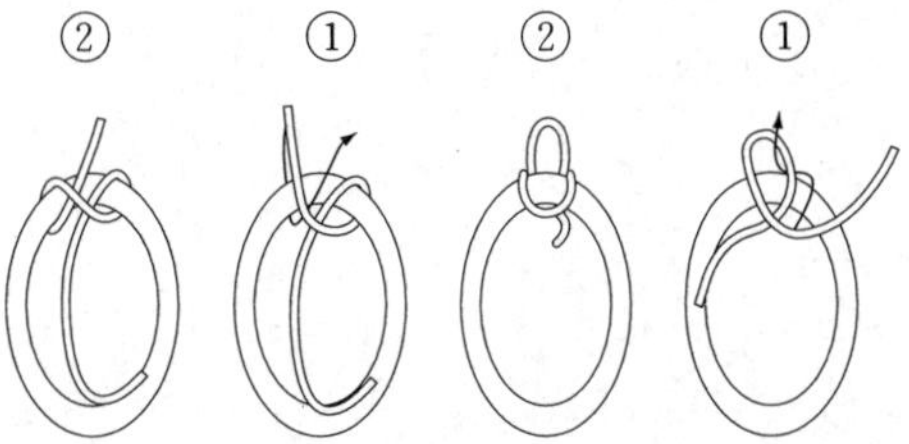

㈢　ロープの携行の方法

巻いたロープを携行するには、ロープの種類や重さ及び携行距離等により異なるが、携行に当たっては、疲労が少なく、直ちに使用でき、両手を自由に使える等を考慮した携行方法を選定する必要がある。

携行方法としては、次に掲げる方法がある。

(1)　ロープの携行

1

2

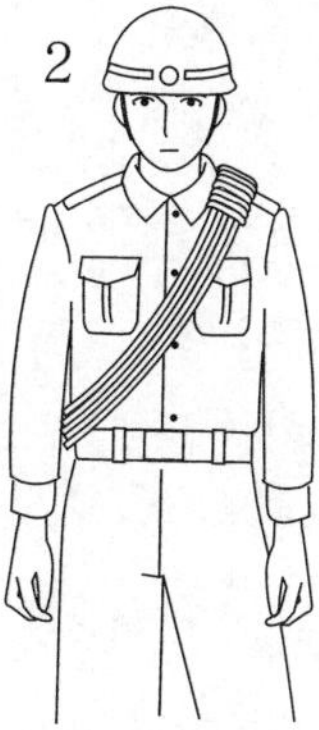

3

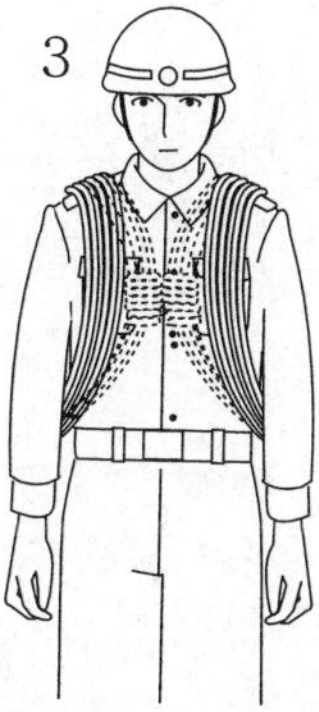

4

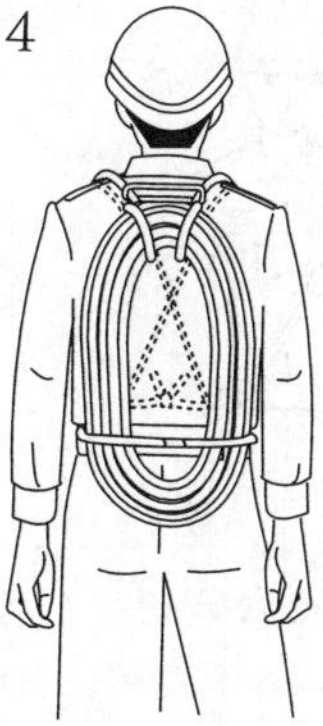

5

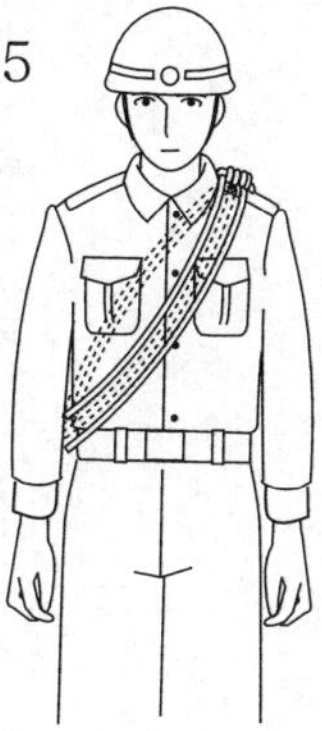

(2)　小綱の携行

ア　小綱を右肩から左脇に二重にかけ、両端末を左脇下にする。

イ　左脇下で小綱の両端末を本結びで接合し、半結びをかける（端末以外のロープを一緒に結ぶ。）。

ウ　カラビナを結び目の前にかける。

第二節　結索操法

【概　説】

結索操法は、ロープ操法の最も基本をなすものであり、ロープを有効に利用し、救助活動の安全を図るためには、何よりもロープの正確な結び方と、適切な用途を救助隊員は体得することが必要である。すなわち、結索の可否が直接人命にかかわることとなる。

本節は、数多くの結索法の中から、特に反復訓練をして体得する必要のあるものを選定して、訓練要領を定め、結索の方法を図示するものである。

> （結索操法の種別）
> **第百十条**　結索操法を分けて、基本結索操法（以下「基本結索」という。）、器具結索操法（以下「器具結索」という。）及び身体結索操法（以下「身体結索」という。）とする。
> 旧四七条…繰下〔昭和六三年一二月消告六号〕

【趣　旨】

本条は、結索操法を基本的な結索要領の訓練を目的とする基本結索操法（基本結索）と、基本結索を利用して救助用資器材の昇降のための器具結索操法（器具結索）及び要救助者を高所から降ろす又は低所から引き上げるための身体結索操法（身体結索）の三つに大別している。

（基本結索の訓練要領）

第百十一条　基本結索の隊形をとるには、次の号令及び要領による。

一　指揮者は、「結索の隊形をとれ」と号令する。

二　結索員は、前号の号令で状況に応じ適宜な距離及び間隔をとり、結索に適した長さの小綱を四つ折りにして左手にもつ。

2　基本結索を行うには、次の号令及び要領による。

一　指揮者は、「○○結び用意」と、つづいて「始め」と号令する。

二　結索員は、前号の「○○結び用意」の号令で左足を半歩開き、小綱の右端をおおむね三十センチメートル残して右手でもち、結索の種別に応じ適宜の位置を左手でもつて、両腕をやや開き、前方へ水平に出し、前号の「始め」の号令で結索を行う。

3　指揮者が結索の完了した小綱を点検するには、次の号令及び要領による。ただし、次条第四項の場合においては、適宜行う。

一　指揮者は、「手をあげ」と号令し、点検を行う。

二　結索員は、前号の号令で結索の完了した小綱を右手にもつて、結び目が見えやすいように前方へ水平に出す。

4　結索の完了した小綱をおさめるには、次の号令及び要領による。

一　指揮者は、「おさめ」と号令する。

二　結索員は、前号の号令で結び目を解いて小綱を四つ折りにし、左手にもつ。

旧四八条…繰下〔昭和六三年一二月消告六号〕

【趣　旨】

本条は、適宜の人数の隊員が一斉に基本結索の訓練を行う際の要領について定めたものである。

【解　説】

第一項関係

本項は、基本結索の隊形をとるための号令及び要領について定めたものであるが、指揮者は、隊員が結索の隊形をとった後、第二項の基本結索を行う前に、結索の要領を展示して、結索員にその要領を十分に理解させる必要がある。結索員の人数によって、指導者を適宜において個別指導を徹底させる。

また、結索員は、基本結索を行うに支障のない距離及び間隔をとり、結索に適した長さの小綱を四つ折りにして手に持つ。

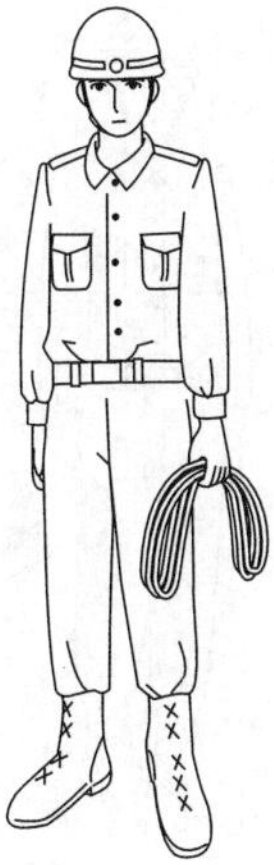

第二項関係

基本結索は、次の号令及び要領により行う。

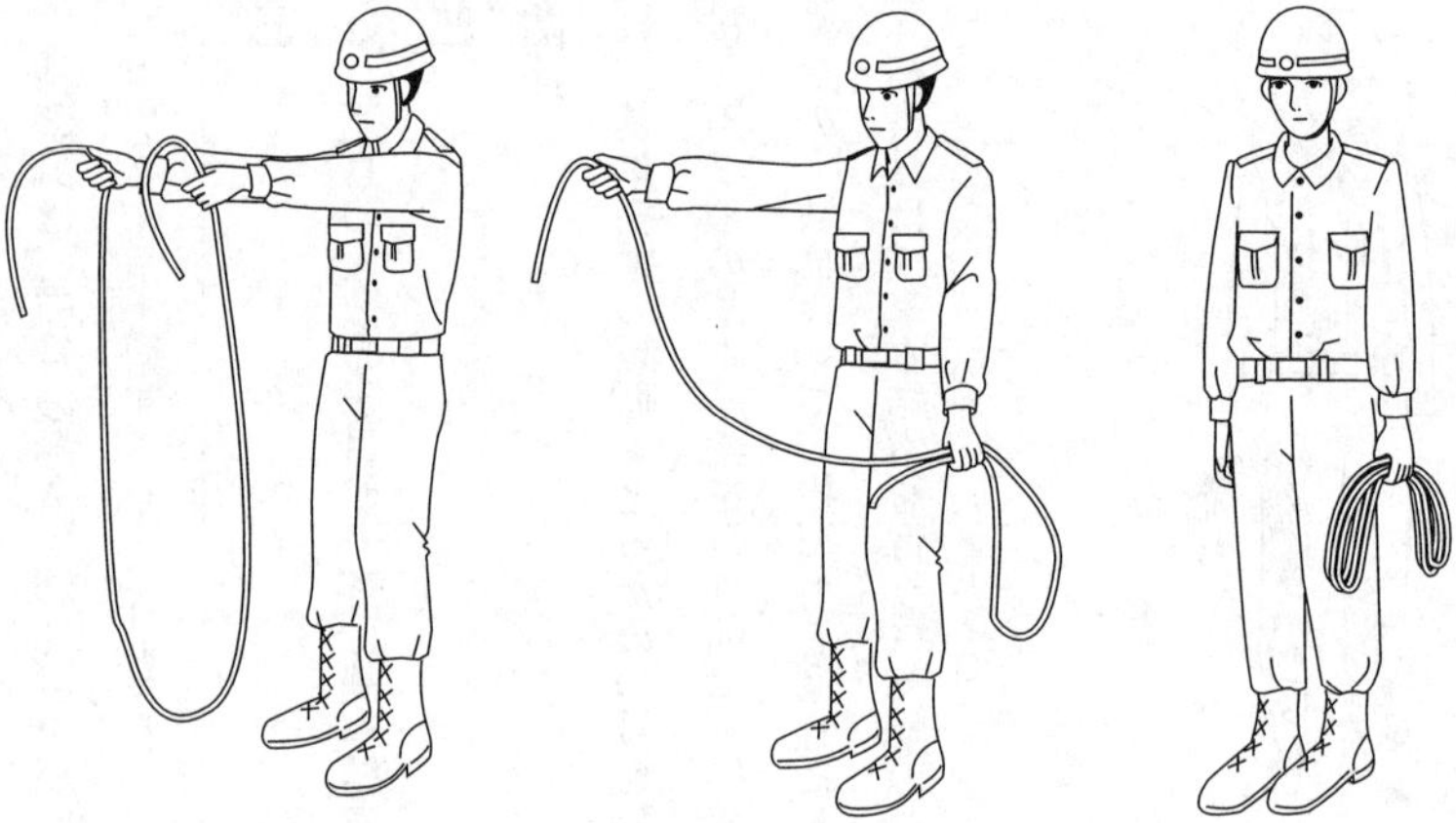

① 結索員は、指揮者の「○○結び用意」の号令で左足を半歩開く。

② 小綱の右端をおおむね三十cm残して右手で持つ。

③ 結索の種別に応じ適宜の位置を左手で持って、両腕をやや開き、前方へ水平に出す。

④ 指揮者の「始め」の号令で「○○結び」の結索を行う。結索が終わったら、左足を引き付け姿勢を正す。

第三項関係

本項は、結索の完了した小綱を点検する場合の号令及び要領を定めたものである。

結索員は、指揮者の「手をあげ」の号令で結索の完了した小綱を右手に持って、結び目が見えやすいように前方へ水平に出し、指揮者が点検を行う。

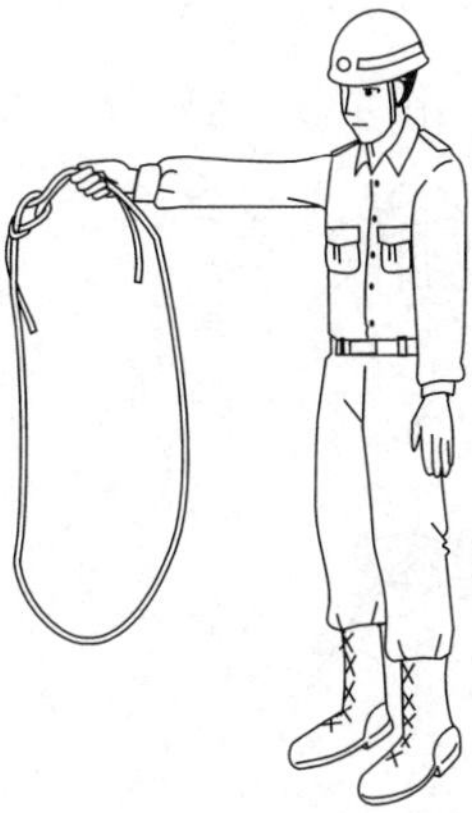

第四項関係

本項は、結索の完了した小綱をおさめる場合の号令及び要領について定めたものである。

結索員は、指揮者の「おさめ」の号令で結び目を解いて小綱を四つ折りにし、左手に持つ。

なお、結び目を解くときの姿勢は、相手方の身体に結着した場合には、結索員は、左足を半歩開き左足を一歩踏み出し、器具に結着した場合には、折りひざの姿勢をとることとする。

（基本結索の種別及び要領）

第百十二条　基本結索の種別は、結合、結節及び結着とする。

2　次の各号に掲げるロープの結合の要領は、当該各号に定めるところによる。

一　本結び

(1)

(2)

二　ひとえつなぎ

(1)

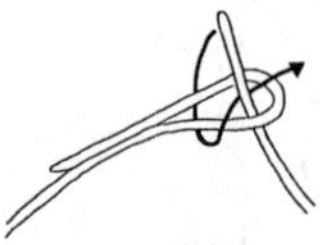

(2)

(3)

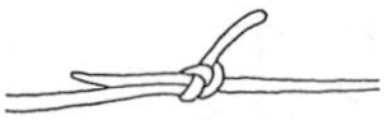

三　ふたえつなぎ

(1)

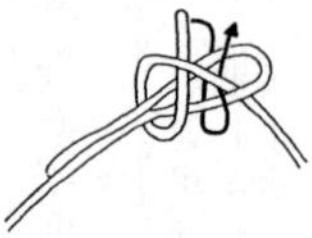

(2)

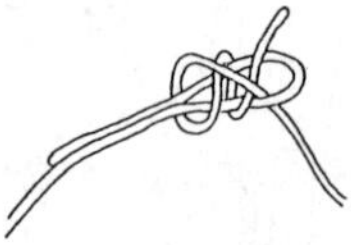

(3)

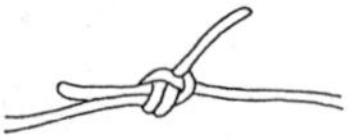

3　次の各号に掲げるロープの結節の要領は、当該各号に定めるところによる。

一　ひと結び

(1)

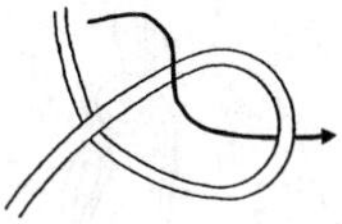

(2)

二　とめ結び

(1)

(2)

三　8の字結び

(1)

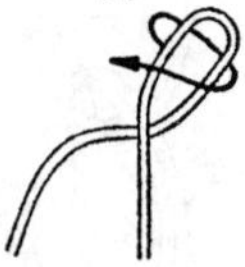

(2)

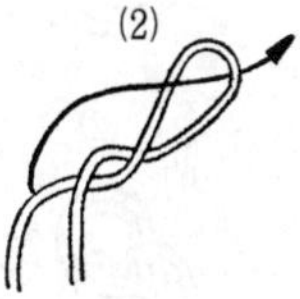

(3)

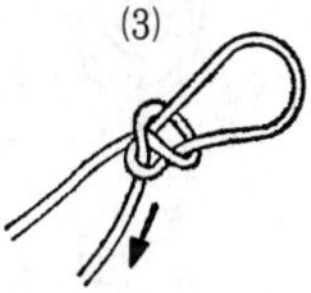

四　節結び

(1)

(2)

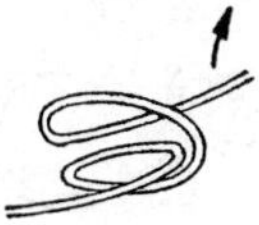

(3)

(4)

五　フユーラー結び

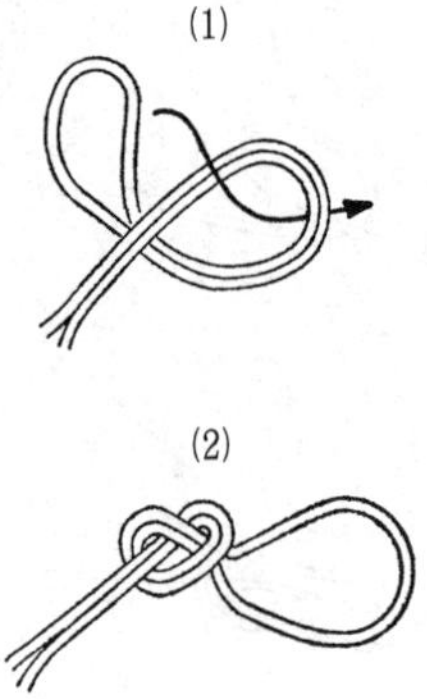

六　ちょう結び

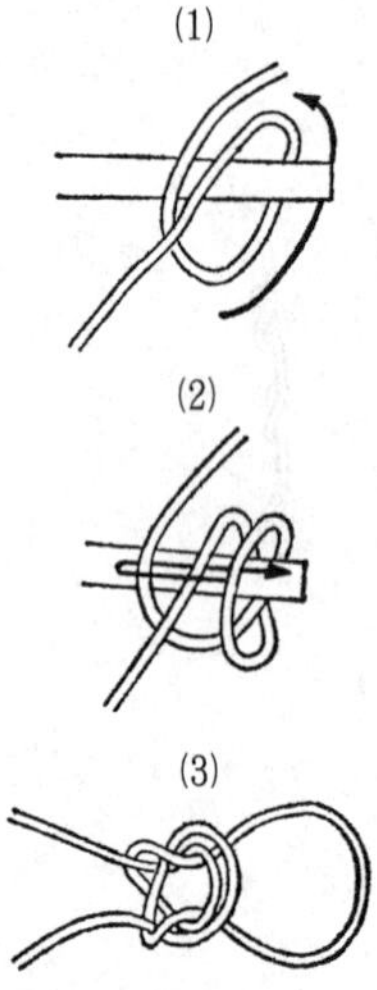

七　二重もやい結び

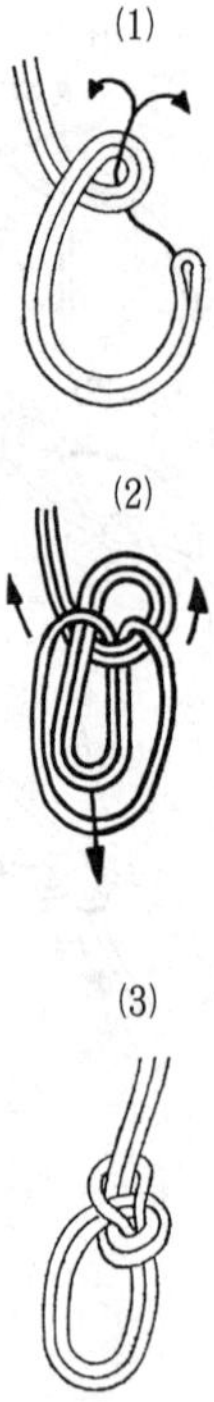

八　三重もやい結び

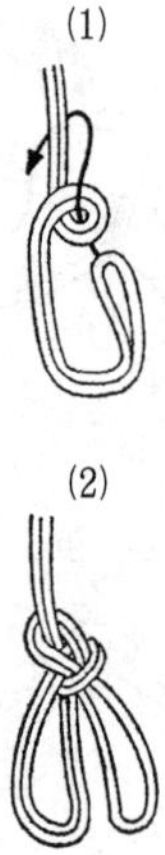

九　半結び

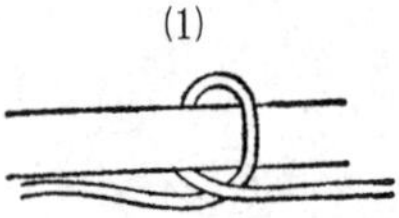

4　次の各号に掲げるロープの結着の要領は、当該各号に定めるところによる。

一　巻結び

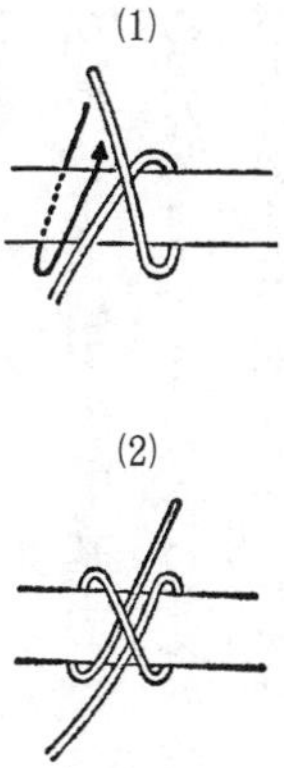

二　もやい結び

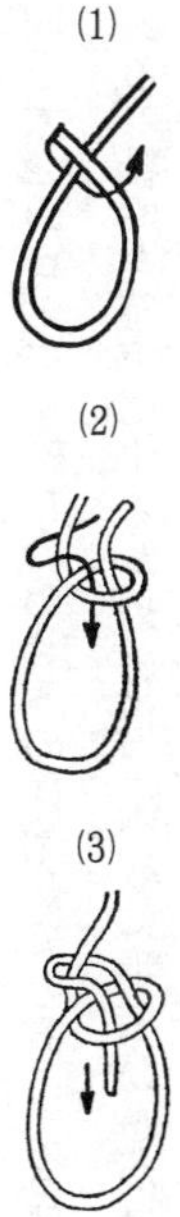

三　コイル巻もやい結び

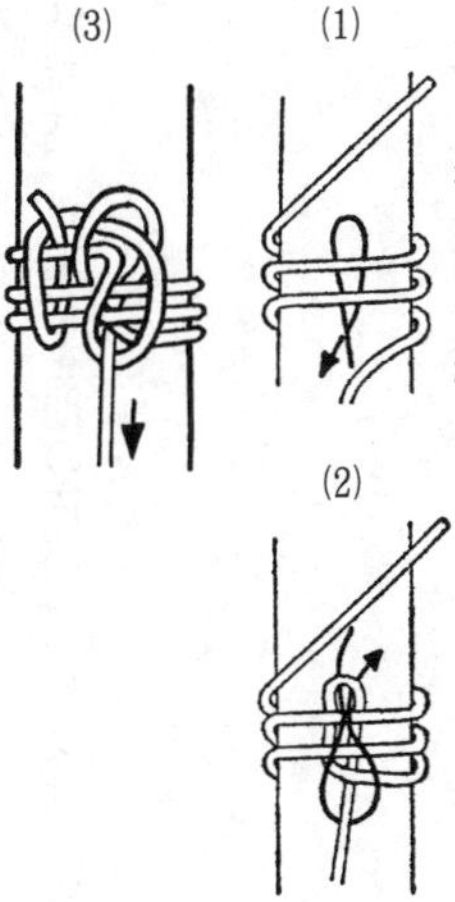

四　ふた回りふた結び

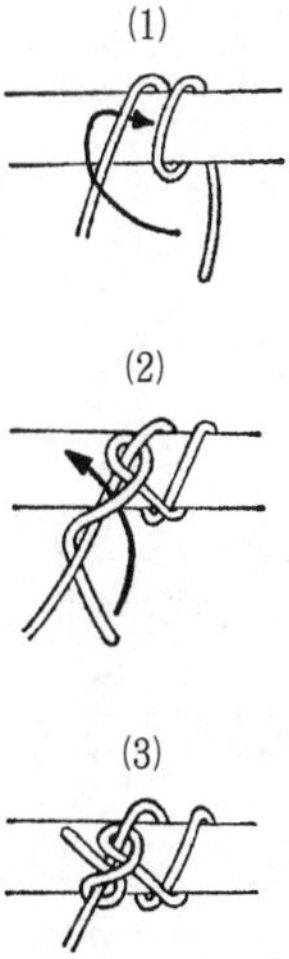

五　錨結び

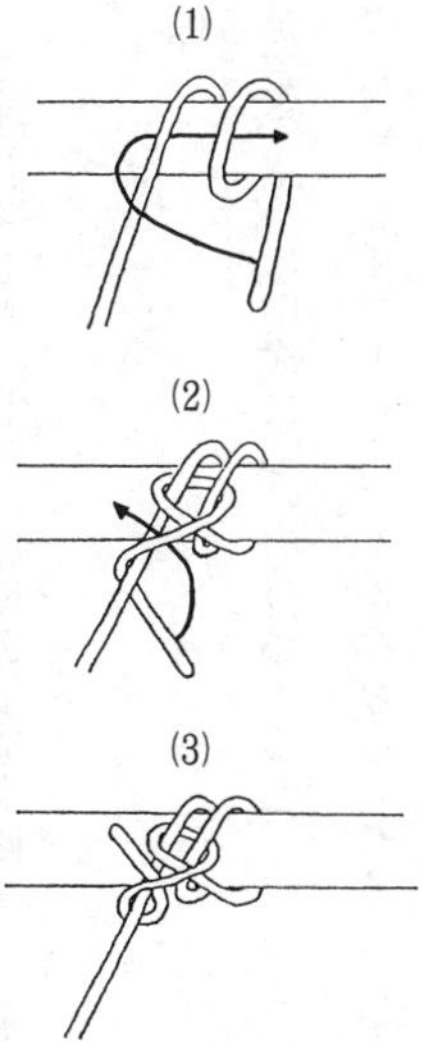

六　プルージック結び

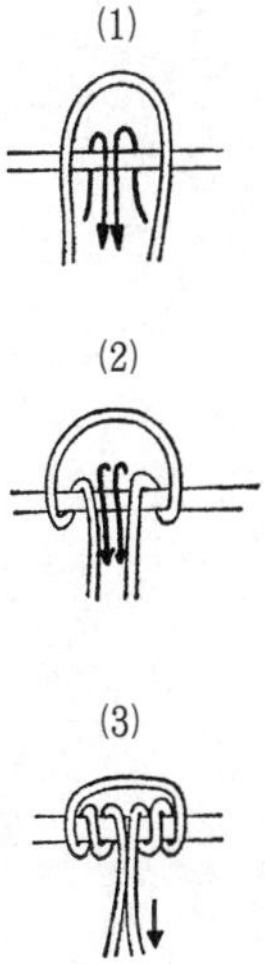

二―四項…一部改正・旧四九条…繰下〔昭和六三年一二月消告六号〕

【趣　旨】

本条は、基本結索を類別し、各結索の要領を図示するものである。

【解　説】

第一項関係

各基本結索を主たる用途に応じて分類すると、次のとおりである。

㈠　結合は、ロープとロープとを結び合わせるものである。

㈡　結節は、ロープの一部に節又は輪をつくるものである。

㈢　結着は、ロープを他の物体の一部又は人体に結び付けるものである。

第二項関係（結合の要領）

㈠　本結び（第一号）

本結びは、ロープ結索の最も基本となるものである。同じ太さのロープを結び合わせるのに適している。太さ又は材質の異なるロープを結び合わせると解けるおそれがある。結索を確実にするために更に両端に半結びをかける。結び方を誤ると、解けやすいたて結びとなるので注意を要する。

なお、一方のロープを折り返して、他方のロープを図のように通す方法により、本結びをつくることができる。

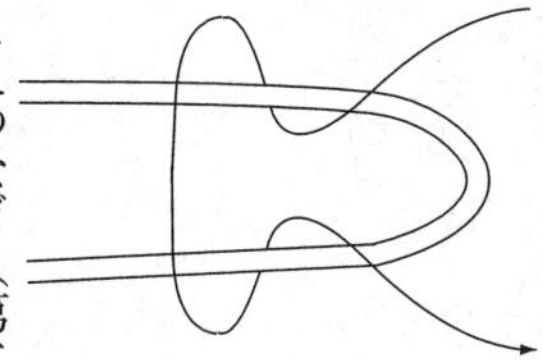

㈡　ひとえつなぎ（第二号）

ひとえつなぎは、次のふたえつなぎと同じく、太さの違ったロープや湿ったロープの結合に用いられる。ふたえつなぎより早く結合することができるが、多少確実性に欠ける。ロープの太さが異なるときは、図の右側に当たるロープを細いものとする。

㈢　ふたえつなぎ（第三号）

ふたえつなぎは、特に太さの違ったロープの結合に適している。

図の左側に当たるロープを折り返したところを左手で持ち、左手の親指と人差し指を開いて、右側のロープを左手の指に回してかけると結合しやすい。

第三項関係（結節の要領）

㈠　ひと結び

ひと結びは、切断したロープの端末のよりがほつれるのを一時的に防ぐほか、ロープに節をつくり、滑車や孔からロープが脱落するのをとめ、他の結索の解けるのを防ぐために用いられる。

㈡　とめ結び

とめ結びは、ひと結びと同様に切断したロープの端末のよりがほつれるのを一時的に防ぐほか、ロープに節をつくり、滑車や孔からロープが脱落するのをとめ、他の結索の解けるのを防ぐために用いられる。

とめ結びには、簡易な方法として次の方法があるが、多少確実性に欠ける。なお、節結びは、とめ結びの用途とは異なるが、簡易なとめ結びの連続したものである。

㈢　8の字結び

8の字結びは、ロープを樹木やフックなどに引っ掛け、さらにロープを引き締める場合などに用いるほかに、担架上に傷病者を結着するときに利用される。

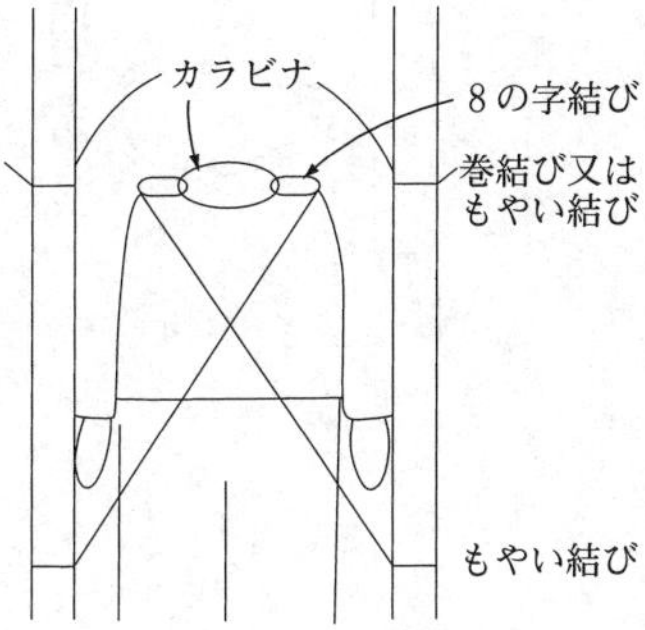

(四)　節結び

節結びは、ロープの中途に節（こぶ）を連続してつくり、ロープによる登はん又は下降の際の手掛かりをつくるものである。節結びを解くには、各々の節を緩めて、輪をつくり、ロープの端末をその輪に通してこれを引く。

(五)　フューラー結び

フューラー結びは、ロープの中間に輪をつくるときの簡易で迅速な結索法である。臨時的、応急的に使用される場合が多いが、両端末を反対側へ引く形で使用すると解けるので注意する。

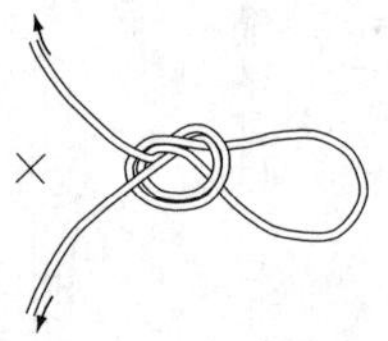

㈥　ちょう結び

ちょう結びは、ロープの中間に輪をつくる結索法である。

フューラー結びと異なり、ロープの両端を反対側に引いても解けるおそれは少ないが、結索を確実にするとともに、使用後結び目を解きやすいように、結び目に棒を入れる方法がある。ちょう結びは、ロープ展張に欠かせない結索法である。

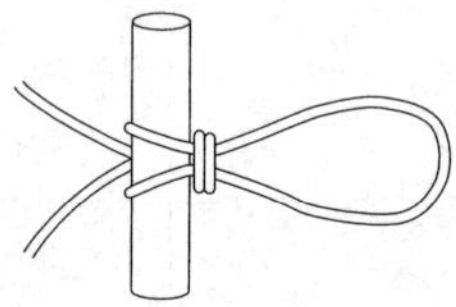

(七)　二重もやい結び

二重もやい結びは、ロープの中間に二つの輪をつくる結索法である。結び方を誤ると簡単に解ける結びとなるので注意する。

結び方を調整すれば、二つの輪の大きさを変えることができる。なお、輪の中に片足ずつを入れて、腰かけのように利用できるので別名腰かけ結びという。

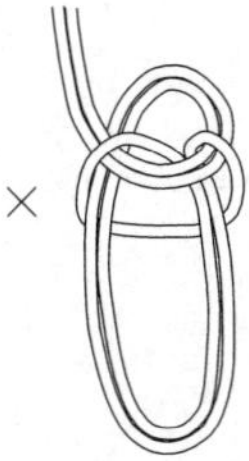

(八)　三重もやい結び

三重もやい結びは、ロープに三つの輪をつくる結索法である。主として応急的に要救助者の引上げ又は降下をさせるのに利用される。輪の大きさは、要救助者の身体の大小によって調節する。三つの輪の一つを胴にかけ、二つはそれぞれ両ひざ屈曲部にかける。

(九)　半結び

半結びは、単独で使用することはないが、ロープを輪状に巻き付けることによって他の結索を確実にするために用いられる。本結びやひとえつなぎ結びなどに更に半結びをかければ、ロープの結合はより確実になる。巻結びに半結びをかける場合を、特に巻つり結びという（器具結索を参照）。

半結びは、器具を結索する場合に、これを安定させるためにも用いられる（器具結索を参照）。

第四項関係（結着の要領）

(一)　巻結び

巻結びは、ロープを他の物体に結び付けるのに用いられる。特に円柱状の物体（丸太やパイプなど）の結着に適しているが、ロープが緩みやすい状況では、結索も解けやすいので注意する。

ロープの中間で巻結びをつくるときには、左の図のように輪をつくり、柱等の上から輪を入れる。

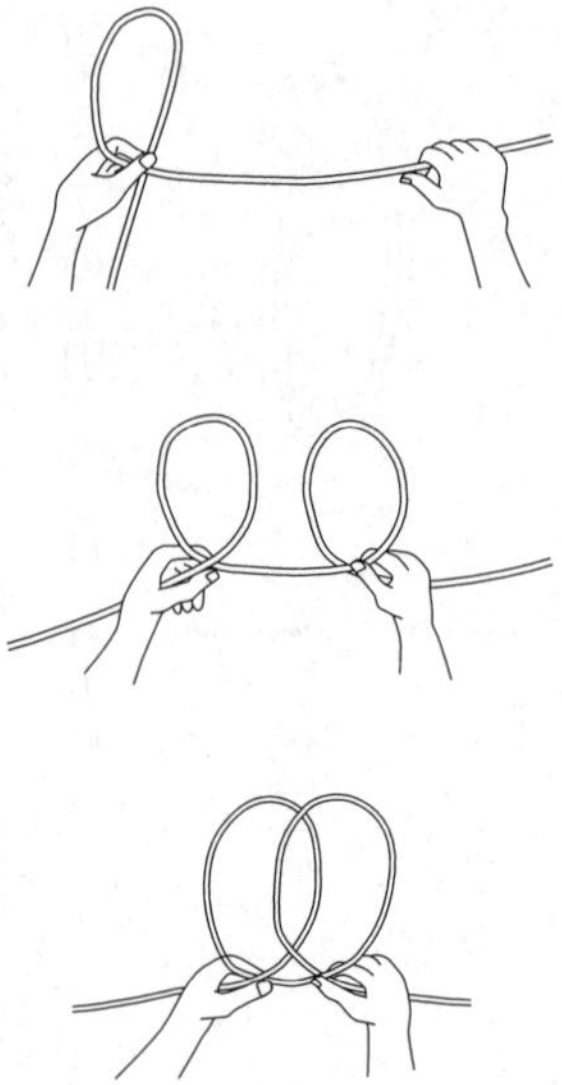

①　②　③

(二)　もやい結び

もやい結びは、ロープを身体又は物体に結び付けるのに用いられる安全確実な結索法である。結びやすく又解きやすい方法で、応用範囲も広い。

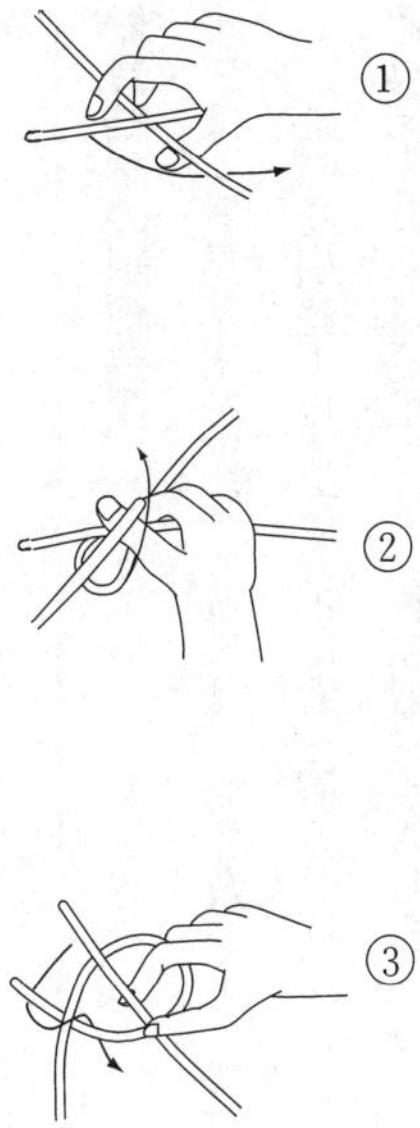

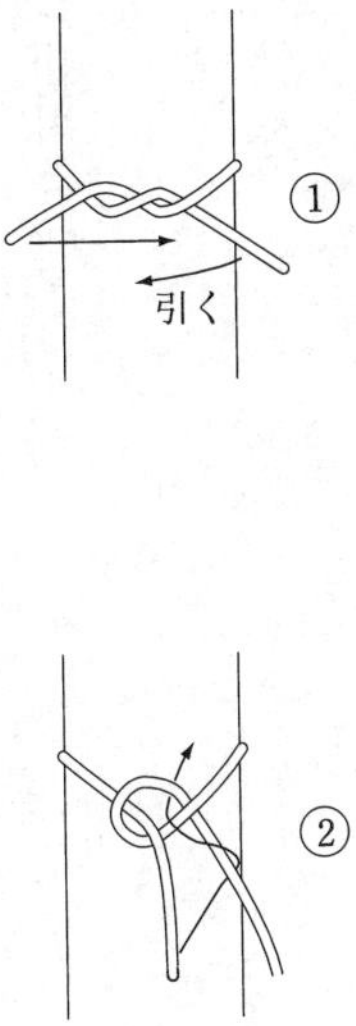

㈢　コイル巻もやい結び

コイル巻もやい結びは、ロープを自己の身体又は傷病者の身体に縛着する結索法で、ロープによる引上げ又は降下の際に身体に与える苦痛を緩和できる方法である。胴に巻き付けるロープは、あまり強く締め付けないように注意する。巻き付ける回数は、状況によって増加する。

㈣　ふた回りふた結び

ふた回りふた結びは、ロープを物体に結び付ける結索法で、容易に解けることのない安全確実な方法である。三連はしごの引き綱の結着、懸垂ロープの高所での結着、ロープ展張の場合の結着など用途は広い。結着すべき物体に角部があるときは、緩衝物（当て布等）を当てる。

(五)　錨結び

錨にロープを結び、これを海中等に設定するときの安全確実な結び方である。

(六)　プルージック結び

プルージック結びは、比較的短いロープを折り返して、これを他の物体に巻き付ける結索法で、両端末を強く引けばロープが締まって強く巻き付き、ロープを緩めれば容易に結び目を移動することができる。ロープによる登降に利用されるほか、多人数でロープを引いたり、確保する場合に、各人がロープにプルージック結びをし、端末を本結びにして半結びをかけ、この輪の中に身体を入れてロープを引き、及び斜降ロープを滑り降りる際のブレーキとして利用される。

（器具結索の訓練要領）

第百十三条　器具結索を実施するには、筒先及びホース等の各種器材を配置するとともに、高所からロープを垂下し、器材を引き上げるため補助者を置く。

2　器具結索における定位は、各種器材からおおむね五十センチメートル隔てた位置とする。

3　器具結索を行うには、次の号令及び要領による。

一　指揮者は、「〇〇引上げ用意」と、つづいて「始め」と号令し、器材が引き上げられたら、結索の状況を点検し、「おろせ」と指示する。
二　結索員は、前号の「〇〇引上げ用意」の号令で垂下したロープを左手にもち、前号の「始め」の号令で結索を行ったのち、右手を上げて「引上げよし」と合図し、一歩うしろにさがる。
三　補助者は、前号の「引上げよし」の合図で器具を引き上げ、第一号の「おろせ」の指示で地上におろす。
4　器具に結索したロープをおさめるには、次の号令及び要領による。
一　指揮者は、「おさめ」と号令する。
二　結索員は、前号の号令で結索を解いてロープ及び器材を整理する。
旧五〇条…繰下〔昭和六三年一二月消告六号〕

【趣　旨】

本条は、基本結索を利用して、各種の器材をロープで高所へ引き上げる際の器材への結索（器具結索）の訓練要領について定めたものである。

【解　説】

第一項関係
器具結索における補助者は、結索員とペアを組んで操作を行うのではなく、指揮者が、点検を行うための補助者として、高所に位置するものである。ただし、適宜隊員を交替させて補助者とし、引上げ要領の訓練を付加することもよい。

第二項関係

本項は、器具結索における定位を定めたものである。

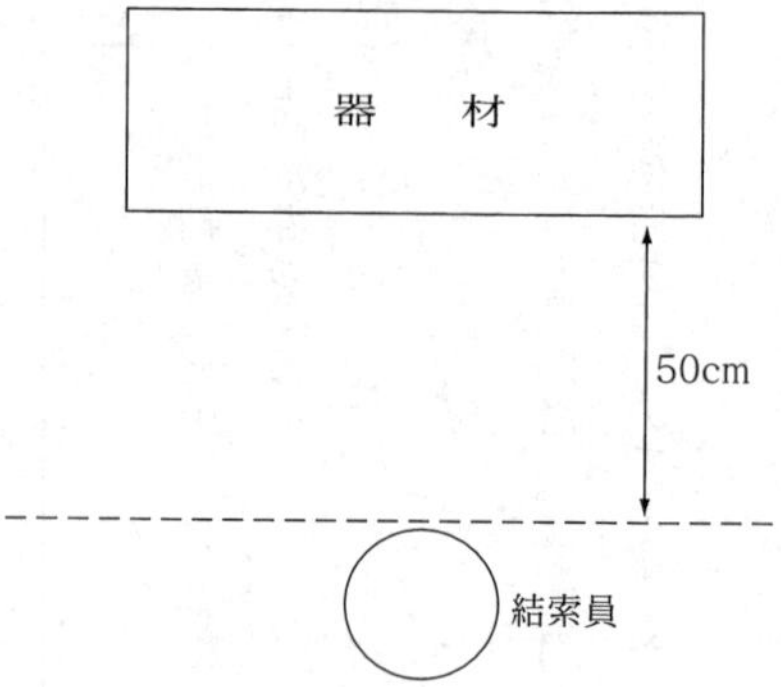

第三項、第四項関係

器具結索及び結索したロープをおさめる場合の号令及び要領を整理すれば、次表のとおりである。

順序	指揮者	
1	「○○引上げ用意」と号令する。	指揮者の「○○引上げ用意」の号令で垂下したロープを左手で持つ。この場合垂下したロープは、器材の種別に応じ、結索に必要な長さを地上にはわせる。結索員が必要な余長ロープを結
2	結索員がロープを左手で持ったことを確認して、「始め」と号令する。	指揮者の「始め」の号令で結索を行った後、右手を上げて「引上げよし」と合図し、一歩後ろに下がる。
3	器材が引き上げられたら、結索の状況を点検し、「おろせ」と指示する。	
4	「おさめ」と号令する。	指揮者の「おさめ」の号令で結索を解いてロープ及び器材を整理する。

結索員	補助者
とる要領を訓練するためには、手信号を併用した「ロープおろせ」の合図を行わせてもよい。左手でロープを持ったら、高所を見上げて、ロープの垂下状況等を確認する。	
	結索員の「引上げよし」の合図で器具を引き上げる。この場合、引上げは器材が障害物に当たることのないように注意しながら、ゆっくりと行う。
	指揮者の「おろせ」の指示で地上に下ろす。

（器具結索の要領）

第百十四条　次の各号に掲げる器具結索の要領は、当該各号に定めるところによる。

一　筒先

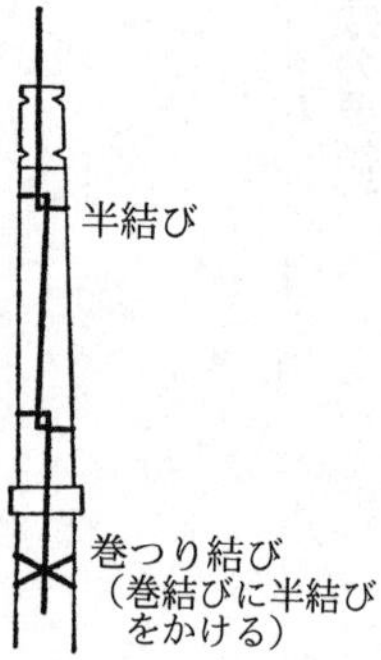

二　ホース

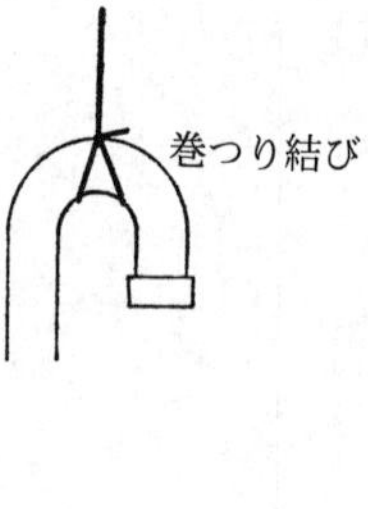

三　破壊器具

イ　とび口

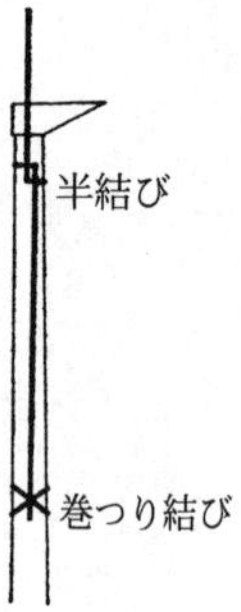

ロ　おの

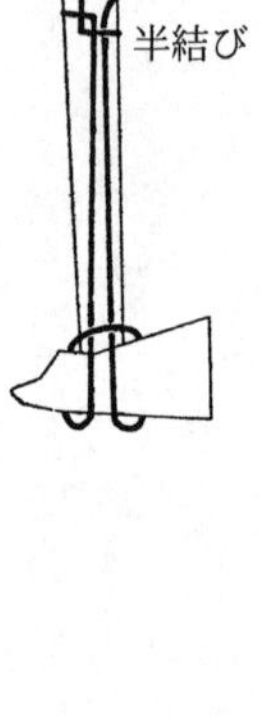

四　はしご

(1)

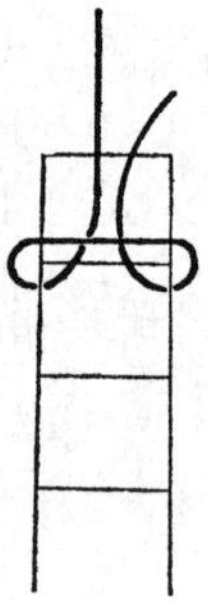

(2)

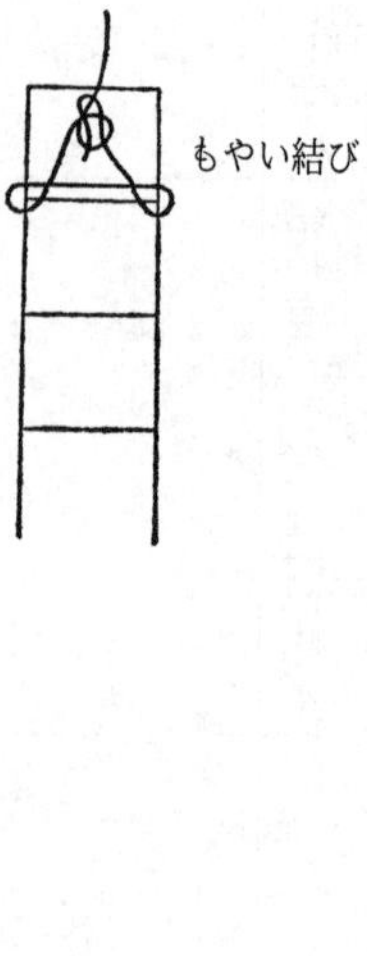

五　円筒かん

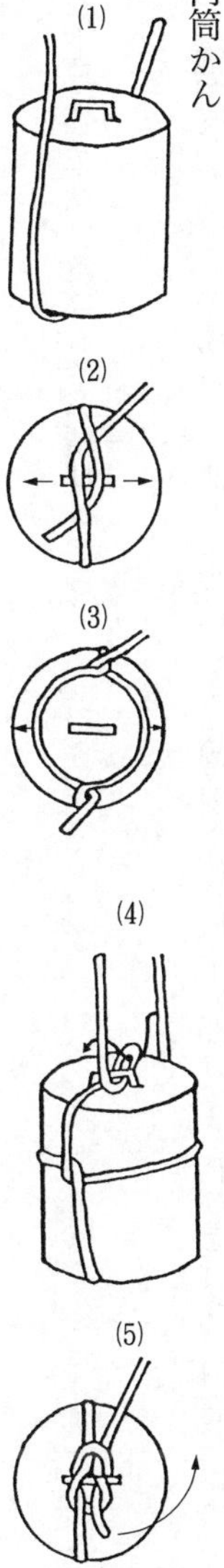

六　空気呼吸器

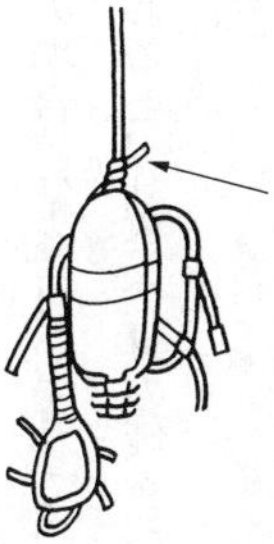
もやい結び、半結び（ロープはボンベと背負い板の間をとおす。）

七　空気ボンベ

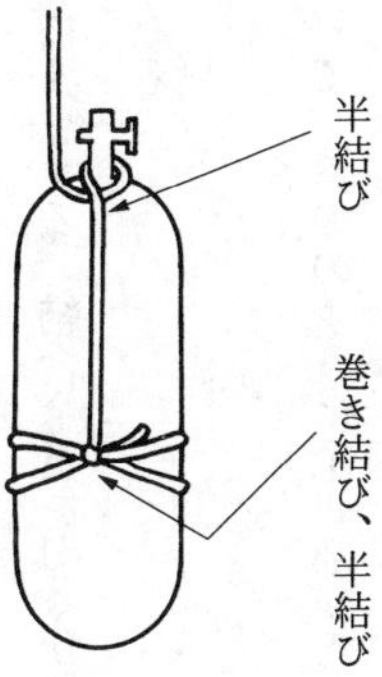

八　担架

(1)　〈一箇所吊り担架〉

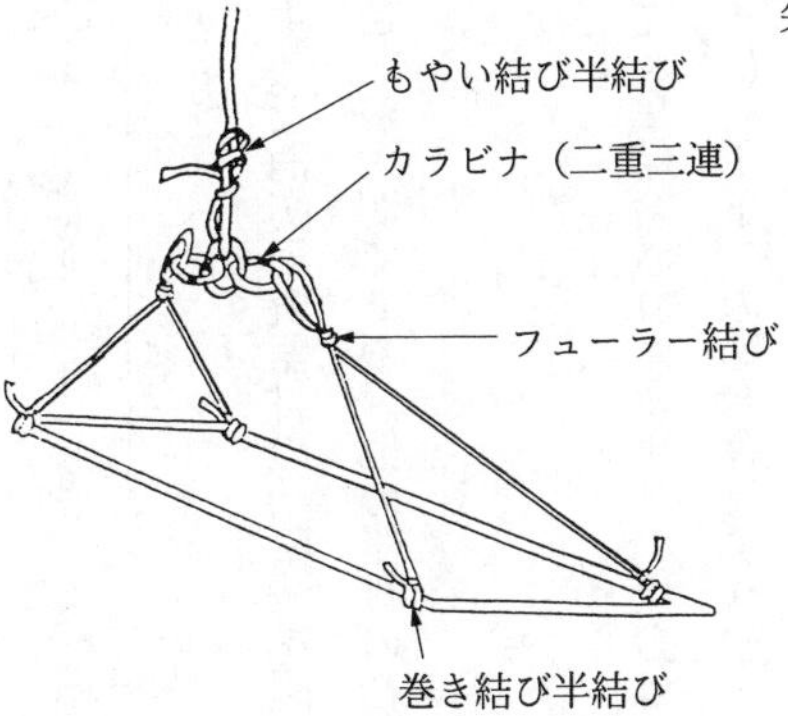

(2)　〈斜めロープブリッジ担架〉

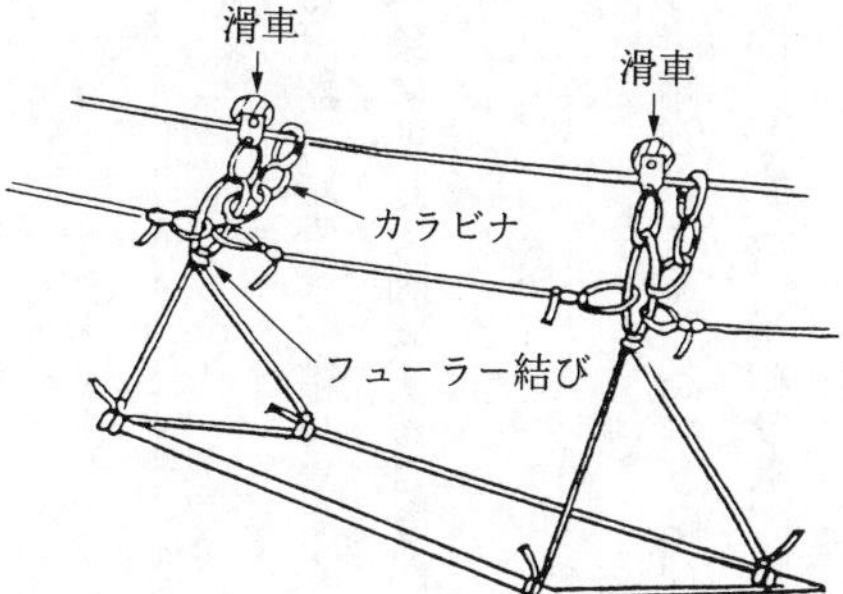
巻き結び半結び

旧五一条…一部改正し繰下〔昭和六三年一二月消告六号〕

【趣　旨】

本条は、主要な消防用資器材の結索法を図示するものである。器具結索は、結びやすく解きやすいこと、及び安全確実であることが大切である。他の器材の結索についても、本条に準じて訓練することが必要である。

【解　説】

第一号関係

筒先及びこれに結合されたホースの場合は、巻つり結び及び半結びによる。巻つり結びの位置は、ホースが結合されているときは、ホースの結合金具よりやや下部（はかまの下部）とする。半結びは、状況により一箇所でもよい。

第二号関係

ホースの場合は結び目がずれて結合金具部に当たることのないように注意する。結合金具を引く状態で、ホースの重量が加わると、結合金具の装着部からジャケットが外れる危険性がある。

第三号関係

破壊器具の場合は、とび口のように金属部が軽いときはこれを上にして、おののように金属部が重いときは、これを下にして結着を行う。おのの結着は、牛（うし）結び及び半結びとし、端末を半結びのところへかける。

第四号関係

はしごの場合は、牛結び及びもやい結びとする。

第五号関係

円筒かん（泡剤容器など）の場合は、側面に半結びを二箇所でかけ取手の部分で本結びを行う。円筒かんに半結びをつくるには、第五号⑴のようにロープをかけたら、ロープを一回ひねり（本結びの⑴参照）、ひねった部分を開いて次の図に示すように円筒かんの側面に回す。第五号⑶のロープの端末は、さらに半結びをかけると結び目が確実になる。

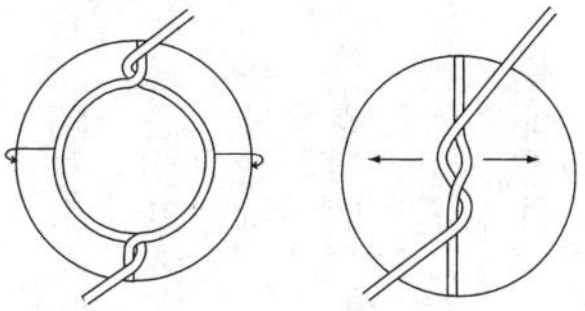

第六号関係

空気呼吸器の場合は、空気呼吸器の下方のボンベと背負い板の間を通してもやい結び及び半結びとする。この場合、面体は、調整器部分から背負いバンド部分にかけることとする。

第七号関係

空気ボンベの場合は、空気ボンベの中ほどよりやや下部に巻き結び及び半結びをかけるとともに、そく止弁のつけ根に半結びで結着すること。

（身体結索の訓練要領）

第百十五条　身体結索を実施するには、結索されるための補助者を置き、補助者からおおむね二メートル隔てた位置にロープを置く。ただし、次条第三号の場合は、適宜行うものとする。

2　身体結索における定位は、ロープからおおむね五十センチメートル隔てた位置とする。

3　身体結索を行うには、次の号令及び要領による。

一　指揮者は、「〇〇結び身体結索用意」と号令し、補助者に対し結索に必要な姿勢を指示し、つづいて「始め」と号令する。

二　結索員は、前号の「〇〇結び身体結索用意」の号令で右手でロープの一端をもつて補助者の位置にいたり、前号の「始め」の号令で結索を行う。

4　指揮者が結索完了の状況を点検するには、次の号令及び要領による。

一　指揮者は、「手を上げ」と号令するとともに、補助者に対し点検に適する姿勢を指示する。

二　結索員は、前号の号令で結索の完了したロープをもつて、結び目が見えやすいように上方に上げる。

5　結索の完了したロープをおさめるには、次の号令及び要領による。

一　指揮者は、「おさめ」と号令する。

二　結索員は、前号の号令で結索を解いてロープを整理する。

旧五二条…繰下〔昭和六三年一二月消告六号〕

【趣　旨】

本条は、ロープによる身体結索を行う場合の訓練要領について定めたものである。

身体結索は、要救助者の救助の際、現場において適応する器具や方法がない場合に要救助者の結着に用いるものと、救助隊員の命綱として用いる場合とがある。

【解　説】

第一項、第二項関係

身体結索における定位を定めたものである。

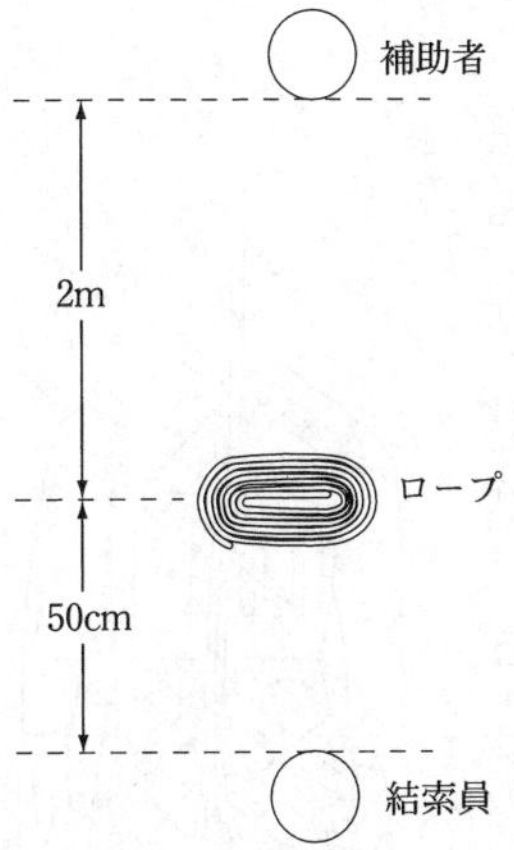

（注）　コイル巻もやい結び身体結索を行う場合には、補助者とロープとの間の距離は適宜行うものとする。

第三項～第五項関係

第三項は身体結索を行ううえでの号令及び要領を、第四項は指揮者が結索完了の状況を点検するうえでの号令及び要領を、第五項は結索の完了したロープをおさめるうえでの号令及び要領をそれぞれ定めたものである。

（身体結索の要領）

第百十六条　次の各号に掲げる身体結索の要領は、当該各号に定めるところによる。

一　二重もやい結び身体結索　ロープの端おおむね三ひろを使つて次に定めるところによる。

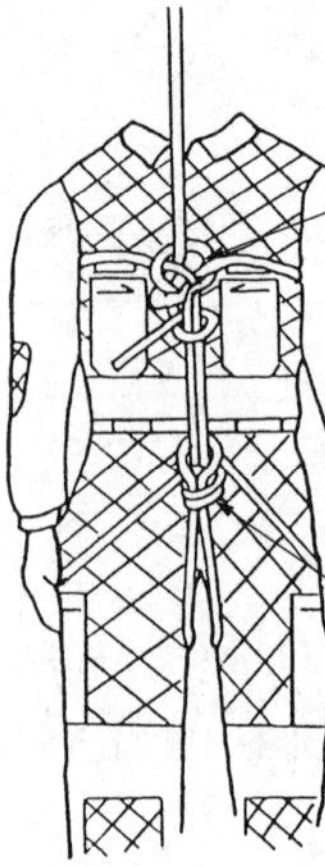

二　三重もやい結び身体結索　ロープの端おおむね四ひろを使つて次に定めるところによる。

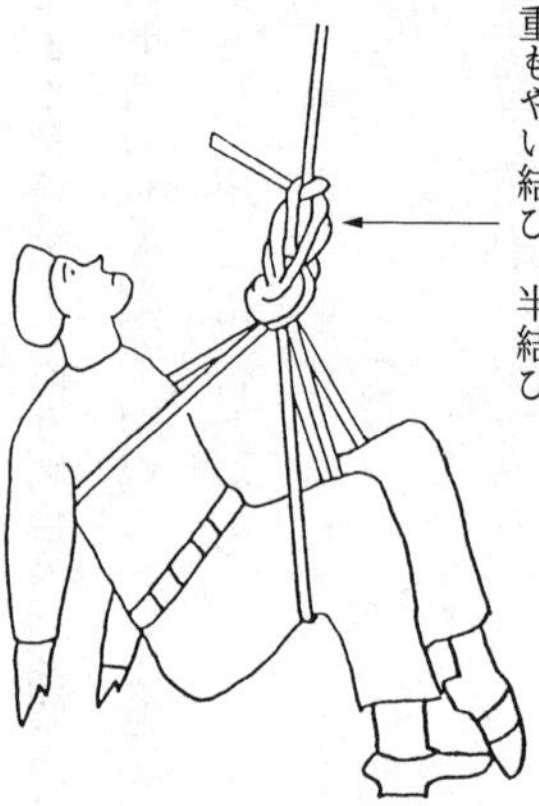

三　コイル巻もやい結び身体結索

旧五三条…一部改正し繰下〔昭和六三年一二月消告六号〕

【趣　旨】

本条は、要救助者を災害現場から引上げ又は降下させる際の身体結索及び救助隊員の命綱として用いる場合の結索方法について図示するものである。

なお、下水道等狭小で、はって進入しなければならないような横坑内からの救助時に、進入する救助隊員の命綱として「巻き結び身体結索」がある。

その要領は、次のとおりである。

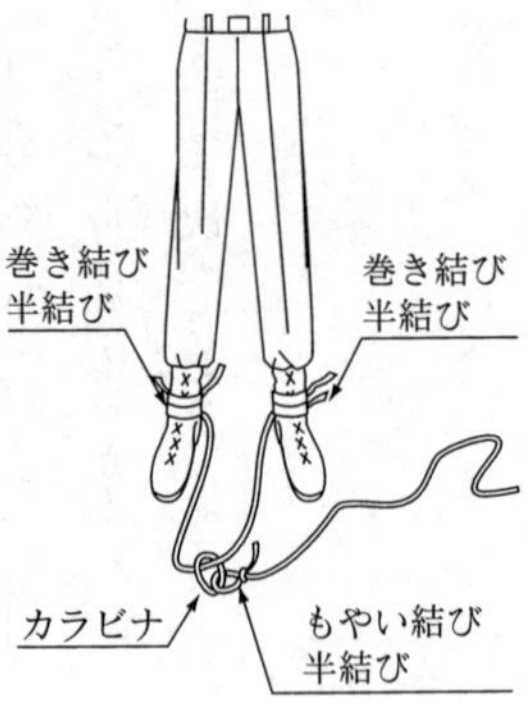

①　小綱の両端で、両足首に巻き結び、半結びで結着し、結び目を後ろにまわす。
②　長いロープの一端に小さいもやい結びの輪をつくり、半結びをかける。この輪にカラビナをかけ、このカラビナを足に縛った小綱にかけ、安全環を確実に締める。

【解　説】

第一号関係（二重もやい結び身体結索）

二重もやい結び身体結索は、マンホール、古井戸及び建築工事現場等の狭小の立て坑内の要救助者を救助するのに適しているのはもちろん、進入する救助隊員の命綱として用いられる。

結索方法は、次のとおりである。

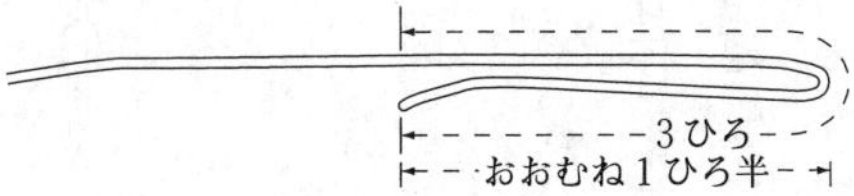

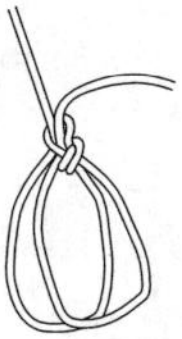

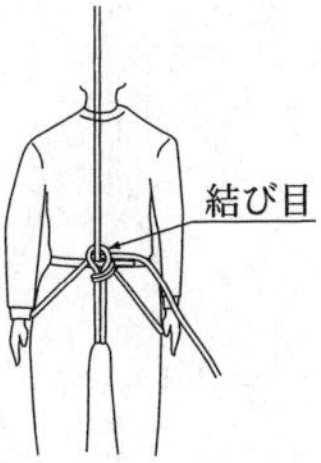

①　ロープの一端をおおむね一ひろ半のところで折る。

②　二重もやい結びをつくる。結びの輪は、自分の両大腿部に深くかけてみて、結び目がバンドのバックルの直下になる程度の大きさの輪に調整する。なお、要救助者に結策するときは、相手の体格の大きさに合うように調節する。

③　二重もやい結びの輪を両大腿にそれぞれかける。

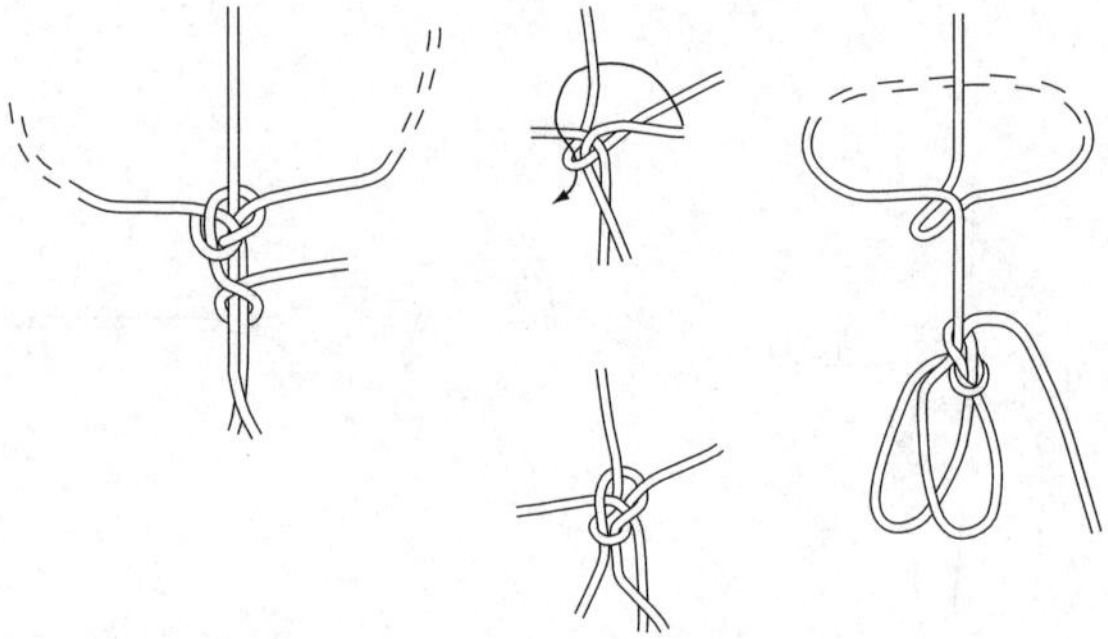

④　ロープの主部で胸部を一巻きし、胸の位置でロープをふたつおりにして、これを胸部で一巻きしたロープの下に通す。

⑤　胸部につくった輪と、短い方のロープを使って本結びをかける。

⑥　半結びをかける。

第二号関係（三重もやい結び身体結索）

三重もやい結び身体結索は、比較的作業幅員の広い場所での要救助者の引上げ、つり下げや、火災現場において階上等から多数の人を連続して救出するようなときに適する結索である。

結索方法は、次のとおりである。

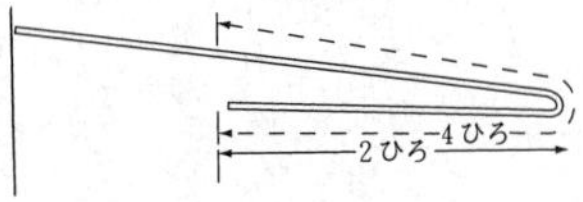

①　ロープの一端を二ひろのところで折る。

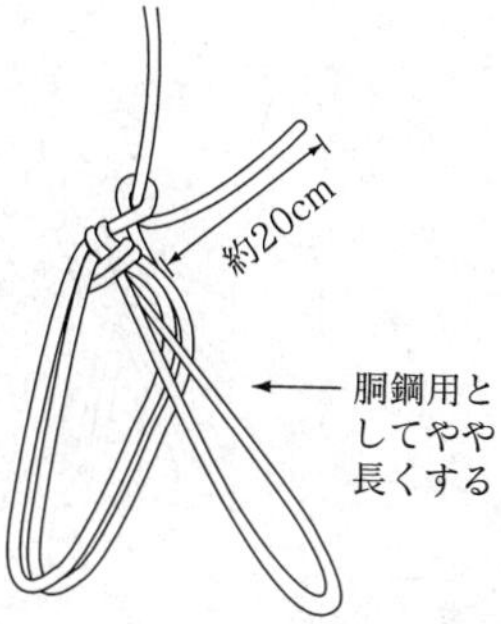

②　ふたつ折りにしたロープの端末を二十センチメートルほど残したところが結び目となるように三重もやい結びを作る。

この場合、結びじまいの輪（胴綱用）は、他の二つの輪よりやや大きくつくる。

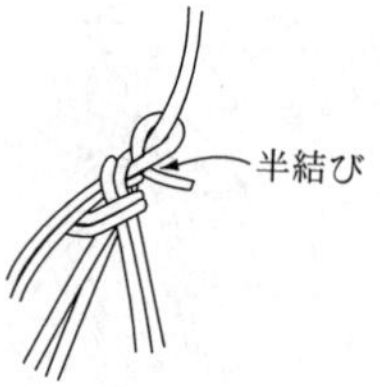

③　半結びをかける。

④　三重もやい結びの三つの輪を、要救助者の足の方から入れ、胴綱（やや長い方）は脇の下へ、残りの二つはそれぞれひざ裏にかける。

第三号関係（コイル巻もやい結び身体結索）

コイル巻もやい結び身体結索は、高所における作業その他一般的に命綱として用いられる。

結索方法は、次のとおりである。

①　ロープの一方の索端を左肩にのせる。

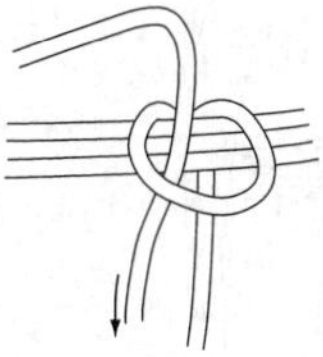

②　ロープを身体の前から右回りに巻き付ける。この場合、ロープが重ならないよう注意する。

③　必要なだけ巻き付けたら、身体の前で右手を用い長いロープが内側になるようロープをひねって輪をつくる。

④　この輪を、身体に巻き付けてある全部のロープの下を下方から上方に向かって通す。

⑤　左の肩の索端をとり、この輪の中に上から通す。

⑥　垂れ下がっているロープの下を右から左にくぐらせ、下から上に向かって再び輪の中を通す。

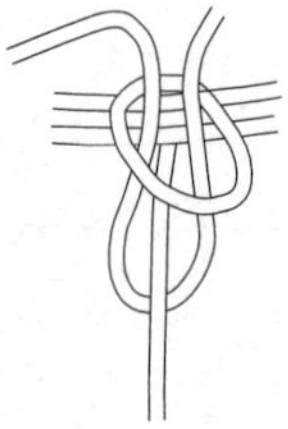

⑦　このロープを右手で持ち、左手で垂れ下がっているロープを持って締め、半結びをかける。この場合半結びは、胴に巻いた全部のロープにまわすか、もやい結びの場合と同様にするかいずれでもよい。

第三節　降下操法

【概　説】

実際の救助活動においては、例えば古井戸等の立て坑や崖下に転落した要救助者を救出する場合とか、あるいは災害局面の拡大により高所から緊急脱出をしなければならない場合などのように、救助隊員が、はしご等の機器の使用が不可能であったり、その暇がないなどのために、垂直壁面をロープを使って懸垂降下を行うことが多くある。

本節は、このロープによる懸垂下降（降下操法）の訓練要領について規定したものである。

ロープによる懸垂は、相当の体力と技術を要するため、救助隊員は、あらゆる救助事象を想定し、体力、気力の練成を図るとともに、技術を体得することが必要である。

（降下操法の種別）
第百十七条　降下操法を分けて、身体懸垂降下操法（以下「身体懸垂」という。）及び座席懸垂降下操法（以下「座席懸垂」という。）とする。

旧五四条…繰下〔昭和六三年一二月消告六号〕

【趣　旨】
本条は、降下操法を、ロープを身体に巻き付けて降下する身体懸垂降下操法（身体懸垂）と、小綱、カラビナを使って降下する座席懸垂降下操法（座席懸垂）に分けて定めたものである。

（懸垂ロープの設定要領）
第百十八条　降下のための懸垂ロープの設定要領は、次の各号に定めるところによる。

一　懸垂降下を行う場合は、開口部が少なく、崩壊のおそれのない場所を選定すること。

二　懸垂ロープを結着する箇所（以下「懸垂点」という。）は、綿密に点検し、ロープの結着は二ないし三箇所とし、確実に行うこと。

三　懸垂ロープは、二本あわせとし、長さは、座席懸垂にあつては着地点にとどくようにし、身体懸垂にあつては着地ののちおおむね二メートルの余裕をもたせるようにすること。

旧五五条…繰下〔昭和六三年一二月消告六号〕

【趣　旨】

本条は、懸垂降下のためのロープの設定要領について定めたものである。懸垂降下において、ロープは救助隊員の命綱である。救助隊員がどんな高度の技術を有し、かつ、精強な隊員であっても、懸垂ロープの設定に欠陥があり、使用に堪えられないものであるならば、それは救助隊員を危機に陥れることになるなど、完全な救助活動ができなくなるばかりでなく、二次災害の誘因を作り出すことになる。

このため、懸垂ロープの設定に当たっては、場所の選定、ロープの結着方法、懸垂ロープの長さなどについて、十分注意を払う必要がある。

【解　説】

第一号関係

本号は、懸垂ロープを設置する場所の要件を定めたものである。場所の選定に当たっては、下降路は開口部が少なく、滑らかであるとともに、崩壊のおそれのない場所をあらかじめ選ぶ必要がある。

第二号関係

本号は、懸垂ロープの結着方法について定めたものである。結着する支持物が懸垂に堪え得るものかどうか綿密に点検するとともに、外見上支持物の瑕疵が必ず発見できるとは限らないため、安全上の見地からロープの結着は二ないし三箇所の支持物に確実に結着することが必要である。

第三号関係

本号は、懸垂ロープそのものについて定めたものである。懸垂ロープは、下降者に与える苦痛を少なくするとともに、安全上の見地からロープは二本合わせとして用い、長さについては、座席懸垂を行う場合にあっては着地点に届くようにし、身体懸垂にあっては着地の後おおむね二mの余裕をもたせるなど、降下に十分な長さであることが必要である。

（操法実施上の留意事項）

第百十九条　第四条及び第百八条に定めるもののほか、降下操法を実施するときは、次の各号に掲げる事項に留意しなければならない。

一　降下のため壁面に出るときは、懸垂点側のロープのゆるみをなくし、体重を徐々に懸垂ロープにかけながら行うこと。

二　身体懸垂の降下距離は、隊員の練度に応じたものとし、必要以上に長くしないこと。

三　降下に際しては、皮手袋を使用し、降下速度の調節を慎重に行うこと。

四　身体懸垂を行うときは、えりを立てて首部の保護を行うこと。

旧五六条…一部改正し繰下〔昭和六三年一二月消告六号〕

【趣　旨】

本条は、第四条に定める一般的な留意事項及び第百八条に定めるロープ操法を実施するうえでの留意事項のほかに、降下操法を実施するうえで安全を確保するために、特に留意すべき事項について定めたものである。なお、指揮者については、第五条に定める留意事項についても十分留意する必要がある。

【解　説】

第一号関係

降下のため壁面に出るときは、懸垂点側のロープに緩みがあると、降下姿勢がとれず思わぬ事故のもとになることから、緩みをなくし、体重を徐々に懸垂ロープにかけ、身体の安定を図った後降下する。

第二号関係

身体懸垂は、高度の技術と強じんな体力を必要とするため、隊員の練度に応じて段階的に降下距離を伸ばし、必要以上に長い降下距離をとってはならない。

第三号関係

身体懸垂の降下に際しては、手の負傷の防止のために皮手袋を必ず使用する必要がある。この場合の皮手袋は、手早く着脱できることと五本指の揃ったものでなければならない。

また、降下速度は、早すぎないように、必要があれば直ちに停止できるよう慎重に調節する必要がある。

第四号関係

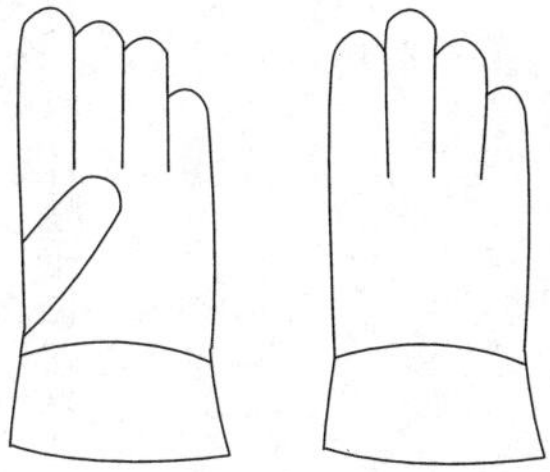

身体懸垂を行うときは、首すじの傷害防止のため作業衣の襟を立てる。

（身体懸垂の訓練要領）

第百二十条　身体懸垂を実施するには、第百十八条に定める要領で懸垂ロープを設定しておく。

2　身体懸垂における定位は、懸垂点に向つて懸垂ロープの左側おおむね一メートル隔てた位置とする。

3　身体懸垂を行うには、次の号令及び要領による。

一　指揮者は、「○○がらみ用意」と号令し、降下員の「準備よし」の合図で「始め」と号令し、降下員の着地完了の合図で「よし」と指示する。

二　降下員は、前号の「〇〇がらみ用意」の号令で次条各号に定める要領により懸垂ロープを身体にかけ、壁面に降下姿勢をとって「準備よし」と合図し、前号の「始め」の号令で降下を開始し、地上からおおむね一メートル上方の位置で一旦停止したのち降下着地して「到着」と合図し、懸垂ロープを両手で左右に開きながらおおむね三メートル後方にさがつて懸垂ロープをはなし、「ロープよし、終り」と降下完了の合図をする。

一項…一部改正・旧五七条…繰下〔昭和六三年一二月消告六号〕

【趣　旨】

本条は、身体懸垂の訓練を実施するに当たっての要領について定めたものである。

【解　説】

第一項関係

身体懸垂の訓練に当たっては、第百十八条に定める要領に基づいてあらかじめ懸垂ロープを設定しておく。

第二項関係

本項は、身体懸垂における定位を定めたものである。

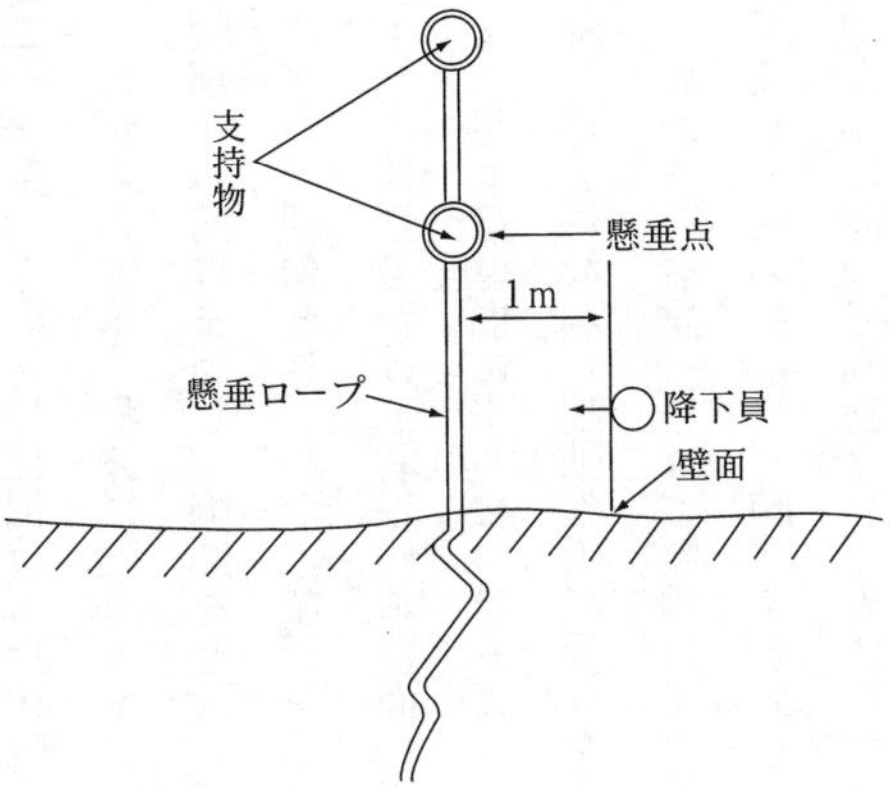

第三項関係

身体懸垂を行う場合の号令及び要領を整理すれば、次表のとおりである。

順序	指揮者	降下員
1	「○○がらみ用意」と号令する。	指揮者の「○○がらみ用意」の号令で、第百二十一条に定める「○○がらみ」の要領により懸垂ロープを身体にかけ、懸垂点側のロープの緩みをなくし、体重を徐々に懸垂ロープにかけ、壁面に降下姿勢をとって
2	降下員の「準備よし」の合図で、「始め」と号令する。	指揮者の「始め」の号令で降下を開始し、地上からおおむね一m上方の位置で一旦停止した後降下着地して「到着」と合図する。
3	降下員の「到着」の合図で「よし」と指示する。	指揮者の「よし」の合図で懸垂ロープを両手で左右に開きながらおおむね三m後方に下がって懸垂ロープを離し、「ロープよし、終り」と合図する。

備考	「準備よし」と合図する。	降下の要領は、第百二十一条に定めるところによる。

（身体懸垂の要領）

第百二十一条　次の各号に掲げる身体懸垂の要領は、当該各号に定めるところによる。

一　首がらみ懸垂　身体に懸垂ロープをかけるには、懸垂点に向つて懸垂ロープをまたぎ、後側のロープを右腰部から前にまわし、胸部をとおして左肩から首にかけ、このロープを腹部で右手の親指が上方になるように握つて制動とし、左手はひじを伸ばして懸垂点側のロープを握るものとし、降下するには、徐々に懸垂ロープに体重をかけ、右足から壁面に出て、右足は伸ばし、左足はひざを軽く曲げて右足より上方に位置させ、足底は壁面に平らにつけるようにし、腰を浅く曲げて上体を懸垂ロープと平行に保ち、目は右足下方の降下路を見ながら制動の手の握りをゆるめ、継ぎ足で降下する。

二　肩がらみ懸垂　身体に懸垂ロープをかけるには、懸垂点に向つて懸垂ロープをまたぎ、後側のロープを右腰部から前にまわし、胸部をとおして左肩から背部にまわし、このロープを右腰部で右手の親指が下方になるように握つて制動とし、人さし指は二本の懸垂ロープの間に入れ、左手はひじを伸ばして懸垂点側のロープを握るものとし、降下の要領は前号に定める要領による。

旧五八条…繰下（昭和六三年一二月消告六号）

【趣　旨】

本条は、身体懸垂のうちよく使われる首がらみ懸垂、肩がらみ懸垂についてその要領を定めたものである。

身体懸垂は、懸垂ロープを身体に巻き付け、ロープと身体の摩擦を利用し、安定をとりながら降下する方法で、他に資器材を必要とせず、実施が容易である。

【解　説】

第一号関係（首がらみ懸垂）

㈠　ロープの巻き方

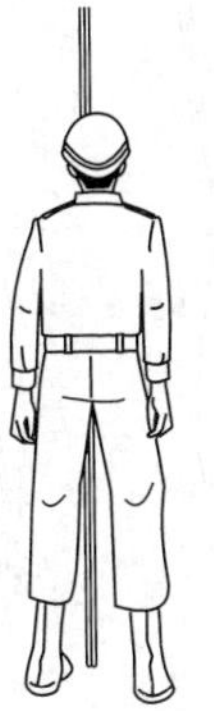

①　上衣の襟を立て、懸垂点に向かって懸垂ロープをまたぎ、

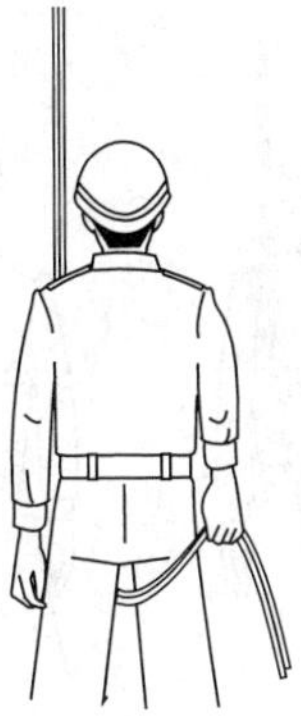

②　またいだ後ろ側の懸垂ロープを右腰部にとり、

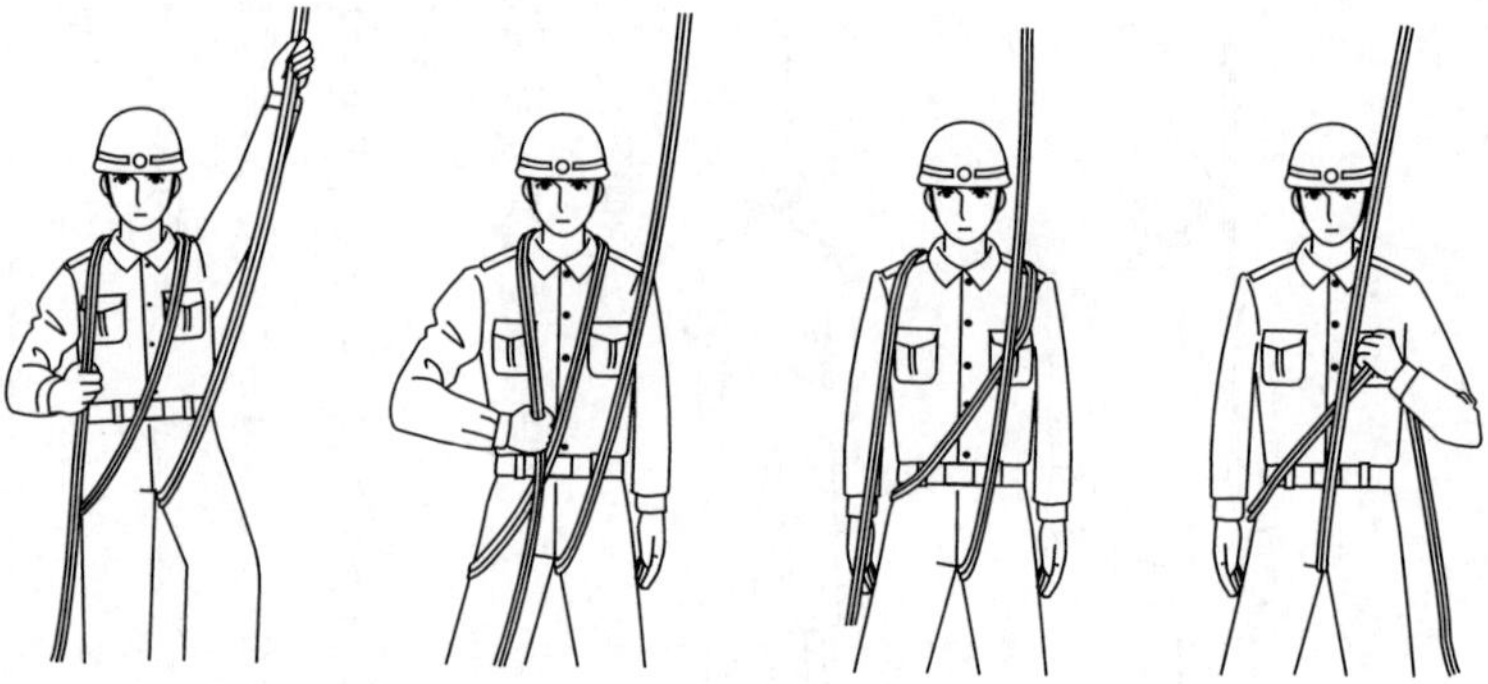

③　前にまわし、懸垂ロープ内側から胸部に通し、

④　左肩から首にかけて右側方に下ろし、

⑤　このロープを腹部で右手の親指が上方になるように握って、

⑥　この右手で制動することとし、左手はひじを伸ばし懸垂点側のロープを握るものとする。

㈡　降下の要領

①　懸垂ロープに徐々に体重をかけ、

②　右足から壁面に出て、

③　右足は伸ばし、左足はひざを軽く曲げて右足より上方に位置させ、足底は壁面に平らに着けるようにし、

④　腰を浅く曲げて上体を懸垂ロープと平行に保ち、

⑤　目は右足下方の降下路を見ながら、

⑥　以上の姿勢で右手の制動の手の握りを緩め、継ぎ足で降下する。

第二号関係（肩がらみ懸垂）

㈠　ロープの巻き方

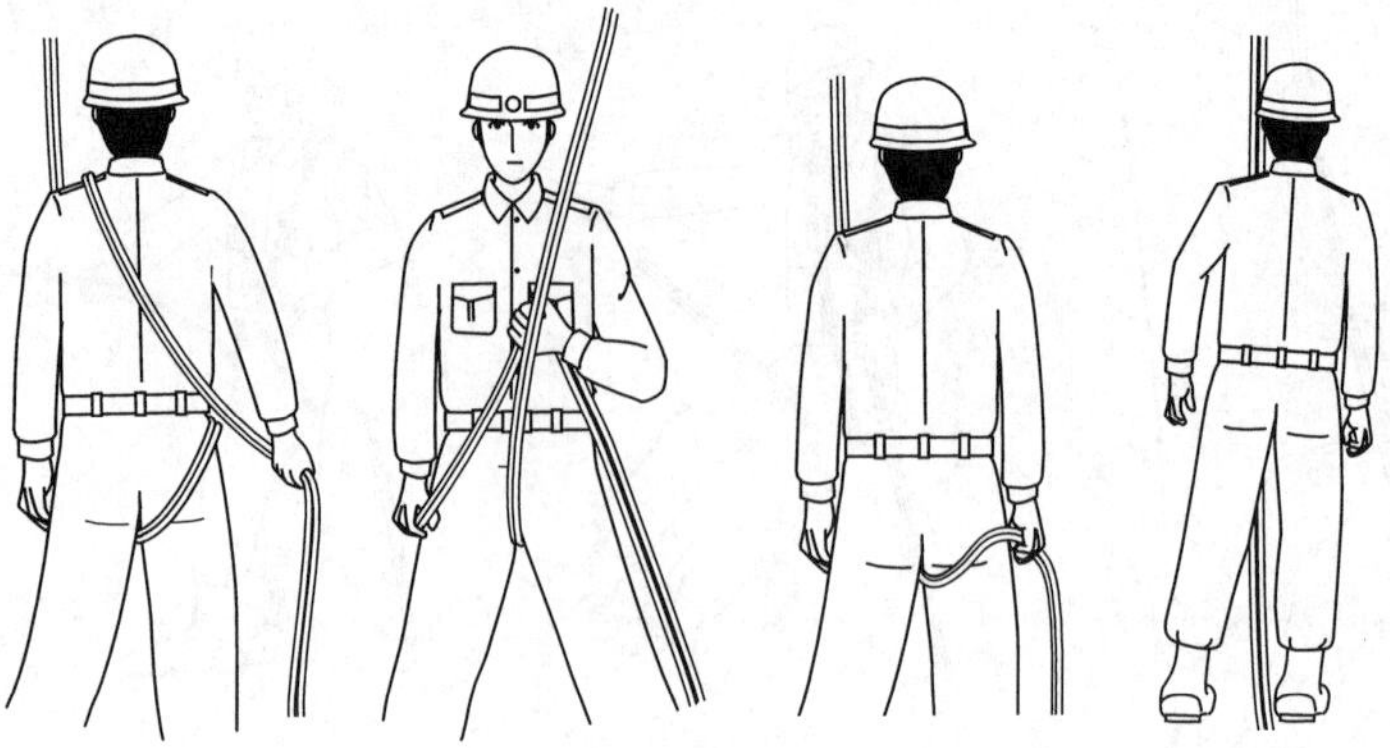

①　上衣の襟を立て、懸垂点に向かって懸垂ロープをまたぎ、

②　後ろ側の懸垂ロープを右腰部にとり、

③　前にまわし、懸垂ロープの内側から胸部に通し、

④　左肩から背後にまわし、右側方へ下ろし、

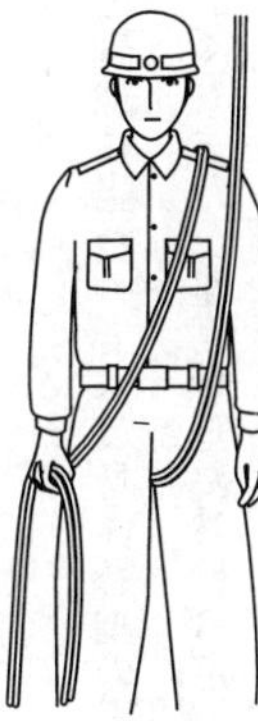

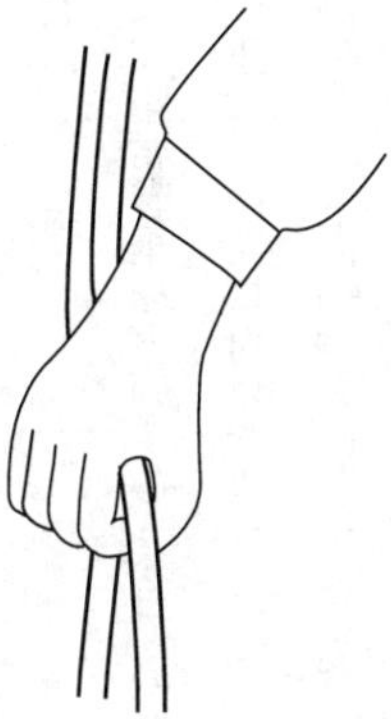

⑤　このロープを右腰部で右手の親指が下方になるように握って制動とし、

⑥　人差し指は二本の懸垂ロープの間に入れる。この場合、人差し指をロープの間に入れるのは、ねじれを防ぐためである。

⑦　左手はひじを伸ばして懸垂点側のロープを握る。

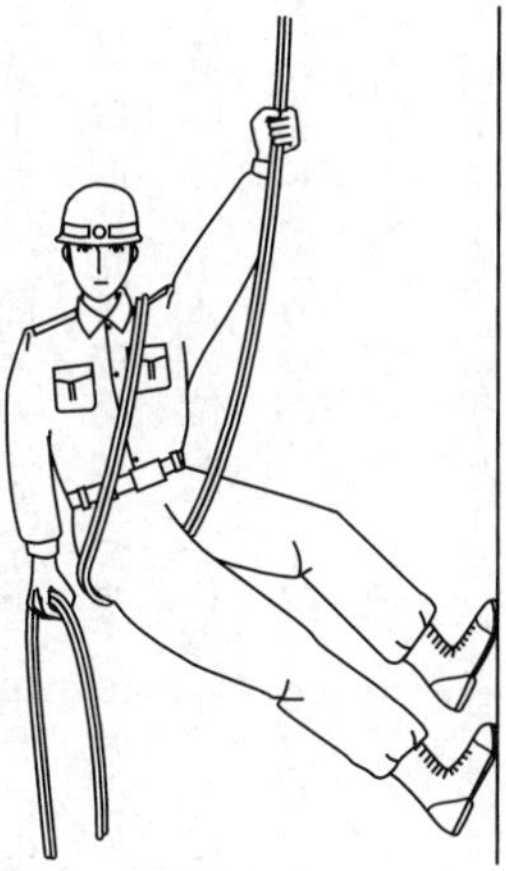

㈡　降下の要領

降下の要領は、首がらみ懸垂の降下要領と同様である。

（座席懸垂の訓練要領）

第百二十二条　座席懸垂を実施するには、次の号令及び要領による。

一　指揮者は、「座席懸垂用意」と号令し、降下員の「準備よし」の合図で「始め」と号令し、降下員の「到着」の合図で「よし」と指示する。

二　降下員は、前号の「座席懸垂用意」の号令で次条第四号及び第五号の要領によりロープをカラビナにかけ、壁面に降下姿勢をとって「準備よし」と合図し、前号の「始め」の号令で降下を開始し、地上からおおむね一メートルの位置で一旦停止したのち降下着地して「到着」と合図し、前号の「よし」の指示で壁面から後方にさがりながらロープをカラビナからはずし、両手でロープを開いてはなし、「ロープよし、終り」と合図する。

旧五九条…繰下〔昭和六三年一二月消告六号〕

【趣　旨】

本条は、座席懸垂を実施するうえでの号令及び要領を定めたものである。

座席懸垂は、座席に付けたカラビナに巻いたロープの摩擦によって身体を保持しつつ下降する方法で、身体に与える苦痛が少なく、傷病者又は器材等を背負った場合の下降も容易である。

【解　説】

座席懸垂の訓練に当たっては、身体懸垂の場合と同様、第百十八条に定める要領に基づいてあらかじめ懸垂ロープを設定しておく。また、座席懸垂における定位は、懸垂点に向かって懸垂ロープの左側おおむね一m隔てた位置である。

なお、座席懸垂を実施する場合の号令及び要領を整理すれば、次表のとおりである。

順序	指揮者	降下員
1	「座席懸垂用意」と号令する。	指揮者の「座席懸垂用意」の号令で第百二十三条第四号及び第五号の要領により懸垂ロープをカラビナにかけ、壁面に降下姿勢をとって「準備よし」と合図する。
2	降下員の「準備よし」の合図で「始め」と号令する。	指揮者の「始め」の号令で降下を開始し、地上からおおむね一mの位置で一旦停止した後降下着地して「到着」と合図する。
3	降下員の「到着」の合図で「よし」と指示する。	指揮者の「よし」の指示で壁面から後方に下がりながらロープをカラビナから外し、両手でロープを開いて離し、「ロープよし、終り」と合図する。

（座席及び降下の要領）

第百二十三条　次の各号に掲げる座席の作り方等の要領は、当該各号に定めるところによる。

一　座席（一）の作り方　小綱を後方から腰にとり、両端を前にまわして股部で交叉させ、股下から後方にとおし、それぞれ腰部をまわして前に出し、制動の手の反対側の腰部で本結びを行い、半結びをかける。

二　座席（二）の作り方　小綱を後方から腰にとり、両端を前にまわして腹部で本結びを行い、この両端を股下から後方にとおし、それぞれの索端を後腰部の小綱の上からとおして半結びをかけ、制動の手の方の索端を下腹部の二本の小綱の間をとおし、制動の手の反対側の腹部で本結びを行い、半結びをかける。

三　カラビナのつけ方　座席にカラビナをつけるには、第一号にあつては、腹部の小綱の中央と股部で交叉している二本の小綱をまとめ、この三本の小綱にカラビナのゲートを上方にしてかけ、カラビナを半回転させるものとし、前号にあつては、腹部の本結びのところで、制動の手の方になる小綱二本と下腹部の小綱一本に、それぞれカラビナのゲートを上方にしてかけ、半回転させる。

四　懸垂ロープの巻き方　懸垂点側のロープが左側になるようにしてロープをカラビナにかけ、更に懸垂点側のロープをカラビナの本体に一回巻きつけ、ゲートを閉じて安全環を確実にしめる。

五　降下の方法　懸垂点側のロープのゆるみをなくし、左手はひじを伸ばして懸垂点側のロープを軽く握り、右手は降下側のロープを腰部で握つて制動とし、懸垂ロープに徐々に体重をかけつつ壁面に移動し、上体をロープに平行に保ち、足は上体に対しておおむね直角になるようにして横一歩に開き、足底を壁面に平らにつけ、目は右足下方の降下路を見ながら制動の手の握りをゆるめ、壁面を歩いて降下する。

旧六〇条…繰下〔昭和六三年一二月消告六号〕

【趣　旨】

本条は、座席の作り方、座席へのカラビナの付け方、カラビナへの懸垂ロープの巻き方及び降下の方法を定めたものである。

第一号関係（座席(一)の作り方）

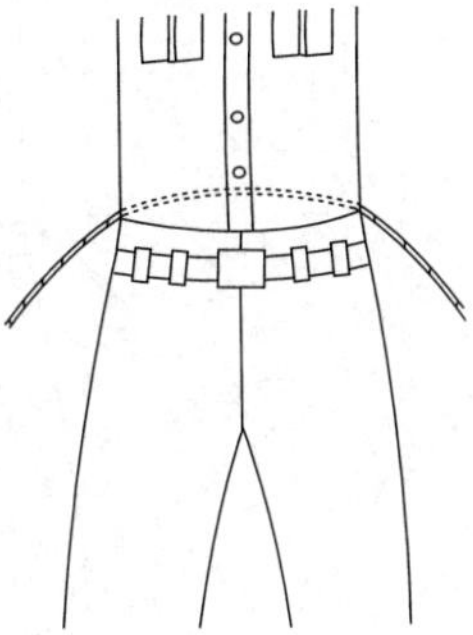

① 小綱を後方から腰にとる。この場合小綱は制動の手の反対側をやや長くする（これにより、結び目が制動の手の反対の腰にくる。）。

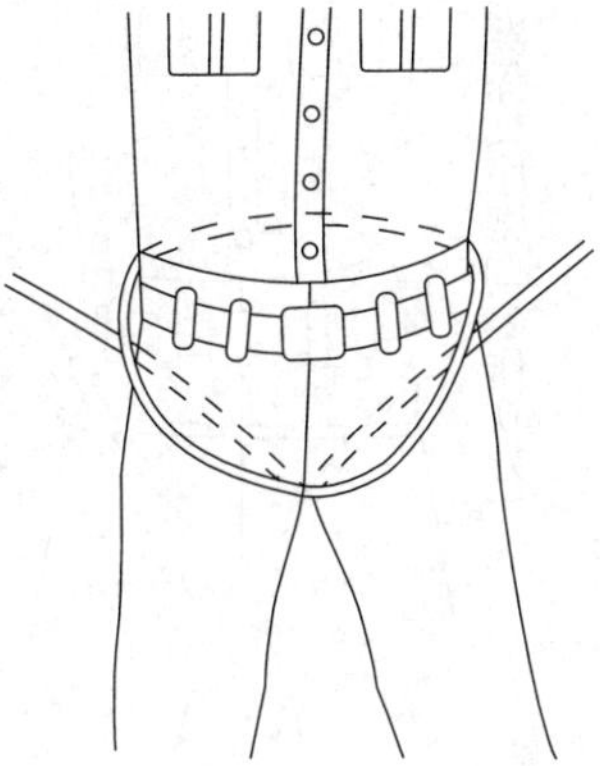

② 両端を前にまわして股部で交差させ、股下から後方に通し、それぞれ腰部をまわして前に出す。

第二号関係（座席(二)の作り方）

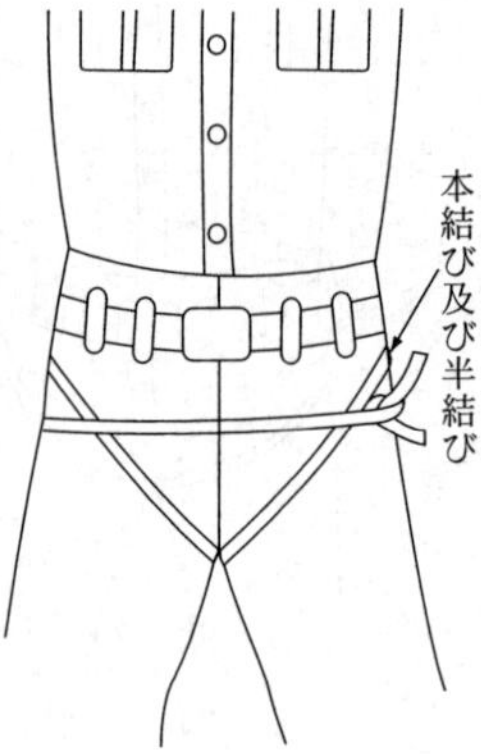

③　制動の手の反対側の腰部で本結びを行い、半結びをかける。

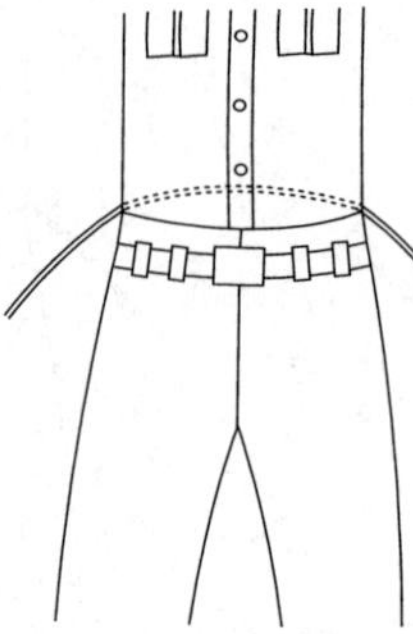

①　小綱を後方から腰にとる。

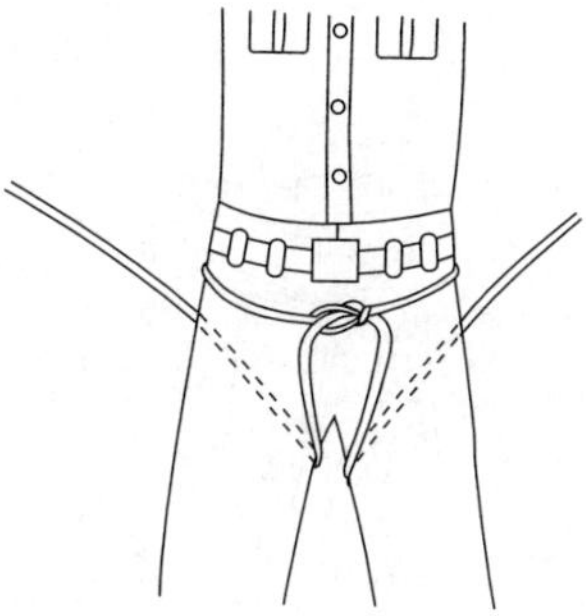

②　両端を前にまわして腹部で本結びを行い、この両端を股下から後方に通す。

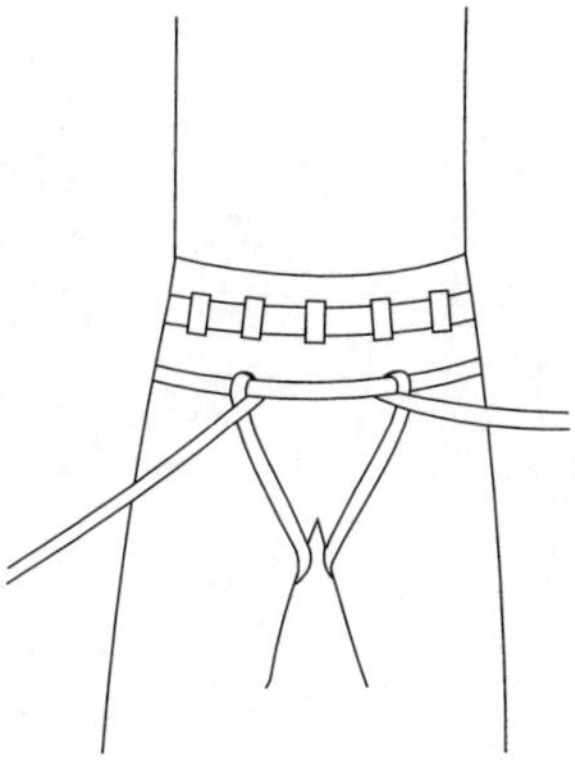

③　それぞれの索端を後腰部の小綱の上から通して半結びをかける。

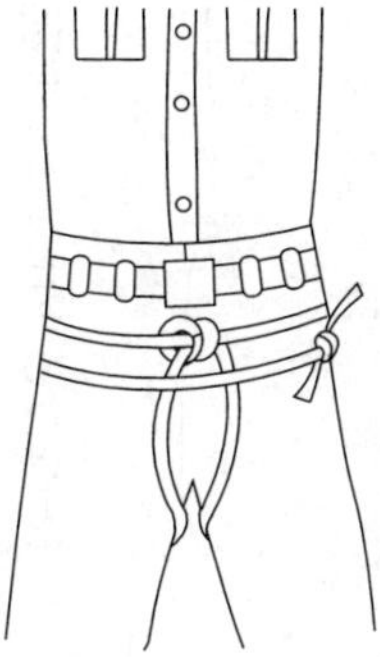

④　制動の手の方の索端を下腹部の二本の小綱の間を通し、制動の手の反対側の腹部で本結びを行い、半結びをかける。

第三号関係（カラビナの付け方）

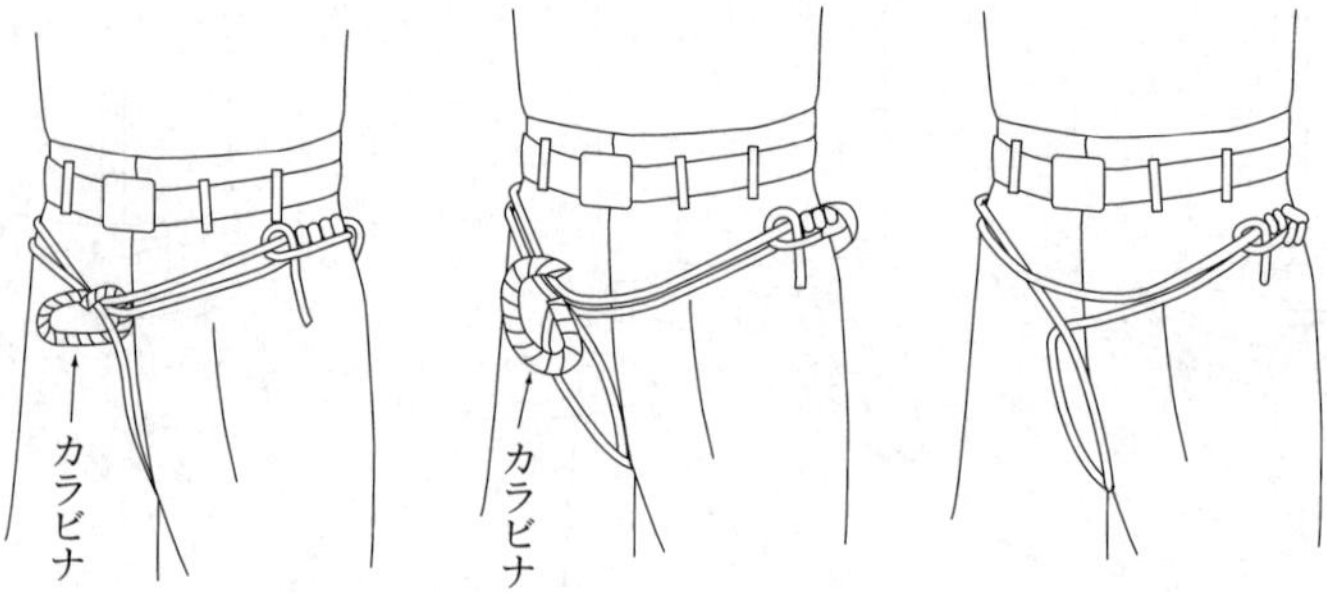

㈠　座席㈠に対するカラビナの付け方

①　腹部の小綱の中央と股部で交差している二本の小綱をまとめる。

②　この三本の小綱にカラビナのゲートを上方にしてかける。

③　このカラビナを半回転させる。

㈡　座席㈡に対するカラビナの付け方

①　腹部の本結びのところで、制動の手の方になる小綱二本と下腹部の小綱一本をまとめる。

②　この三本の小綱に、それぞれカラビナのゲートを上方にしてかける。

③　このカラビナを半回転させる。

第四号関係（懸垂ロープの巻き方）

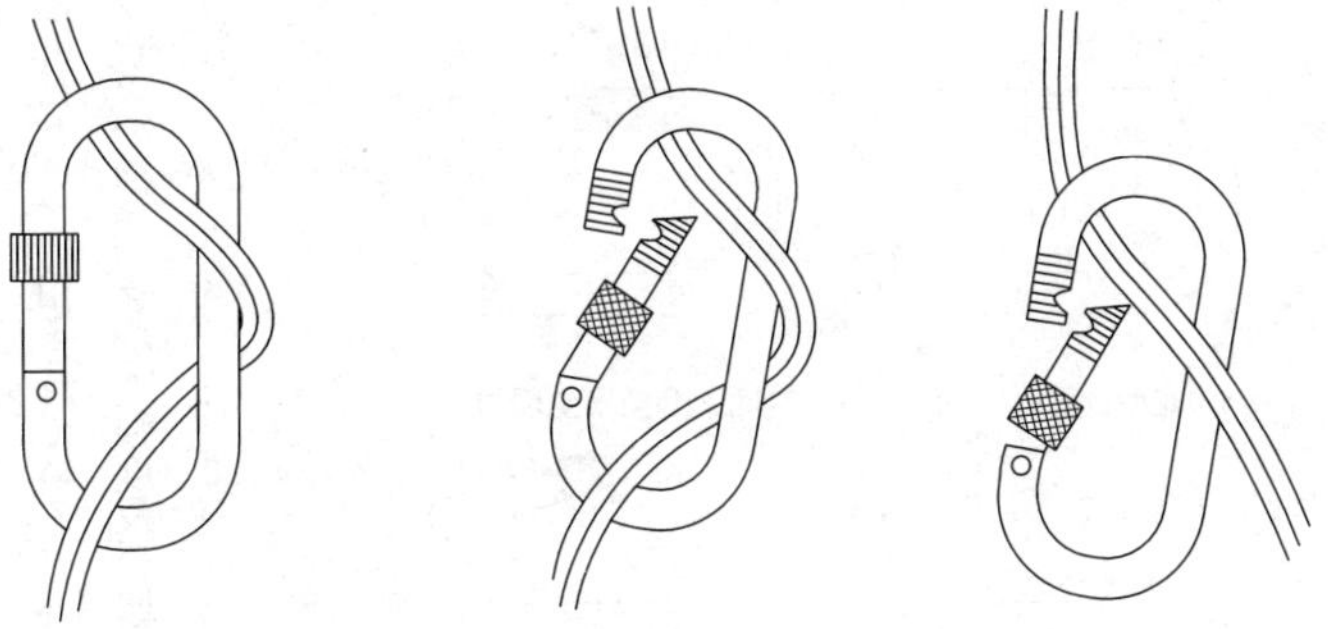

①　懸垂点側のロープが左側になるようにしてロープをカラビナにかける。

②　更に懸垂点側のロープをカラビナの本体に一回巻き付ける。

③　ゲートを閉じて安全環を確実に締める。

（参　考）

カラビナ

カラビナは、命綱の一端に結着して自己の安全を確保するため、あるいは、ロープ展張の補助、滑車の代用、ロープの支持点等広い範囲において使用されている。

カラビナの種類、名称、強度及び使用上の留意事項は、次のとおりである。

㈠　種類

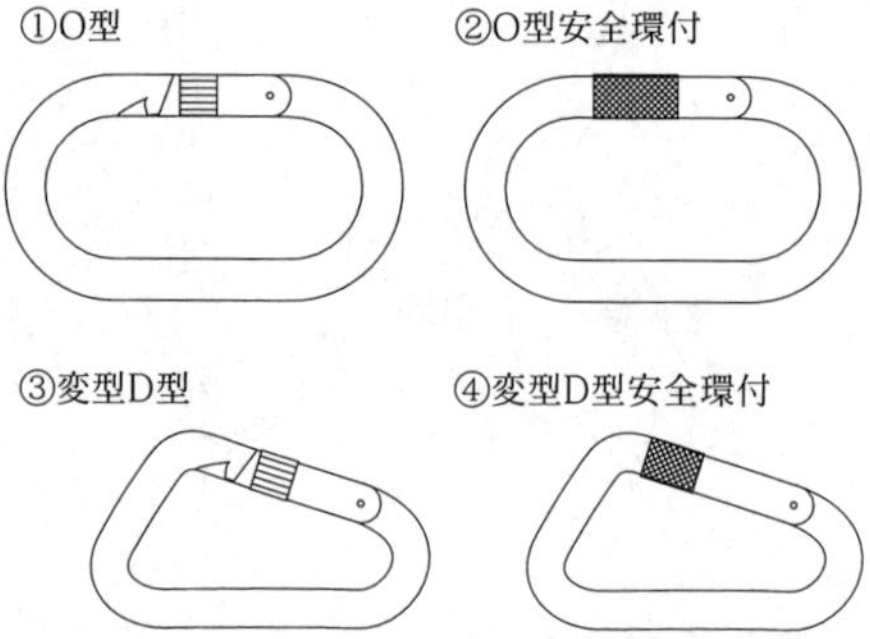

（注）安全環については、ネジ式安全環及びスライド式安全環がある。

㈡　カラビナの名称

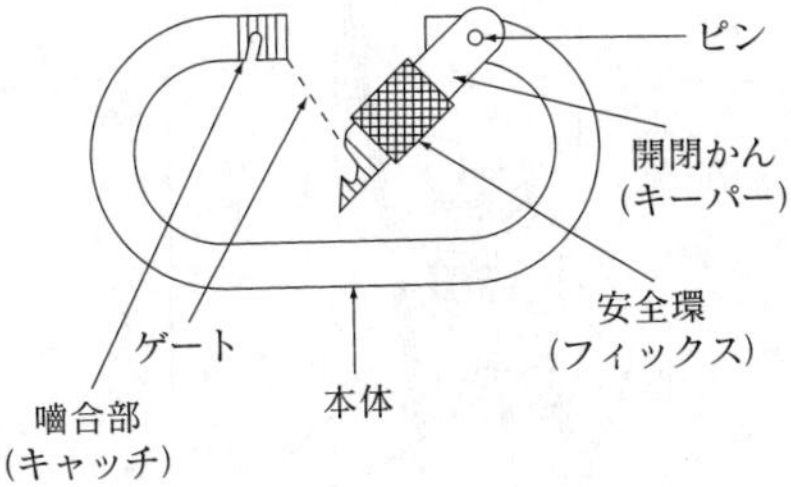

㈢　強度

消防活動において一般的に使用されているO型安全環付カラビナの縦方向の強度はスポーツ用品安全基準によれば千三百kg以上でなければならないとされている。

㈣　使用上の留意事項

⑴　カラビナは構造上、横方向の荷重に対して極めて弱いので、横方向に力のかかる使い方は、絶対に避けること。

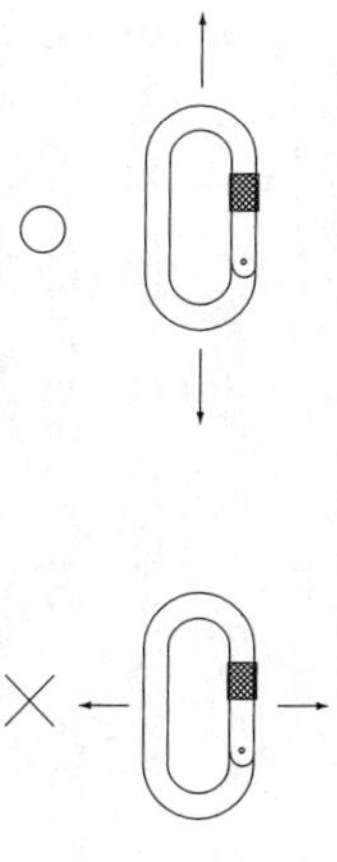

⑵　高所その他からの落下による衝撃を与えないこと。

(3)　開閉部を不必要にもてあそばないこと。

(4)　一度強力な荷重がかかったものは、相当の強度が減じたものと考えること。

(5)　安全環は、使用時において確実に締めること。

(6)　カラビナを二個併用する時は、安全環を重ねないようにすること。

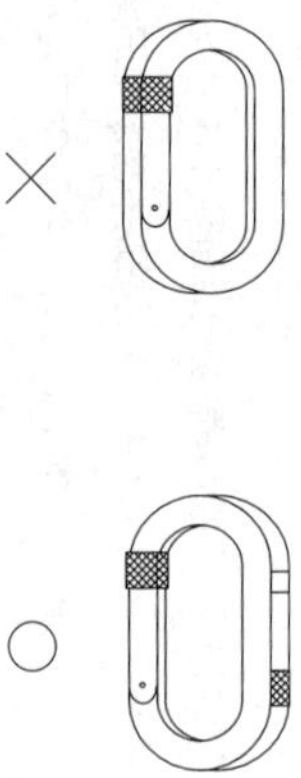

第五号関係（降下の方法）

①　懸垂点側のロープの緩みをなくす。

②　左手はひじを伸ばして懸垂点側の懸垂ロープを軽く握り、右手は降下側の懸垂ロープを腰部で握って制動とする。この場合、懸垂ロープを握った両手は、絶対に離さないこと。

③　懸垂ロープに徐々に体重をかけつつ壁面に移動して右足から壁面に出る。

④　上体をロープに平行に保ち、足は上体に対しておおむね直角になるようにして横一歩に開き、足底を壁面に平らに着け、目は右足下方の降下路（常に次に踏む足場）を注視する。

⑤　以上の姿勢で制動である右手の握りを緩め壁面を歩いて降下する。降下の際は、足底で壁面をずらないこと。

第四節　登はん操法

【概　説】

高所への登はん方法としては、高さが比較的低い場合は、三連はしご、かぎ付きはしご等の各種のはしご又は隊員の肩車（人梯）若しくは地物等の利用による登はんが、それよりも高所である場合は、はしご車、空中作業車等による登はんが考えられる。しかし、災害現場によっては、これらの機器の使用が不可能であったり、必要な機器が得られないこと等があり、このような場合には、ロープによる登はんが行われる。

ロープによる登はんは、相当の体力と技術を要するとともに、迅速に登はんできない欠点があるが、訓練によって高所への登はんも可能となり、また速度の向上も図られるものである。

（登はん操法の種別）

第百二十四条　登はん操法を分けて、フットロック登はん操法（一）（以下「登はん（一）」という。）、フットロック登はん操法（二）（以下「登はん（二）」という。）、フットロック登はん操法（三）（以下「登はん（三）」という。）及びフットロック登はん操法（四）（以下「登はん（四）」という。）とする。

旧六一条…一部改正し繰下〔昭和六三年一二月消告六号〕

【趣　旨】

本条は、垂下されたロープを足にからめて、登はん員の腕力と脚力を併用して登はんする操法を、フットロック登はん操法㈠（「登はん㈠」）、フットロック登はん操法㈡（「登はん㈡」）及びフットロック登はん操法㈢（「登はん㈢」）の三つに分けて定めたものである。

なお、ロープ登はんには、フットロック登はんのほかにプルージック登はんがある。

プルージック登はんは、腕力及び脚力を併用しても登れない高さに登はんする場合に、懸垂ロープに小綱を使って胴綱、アブミ二本を作り、胴綱に上体を入れ、二本のアブミにそれぞれ足をかけ、胴綱、アブミを順次上にずらしながら登はんする特殊な登はん法である。

この登はん法は、相当の技術を要するほか、登はんのスピードが得られない欠点がある。

プルージック登はんは、特殊な登はん法であることから救助操法基準に規定されていないが、参考までにその要領を示すと次のとおりである。

（参　考）

プルージック登はん

㈠　登はん要領

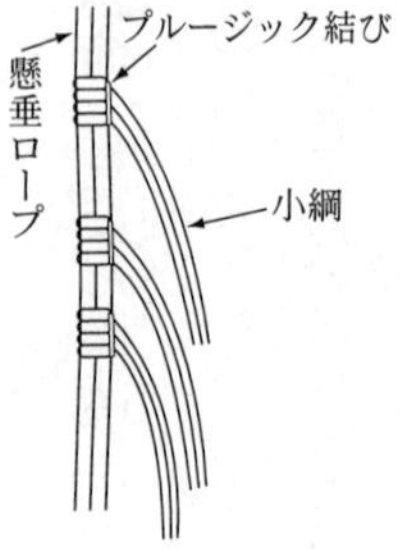

①　懸垂ロープに三本の小綱で、それぞれの小綱の中央部を使ってプルージック結びを行う。

②　懸垂ロープにプルージックで結び付けたそれぞれの小綱の端末に本結び半結びをかける。この場合、小綱の一本は登はん員の胴綱用と、他の二本はアブミ用として使用するので、それぞれの大きさを調整して結ぶこととする。

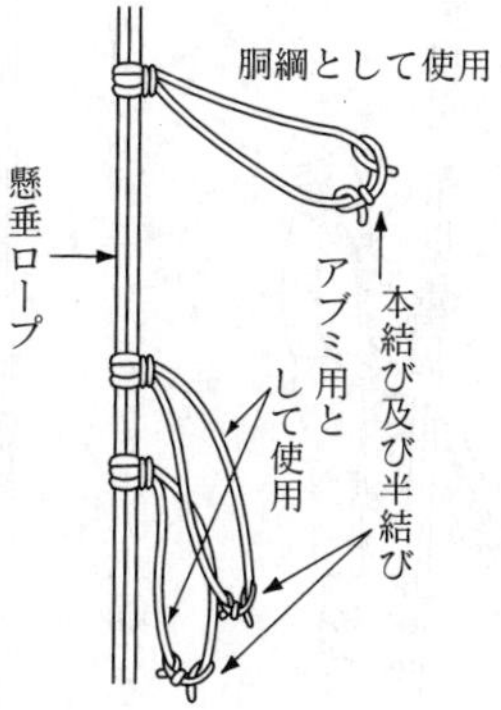

③　登はん員は、胴綱用の小綱に上体の両脇を通し、他の二本のアブミ用の小綱にそれぞれ足をかける。

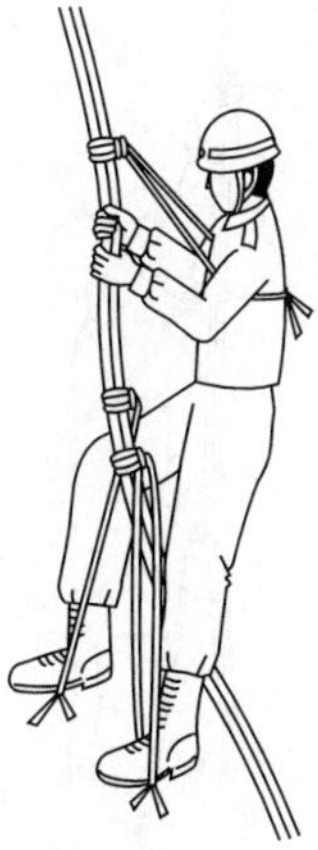

④　両足をふんばってアブミの小綱に体重をかけるとともに、懸垂ロープの上方を握り、浮いた胴綱用の小綱のプルージック結びの結び目を上にずらす。

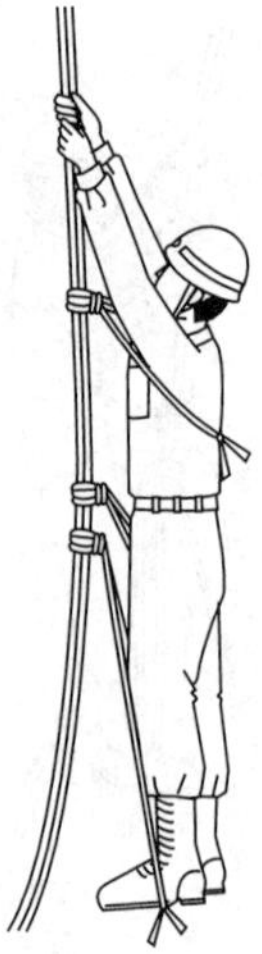

⑤　その胴綱用の小綱と下のアブミ用の小綱に全体重をかけ、浮かした上のアブミ用の小綱のプルージック結びの結び目を上にずらす。

⑥　胴綱用の小綱と上のアブミ用の小綱に全体重をかけ、浮かした下のアブミ用の小綱のプルージック結びの結び目を上にずらす。

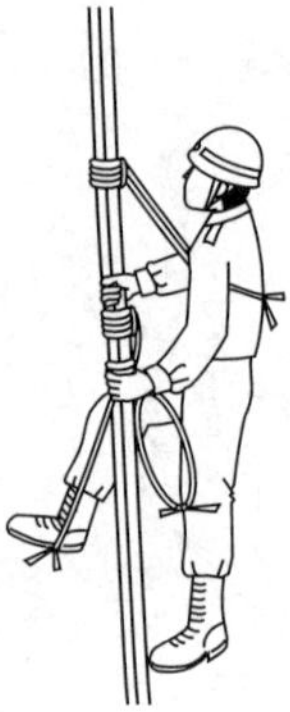

⑦　以下④～⑥の要領を反復して順次登はんするものとする。
この場合、プルージック結びの結び目を上にずらすときは、片手で結び目の下方の懸垂ロープを持って行う。

また、補助員を置き、登はん員の下方で懸垂ロープを引いていれば登はんが容易にできる。

㈡　降下要領

①　プルージック結びの結び目を一緒にまとめる。

②　胴綱用のプルージック結びの結び目に両手をかけ、この両手に全体重をかけるようにして一気に降下する。

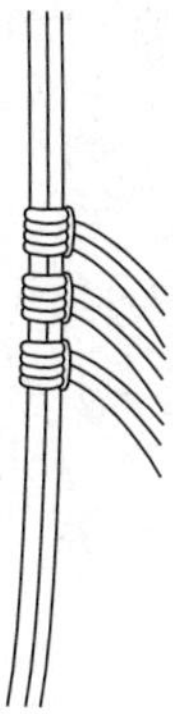

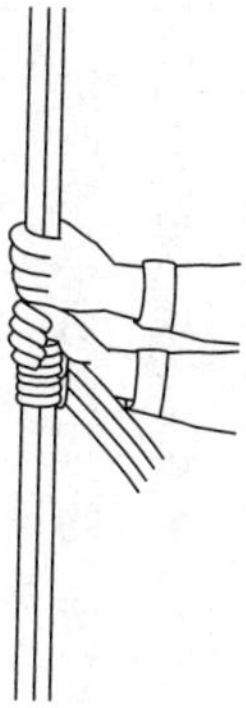

（懸垂ロープの設定要領）

第百二十五条　登はんのための懸垂ロープの設定要領は、第百十八条各号に定めるところによる。

旧六二条…一部改正し繰下〔昭和六三年一二月消告六号〕

【趣　旨】

本条は、登はんのためのロープの設定要領について定めたものであり、第百十八条各号に定める事項に留意する必要がある（降下操法における懸垂ロープの設定要領（第百十八条）を参照のこと）。

（操法実施上の留意事項）

第百二十六条　第四条、第百八条及び第百三十五条に定めるもののほか、登はん操法を実施するときは、次の各号に掲げる事項に留意しなければならない。

一　登はんを開始する姿勢をとつたときは、両足による身体の固定状況を確認すること。

二　登はん員は、補助員が適確にロープ操作ができるように、移動する足及びロープに固定させる足を「左」、「右」又は「一」、「二」等と合図すること。

三　登はんするときは、必ず確保ロープを装備し、確保は慎重に行うこと。

旧六三条…一部改正し繰下〔昭和六三年一二月消告六号〕

【趣　旨】

本条は、第四条に定める一般的な留意事項、第百八条に定めるロープ操法を実施するうえでの留意事項及び第百三十五条に定める確保操法を実施するうえでの留意事項のほかに、登はん操法を行ううえでの安全を図るために、特に留意すべき事項を定めたものである。なお、指揮者については、第五条に定める留意事項についても十分留意することが必要である。

【解　説】

第一号関係

登はんを開始する姿勢をとったときは、慌ててロープに飛び付いたりするのではなく、両足をそろえ、身体と精神を統一してから登はんを行うこととする。すなわち、登はんに当たっては、懸垂ロープを両足の間に置き、両手を軽く伸ばしてロープを握り、二本のロープの張りが同じになるようにし、身体と精神を統一してから登はんを始めるものとする。

第二号関係

登はん㈡及び登はん㈢においては、登はん員は補助員と協力して登はんを行うため、両者のタイミングが一致してはじめて登はんがスムーズに行われることとなる。このため、登はんに当たっては、登はん員の移動する足又はロープに固定する足に対して、補助員が確実にロープの操作（移動する足に対してロープを緩め、固定する足に対してはロープを引く。）ができるよう、登はん員は、例えば「右」「左」又は「一」「二」等という合図を行う必要がある。

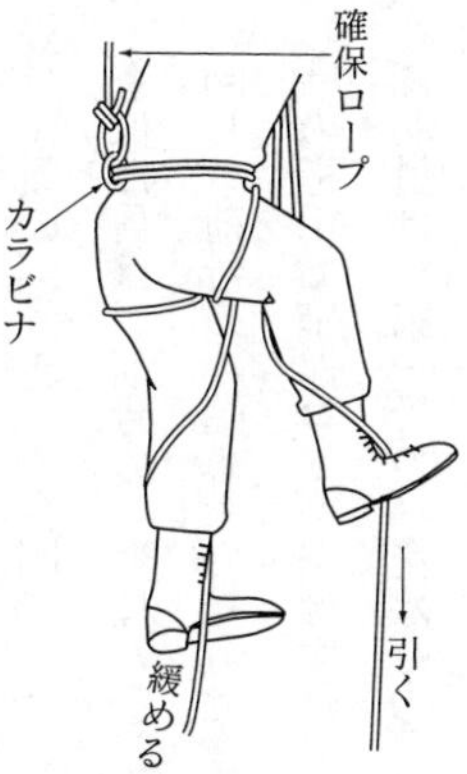

第三号関係

登はん員は、身体と精神のバランスが崩れたときは誤って転落するおそれがあるので、必ず、登はん員の座席及び縛帯（安全バンド）に確保ロープを結着し、確保員は登はん員の登はんに合わせて慎重かつ確実に確保を行う必要がある。

（登はんの訓練要領）

第百二十七条　登はんを行うには、懸垂ロープ及び確保ロープを設定し、確保員を配置しておく。

2　登はんにおける定位は、登はん開始位置の懸垂ロープからおおむね一メートル隔てた位置とする。

3　登はんを行うには、次の号令及び要領による。

一　指揮者は、「登はん○○用意」と号令し、登はん員及び確保員の「準備よし」の合図で「始め」と号令し、登はん員の「到着」の合図で「よし」と指示する。

二　登はん員は、前号の「登はん○○用意」の号令で確保ロープをつけ、登はん姿勢をとつて「準備よし」と合図し、前号の「始め」の号令で登はんを開始し、登はんを完了したとき「到着」と合図し、前号の「よし」の指示で確保ロープをはずしてこれを登はん開始位置におろす。

三　補助員は、第一号の「登はん○○用意」の号令で登はん員の下方で懸垂ロープをもち、登はん員の合図にあわせてロープを操作し、同号の「よし」の指示で懸垂ロープを整理する。

四　確保員は、第一号の「登はん○○用意」の号令で、確保ロープをもち、確保姿勢をとつて「準備よし」と合図し、同号の「始め」の号令で登はん員の登はんにあわせて確保ロープを操作し、同号の「よし」の指示で確保ロープを整理する。

旧六四条…繰下〔昭和六三年一二月消告六号〕

【趣　旨】

本条は、登はんを行うに当たっての訓練要領を定めたものである。

【解　説】

第一項関係

登はん訓練を実施する場合は、事前に確保ロープ及び懸垂ロープを設定するとともに、確保員を配置しておくこととする。

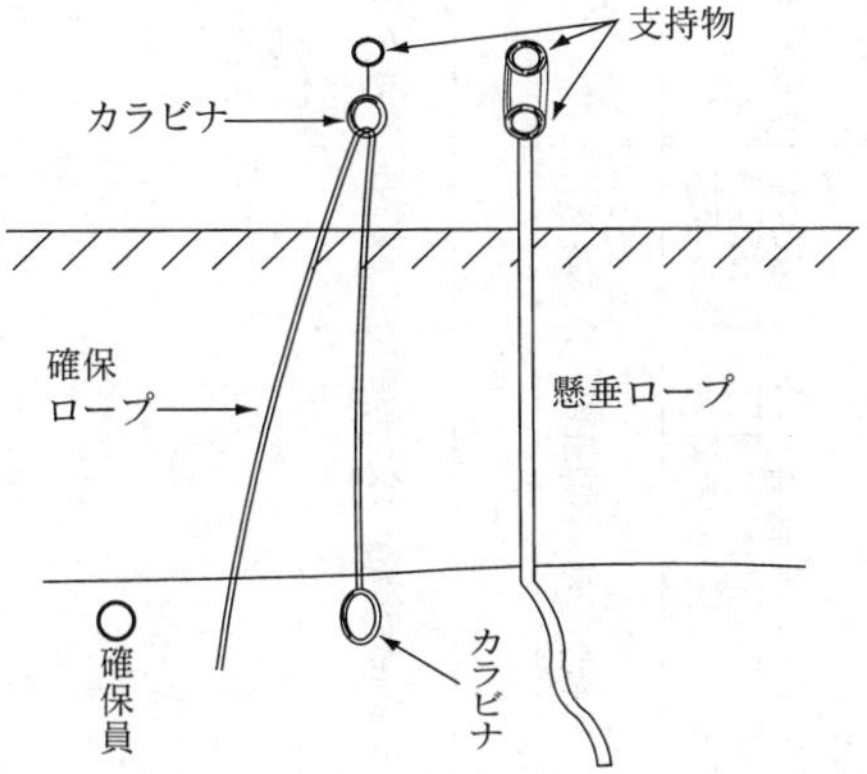

第二項関係

本項は、登はんにおける定位を定めたものである。

登はんにおける定位は、降下操法における定位と同様、登はん開始位置の懸垂ロープから約一m隔てた位置である。

第三項関係

登はんを行う場合の号令及び要領を整理すれば、次表のとおりである。

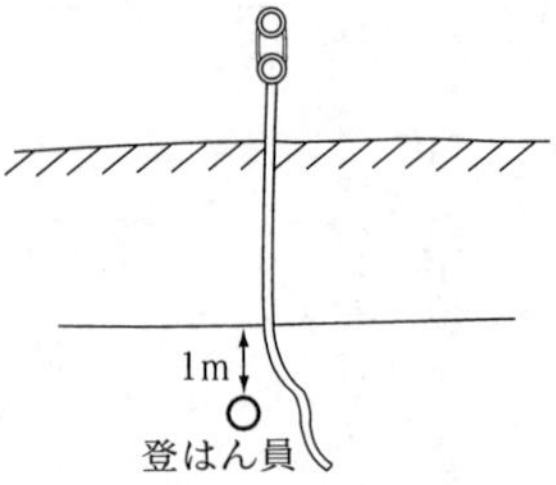

順序	指揮者	登はん員	補助員	確保員
1	「登はん○○用意」と号令する。	指揮者の「登はん○○用意」の号令で縛帯に確保ロープを付け、登はん姿勢をとって「準備よし」と合図する。	指揮者の「登はん○○用意」の号令で登はん員の下方で懸垂ロープを両手に一本ずつ持つ。	指揮者の「登はん○○用意」の号令で確保ロープを持ち、確保姿勢をとって「準備よし」と合図する。
2	登はん員及び確保員の「準備よし」の合図で「始め」と号令する。	指揮者の「始め」の号令で登はんを開始し、補助員に第百二十六条第二号に定める合図をしながら登はんし、登はんを完了したとき「到着」と合図する。	登はん員の合図に合わせてロープを操作し登はん員の登はんを助ける。	指揮者の「始め」の号令で登はん員の登はんに合わせて確保ロープを操作する。
3	登はん員の「到着」の合図で「よし」と指示する。	指揮者の「よし」の指示で確保ロープを外してこれを登はん開始位置に下ろす。	指揮者の「よし」の指示で懸垂ロープを整理する。	指揮者の「よし」の指示で確保ロープを整理する。

（登はんの要領）

第百二十八条　次の各号に掲げる登はんの要領は、当該各号に定めるところによる。

一　登はん（一）　登はん員は、懸垂ロープに面し、両手で上方のロープを握つて上体を引き上げ、両足をちぢめて左足の甲と右足の底でロープをはさみ、足をロープに固定させておいて体を伸ばしながら両手でのぼる。

二　登はん（二）　登はん員は、懸垂ロープに面し、両手で上方のロープを握つて上体を引き上げ、両足の内側からそれぞれの足にロープを一本ずつ巻きつけ、補助員のロープ操作で登はんするものとし、補助員は、登はん員の下方で両手に一本ずつロープをもち、登はん員の登はんの合図にあわせて移動する足のロープをゆるめ、固定させる足のロープを引いて補助する。

三　登はん（三）　登はん員の足のロープの巻きを二回とするほかは、前号の要領による。

四　登はん（四）　登はん員は、懸垂ロープに面し、両手で上方のロープを握つて上体を引き上げ、右(左)足の内側から懸垂ロープを二本巻きつけ、補助員のロープ操法で登はんするものとし、補助員は、登はん員の下方で両手で二本のロープを持ち、登はん員の合図に合わせて、ロープをゆるめたり、引いたりして補助す

備考
登はん員の合図は事前に補助者に知らせておく。

る。

旧六五条……一部改正し繰下〔昭和六三年一二月消告六号〕

【趣　旨】

本条は、フットロック登はん㈠、フットロック登はん㈡、フットロック登はん㈢及びフットロック登はん㈣の各登はんの要領について定めたものである。

【解　説】

第一号関係（登はん㈠）

① 登はん員は、懸垂ロープに面し、両手で上方の懸垂ロープを握る。

② 上体を引き上げ、両足を縮めて左足の甲の上にロープを乗せ右足を外側からまわして足の底でロープを挟む。

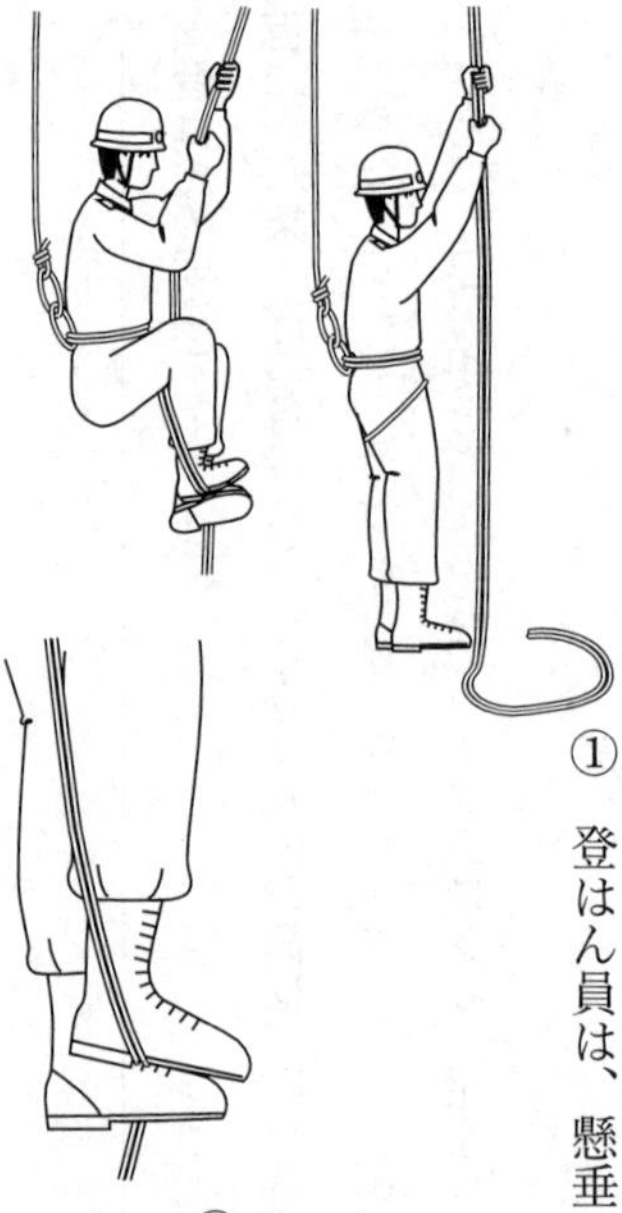

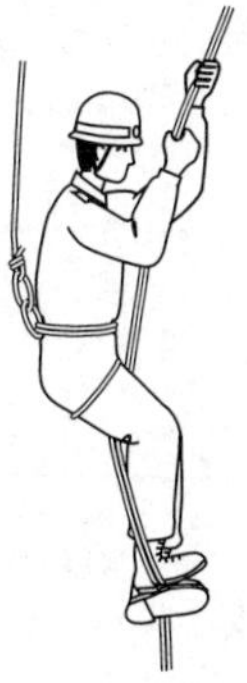

③　足をロープに固定させ、足で完全に身体を確保しておいて体を伸ばしながら両手を上方へ伸ばす。ロープを握って身体を確保した後、足を解いて②、③の動作を繰り返して登る。

第二号関係（登はん㈡）

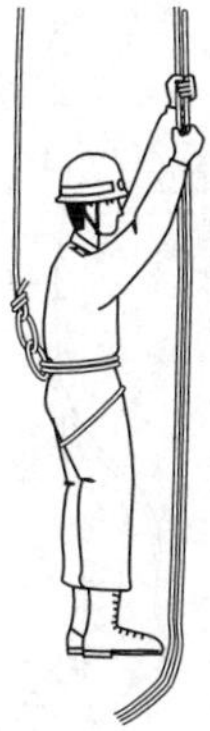

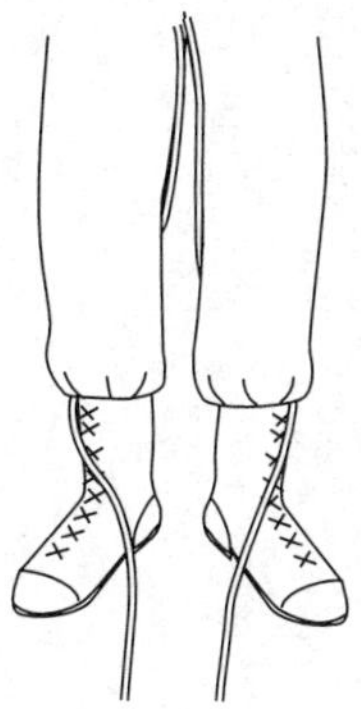

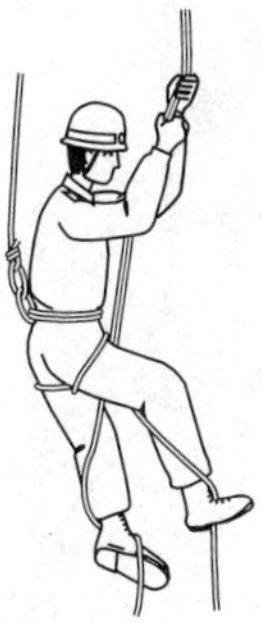

①　登はん員は、懸垂ロープに面し、両手で上方のロープを握る。

②　上体を引き上げ、二本のロープのうち一本を右足に、他の一本を左足にそれぞれ内側から外側へまわして一回足に巻く。

③　登はん員は、補助員のロープ操作の助けをかり、両手で二本のロープを一緒に握り、身体を引き上げ、片足ずつ交互に上方へ移動させて登はんする。

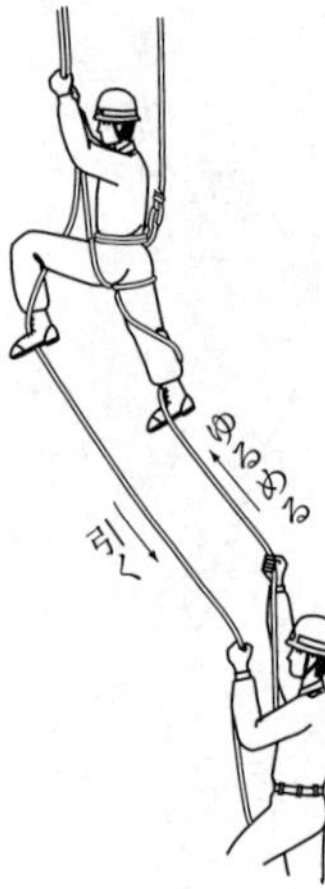

④　補助員は、登はん員の下方で両手に一本ずつロープを持ち、登はん員の登はんの合図（右、左又は一、二）に合わせて移動する足のロープを緩め、固定させる足のロープを引いて補助する。

第三号関係（登はん㈢）

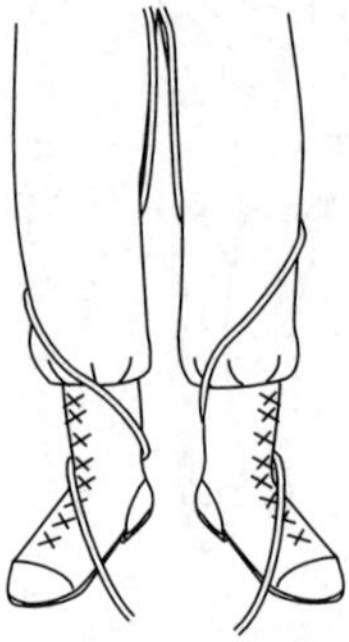

登はん員の足のロープの巻きを二回とするほかは、登はん㈡と同じ要領である。

第四号関係（登はん㈣）

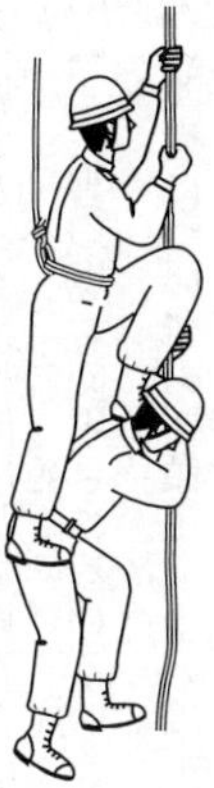

①　登はん員は、懸垂ロープに面し、両手で上方のロープを握る。

②　上体を引き上げ、右（左）足の内側から懸垂ロープを二本巻き付ける。

③　登はん員は、補助員のロープ操作により登はんする。

④　補助員は、登はん員の下方で両手で二本のロープを持ち、登はん員の合図（右、左又は一、二）に合わせて、ロープを緩めたり、引いたりして補助する。

第五節　渡過操法

【概　説】

渡過（ロープブリッジ）とは、災害現場に取り残される要救助者を救出するため、災害現場と隣接建物等との間にロープを張ってこれを渡過することにより、要救助者の救助を行う方法である。具体的には、例えば、火災現場において、はしご車等の進入ができないか、進入できても架てい等ができない場合とか、屋内階段が使用できないなど適当な進入手段がない場合に、また、河川の増水や水災により中洲等に取り残された要救助者を救出しなければならないが舟等が使えない場合に、災害現場と隣接建物等との間又は中洲等と河岸との間にロープを展張し、このロープを使って渡過し、救助を行うなどである。

この渡過にはいろいろな方法があるが、いずれの方法においても渡過員は必ず命綱を用いるなど、安全には十分留意する必要がある。

また、渡過ロープは、渡過員の生命にかかわる重要なものであるので、渡過ロープは二本合わせとするほか、キンクや摩耗のひどいものは使用しないことが必要である。

本節は、災害現場で使用されるいろいろな渡過のうち、一般的に普及しているセーラー渡過、モンキー渡過及びチロリアン渡過についての要領等について定めたものである。

なお、これらの渡過方法は一線の渡過ロープ(二本合わせ)を使ったものであるが、この他に、渡過ロープ二本を上下に展張してこの間を立って渡過する方法（二線ロープブリッジ渡過）、渡過ロープ二本を上に水平に展張（手すり用）し、一本を下に展張（足場用）してこの間を立って渡過する方法（三線ロープブリッジ渡過）及び一線の渡過ロープを斜めに展張して渡過する方法（斜めロープブリッジ渡過）があるが、これらは、渡過の技術をそれ程必要とせず、また、ある程度の資器材の携行が可能なものである。これらの渡過要領を参考までに掲げると次のとおりである。

（参　考）

㈠　二線ロープブリッジ渡過

①　第百三十三条第一号に定める要領により命綱を二本腹部に結着する。

②　渡過ロープにのり、命綱のカラビナを上下のロープにかけ、それぞれの安全環を確実に締める。

③　渡過は、手と足でかけたカラビナをずらしながら横に移動する。この場合、進行方向側の手足は一緒に運ぶこと。なお、空間に展張された二本のロープを渡過するので、特に、上ロープは確実に握ること。

④　視線は、水平線を注視し、身体は上下のロープの間に真っすぐ立ち、重心を前や後ろに出さないこと。

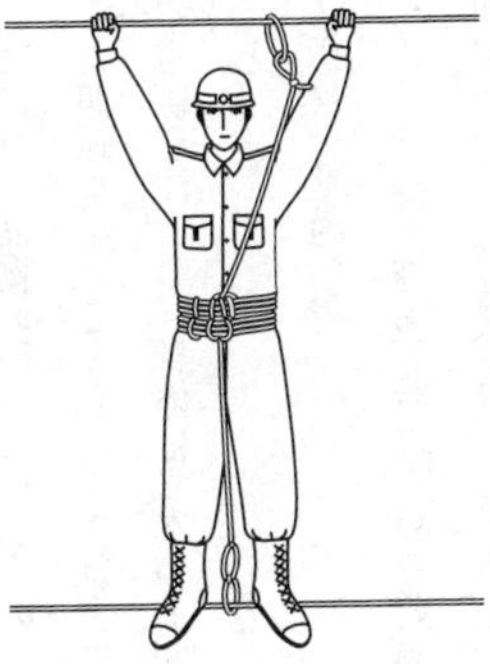

㈡　三線ロープブリッジ渡過
①　第百三十三条第一号に定める要領により命綱を腹部に結着する。
②　渡過ロープにのり、命綱のカラビナを上のロープにかけ、安全環を確実に締める。
③　上に展張した渡過ロープを左右の手で確実に握って渡過する。
④　視線は、水平線を注視し、身体は二本の上の渡過ロープの間に真っすぐ立ち重心を前後左右に出さないこと。

㈢　斜めロープブリッジ渡過
①　第百二十三条第一号又は第二号に定める要領により座席を作り、同条第三号に定める座席にカラビナを通す要領で、腹部、股部の三点を一まとめにして小綱を通す。
②　カラビナ二個で小綱を渡過ロープにかけ、安全環を確実に締める。
③　左手で小綱上部を握り、右手はカラビナの後方でロープを握って制動とする。
④　右手でロープを握ったまま、渡過ロープにつり下がり、両足はそろえて上体と直角になるように伸ばす。
⑤　降下速度は、渡過ロープの角度に応じ右手の握りを慎重に緩めながら渡過する。この場合、必ず皮手袋（厚手）を着用し、右手はロープから絶対に離さないこと。
⑥　要救助者、荷物等を渡過させる場合は、小綱に確保ロープを取り付け、速度が出過ぎないように操作すること。

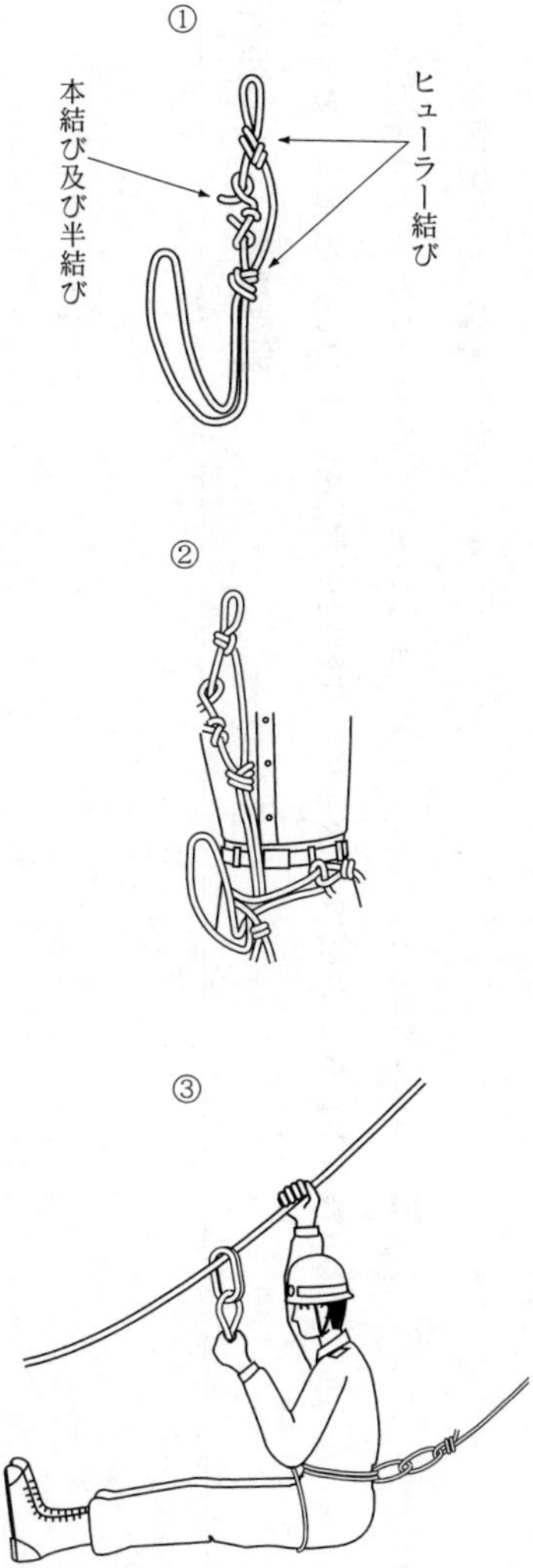

（渡過操法の種別）

第百二十九条　渡過操法を分けて、セーラー渡過操法（以下「渡過（一）」という。）、モンキー渡過操法（以下「渡過（二）」という。）及びチロリアン渡過操法（以下「渡過（三）」という。）とする。

旧六六条…繰下〔昭和六三年一二月消告六号〕

【趣　旨】

本条は、渡過操法をセーラー渡過操法（渡過㈠）、モンキー渡過操法（渡過㈡）及びチロリアン渡過操法（渡過㈢）

に分けて定めている。

セーラー渡過操法とは、水兵がよく用いたところからこの名が付けられたものである。この渡過操法は、下が見えるため高度に対する恐怖心が伴うので、特に熟達する必要がある。

モンキー渡過操法とは、渡過するときの格好が猿に似ているところからその名が付けられたものである。この渡過操法は上を見て渡るため高度に対する恐怖心はセーラー渡りほどではなく、ある程度緩和することができるが、腕力及び腹筋力を必要とする。

チロリアン渡過操法とは、オーストリアのチロル地方の人が谷等に渡したロープを渡るとき使ったところからこの名が付けられたものである。この渡過操法は上を見て渡るため高度に対する恐怖心をある程度緩和できるほか、セーラー渡り及びモンキー渡りに比較して簡単かつ迅速に行動できるのが特色である。

（渡過ロープの設定要領）

第百三十条　渡過のためのロープの設定要領は、次の各号に定めるところによる。

一　渡過するためのロープを結着する箇所（以下「係留点」という。）は、綿密に点検し、ロープの結着は二ないし三箇所とし、確実に行うこと。

二　渡過施設は、渡過員がロープに宙吊りになつても、地物に接触することのない場所を選ぶこと。

三　渡過するロープは二本あわせとし、展張は一本ずつ行い、設定ののち両端を小綱で結着してあわせること。

旧六七条…繰下〔昭和六三年一二月消告六号〕

【趣　旨】

本条は、渡過のためのロープの設定要領を定めたものである。

救助隊員がいかに高度な技術をもち、かつ、精強な隊員であっても、渡過ロープの設定に欠陥があり、ロープが緩んだり、切れたりなどしたら、適切な救助活動ができなくなるばかりでなく、救助隊員を危機に陥れ、二次災害の誘因を作り出すことになる。したがって、渡過ロープの設定は確実に行う必要がある。

【解　説】

第一号関係

本号は、渡過するためのロープの結着の方法について定めたものである。結着する箇所及び支持物が渡過に十分耐え得るかどうか綿密に点検するとともに、支持物が鉄パイプ、鉄筋等であっても外見からは容易に瑕疵を発見できないため、安全上の見地からロープの結着箇所（係留点）は二ないし三箇所とし、確実に結着を行う必要がある。

なお、支持物にロープを結着するには、巻結び又はふた回りふた結びが適当であり、また、十分な作業幅員がある場所の支持物を使用する必要がある。

第二号関係

渡過施設は、渡過員が渡過ロープから手を離し、命綱でロープに宙吊りになっても、地物に接触することのない場所を選ぶとともに、地上に接触しない高さであることが必要である。

また、可能な限り安全ネット等を使用し、事故防止には万全を期することが必要である。

第三号関係

渡過ロープの張りが緩過ぎると、渡過困難となって適切な訓練を期待できず、逆に張りが極端に強すぎると、渡過等の動荷重を与えたとき安全使用の限界を超えて不測の事故も考えられる。このため、渡過ロープは、安全のため二本合わせとし、展張に当たっては一本ずつ慎重に行い、展張が終わったら両端を小綱で結着して合わせることとする。

また、ロープは、一定の箇所のみを結索したり、異常な重力をかける等の使用は絶対してはならず、また、ロープ保護のため当て布等の緩衝物を結着箇所に当てる必要がある。

なお、本条は渡過ロープの設定要領について特にその基本となる事項を定めたものであるが、実際に渡過ロープの設定を行うに当たっては、本条各号に定めるところによるほか、次の参考に示す要領により行うことが適当である。

（参　考）

①　ロープの一端を係留物にふた回りふた結びで結着する。

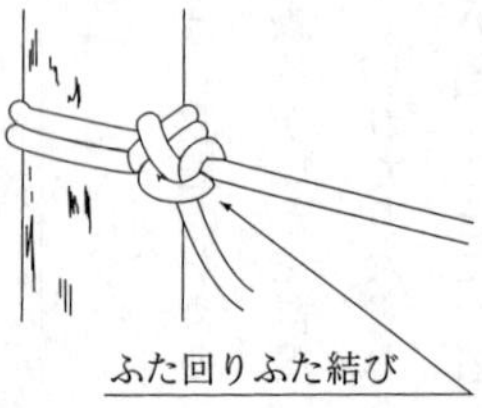

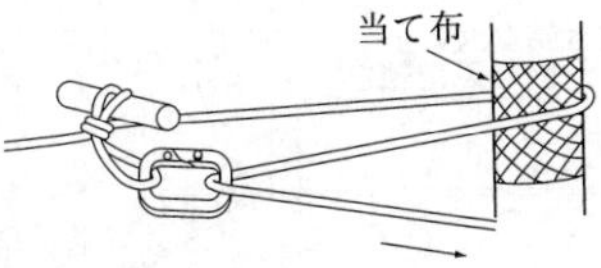

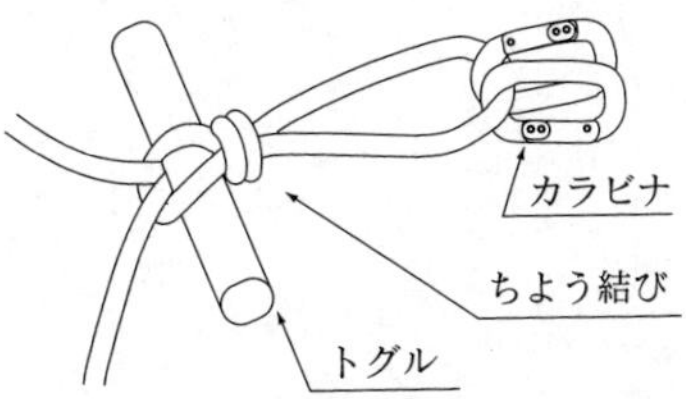

②　ロープ（展張距離のおおむね三分の一付近）にちょう結びをつくり、ちょう結びの輪にカラビナ二個をかけ、結び目にトグルを差し込む。なお、カラビナ二個用いるのは安全確保のためであり、カラビナのゲートはそれぞれ別方向を向くようにする。また、トグルは、ちょう結びの結び目がロープの展張によって固く締まりほどけなくなるのを防止するためである。

③　ロープを十分に張るため、展張してきたロープを反対側の係留物にまわし、ちょう結びに付けたカラビナ二個を通す。この場合、係留物にはロープ保護のため当て布をする。

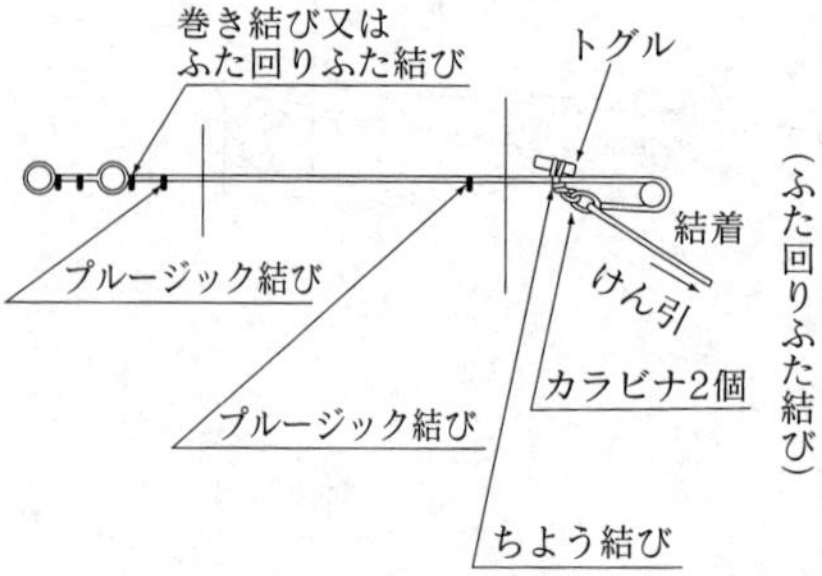

④　ロープは二本合わせとし、展張は一本ずつ行い、ロープが十分張れたら、ロープを係留物に巻結び又は、ふた回りふた結びで結着する。なお、ロープの張りは、カラビナの先で軽くロープを叩き、この振動が速やかに係留点に達し再び返ってくる程度に張っておれば適当である。

なお、展張計がある場合にはロープ展張の後、両端を小綱でプルージック結びで結着して合わせる。

（操法実施上の留意事項）

第百三十一条　第四条及び第百八条に定めるもののほか、渡過を実施するときは、次の各号に掲げる事項に留意しなければならない。

一　渡過員は、第百三十三条第一号に定める要領で命綱をつけ、渡過するロープにかけた命綱のカラビナの安全環が確実にしまっていることを必ず確認すること。

二　渡過訓練は、低所から高所へと練度に応じて段階的に実施すること。

三　渡過ロープと命綱の接触する部分には、ロープの損傷防止の処置を講ずること。

旧六八条…一部改正し繰下〔昭和六三年一二月消告六号〕

【趣　旨】

本条は、第四条に定める一般的な留意事項及び第百八条に定めるロープ操法を実施するうえでの留意事項のほかに、渡過操法を実施するうえでの安全を図るために、特に留意すべき事項について定めたものである。なお、指揮者については、第五条に定める留意事項についても十分留意することが必要である。

【解　説】

第一号関係

渡過員は、第百三十三条第一号に定める要領で命綱の結着を確実に行うとともに、渡過ロープにかけた命綱のカラビナの安全環が根元まで確実に締まっていることを必ず確認する必要がある。

なお、命綱は、たとえ低所であっても必ず渡過ロープにかける必要がある。

第二号関係

渡過は、消防救助基本操法の中でも特に高度な技術が必要であるため、隊員の練度に応じて低所で十分な訓練を行い、渡過技術を十分習得した後、段階的に高度を上げていくことが必要である。

第三号関係

渡過に当たって、渡過ロープと命綱が接触する部分には、ロープの損傷防止のための当て布等を利用し、ロープの損傷を防止し、危険防止をする必要がある。

（渡過の訓練要領）

第百三十二条　渡過を実施するには、渡過訓練を行うに十分な渡過施設を設定しておく。

2　渡過における定位は、渡過開始位置からおおむね一メートル隔てた位置とする。

3　渡過を行うには、次の号令及び要領による。

一　指揮者は、「渡過○○用意」と号令し、渡過員の「準備よし」の合図で「始め」と号令し、渡過員の「到着」の合図で「よし」と指示する。

二　渡過員は、前号の「渡過○○用意」の号令で渡過ロープに命綱のカラビナをかけ、安全環をしめたのち渡過姿勢をとつて「準備よし」と合図し、前号の「始め」の号令で渡過を開始し、渡過を完了したとき「到着」

と合図し、前号の「よし」の指示で渡過ロープから命綱のカラビナをはずし、係留点を視認点検して「係留点よし」、次いで「終り」と合図する。

旧六九条…繰下（昭和六三年一二月消告六号）

【趣　旨】

本条は、渡過訓練を行ううえでの訓練要領について定めたものである。

【解　説】

第一項関係

渡過訓練を実施する場合には、事前に第百三十条に定める要領で渡過ロープの設定を行うなど、渡過訓練を行うに十分な渡過施設を設定しておく。

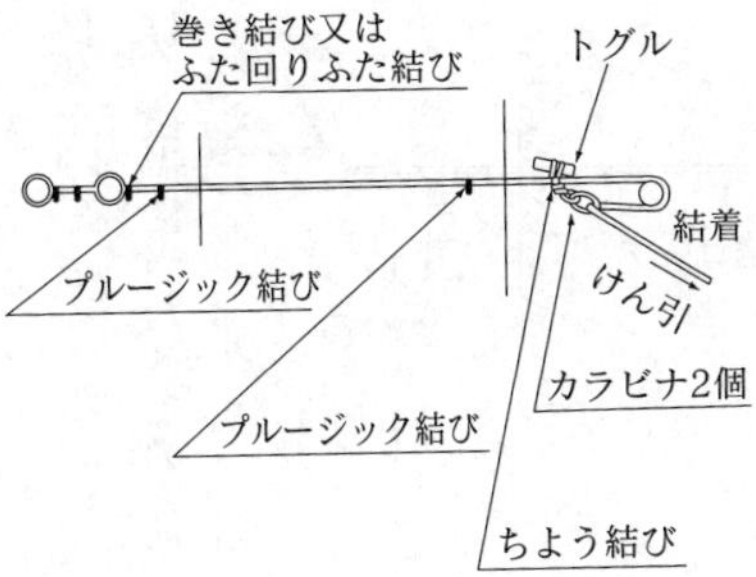

（ふた回りふた結び）

第二項関係

本項は、渡過に当たっての定位を定めたものであり、渡過開始位置からおおむね一m離れた位置である。

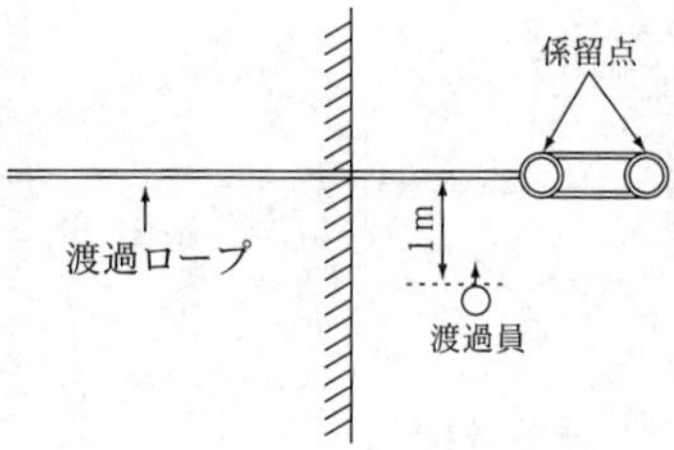

第三項関係

渡過を行う場合の号令及び要領を整理すれば、次表のとおりである。

順序	指揮者	渡過員
1	「渡過○○用意」と号令する。	指揮者の「渡過○○用意」の号令で渡過ロープに命綱のカラビナをかけ、安全環を確実に締めた後、渡過姿勢をとって「準備よし」と合図する。
2	渡過員の「準備よし」の合図で「始め」と号令する。	指揮者の「始め」の号令で渡過を開始し、渡過を完了したとき「到着」と合図する。
3	渡過員の「到着」の合図で「よし」と指示する。	指揮者の「よし」の指示で渡過ロープから命綱のカラビナを外し、係留点を視認点検して「係留点よし」、次いで「終わり」と合図する。

（命綱の作成及び渡過の要領）

第百三十三条　次の各号に掲げる命綱の作成及び渡過の要領は、当該各号に定めるところによる。

一　命綱は、小綱の一端にもやい結び及び半結びで小さな輪を作り、この輪にカラビナをかけて足もとに下げ、カラビナが地面につく長さにして腹部にコイル巻きもやい結びで結着し、半結びをかける。

二　渡過（一）　渡過ロープの上に身体を乗せ、上体を胸までロープにつけ、右足首をロープにかけて腰に引きつけ、左足は力を抜いて下方に下げ、顔をおこし、眼は渡過ロープに平行して前方を見ながら両手で交互にロープをつかみ、引いて渡過する。

三　渡過（二）　渡過ロープの下に右（左）手を進む方向側にして両手で下がり、右（左）足をひざまでロープにかけ、体の反動を利用して、左（右）足を右（左）足の先に振りかけるとともに、右（左）足を伸ばしてロープからはずして振り、左（右）手を右（左）手の先に握りかえ、次いでこの動作を繰り返して渡過する。

四　渡過（三）　第百二十三条第二号に定める要領により座席を作り、この座席に同条第三号に定める要領によりカラビナをつけ、渡過する方向を左側にして渡過ロープに対面し、座席のカラビナを渡過ロープの下からかけて安全環を確実にしめ、次いで進む方向側のロープを両手でもつて下がり、体重を座席にかけ、両手で交互にロープをつかみ、引いて渡過する。

旧七〇条…一部改正し繰下〔昭和六三年一二月消告六号〕

【趣　旨】

本条は、渡過に当たって必要な命綱の作り方及び渡過の要領を定めたものである。

第一号関係

命綱の作り方

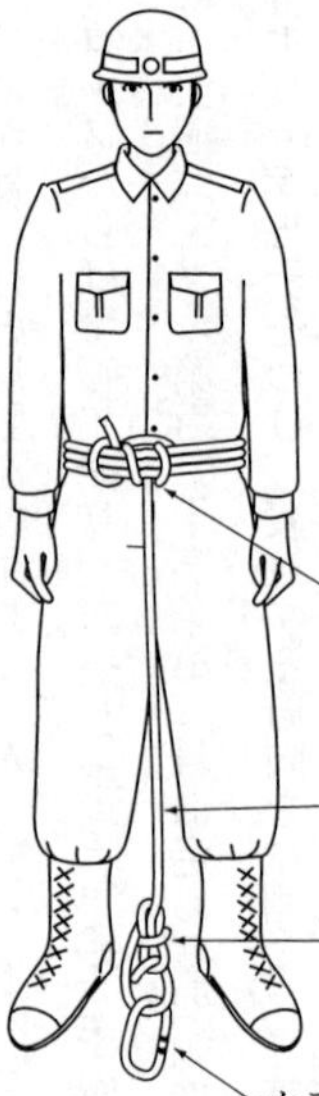

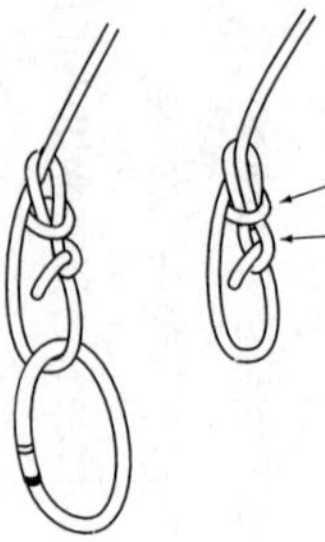

① 小綱の一端にもやい結び及び半結びで小さな輪を作る。

② この輪にカラビナをかけて足元に下げる。

③ カラビナが地面につく長さにして残りで腹部にコイル巻もやい結びで結着し、半結びをかける。

第二号関係（渡過㈠）

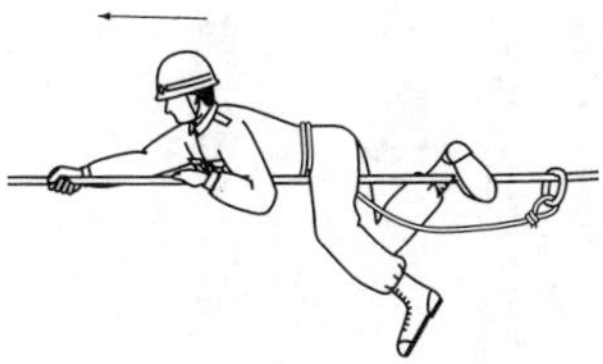

① 命綱のカラビナを渡過ロープにかけ、安全環を確実にかける。
② 渡過ロープが身体の中心線にくるように渡過ロープの上に身体をのせ、上体を胸までロープにぴったり付ける。
③ 右（左）足首をロープに軽くかけ、かけた右（左）足を腰に引き付け、左（右）足は力を抜いて下方に下げる。この場合、左（右）足に力を入れたり、右（左）足を腰から離すとバランスが崩れる。
④ 顔は起こし、眼は渡過ロープに平行して前方を見る。
⑤ 両手で交互にロープをつかみ、引いて渡過する。

第三号関係（渡過㈡）

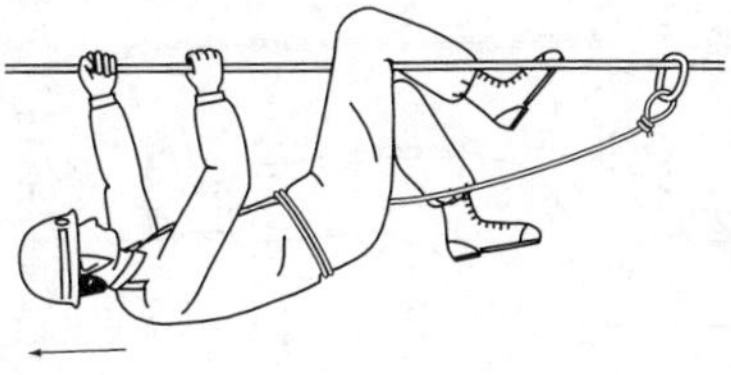

① 命綱のカラビナを渡過ロープにかけ安全環を確実にかける。
② 渡過ロープの下に右（左）手を進む方向側にして両手で下がる。
③ 右（左）足をひざまでロープにかける。
④ 体の反動を利用（ロープの揺れと身体の揺れが合わないと、手、足を振り切られるおそれがあるので、反動を利用する。）して、左（右）足を右（左）足の先に振りかけるとともに、右（左）足を伸ばしてロープから外して振る。
⑤ 手については、着実にロープを握り、左（右）手を右（左）手の先に握り替える。
⑥ 順次④及び⑤の動作を繰り返して渡過する。

第四号関係（渡過㈢）

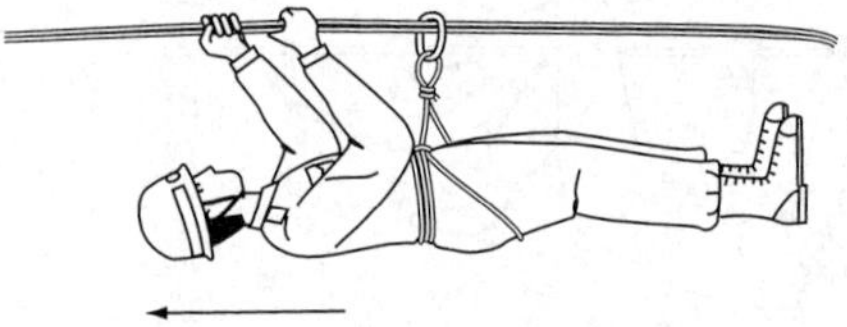

① 第百二十三条第二号に定める要領により座席㈡を作る。
② この座席に第百二十三条第三号に定める要領によりカラビナを付ける。
③ 渡過する方向を左側にして渡過ロープに対面し、座席のカラビナを渡過ロープの下からかけて安全環を確実に締める。
④ 次いで進む方向側のロープを両手で持って下がり、体重を座席にかける。
⑤ 両手で交互にロープをつかみ、引いて渡過する。

第六節　確保操法

【概　説】

確保とは救助隊員又は要救助者の身体をロープで縛り、他の者が上方又は下方からロープを操作して、登はん又は下降をより安全、確実にすることであり、救助隊員の救助作業の安全を図るうえで、また、要救助者の救出を安全なものにするうえからも必要欠くべからざるものである。

本節は、特に反復訓練をして体得する必要のある確保について、訓練要領を定めたものである。

なお、複雑多様化する災害現場にあっては、その状況に応じ、本節に定める操法を基本に臨機応変な確保が必要であり、このため、いつ、いかなる場合でも安全、確実な確保が行えるよう日ごろから反復訓練を行う必要がある。


（確保操法の種別）

第百三十四条　確保操法を分けて、肩確保操法（以下「肩確保」という。）及び腰確保操法（以下「腰確保」という。）とする。

旧七一条…繰下〔昭和六三年一二月消告六号〕

【趣　旨】

本条は、確保操法を肩確保操法と、腰確保操法に大別している。

なお、確保の種別は次のとおりである。

- 確保
  - 身体による確保
    - 肩確保
    - 腰確保
  - 地物利用による確保
    - 自然物利用の確保
    - 施設利用の確保
    - 自己確保

（操法実施上の留意事項）

第百三十五条　第四条及び第百八条に定めるもののほか、確保を実施するときは、次の各号に掲げる事項に留意しなければならない。

一　確保ロープの操作は、状況に応じて緩急適切に行い、確保の完全を期すること。

二　確保員は、手掌保護のため皮手袋を使用すること。

三　確保の姿勢は、確保する場所に適した姿勢をとること。

四　確保を容易にするため地物等を利用して支持点とするときは、堅固なものであることを確認すること。

五　確保は、荷重の方向を考慮して行うこと。

六　確保をする場所が不安定なときは、ロープ等で適当な支持物に確保者自身を確保すること。

旧七二条…一部改正し繰下〔昭和六三年一二月消告六号〕

【趣　旨】

本条は、第四条に定める一般的な留意事項及び第百八条に定めるロープ操法を実施するうえでの留意事項のほかに、確保を実施するうえでの安全を図るために、特に留意すべき事項について定めたものである。なお、指揮者については、第五条に定める留意事項についても十分留意することが必要である。

【解　説】

第一号関係

確保ロープの操作については、単にロープを引くのみでなく、登る者、降りる者の状況に応じて緩急適切に行うことによって確保を確実に行う必要がある。

第二号関係

確保員は、救助隊員及び要救助者の体重を支えなければならず、確保員の手には相当の荷重がかかることから、皮手袋を使用することが確保員の手掌を保護するとともに、確保を確実にすることになる。

第三号関係

確保員の姿勢は、確保する場所により異なるが、最もふんばりがきき安定した姿勢がとれるよう足の位置を定め、腰とひざは軽く落として弾力性のある姿勢をとる。

特に、高所等転落等のおそれのある場所では、消防訓練礼式の基準における不動の姿勢や転落危険箇所ぎりぎりに足をそろえた姿勢をとることは危険であるため、このような姿勢をとってはならない。

また、待機の姿勢については、できるだけ力を抜いた楽な姿勢をとる必要があり、例えば、片ひざを着く等して低い姿勢をとる方がよい。

第四号関係

確保を必要とする場所に堅固な地物がある場合には、地物等を利用して支持点とし、より安全かつ容易に確保する必要がある。

この場合、地物に当て布等をしてロープの損傷を防ぐとともに、重量に耐えられないと思われる場合は、小綱、カラビナ等を使って支持点を増やすようにする必要がある。

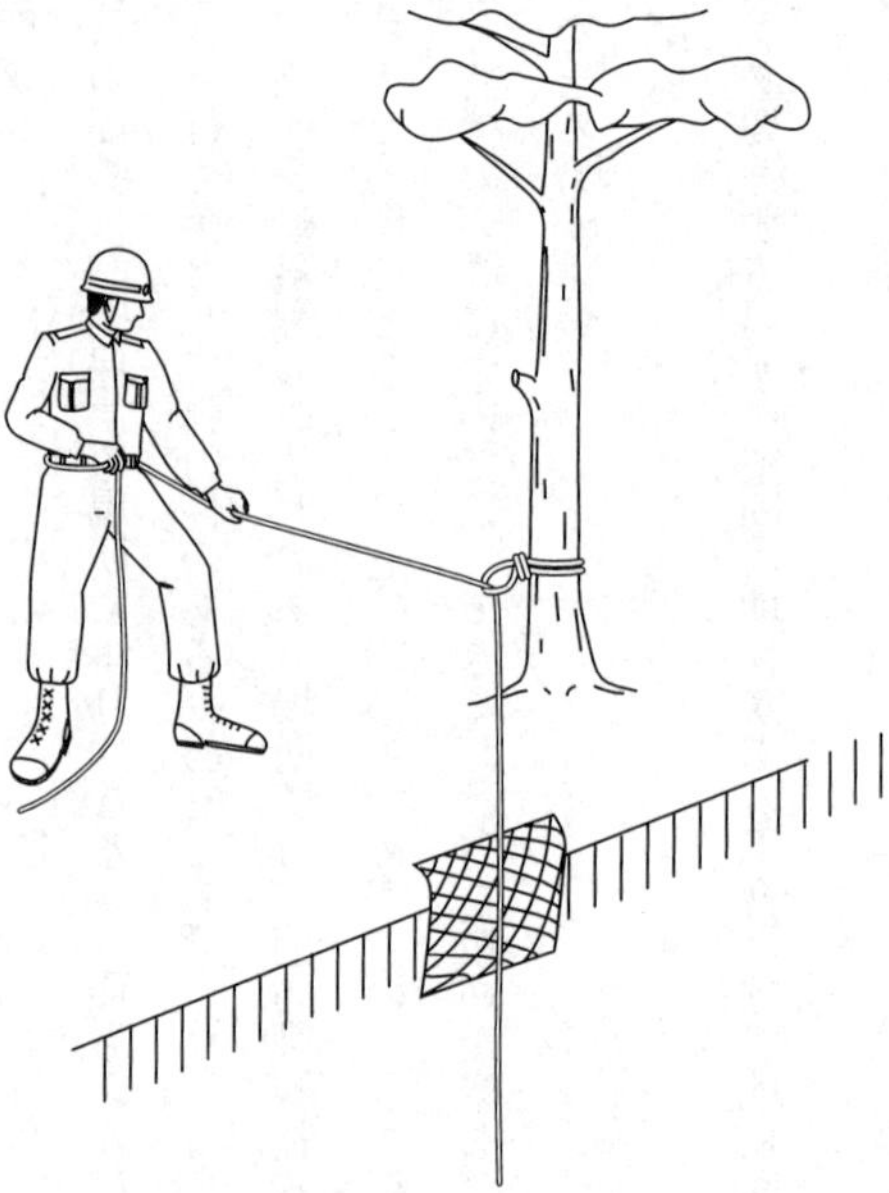

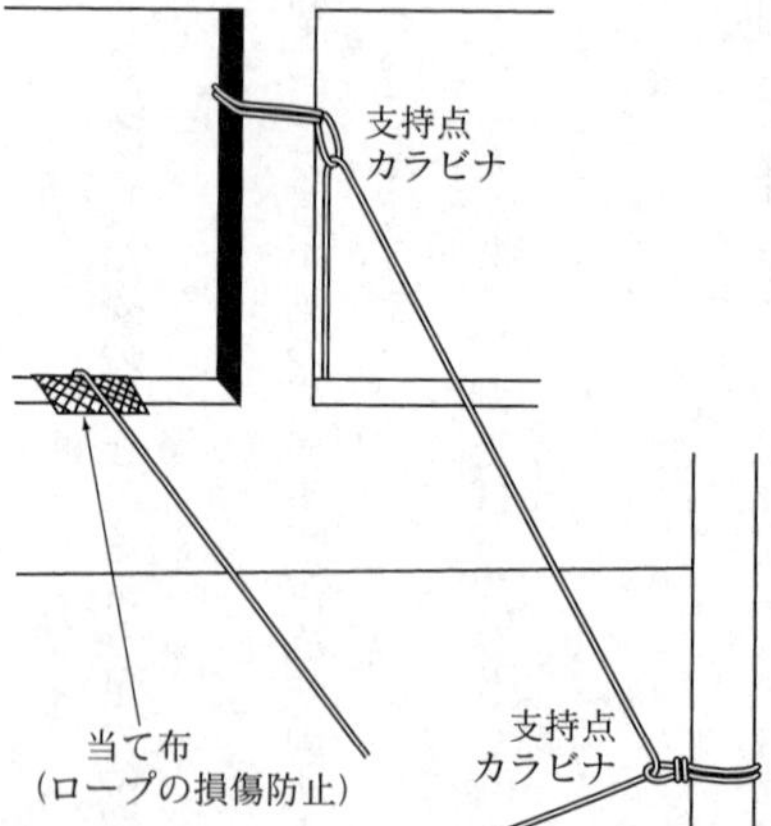

第五号関係

確保は、荷重の方向を考慮して行わないと確保ロープに荷重がかかりすぎ、ロープの損傷を生じるばかりでなく、確保姿勢が崩れるなどにより確実な確保ができなくなる。

第六号関係

確保する場所に適当な支持物がない場合や確保場所が狭く、不安定なとき、又は転落等のおそれがあるときには、ロープ等で適当な支持物に確保者自身を確保（自己確保）して安全を図ることとする。

（確保の訓練要領）

第百三十六条　確保を実施するときは、次の号令及び要領による。

一　指揮者は、「確保用意」と号令し、確保員及び降下員の「準備よし」の合図で「始め」と号令し、降下員の「到着」の合図で「よし、確保解け」と号令する。

二　確保員は、前号の「確保用意」の号令で確保ロープを解いてもち、確保姿勢をとって「準備よし」と合図

し、前号の「始め」の号令で、降下員の「ロープゆるめ」の合図を復唱しながらロープの確保をゆるめ、前号の「よし、確保解け」の号令で確保を解き確保ロープを整理する。

三　降下員は、第一号の「確保用意」の号令で、確保ロープの一端を腹部に第百十六条第三号に定める要領で結着し、確保員の確保にあわせて壁面に出て降下姿勢をとり「準備よし」と合図し、第一号の「始め」の号令で確保員に「ロープゆるめ」と合図しながら降下し、着地したのち「到着」と合図し、同号の「よし、確保解け」の号令で確保ロープを解く。

旧七三条…一部改正し繰下〔昭和六三年一二月消告六号〕

【趣　旨】

本条は、確保の訓練を実施するときの号令及び要領を定めたものである。

【解　説】

確保を実施する場合の号令及び要領を整理すれば、次表のとおりである。

順序	指揮者	確保員	
1	「確保用意」と号令する。	指揮者の「確保用意」の号令で、確保ロープを解いて持ち、確保姿勢をとって「準備よし」と合図する。	指揮者の「確保用意」の号令で、確保ロープの一端を腹部に第百十六条第三号に定める要領でコイル巻もや
2	確保員及び降下員の「準備よし」の合図で「始め」と号令する。	指揮者の「始め」及び降下員の「ロープゆるめ」の合図で、「ロープゆるめ」を復唱しながら降下員の降下に合わせてロープの確保を緩める。	指揮者の「始め」の号令で、「ロープゆるめ」と合図し、確保員の確保に合わせて「ロープゆるめ」と合図
3	降下員の「到着」の合図で、「よし、確保解け」と号令する。	指揮者の「よし、確保解け」の号令で、確保を解き、確保ロープを整理する。	指揮者の「よし、確保解け」の号令で、確保ロープを解く。

降下員	い結び身体結索を行い、確保員の確保に合わせて壁面に出て降下姿勢をとり「準備よし」と合図する。	しながら降下する。着地したら「到着」と合図する。	
備考	ロープを複数本使用する場合は、確保ロープであることを確保員は必ず確認する。	確保員は、不意にロープを緩めず、また、降下員は、ロープに急激に体重をかけない。	

（確保の要領）

第百三十七条　次の各号に定める確保の要領は、当該各号に定めるところによる。

一　肩確保　確保対象からの確保ロープを左（右）脇の下にとり、背部から右（左）肩にかけて前に下げ、右（左）手で握つて胸部におき、左（右）手は伸ばして確保対象に近い方のロープを握り、確保対象の動きにあわせてロープ操作をする。

二　腰確保　確保する場所の状況によつて、立ち又はすわりの確保の姿勢をとるものとし、いずれの場合でも、ロープを後方から腰にとり、そのロープを右（左）手で握つて腹部におき、左（右）手は伸ばして確保対象に近い方のロープを握り、確保対象の動きにあわせてロープ操作をする。

旧七四条…繰下〔昭和六三年一二月消告六号〕

【趣　旨】

本条は、確保操法のうちの肩確保及び腰確保の要領について定めたものである。

この要領の訓練を行うに当たっては、確保ロープの操作のほかに、確保者の足の位置の定め方及び腰、ひざの使い方についても十分留意する必要がある。

【解　説】

第一号関係（肩確保）

〈要領〉

① 確保ロープを左（右）脇の下にとる。

② 背部から右（左）肩にかけて前に下げる。

③ その確保ロープを右（左）手で握って胸部におく。

④　左（右）手は伸ばして確保対象に近い方の確保ロープを握る。

⑤　救助隊員及び要救助者等確保対象の動きに合わせてロープを操作する。

第二号関係（腰確保）

腰確保には、確保する場所の状況によって立つ場合（立ち確保）とすわる場合（すわり確保）とがある。

すわり確保は立ち確保に比して一層確実性を増すため、確保場所が広い場合は、すわり確保とする方が適当である。

なお、すわり確保を行う場合は、両足をおおむね扇形に開き、適当な支持物に足をかけてより安全を図る必要がある。

⑴　立ち確保

⑵　すわり確保

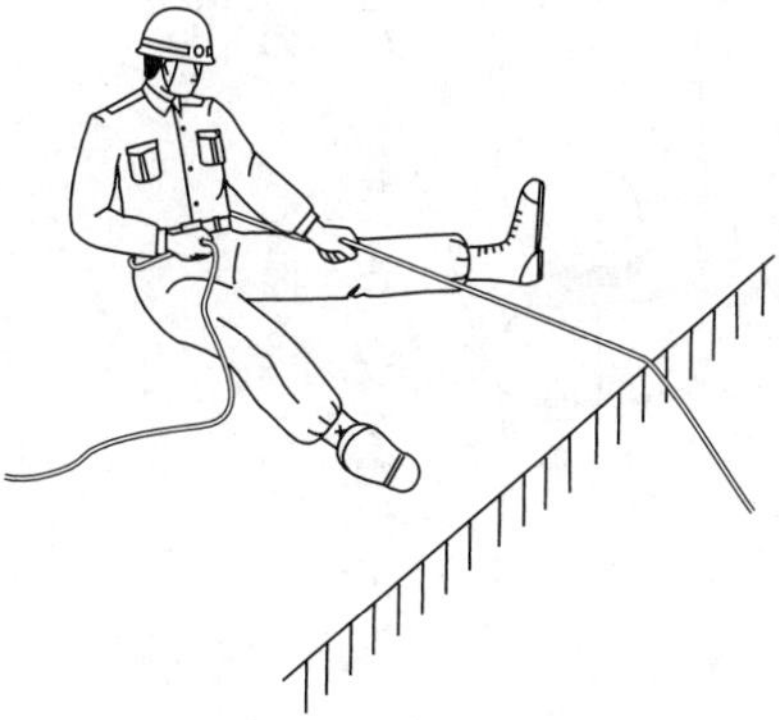

〈要領〉

①　確保ロープを後方から腰にとる。

②　そのロープを右（左）手で握って腹部におく。

③　左（右）手は伸ばして確保対象に近い方のロープを握る。

④　救助隊員及び要救助者等確保対象の動きに合わせてロープを操作する。

（補足）

確保ロープを操作するに当たり、確保ロープをさばくときは、両手が必ずロープにかかっていなければならない。

第十七章　はしご操法

旧八章…繰下〔昭和六三年一二月消告六号〕

第一節　通　則

【概　説】

はしごは、災害現場等において、救助隊員が障害物を突破し、又は要救助者を高所若しくは低所から救出するときなどに広く使用されており、これにより人命救助等をより効果的に行うことができる。

はしごの種類としては、木製、アルミニウム製又は鋼管製の連はしご、かぎ付はしご及び縄はしご等があり、これらのはしごは、その使用目的が多種多様化し、各種災害現場において使用されており、消防活動上欠くことのできない重要な器具である。

本章は、災害現場で使用される各種のはしごのうち、一般に普及している三連はしご及びかぎ付はしごの操作の要領等について定めたものである。

なお、これらのはしごは、救助工作車又は普通ポンプ車等に積載されているので、はしご車の機械はしごと区別するために、一般的には積載はしごと呼称されている。

（はしご操法の種別）

第百三十八条　はしご操法を分けて、三連はしご操法及びかぎ付はしご操法とする。

旧七五条…一部改正し繰下〔昭和六三年一二月消告六号〕

【趣　旨】

本条は、はしご操法の種別を定めたものであり、はしご操法を、災害現場で使用されるはしごのうち普及度の高い三連はしご及び中高層建物等に進入する場合によく用いるかぎ付はしごを使っての、それぞれ三連はしご操法及びかぎ付はしご操法に大別している。

（はしご各部の名称及び定位）

第百三十九条　はしご各部の名称及び定位は、第二十九図及び第三十図のとおりとする。

第29図　三連はしご各部の名称及び定位

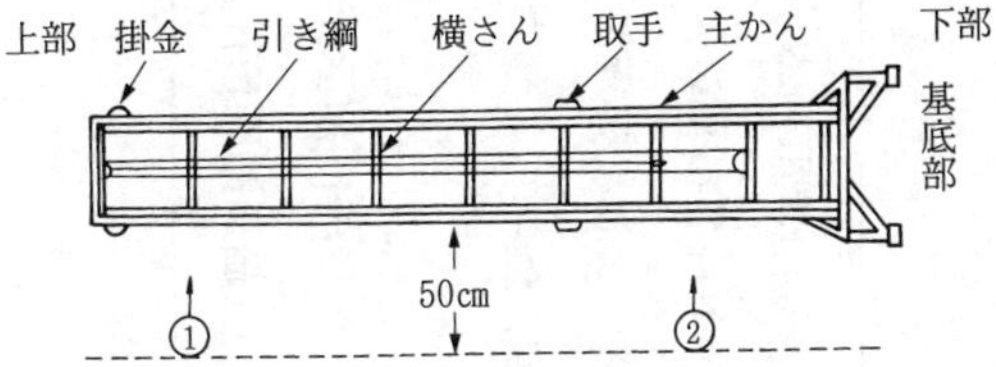

第30図　かぎ付はしご各部の名称及び定位

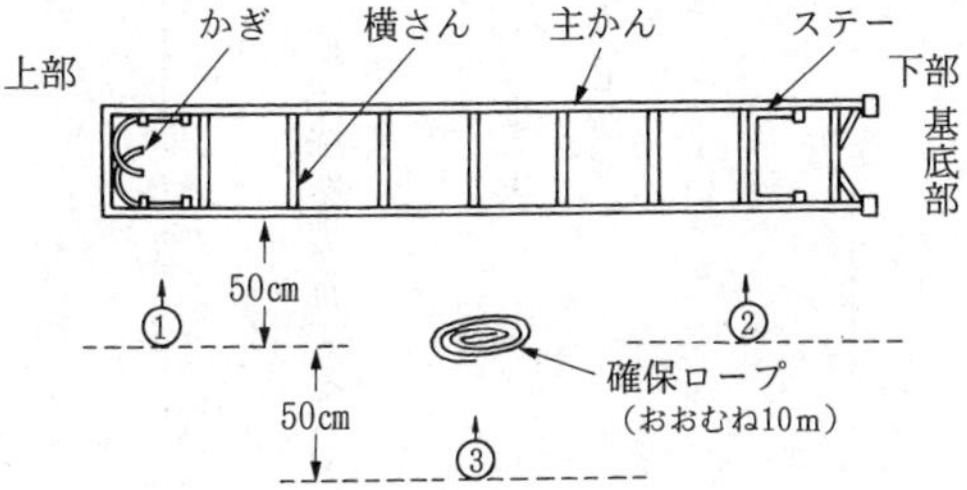

旧七六条…一部改正し繰下〔昭和六三年一二月消告六号〕

【趣　旨】

本条は、三連はしご及びかぎ付はしご各部の名称及び操法実施時の定位について図示するものである。

【解　説】

はしごは、通常基底部を後ろにして車両に積載されているので、これを降ろしてそのまま前方へ搬送することを考慮して、はしごを地上に配置する。第二十九図、第三十図の左側が前進する方向となる。

（操法実施上の留意事項）

第百四十条　第四条に定めるもののほか、はしご操法を実施するときは、次の各号に掲げる事項に留意しなければならない。

一　架てい位置は、左右に傾斜のない場所を選ぶこと。

二　架てい角度は、おおむね七十五度とすること。

三　登てい又は降ていするときは、横さんをもつて行うこと。

旧七七条…繰下〔昭和六三年一二月消告六号〕

【解　説】

第一号関係

地盤面に左右の傾斜があると、はしごが安定せず、横に倒れるおそれがあり、また、地盤面が脆弱な場合もはしごが不安定となるので、基底部が傾くことのない安定する場所を選んで訓練を行う。

第二号関係

架てい角度をおおむね七十五度とする理由は、安定性を確保したうえで許容荷重を最大にするためと、登はん又は降下する際に身体を垂直にしてやや腕を伸ばし横さんを持ったときの角度がおおむね七十五度であることを考慮したものである。角度七十五度は、垂線と底線がおおむね四対一の比率であり、隊員が垂直に立った場合の肩までの高さ百四十cmとして腕を三十五cm伸ばしたときの角度である。

なお、許容荷重は、はしごの構造、材質などによって異なるが、七十五度の角度で架ていしたときに一人の要救助者と二人の隊員が登降しても安全な強さが必要である。

第三号関係

両手両足の動作のタイミングを合わせるために、両手は横さんを持つ。初歩的段階では、両腕はやや伸ばして横さんを持ち、三点確保の原則に従って、両手両足のうち、三点は常に横さんから離れることのないようにして基本動作を確実に習得し、次第に迅速に登はん又は降下できるように訓練する。

(1)

(2)

第二節　三連はしご操法

旧三節…繰上〔昭和六三年一二月消告六号〕

【概　説】

三連はしごは、比較的高所の災害現場、特に、中高層住宅の二～三階程度の高さにおいては、はしご車等より伸てい及び架ていが簡単なため迅速に架ていができ、広く用いられている。

なお、三連はしごを伸ていする場合は、掛金を完全にかけて利用する必要がある。

また、三連はしごより高所の災害へ対応するためには四連はしごがある。

四連はしごは、型式においては三連はしごと同様であり、その違いは、単にはしごが一連多いのみであるため、三連はしご操法に準じて訓練をする必要がある。

（三連はしごの搬送）

第百四十一条　三連はしごを搬送するには、次の号令及び要領による。

一　指揮者は、「目標○○、はしご搬送」と号令する。

二　第一はしご員は、前号の号令で左足をふみ出して、第二はしご員と協力して両手ではしごをおこし、横さんの間に右腕を入れて肩にかつぎ、右手で横さんを持つて第二はしご員の「よし」の合図で立ち上がり、第二はしご員の「よし」の合図で左足から前進して架てい位置にいたり、「とまれ」と合図し、左足を前にして停止し、両主かんをもつてはしごを頭上にもち上げ、さがりながら、基底部が架てい位置におかれたら横さんを順次もちかえて、はしごを垂直にたてる。

三　第二はしご員は、第一号の号令で左足をふみ出して、第一はしご員と協力して両手ではしごをおこし、横さんの間に右腕を入れて肩にかつぎ、右手で横さんをもち、「よし」と合図して立ち上がり、「よし」と合図し、左足から前進して架てい位置にいたり、第一はしご員の「とまれ」の合図で左足を前にして停止し、両主かんをもつて基底部を低くし、はしごの裏側にまわりこみ、第一はしご員の協力で基底部を架てい位置に置き、両取手をもち、右足を一歩ふみだしてはしごを保持し、第一はしご員に協力してはしごを垂直にたてる。

旧八〇条…繰下〔昭和六三年一二月消告六号〕

【趣　旨】

本条は、三連はしごを搬送する場合の号令及び要領について規定したものである。

【解　説】

三連はしごを搬送する場合の要領は、次のとおりである。

① 指揮者の「目標〇〇、はしご搬送」の号令で、第一はしご員及び第二はしご員は、左足を踏み出して、互いに協力して両手ではしごを起こす。
この場合、はしごが車等に積載されている場合には、表を外側にして車両に積載してあるので、本節の操法の場合には、表を上にして地面に配置し、これを手前に起こす。

② 第一はしご員及び第二はしご員は、横さんの間に右腕を入れて肩に担ぎ、右手で横さんを持って、第二はしご員の「よし」の合図で互いに立ち上がる。

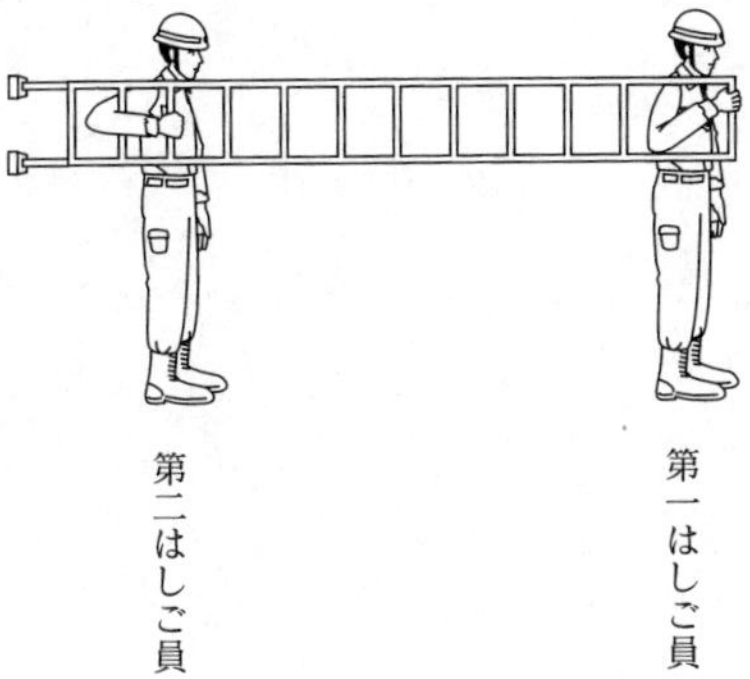

③　第二はしご員の「よし」の合図で左足から前進して架てい位置に至り、第一はしご員の「とまれ」の合図で左足を前にして停止する。

④　第二はしご員は、両主かんを持って基底部を低くし、はしごの裏側にまわり込み、基底部を架てい位置に置く。第一はしご員は両主かんを持ってはしごを頭上に持ち上げ、基底部が架てい目標位置にくるまで下がる。

⑤　第二はしご員は、両取手を持ち、右足を一歩踏み出してはしごを保持し、第一はしご員は、横さんを順次持ち替え、互いに協力してはしごを垂直に立てる。

（三連はしごの伸てい及び架てい）

第百四十二条　垂直に立てられた三連はしごを伸ていし、架ていするには、次の号令及び要領による。

一　指揮者は、「伸てい」と号令し、伸ていの状況を確認したのち、「架てい」と号令する。

二　第一はしご員は、前号の「伸てい」の号令で右足を一歩ふみ出し、引き綱を引き、一段目の掛金をかけて「一段目掛金よし」と、二段目の掛金をかけて「二段目掛金よし」と、引き綱を横さんに結着して「引き綱よし」と合図し、両主かんをもつて第二はしご員と協力して架てい位置を適宜修正し、指揮者の「架てい」の号令で目標に架ていする。

三　第二はしご員は、第一号の伸ていの号令で両取手をもち、右足を一歩ふみ出してはしごを保持したまま、掛金のかかりを確認し、第一はしご員と協力して架てい位置を適宜修正し、指揮者の「架てい」の号令で横さんを順次もちかえて目標に架ていし、両取手をもつてはしごを保持する。

旧八一条…繰下〔昭和六三年一二月消告六号〕

【趣　旨】

本条は、垂直に立てられた三連はしごを目標の高さに伸ていし、架ていする場合の号令及び要領について規定したものである。

【解　説】

垂直に立てられた三連はしごを伸ていし、架ていする場合の号令及び要領を整理すれば、次表のとおりである。

順序	指揮者	第一はしご員	第二はしご員	備考
1	「伸てい」と号令する。	指揮者の「伸てい」の号令で右足を一歩踏み出し、引き綱を引き、一段目の掛金をかけて「一段目掛金よし」と、二段目の掛金をかけて「二段目掛金よし」と、引き綱を横さんに結着して「引き綱よし」と合図する。	指揮者の「伸てい」の号令で両取手を持ち、右足を一歩踏み出してはしごを保持したまま、掛金のかかりを確認する。	第一はしご員が引き綱を引く場合、右手を大きく伸ばして引き綱をつかみ、体重をかけながら引き綱を引き、以下同様に左右の手を交互に動かして、はしごが適当な長さになるまで引き綱を引く。引き綱の結着方法は、ふた回りふた結びが確実である。結び目は登降する際の支障とならないように横さんの片側に寄せる。
2	はしごの伸ていの状況を確認した後、「架てい」と号令する。	両主かんを持って第二はしご員と協力して架てい位置を適宜修正し、指揮者の「架てい」の号令で目標に架ていする。	第一はしご員と協力して架てい位置を適宜修正し、指揮者の「架てい」の号令で横さんを順次持ち替えて目標に架ていし両取手を持ってはしごを保持する。	三連はしごは、あらかじめ基底部を架てい位置に置いて伸ていするが、目測では不正確な場合があるので伸ていしたはしごによって前後左右を確認する。架ていしてから基底部をずらすことは避け、必要があれば再度垂直に立てて架てい位置を修正する。

①

②

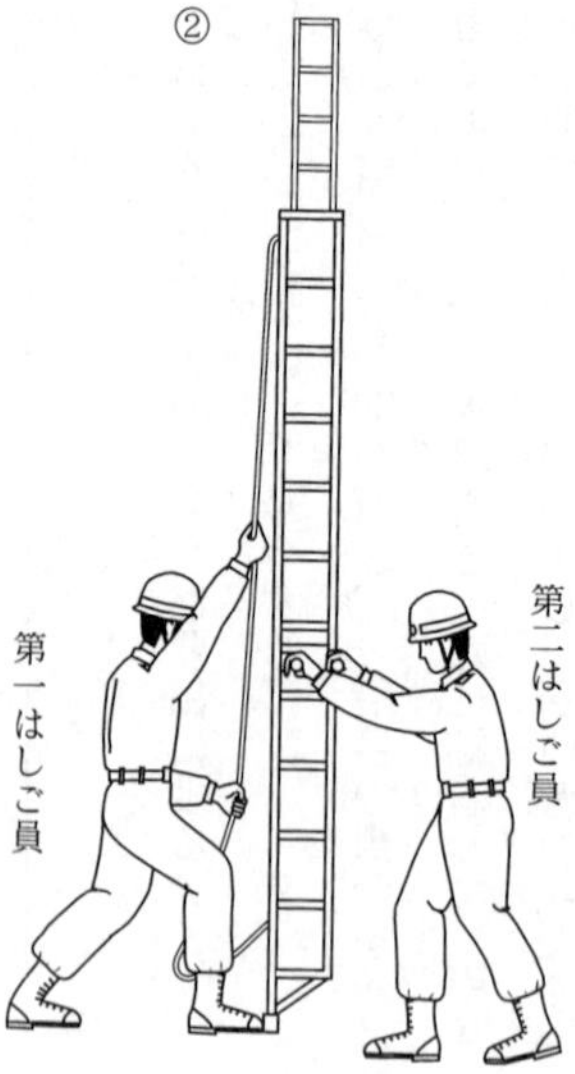

（三連はしごの登てい及び進入）

第百四十三条　三連はしごに登ていし、てい上で安定した姿勢をとるには、次の号令及び要領による。

一　指揮者は、「登てい」と号令する。

二　第一はしご員は、第二はしご員の「確保よし」の合図で登ていし、てい上で右足は横さんをまたぎ、足首はその下の横さん又は主かんにかけて身体を安定させる。

三　第二はしご員は、第一号の号令で両取手をもつてはしごを保持し、「確保よし」と合図する。

2　三連はしごによつて登ていし、目標内部へ進入するには、次の号令及び要領による。

一　指揮者は、「進入」と号令する。

二　第一はしご員は、第二はしご員の「確保よし」の合図で進入目標まで登ていし、両主かんをもつてはしごの右（左）側から目標内部へ進入し、はしごの裏側で主かんを両手でもち、又はロープではしごと適当な支持物を結着して「確保よし」と合図する。

三　第二はしご員は、第一号の号令で両取手をもつてはしごを保持し、「確保よし」と合図し、第一はしご員の目標内部への進入を確認し、両手をはなす。

旧八二条…一部改正し繰下〔昭和六三年一二月消告六号〕

【趣　旨】

本条は、架ていされた三連はしごに登ていし、目標階へ進入する場合の号令及び要領について規定したものである。

【解説】

三連はしごに登ていし、目標内部へ進入する場合の号令及び要領を整理すれば、次表のとおりである。

順序	指揮者	第一はしご員	第二はしご員	備考
1	「登てい」と号令する。	第二はしご員の「確保よし」の合図で登ていし、てい上で右足は横さんをまたぎ、足首はその下の横さん又は主かんにかけて身体を安定させる。	指揮者の「登てい」の号令で両取手を持ってはしごを保持し、「確保よし」と合図する。	
2	第一はしご員の登てい状況を確認して「進入」と号令する。	第二はしご員の「確保よし」の合図で進入目標まで登ていし、両主かんを持ってはしごの右側から目標内部へ進入する。	指揮者の「進入」の号令で両取手を持ってはしごを保持し、「確保よし」と合図する。	はしごの右側から進入するのは、利き手である右手及び右足によって窓枠等の固定物を確実につかみ、安全に目標内部へ入るためである。また、建物内に進入する場合は、はしごをけらないようにし、進入側の足場を確認して、静かに進入する。
3		はしごの裏側で主かんを両手で持ち、又はロープではしごと適当な支持物を結着して「確保よし」と合図する。	第一はしご員の目標内部への進入を確認し、両手を離す。	はしごが倒れることのないようにロープで確保するものであるから、支持物は、固定されたものがよい。なお、はしごに結着したロープを上へ引き上げると掛金が外れるおそれがあるので注意する。

てい上における身体安定の図

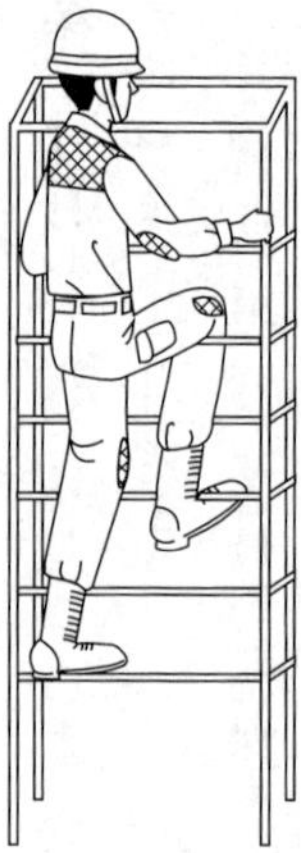

（三連はしごの収納）

第百四十四条　架ていされた三連はしごを収納するには、次の号令及び要領による。

一　指揮者は、「おさめ」と号令する。

二　第一はしご員は、第二はしご員の「確保よし」の合図で前条第一項第二号の身体を安定させているところからは、両主かんをもつて、右足を横さんからはずして降ていし、同条第二項第二号の進入した目標内部からは、結着したロープがあればこれを解き、両主かんを持ち、はしごの右側からまわり込み、降ていし、第二はしご員と協力し、主かんをもつてはしごを垂直にたて、第二はしご員の「よし」の合図で引き綱の結び目を解き、両手で引き綱を操作して縮ていし、横さんを順次もちかえて第二はしご員の協力ではしごを手前にたおし、横さんの間に右腕を入れて肩にかつぎ、第二はしご員の「よし」の合図でもとの位置に向つて進み、「とまれ」と合図して停止し、両主かんをもつてはしごをもとの位置に置いて集合線にもどる。

三　第二はしご員は、第一号の号令で両取手を保持して「確保よし」と合図し、第一はしご員の降てい後、第一はしご員と協力してはしごを垂直にたてて「よし」と合図し、第一はしご員の縮てい後、両取手をおさめ、両主かんをもつて第一はしご員と協力してはしごをたおすようにして置き、横さんの間に右腕を入れて肩にかつぎ、「よし」と合図してもとの位置に向つて進み、第一はしご員の「とまれ」の合図で停止し、両主かんをもつてはしごをもとの位置に置いて集合線にもどる。

旧八三条…一部改正し繰下〔昭和六三年一二月消告六号〕

【趣　旨】

本条は、架ていされた三連はしごを収納する場合の号令及び要領について規定したものである。

【解　説】

架ていされた三連はしごを収納する場合の号令及び要領を整理すれば、次表のとおりである。

順序	指揮者	第一はしご員	第二はしご員
1	「おさめ」と号令する。	第二はしご員の「確保よし」の合図ではしごてい上で右足は横さんをまたぎ、足首はその下の横さん又は主かんにかけて身体を安定させている場合は、両主かんを持って、右足を横さんから外してはしごを降ていし、また、目標上階にいる場合は、結着したロープがあればこれを解き、両主かんを持ち、はしごの右側からまわり込み、降ていする。	指揮者の「おさめ」の号令で両取手を保持して「確保よし」と合図する。
2		第二はしご員と協力し、主かんを持ってはしごを垂直に立てる。	第一はしご員の降てい後、第一はしご員と協力してはしごを垂直に立てて「よし」と合図する。
3		第二はしご員の「よし」の合図で引き綱の結び目を解き、両手で引き綱を操作して縮ていする。この場合、引き綱は一旦引いて一段目及び二段目の掛け金を外した後、ロープを静かに緩めて縮ていする。	はしごを確保して第一はしご員の引き綱によるはしごの縮ていに協力する。 この場合、はしごの縮ていにより、手足を挟まれないように注意すること。
4		横さんを順次持ち替えて第二はしご員の協力ではしごを手前に倒し、横さんの間に右腕を入れて肩に担ぎ、第二はしご員の「よし」の合図でもとの位置に向かって進み、「とまれ」と合図して停止し、両主かんを持ってはしごをもとの位置に置く。	第一はしご員の縮てい後、両取手をおさめ、両主かんを持って第一はしご員と協力してはしごを倒すようにして置き、横さんの間に右腕を入れて肩に担ぎ、「よし」と合図してもとの位置に向かって進み、第一はしご員の「とまれ」の合図で停止し、両主かんを持ってはしごをもとの位置に置く。

第三節　かぎ付はしご操法

旧四節…繰上〔昭和六三年一二月消告六号〕

【概　説】

かぎ付はしごは災害現場のうち、特にアパート等のような建物で地理的条件上はしご車等の機器の使用が不可能であったり、階段等が使用できないとき、各階のベランダに順次かぎ付はしごを架ていして災害現場に進入するときに使用されるものである。

なお、かぎ付はしごを水平又は立てかけた状態で使用するとかぎが曲がる等により性能が低下するため、使用法については、十分注意する必要がある。

（操法実施上の留意事項）

第百四十五条　第四条、第百八条、第百三十五条及び第百四十条に定めるもののほか、かぎ付はしご操法を実施するときは、次の各号に掲げる事項に留意しなければならない。

一　かぎ付はしごの架ていは、かぎを堅固な支持物に確実にかけ、垂直に下げて使用すること。

二　かぎ付はしご操法の操作員は、あらかじめ、第百三十三条第一号に定める要領で命綱を装備すること。

旧八四条…一部改正し繰下〔昭和六三年一二月消告六号〕

【趣　旨】

本条は、第四条に定める一般的留意事項、第百八条に定めるロープ操法を実施するうえでの留意事項、百三十五条に定める確保操法を実施するうえでの留意事項、第百四十条に定めるはしご操法を実施するうえでの留意事項のほかに、かぎ付はしご操法を実施するうえで特に必要な留意事項について定めたものである。指揮者は、第五条に定める留意事項についても留意しなければならない。

【解　説】

第一号関係

本号は、かぎ付はしごの架てい方法について定めたものである。

かぎ付はしごを架ていする支持物は、救助隊員及び要救助者が登てい又は降下するのに十分耐え得るものかどうか点検するとともに、架ていは、確実にする必要がある。

このため、架ていしたはしごは、これを引っ張り、かぎの掛かり具合を確認して安全であることを確かめる必要がある。

また、はしごは、垂直に下げて使用すること。

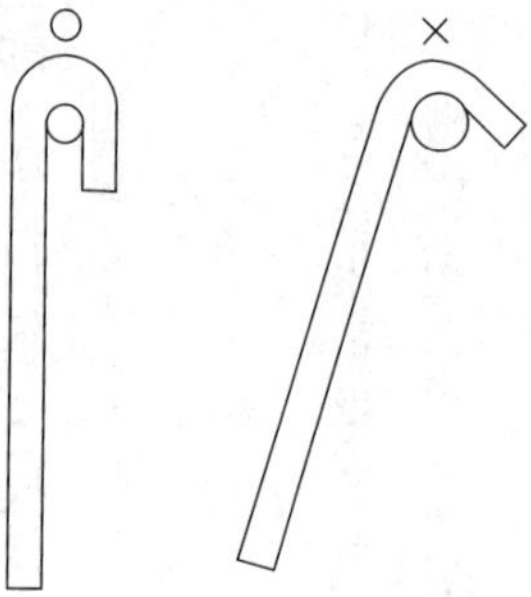

第二号関係
　操作員は、かぎ付はしごを登てい又は降下するとき、命綱で身体を確保する必要があるため、あらかじめ、第百三十三条第一号に定める要領で命綱を装備しておく必要がある。

（かぎ付はしごの搬送）
第百四十六条　かぎ付はしごを架てい位置に搬送するには、次の号令及び要領による。
一　指揮者は、「目標○○、はしご搬送」と号令する。
二　第一はしご員は、前号の号令で第百四十一条第二号に定める要領で第二はしご員と協力してかぎ付はしごを架てい位置に搬送し、第二はしご員が基底部を地面につけたのち、はしごを肩からはずし、主かんを順次もちかえてはしご先端にいたり、はしごの表側を上にしてもち、第二はしご員の「よし」の合図でかぎを引き出し、「かぎよし」と合図してはしごをその場に置く。
三　第二はしご員は、第一号の号令で第百四十一条第三号に定める要領で第一はしご員と協力してかぎ付はしごを架てい位置に搬送し、はしごを肩からはずして基底部を地面につけ、はしごの右側中央部にいたり、両手ではしごをもつて「よし」と合図し、第一はしご員の「かぎよし」の合図ではしごをその場に置く。
四　第三はしご員は、第一号の号令でロープを架てい位置のはしごの左側おおむね一メートルの位置に搬送する。

旧八五条…一部改正し繰下〔昭和六三年一二月消告六号〕

【趣　旨】

本条は、かぎ付はしごを架てい位置に搬送する場合の号令及び要領を定めたものである。なお、かぎ付はしごも三連はしごの操法と同様に第一はしご員と第二はしご員が呼吸を合わせて確実に操作することが大切である。

【解　説】

かぎ付はしごを架てい位置に搬送する要領を図示すれば、次のとおりである。

①

第二はしご員
第一はしご員

②
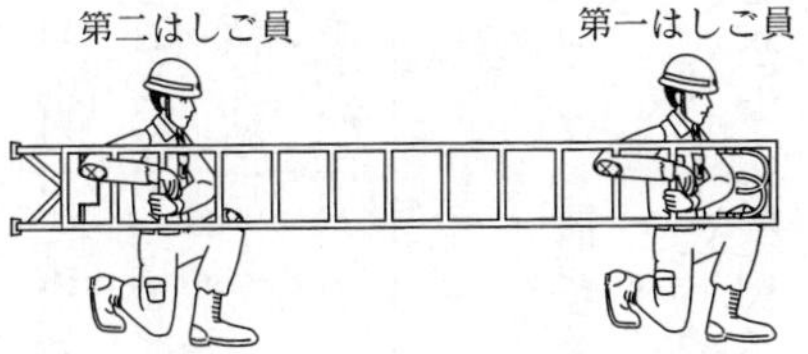
第二はしご員
第一はしご員

③
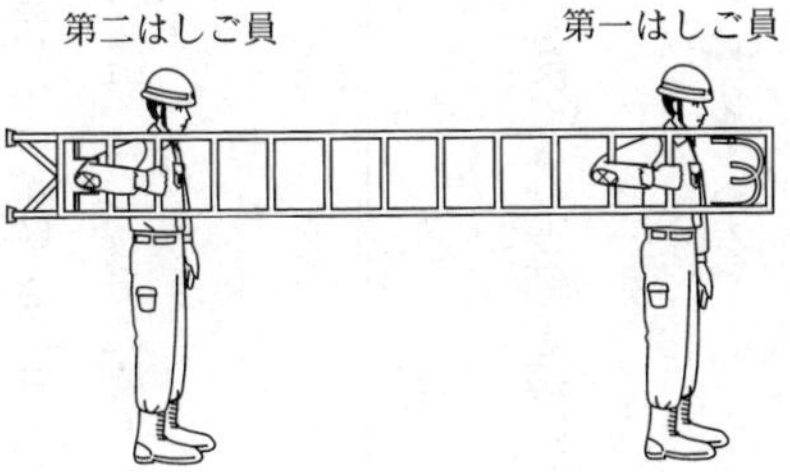
第二はしご員
第一はしご員

④
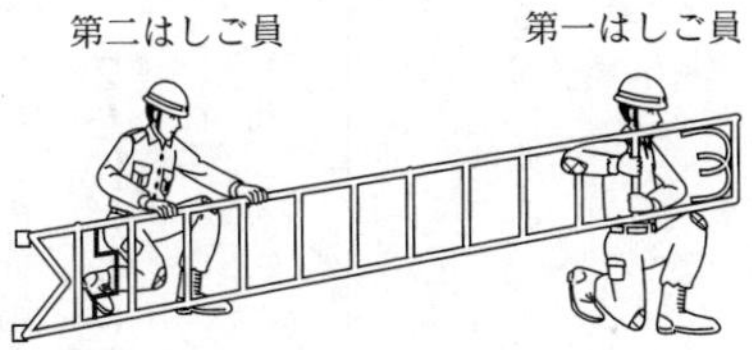
第二はしご員
第一はしご員

⑤
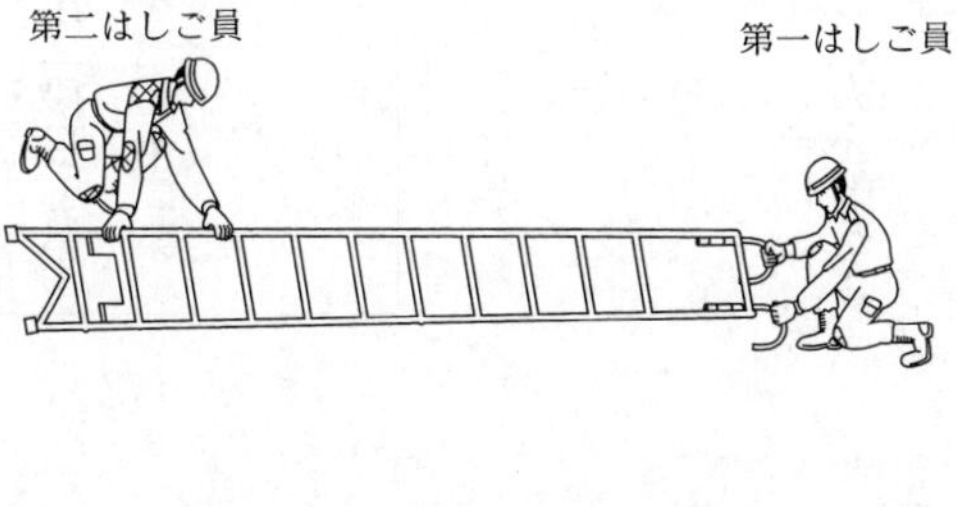
第二はしご員
第一はしご員

（かぎ付はしごの確保ロープの設定）

第百四十七条　かぎ付はしごに確保ロープを設定するには、次の号令及び要領による。

一　指揮者は、「確保ロープ設定」と号令する。

二　第一はしご員は、前号の号令で第三はしご員の確保ロープの設定に協力し、はしごの裏側のロープの中間に第百十二条第三項第四号に定める要領でフユーラー結びの輪をつくり、「よし」と合図する。

三　第二はしご員は、第一号の号令で第三はしご員の確保ロープの設定に協力し、はしごの表側のロープの中間に第百十二条第三項第四号に定める要領でフユーラー結びの輪を作り「よし」と合図する。

四　第三はしご員は、第一号の号令で搬送した確保ロープを解き、その一端をはしごの先端から第二段目と第三段目の横さんの間にとおし、第一はしご員及び第二はしご員の協力でロープを伸ばし、両端を第百十二条第二項第三号に定める要領で結合する。

旧八六条…一部改正し繰下〔昭和六三年一二月消告六号〕

【趣　旨】

本条は、かぎ付はしごに確保ロープを設定する場合の号令及び要領を規定したものである。

【解　説】

かぎ付はしごに確保ロープを設定する要領は、次のとおりである。

(1)　指揮者の「確保ロープ設定」の号令で第三はしご員は搬送した確保ロープを解き、その一端をはしごの先端から第二段目と第三段目の横さんの間に通し、第一はしご員及び第二はしご員の協力でロープを伸ばす。

⑵　第一はしご員は、はしごの裏側のロープの中間にフューラー結びの輪をつくる。

第二はしご員は、はしごの表側のロープの中間にフューラー結びの輪をつくる。

第三はしご員は、ロープの両端を第百十二条第二項第三号に定める要領でふたえつなぎに結合する。

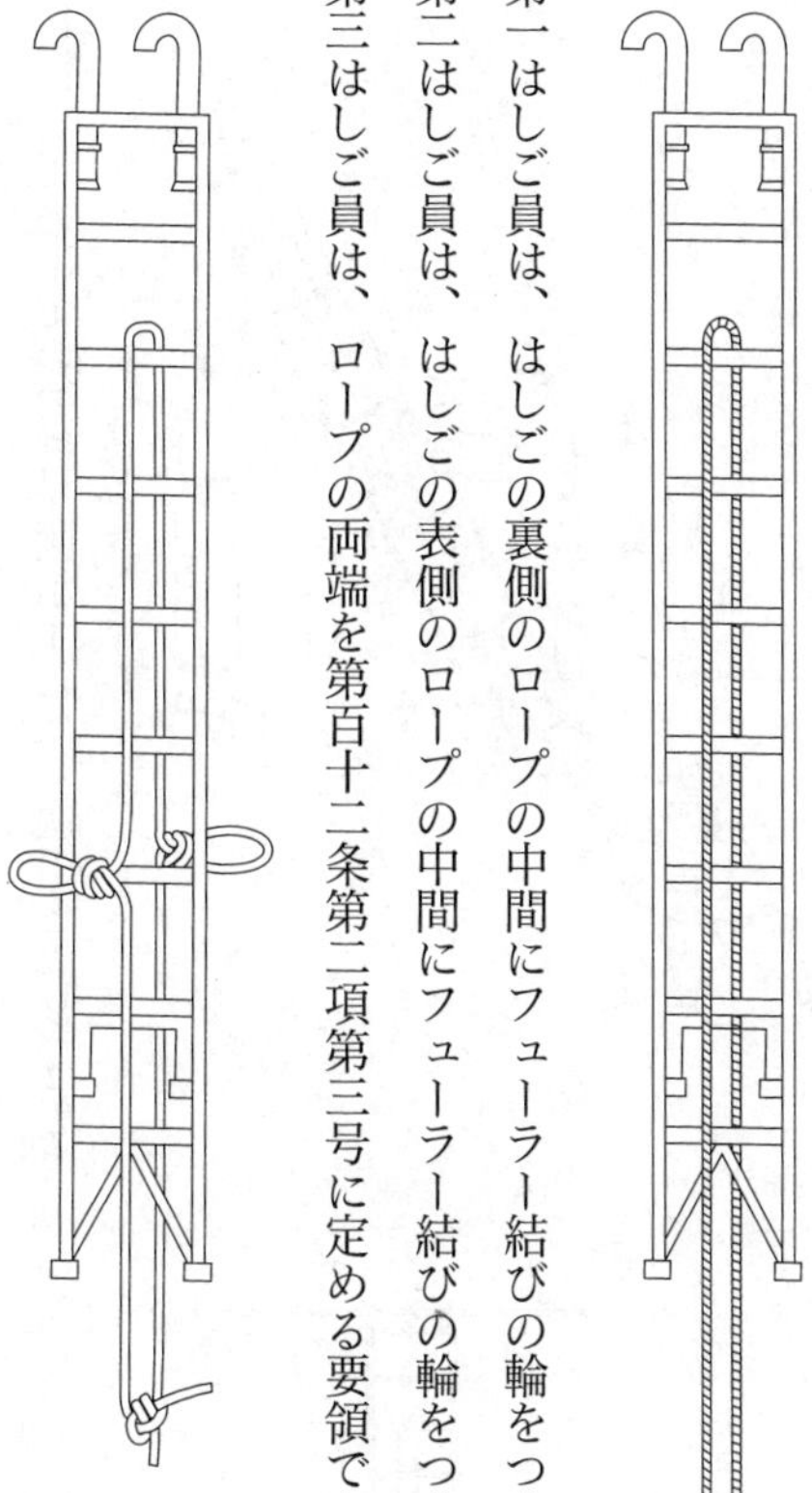

（かぎ付はしごの架てい）

第百四十八条　かぎ付はしごを架ていするには、次の号令及び要領による。

一　指揮者は、「架てい」と号令する。

二　第一はしご員は、前号の号令ではしごの左側中央部にいたり、両手で左側主かんをもち、第二はしご員と協力してはしごをたて、順次主かんをもちかえてはしごをもち上げ、かぎを上階にかけて「よし」と合図する。

三　第二はしご員は、第一号の号令ではしごの右側中央部にいたり、両手で右側主かんをもち、第一はしご員と協力してはしごをたて、順次主かんをもちかえてはしごをもち上げ、かぎを上階にかける。

四　第三はしご員は、第一号の号令で確保ロープを整理してはしごの架ていに協力する。

旧八七条…繰下〔昭和六三年一二月消告六号〕

【趣　旨】

本条は、かぎ付はしごを架ていする場合の号令及び要領を規定したものである。

【解　説】

かぎ付はしごの架てい要領を図示すれば、次のとおりである。

①

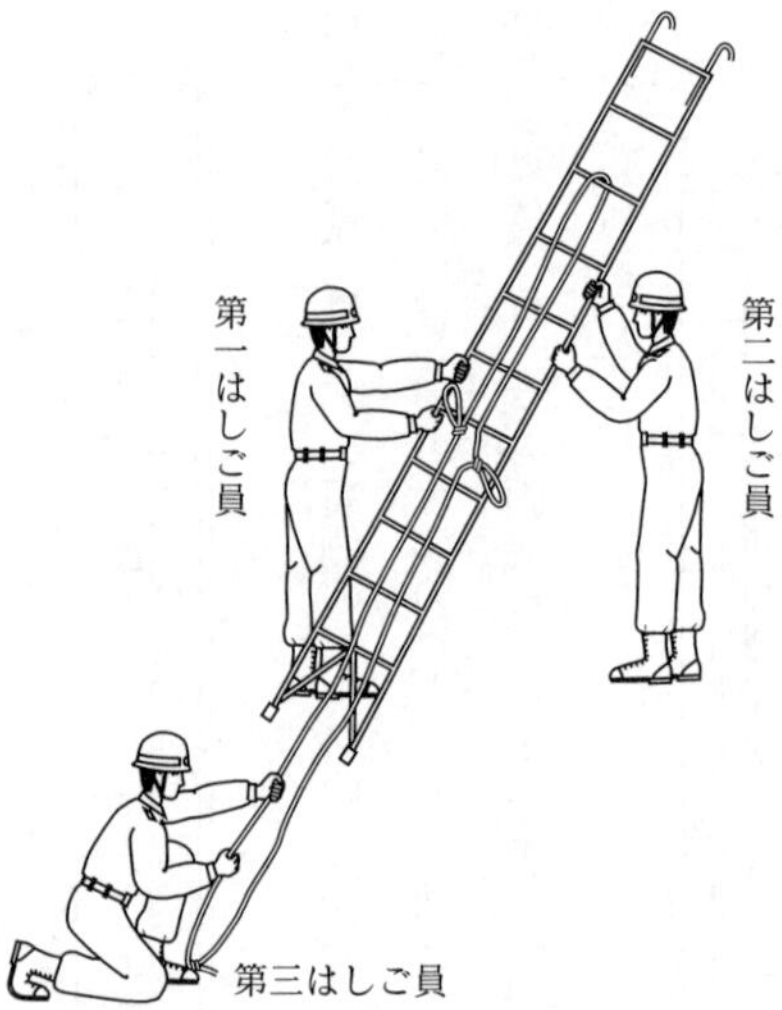

②

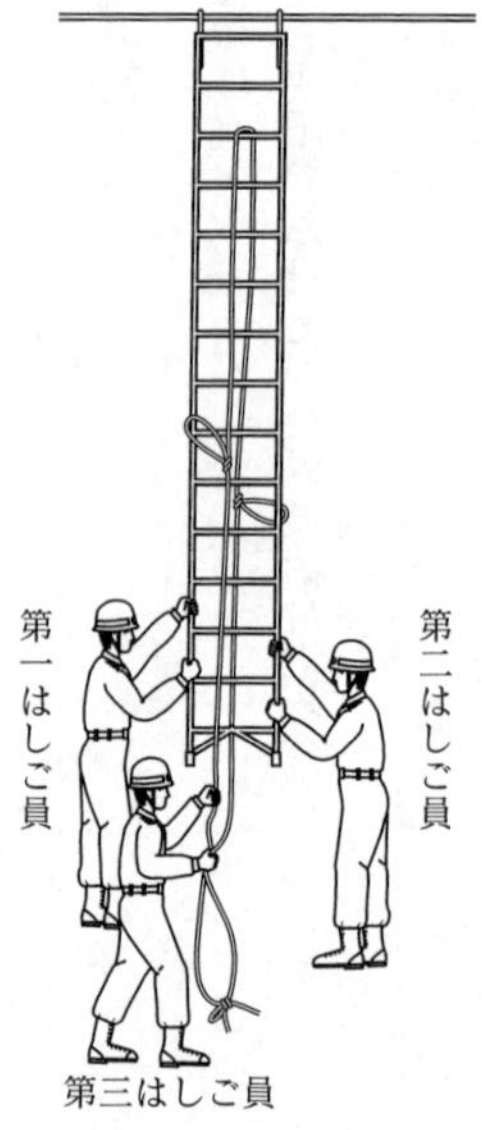

（かぎ付はしごの登てい及び進入）

第百四十九条　かぎ付はしごを登ていし、上階に進入するには、次の号令及び要領による。

一　指揮者は、「登てい」と号令する。

二　第一はしご員は、前号の号令ではしごの表側確保ロープのフユーラー結びの輪に命綱のカラビナをかけて安全環を確実にしめたのち「確保」と合図し、第二はしご員及び第三はしご員の「確保よし」の合図ではしごを登ていし、上階に進入して「進入よし」と合図し、カラビナを確保ロープからはずしてはしご上部をもち、第二はしご員及び第三はしご員の順にそれぞれの「確保」の合図で、「確保よし」と合図し、第三はしご員の「進入よし」の合図ではしごの確保を解く。

三　第二はしご員は、第一号の号令で確保ロープをもつて確保姿勢をとり、第一はしご員の「確保」の合図で「確保よし」と合図し、第一はしご員の登ていにあわせて確保ロープを操作し、第一はしご員の「進入よし」の合図で確保ロープの確保を解き、次いで前号に定める要領で確保ロープに命綱をつけ「確保」と合図し、第一はしご員及び第三はしご員の「確保よし」の合図ではしごを登ていし、上階に進入して「進入よし」と合図し、確保ロープから命綱をはずし、確保ロープをもつて確保姿勢をとり、第三はしご員の「確保」の合図で「確保よし」と合図し、第三はしご員の登ていにあわせて確保ロープを操作し、第三はしご員の「進入よし」の合図で確保ロープの確保を解く。

四　第三はしご員は、第一号の号令ではしごの基底部をもち、第一はしご員の「確保」の合図で「確保よし」と合図し、第一はしご員の「進入よし」の合図ではしごの確保を解き、次いで確保ロープをもつて確保姿勢をとり、第二はしご員の「確保」の合図で「確保よし」と合図し、第二はしご員の登ていにあわせて確保ロープを操作し、第二はしご員の「進入よし」の合図で確保ロープの確保を解き、第二号に定める要領で確保ロープに命綱をつけ、「確保」と合図し、第一はしご員及び第二はしご員の「確保よし」の合図ではしごを登ていし、上階に進入して「進入よし」と合図し、確保ロープから命綱をはずす。

旧八八条…繰下〔昭和六三年一二月消告六号〕

【趣　旨】

本条は、かぎ付はしごを登ていし、目標の上階に進入する場合の号令及び要領について規定したものである。

【解　説】

かぎ付はしごを登ていし、目標の上階に進入する場合の号令及び要領を整理すれば、次表及び図のとおりである。

順序	指揮者	第一はしご員	
1	「登てい」と号令する。	指揮者の「登てい」の号令ではしごの表側確保ロープのフューラー結びの輪に命綱のカラビナをかけ安全環を確実に締めた後「確保」と合図する。	指揮者の「登てい」の号令で確
2		第二はしご員及び第三はしご員の「確保よし」の合図ではしごを登ていし、上階に進入して「進入よし」と合図する。	第一はしご員の登ていに合わせ
3		カラビナを確保ロープから外してはしご上部を持ち、第二はしご員及び第三はしご員の順にそれぞれの「確保」の合図で「確保よし」と合図する。	はしごの表側確保ロープのフュ
4			第一はしご員及び第三はしご員
5			確保ロープから命綱を外し、確
6		第三はしご員の「進入よし」の合図ではしごの確保を解く。	第三はしご員の登ていに合わせ

第二はしご員	第三はしご員
保ロープを持って、確保姿勢をとり、第一はしご員の「確保」の合図で「確保よし」と合図する。	指揮者の「登てい」の号令ではしごの基底部を持ち、第一はしご員の「確保」の合図で「確保よし」と合図する。
て確保ロープを操作し、第一はしご員の「進入よし」の合図で確保ロープの確保を解く。	第一はしご員の「進入よし」の合図ではしご確保を解く。
ーラー結びの輪に命綱のカラビナをかけて安全環を確実に締めた後「確保」と合図する。	次いで確保ロープを持って、確保姿勢をとり、第二はしご員の「確保」の合図で「確保よし」と合図する。
の「確保よし」の合図ではしごを登ていし、上階に進入して「進入よし」と合図する。	第二はしご員の登ていに合わせて確保ロープを操作し、第二はしご員の「進入よし」の合図で確保ロープの確保を解く。
保ロープを持って、確保姿勢をとり、第三はしご員の「確保」よの合図で「確保し」と合図する。	はしごの表側確保ロープのフューラー結びの輪に命綱のカラビナをかけて安全環を確実に締めた後「確保」と合図する。
て確保ロープを操作し、第三はしご員の「進入よし」の合図で確保ロープの確保を解く。	第一はしご員及び第二はしご員の「確保よし」の合図ではしごを登ていし、上階に進入して「進入よし」と合図し、確保ロープから命綱を外す。

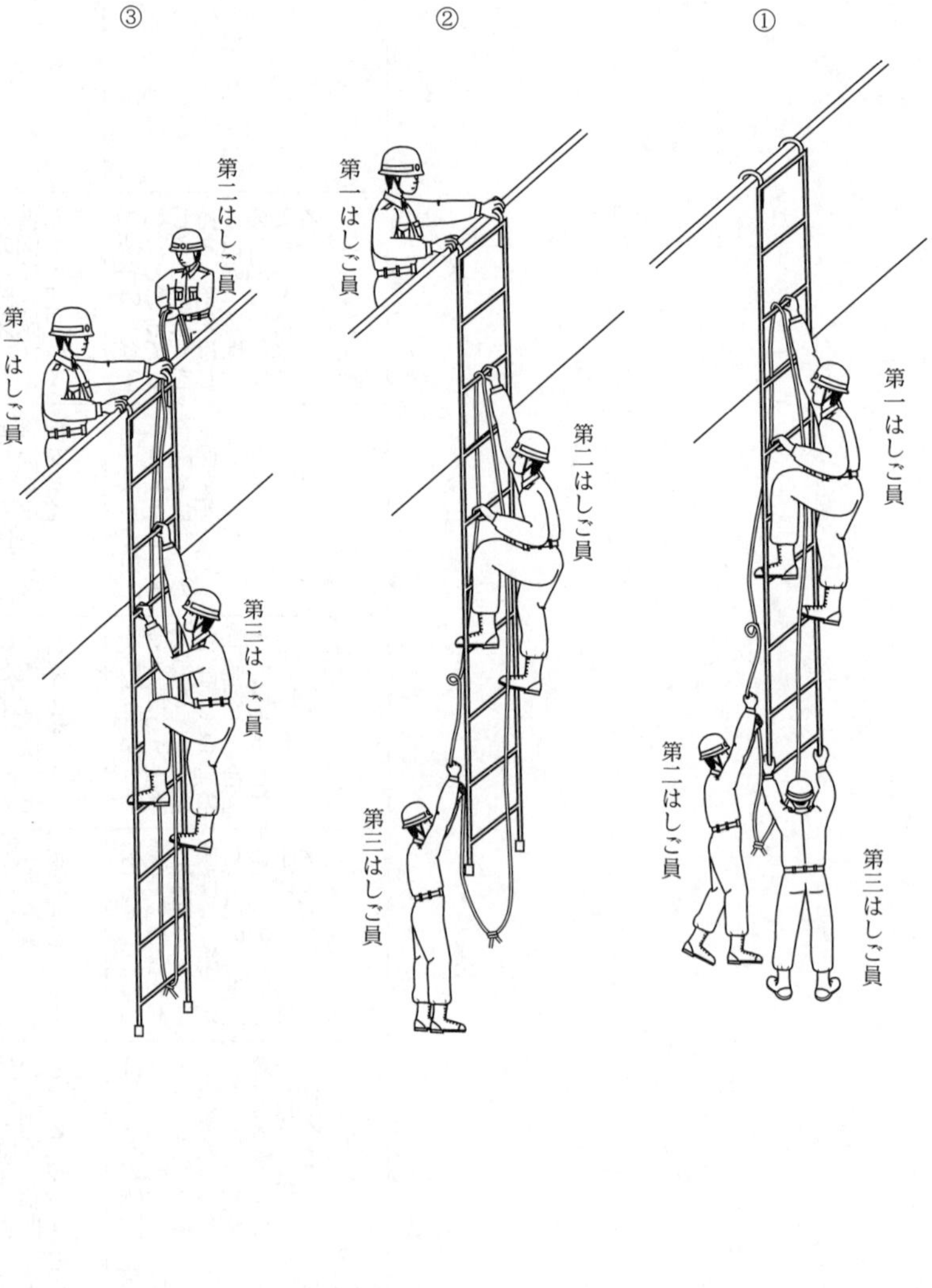
①
第一はしご員
第二はしご員
第三はしご員
②
第二はしご員
第一はしご員
第三はしご員
③
第二はしご員
第一はしご員
第三はしご員

（かぎ付はしごの降てい）

第百五十条　登てい進入した上階から降ていするには、次の号令及び要領による。

一　指揮者は、「降てい」と号令する。

二　第一はしご員は、前号の号令ではしごの上部をもち、第三はしご員及び第二はしご員の順にそれぞれの「確保」の合図で「確保よし」と合図し、第二はしご員の「降ていよし」の合図ではしごの確保を解き、次いで前条第二号に定める要領で確保ロープに命綱をつけて「確保」と合図し、第二はしご員及び第三はしご員の「確保よし」の合図ではしごを降ていし、下階に入って「降ていよし」と合図し、確保ロープから命綱をはずす。

三　第二はしご員は、第一号の号令で確保ロープをもって確保姿勢をとり、第三はしご員の「確保」の合図で「確保よし」と合図し、第三はしご員の降ていにあわせて確保ロープを操作し、第三はしご員の「降ていよし」の合図で確保ロープの確保を解き、次いで前条第二号に定める要領で確保ロープに命綱をつけて「確保」と合図し、第一はしご員及び第三はしご員の「確保よし」の合図ではしごを降ていし、下階に入って「降ていよし」と合図し、確保ロープから命綱をはずし、確保ロープをもって確保姿勢をとり、第一はしご員の「確保」の合図で「確保よし」と合図し、第一はしご員の降ていにあわせて確保ロープを操作し、第一はしご員の「降ていよし」の合図で確保ロープの確保を解く。

四　第三はしご員は、第一号の号令で前条第二号に定める要領で確保ロープに命綱をつけ、「確保」と合図し、第一はしご員及び第二はしご員の「確保よし」の合図ではしごを降ていし、下階に入って「降ていよし」と合図し、確保ロープから命綱をはずし、確保ロープをもつて確保姿勢をとり、第二はしご員の「確保」の合図で「確保よし」と合図し、第二はしご員の降ていにあわせて確保ロープを操作し、第二はしご員の「降ていよし」の合図で確保ロープの確保を解いてはしごの基底部をもち、第一はしご員の「確保」の合図で「確保よし」と合図し、第一はしご員の「降ていよし」の合図で、はしごの確保を解く。

旧八九条…繰下〔昭和六三年一二月消告六号〕

【趣　旨】

本条は、かぎ付はしごを登てい進入した上階から降ていする場合の号令及び要領を規定したものである。

【解　説】

かぎ付はしごを登てい進入した上階から降ていする場合の号令及び要領を整理すれば、次表のとおりである。

順序	指揮者	第一はしご員
1	「降てい」と号令する。	指揮者の「降てい」の号令ではしごの上部を持ち、第三はしご員の「確保」の合図で「確保よし」と合図する。
2		
3		はしごの上部を持ち、第二はしご員の「確保」の合図で「確保よし」と合図する。
4		
5		第二はしご員の「降ていよし」の合図ではしごの確保を解き、次いではしご表側確保ロープのフューラー結びの輪に命綱のカラビナをかけて安全環を確実に締めた後「確保」と合図する。
6		第二はしご員及び第三はしご員の「確保よし」の合図ではしごを降ていし、下階に入って「降ていよし」と合図し、確保ロープから命綱を外す。

第二はしご員	第三はしご員
指揮者の「降てい」の号令で、確保ロープを持って確保姿勢をとり、第三はしご員の「確保」の合図で「確保よし」と合図する。	指揮者の「降てい」の号令で、はしご表側確保ロープのフューラー結びの輪に命綱のカラビナをかけて安全環を確実に締めた後、「確保」と合図する。
第三はしご員の降ていに合わせて確保ロープを操作し、第三はしご員の「降ていよし」の合図で確保ロープの確保を解く。	第一はしご員及び第二はしご員の「確保よし」の合図ではしごを降ていし、下階に入って「降ていよし」と合図する。
はしご表側確保ロープのフューラー結びの輪に命綱のカラビナをかけて安全環を確実に締めた後、「確保」と合図する。	確保ロープから命綱を外し、確保ロープを持って確保姿勢をとり、第二はしご員の「確保」の合図で「確保よし」と合図する。
第一はしご員及び第三はしご員の「確保よし」の合図ではしごを降ていし、下階に入って「降ていよし」と合図する。	第二はしご員の降ていに合わせて確保ロープを操作し、第二はしご員の「降ていよし」の合図で確保ロープの確保を解いてはしご基底部を持つ。
確保ロープから命綱を外し、確保ロープを持って確保姿勢をとり、第一はしご員の「確保」の合図で「確保よし」と合図する。	第一はしご員の「確保」の合図で「確保よし」と合図する。
第一はしご員の降ていに合わせて確保ロープを操作し、第一はしご員の「降ていよし」の合図で確保ロープの確保を解く。	第一はしご員の「降ていよし」の合図で、はしごの確保を解く。

（かぎ付はしごの収納）

第百五十一条　架ていされたかぎ付はしごを収納するには、次の号令及び要領による。

一　指揮者は、「おさめ」と号令する。

二　第一はしご員は、前号の号令で両手ではしごの左側主かんをもち第二はしご員と協力してはしごをはずし、基底部を地面につけてたおし、第二はしご員の「よし」の合図でかぎをおさめて「かぎよし」と合図し、確保ロープがはずされたのち、はしご上部の横さんの間に右腕を入れて肩にかつぎ、第二はしご員の「よし」の合図でもとの位置に向かつて進み、「とまれ」と合図して停止し、両主かんをもつてはしごをもとの位置に置いて集合線にもどる。

三　第二はしご員は、第一号の号令で両手ではしごの右側主かんをもち、第一はしご員と協力してはしごをはずし、基底部を地面につけてたおし、はしご中央部をもつて「よし」と合図し、かぎがおさめられ、確保ロープがはずされたのち、はしご基底部の横さんの間に右腕を入れて肩にかつぎ、「よし」と合図してもとの位置に向つて進み、前号の「とまれ」の合図で停止し、両主かんをもつてはしごをもとの位置に置いて集合線にもどる。

四　第三はしご員は、第一号の号令で確保ロープの結びを解き、はしごからロープをはずして整理し、搬送してもとの位置に置いて集合線にもどる。

旧九〇条…一部改正し繰下〔昭和六三年一二月消告六号〕

【趣　旨】

本条は、架ていされたかぎ付はしごを収納する場合の号令及び要領について規定したものである。

【解　説】

架ていされたかぎ付はしごを収納する場合の号令及び要領を整理すれば、次表のとおりである。

順　序	1	2	3
指　揮　者	「おさめ」と号令する。		
第一はしご員	指揮者の「おさめ」の号令で両手ではしごの左側主かんを持ち第二はしご員と協力してはしごを外し、基底部を地面に着けて倒す。	第二はしご員の「よし」の合図でかぎをおさめて「かぎよし」と合図する。	確保ロープが外された後、はしご上部の横さんの間に右腕を入れて肩に担ぎ、第二はしご員の「よし」の合図でもとの位置に向かって進み、「とまれ」と合図して停止し、両主かんを持ってはしごをもとの位置に置いて集合線に戻る。
第二はしご員	指揮者の「おさめ」の号令で両手ではしごの右側主かんを持ち、第一はしご員と協力してはしごを外し、基底部を地面に着けて倒す。	はしご中央部を持って「よし」と合図する。	かぎがおさめられ、確保ロープが外された後、はしご基底部の横さんの間に右腕を入れて肩に担ぎ、「よし」と合図してもとの位置に向かって進み、第一はしご員の「とまれ」の合図で停止し、両主かんを持ってはしごをもとの位置に置いて集合線に戻る。
第三はしご員	指揮者の「おさめ」の号令で確保ロープの結びを解き、はしごからロープを外して整理し、搬送してもとの位置に置いて集合線に戻る。		

第十八章　人てい操法

本章…追加〔昭和六三年一二月消告六号〕

【概　説】

災害現場において、はしご、その他の資器材を用意する時間的余裕がなく、また場所等の問題により使用できない場合に、救助隊員の身体を利用して障害物を乗り越えたり、登ったりする場合がある。

本章は、救助隊員の身体利用による、人てい操法の訓練要領について規定したものである。

第一節　通　則

本節…追加〔昭和六三年一二月消告六号〕

（人てい操法の種別）

第百五十二条　人てい操法を分けて、依託人てい（一てい二人）操法、依託人てい（一てい三人）操法及び空間人てい操法とする。

本条…追加〔昭和六三年一二月消告六号〕

【趣　旨】

本条は、人てい操法を、壁等を手掛かりとして伸ていする依託人てい操法（一てい二人、一てい三人）と、空間に伸ていする空間人てい操法に分けて定めたものである。

（操法実施上の留意事項）

第百五十三条　第四条に定めるもののほか、人てい操法を実施するときは、次の各号に掲げる事項に留意しなければならない。

一　実施場所は、凹凸、傾斜及び段差のない所を選定すること。

二　ていとなる者は、なるべく体格のすぐれた者を、登はんする者は、体重の軽い者を選定するようにすること。

三　登はん者は、ていに過激な衝撃を与えないよう登はんするときは、努めて静かに行うこと。

本条…追加〔昭和六三年一二月消告六号〕

【趣　旨】

本条は、人てい操法を実施するうえでの留意事項について定めたものである。

【解　説】

第一号関係

本号は、実施場所選定における留意事項について定めたものである。場所の選定に当たっては、凹凸、傾斜及び段差がなく、転倒のおそれのない、安定した場所をあらかじめ選ぶ必要がある。

第二号関係

本号は、ていの者と、登はん者の隊員の選定について定めたものである。体格等の違いにより、転倒や腰痛等を引き起こすおそれがあるので、ていとなる者は、なるべく体格の優れた者を、登はんする者は、体重の軽い者を選定する必要がある。

第三号関係

本号は、登はん者が登はんするときの留意事項について定めたものである。登はん者が不用意に登はんを行った場合、ていに過激な衝撃を与え、負傷させるおそれがある。また登はん者もていがバランスを崩すことにより転落し、負傷するおそれがあるので、できるだけ静かに行う必要がある。

第二節　依託人てい（一てい二人）操法

本節…追加〔昭和六三年一二月消告六号〕

（依託人てい（一てい二人）の組立て）

第百五十四条　依託人てい（一てい二人）を組立てるには、次の号令及び要領による。

一　指揮者は、「目標○○、位置につけ」と号令し、二番員が一番員の後方で待機したのを確認して、「組め」と号令する。

二　一番員は、前号の「目標○○、位置につけ」の号令で、依託物に近接してうずくまり、両腕をほぼ肩の高さにして、依託物に両手をつき、前号の「組め」の号令で安定した姿勢をとり「よし」と合図する。

三　二番員は、第一号の「目標○○、位置につけ」の号令で、依託物に近接して、一番員の後方で待機し、一番員の「よし」の合図で一番員の腿に片足をかけ、肩に乗つて「よし」と合図する。

本条…追加〔昭和六三年一二月消告六号〕

【趣　旨】

本条は、依託人てい（一てい二人）を組み立てる場合の号令及び要領について規定したものである。

【解　説】

依託人てい（一てい二人）を組み立てる場合の号令及び要領を整理すれば、次表のとおりである。

順序	1	2
指揮者	「目標○○、位置につけ」と号令する。	二番員が一番員の後方で待機したのを確認して「組め」と号令する。
一番員	指揮者の「目標○○、位置につけ」の号令で、依託物に近接してうずくまり、両腕をほぼ肩の高さにして、依託物に両手を着く。	指揮者の「組め」の号令で安定した姿勢をとり「よし」と合図する。
二番員	指揮者の「目標○○、位置につけ」の号令で、依託物に近接して、一番員の後方で待機する。	一番員の「よし」の合図で一番員のももに片足をかけ、肩に乗って「よし」と合図する。

（依託人てい（一てい二人）の伸てい）

第百五十五条　依託人てい（一てい二人）を伸ていするには、次の号令及び要領による。

一　指揮者は、「伸てい」と号令する。

二　一番員は、前号の号令で、静かに立ち上がり「よし」と合図する。

三　二番員は、一番員の「よし」の号令で依託物に両手を擦るようにして安定を保ち、手掛りを求めて立ち上がり「よし」と合図する。

本条…追加〔昭和六三年一二月消告六号〕

【趣　旨】

本条は、依託人てい（一てい二人）を伸ていする場合の号令及び要領について規定したものである。

【解　説】

依託人てい（一てい二人）を伸ていする場合の号令及び要領を整理すれば、次表のとおりである。

順　序	1
指揮者	「伸てい」と号令する。
一番員	指揮者の「伸てい」の号令で、静かに立ち上がり「よし」と合図する。
二番員	一番員の「よし」の号令で依託物に両手をするようにして安定を保ち、手掛かりを求めて立ち上がり「よし」と合図する。

（依託人てい（一てい二人）の解てい）

第百五十六条　依託人てい（一てい二人）を縮ていし、解ていするには、次の号令及び要領による。

一　指揮者は、「縮てい」と号令し、一番員の「よし」の合図で「解け」と号令する。

二　一番員は、二番員の「よし」の合図で静かにうずくまり「よし」と合図し、一番員が地上に降りたのを確認したのち、姿勢を解き集合線にもどる。

三　二番員は、第一号の「縮てい」の号令で安定を保ち、静かにうずくまり「よし」と合図し、同号の「解け」の号令で、一番員の腿に片足をかけ地上に降り「よし」と合図し、集合線にもどる。

本条…追加〔昭和六三年一二月消告六号〕

【趣　旨】

本条は、依託人てい（一てい二人）を縮ていし、解ていする場合の号令及び要領について規定したものである。

【解　説】

依託人ていを縮ていし、解ていする場合の号令及び要領を整理すれば、次表のとおりである。

順序	指揮者	一番員	二番員
1	「縮てい」と号令する。	二番員の「よし」の合図で静かにうずくまり「よし」と合図する。	指揮者の「縮てい」の号令で安定を保ち、静かにうずくまり「よし」と合図する。
2	一番員の「よし」の合図で「解け」と号令する。	二番員が地上に降りたのを確認した後、姿勢を解き集合線に戻る。	指揮者の「解け」の号令で、一番員のももに片足をかけ地上に降り「よし」と合図し、集合線に戻る。

第三節　依託人てい（一てい三人）操法

本節…追加〔昭和六三年一二月消告六号〕

（依託人てい（一てい三人）の組立て）

第百五十七条　依託人てい（一てい三人）を組立てるには、次の号令及び要領による。

一　指揮者は、「目標○○、位置につけ」と号令し、三番員が一番員及び二番員の後方で待機したのを確認して、「組め」と号令する。

二　一番員及び二番員は、前号の「目標○○、位置につけ」の号令で依託物に近接して互いに向き合い片膝立ちの姿勢をとり、前号の「組め」の号令で両手を揃えて前に出し、安定した姿勢をとつて「よし」と合図する。

三　三番員は、第一号の「目標○○、位置につけ」の号令で、依託物に近接して一番員及び二番員の後方で待機し、一番員の「よし」の合図で一番員及び二番員の組んだ掌に乗つて安定した姿勢をとり「よし」と合図する。

本条…追加〔昭和六三年一二月消告六号〕

【趣　旨】

本条は、依託人てい（一てい三人）を組み立てる場合の号令及び要領について規定したものである。

【解説】

依託人てい（一てい三人）を組み立てる場合の号令及び要領を整理すれば、次表のとおりである。

順序	1	2
指揮者	「目標○○、位置につけ」と号令する。	三番員が一番員及び二番員の後方で待機したのを確認して、「組め」と号令する。
一番員	指揮者の「目標○○、位置につけ」の号令で依託物に近接して互いに向き合い片ひざ立ちの姿勢をとる。	指揮者の「組め」の号令で両手をそろえて前に出し、安定した姿勢をとって「よし」と合図する。
二番員	指揮者の「目標○○、位置につけ」の号令で依託物に近接して互いに向き合い片ひざ立ちの姿勢をとる。	指揮者の「組め」の号令で両手をそろえて前に出し、安定した姿勢をとって「よし」と合図する。
三番員	指揮者の「目標○○、位置につけ」の号令で、依託物に近接して一番員及び二番員の後方で待機する。	一番員の「よし」の合図で一番員及び二番員の組んだ手のひらに乗って安定した姿勢をとり「よし」と合図する。

（依託人てい（一てい三人）の伸てい）

第百五十八条　依託人てい（一てい三人）を伸ていするには、次の号令及び要領による。

一　指揮者は、「伸てい」と号令する。

二　一番員及び二番員は、前号の号令で互いに協力して立ち上がり、「一、二、三」の号令で三番員を押し上げる。

三　三番員は、一番員及び二番員が立ち上がつたのち、手掛りを求めて登はんする。

本条…追加〔昭和六三年一二月消告六号〕

【趣　旨】

本条は、依託人てい（一てい三人）を伸ていする場合の号令及び要領を規定したものである。

【解　説】

依託人てい（一てい三人）を伸ていする場合の号令及び要領を整理すれば、次表のとおりである。

順序	指揮者	一番員	二番員	三番員
1	「伸てい」と号令する。	指揮者の「伸てい」の号令で二番員と互いに協力して立ち上がり、「一、二、三」の号令で三番員を押し上げる。	指揮者の「伸てい」の号令で一番員と互いに協力して立ち上がり、「一、二、三」の号令で三番員を押し上げる。	一番員及び二番員が立ち上がった後、手掛かりを求めて登はんする。

（依託人てい（一てい三人）の解てい）

第百五十九条　依託人てい（一てい三人）を解ていするには、次の号令及び要領による。

一　指揮者は、「解け」と号令する。

二　一番員、二番員及び三番員は、前号の号令で姿勢を解き集合線にもどる。

本条…追加（昭和六三年一二月消告六号）

【趣　旨】

本条は、依託人てい（一てい三人）を解ていする場合の号令及び要領について規定したものである。

【解　説】

依託人てい（一てい三人）を解ていする場合の号令及び要領を整理すれば、次表のとおりである。

順序	1
指揮者	「解け」と号令する。
一番員	指揮者の「解け」の号令で姿勢を解き集合線に戻る。
二番員	指揮者の「解け」の号令で姿勢を解き集合線に戻る。
三番員	指揮者の「解け」の号令で姿勢を解き集合線に戻る。

第四節　空間人てい操法

本節…追加〔昭和六三年一二月消告六号〕

（操法実施上の留意事項）

第百六十条　第百五十三条に定めるもののほか、空間人てい操法を実施するときは、次の各号に掲げる事項に留意しなければならない。

一　空間人ていは、依託物がないため不安定となりがちであるので、特に足場の選定及び姿勢に十分注意すること。

二　空間人ていは、ていを組んだまま移動することができるが、移動する場合は、ていを組んだ者と登はん者は、連絡を密にすること。

本条…追加〔昭和六三年一二月消告六号〕

【趣　旨】

本条は、空間人てい操法を実施する場合の留意事項について規定したものである。

【解　説】

第一号関係

本号は、空間人てい操法を実施する場合の留意事項について定めたものである。空間人ていは、依託物がないため不安定となりがちであるので、特に足場の選定及び姿勢に留意する必要がある。

第二号関係

本号は、空間人てい操法を実施するうえで、ていを組んだまま移動する場合の留意事項について定めたものである。空間人ていは、依託物がないため、不安定となりがちである。また、ていとなる者二名と、登はん者の呼吸が合わないと、登はん者がバランスを崩すことにより、転落し、負傷するおそれがあるので、連絡を密にする必要がある。

（空間人ていの組立て）

第百六十一条　空間人ていを組立てるには、次の号令及び要領による。

一　指揮者は、「目標○○、位置につけ」と号令し、三番員が一番員及び二番員の後方で待機したのを確認して「組め」と号令する。

二　一番員及び二番員は、前号の「目標○○、位置につけ」の号令で互いに向きあい両腕を組んでうずくまり、前号の「組め」の号令で安定した姿勢をとって「よし」と合図する。

三　三番員は、第一号の「目標○○、位置につけ」の号令で一番員及び二番員の後方で待機し、一番員及び二番員の「よし」の合図で一番員及び二番員の保安帽に手を置き、腿に足をかけ肩に乗つて「よし」と合図する。

本条…追加〔昭和六三年一二月消告六号〕

【趣　旨】

本条は、空間人ていを組み立てる場合の号令及び要領について規定したものである。

【解　説】

空間人ていを組み立てる場合の号令及び要領を整理すれば、次表のとおりである。

順序	1	2
指揮者	「目標○○、位置につけ」と号令する。	三番員が一番員及び二番員の後方で待機したのを確認して「組め」と号令する。
一番員	指揮者の「目標○○、位置につけ」の号令で二番員と互いに向き合う。	指揮者の「組め」の号令で安定した姿勢をとって「よし」と合図する。
二番員	指揮者の「目標○○、位置につけ」の号令で一番員と互いに向き合う。	指揮者の「組め」の号令で安定した姿勢をとって「よし」と合図する。
三番員	指揮者の「目標○○、位置につけ」の号令で一番員及び二番員の後方で待機する。	一番員及び二番員の「よし」の合図で一番員及び二番員の保安帽に手を置き、ももに足をかけ肩に乗って「よし」と合図する。

（空間人ていの伸てい）

第百六十二条　空間人ていを伸ていするには、次の号令及び要領による。

一　指揮者は、「伸てい」と号令する。

二　一番員及び二番員は、前号の号令で協力して立ち上がり「よし」と合図する。

三　三番員は、前号の「よし」の合図で立ち上がり、「よし」と合図する。

本条…追加（昭和六三年一二月消告六号）

【趣　旨】

本条は、空間人ていを伸ていする場合の号令及び要領について規定したものである。

【解　説】

空間人ていを伸ていする場合の号令及び要領を整理すれば、次表のとおりである。

順序	1
指揮者	「伸てい」と号令する。
一番員	指揮者の「伸てい」の号令で二番員と協力して立ち上がり「よし」と合図する。
二番員	指揮者の「伸てい」の号令で一番員と協力して立ち上がり「よし」と合図する。
三番員	一番員及び二番員の「よし」の合図で立ち上がり「よし」と合図する。

（空間人ていの解てい）

第百六十三条　空間人ていを縮ていし、解ていするには、次の号令及び要領による。

一　指揮者は、「縮てい」と号令し、一番員及び二番員がうずくまつたのを確認して、「解け」と号令する。

二　一番員及び二番員は、三番員の「縮ていよし」の合図で互いに協力して静かにうずくまり「よし」と合図し、三番員の「解ていよし」の合図を確認し、姿勢を解き集合線にもどる。

三　三番員は、第一号の「縮てい」の号令でうずくまり、「縮ていよし」と合図し、同号の「解け」の号令で、腿に足をかけて降り、「解ていよし」と合図して集合線にもどる。

本条…追加〔昭和六三年一二月消告六号〕

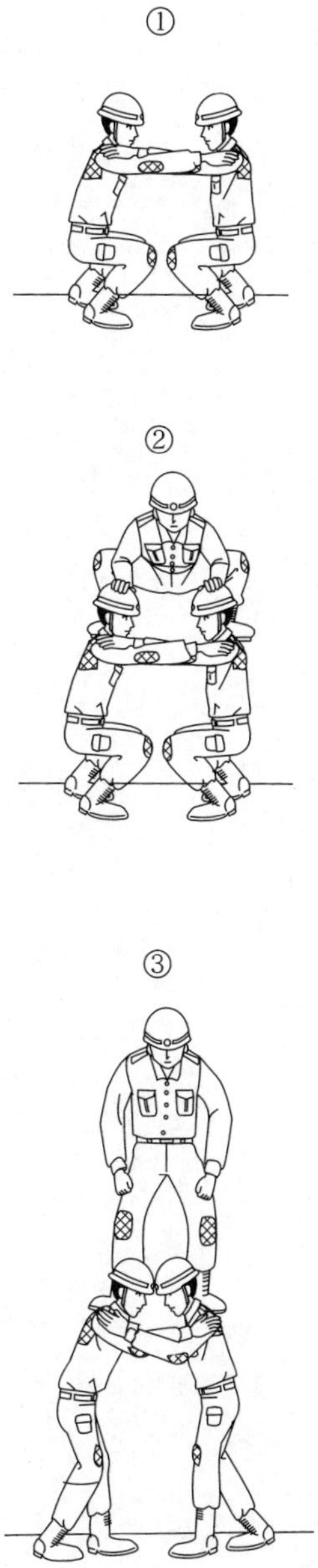

【趣　旨】

本条は、空間人ていを縮ていし、解ていする場合の号令及び要領について規定したものである。

【解　説】

空間人ていを縮ていし、解ていする場合の号令及び要領を整理すると、次表のとおりである。

順序	1	2
指揮者	「縮てい」と号令する。	一番員及び二番員がうずくまったのを確認して「解け」と号令する。
一番員	三番員の「縮ていよし」の合図で二番員と互いに協力して静かにうずくまり「よし」と合図する。	三番員の「解ていよし」の合図を確認し、姿勢を解き集合線に戻る。
二番員	三番員の「縮ていよし」の合図で一番員と互いに協力して静かにうずくまり「よし」と合図する。	三番員の「解ていよし」の合図を確認し、姿勢を解き集合線に戻る。
三番員	指揮者の「縮てい」の号令でうずくまり、「縮ていよし」と合図する。	指揮者の「解け」の号令で、ももに足をかけて降り、「解ていよし」と合図して集合線に戻る。

第3編
はしご車基本操法

第三編　はしご車基本操法

【概　説】

はしご車は、高層建造物での人命救助には不可欠であり、はしご車には、はしご上面に沿い昇降するリフターを備えているものと、はしご先端部にバスケットを備えたものがあり、どちらも油圧動力により駆動され、隊員及び器材を短時間に目的階まで運ぶとともに、高層階から要救助者を迅速に地上に降下させることができる。

はしご車には、はしご付消防自動車、屈折はしご付消防自動車及び型式の異なったものとして屈折放水塔車等があるが、本編は、人命救助に最も広く使用されているリフター式のはしご付消防自動車における操法を規定したものである。

なお、屈折はしご付消防自動車及び屈折放水塔車等を使用する場合には、これらの操法についても習得する必要がある。

（はしご車各部の名称及び定位）

第百六十四条　はしご車の各部の名称及び定位は、第三十一図及び第三十二図のとおりとする。

第31図　はしご車各部の名称

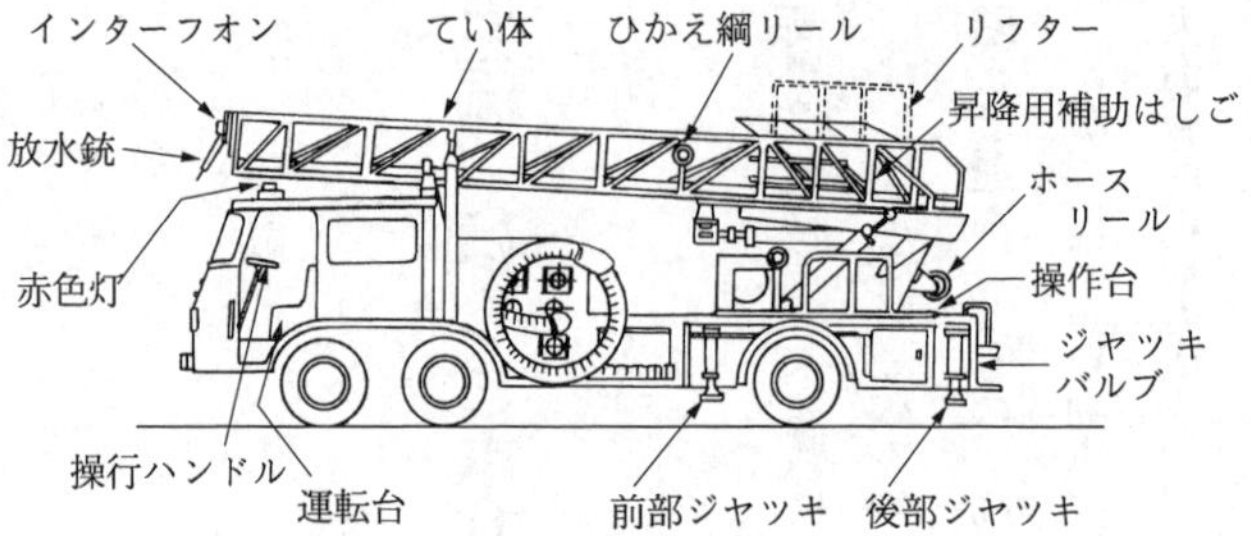

第32図　はしご車基本操法の定位

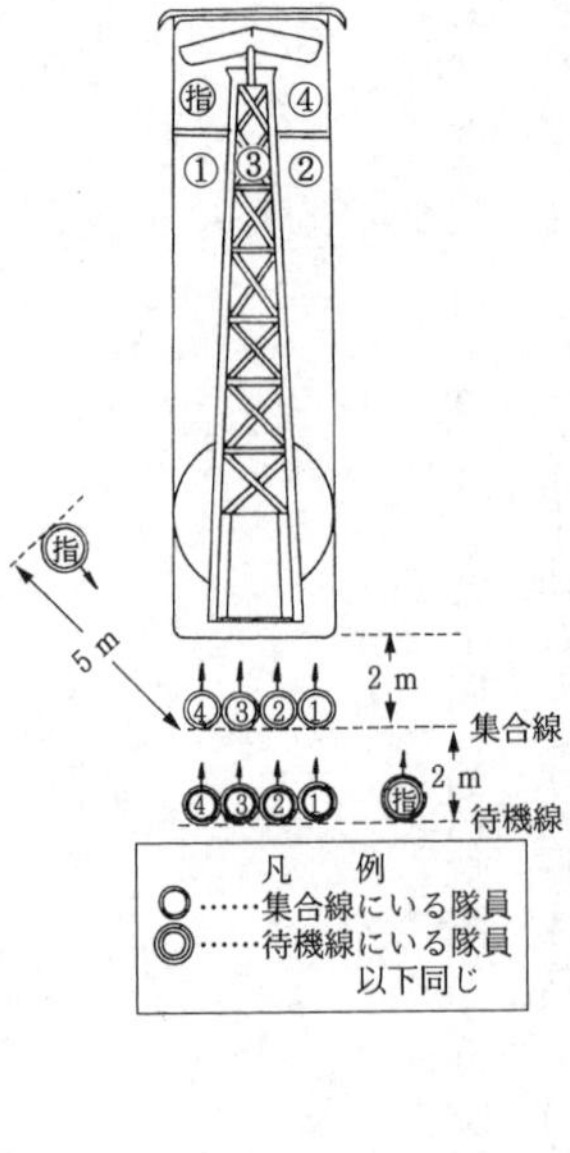

旧九一条…一部改正し繰下〔昭和六三年一二月消告六号〕

【趣　旨】
本条は、はしご車の形状を示し、はしご車各部の名称を付し、操法を行ううえでの定位を図示するものである。

（操法実施上の留意事項）

第百六十五条　第四条、第百八条及び第百三十五条に定めるもののほか、はしご車基本操法を実施するときは、次の各号に掲げる事項に留意しなければならない。

一　地盤の強弱及び傾斜
二　周囲の建物、架空線及び樹木等の障害物
三　火点建物の状況及び間隔
四　風位及び風速
五　伸てい角度及び伸縮速度
六　リフターのとう乗人員の厳守
七　登てい又はとう乗隊員の安全ベルトの着装

旧九二条…一部改正し繰下〔昭和六三年一二月消告六号〕

【趣　旨】
本条は、第四条に定める一般的な留意事項、第百八条に定めるロープ操法を実施するうえでの留意事項及び第百三

十五条に定める確保操法を実施するうえでの留意事項のほかに、特にはしご車基本操法を実施するうえでの安全を図るために留意すべき事項について定めたものである。なお、指揮者については、第五条に定める留意事項についても十分留意する必要がある。

【解　説】

第一号関係

はしご車の操法を行う位置は、地盤の固い又は強い場所（コンクリート舗装路面等）を原則とし、強弱の差がある地盤で操法を行うときは、敷板で補強を行い車体の安定を図ること。また、地盤傾斜のなるべく少ない場所を選定し、車体の傾斜が許用範囲を超える場合は、敷板を利用し調整するか、架てい目標に対してつとめて伸てい方向と車両中心線との角度が小さくなるように位置することが必要である。

特に、訓練初期においては、原則として最も安全確実な地盤を利用すべきである。

第二号関係

操法を実施するときは、建物、架空線及び樹木等障害物の少ない場所を選定すべきであるが、訓練初期においては、ロープ展張等による障害物を想定した訓練を行うことも必要である。

第三号関係

操法を行うときは、火点建物の状況又は間隔に留意して一回で架ていできるよう、架てい目標にできるだけ正確に接近して停車する訓練も必要である。

第四号関係

強風時には操法を行わない。特に風速が十m/s以上あるときは、全伸ていしない。また、必要以上に伸ていせず、伸てい時には、原則としてひかえ綱を使用し、特に風速五m/s以上のときは必ずひかえ綱を使用する必要がある。

第五号関係

伸てい角度は、次図を参照すること。伸縮は急激に行わないこと。なお、てい上放水時の放水限界は、起てい角度、伸長度、風圧、旋回角度等により異なるが、起立角度七十五度、全伸長において放水反動力七MPa（ノズル口径二十三mm、ノズル圧力〇・九MPa、放水量約千ℓ/min）を限界として運用すること。

第六号関係

リフターを使用する場合は、搭乗人員を厳守し、定員を超えて搭乗してはならない。

第七号関係

はしごを登てい又はリフターに搭乗する場合、高所作業となるので隊員の危険防止の面から必ず安全ベルト（又は命綱）を着装する必要がある。

30m 級はしご車の作業・荷重範囲

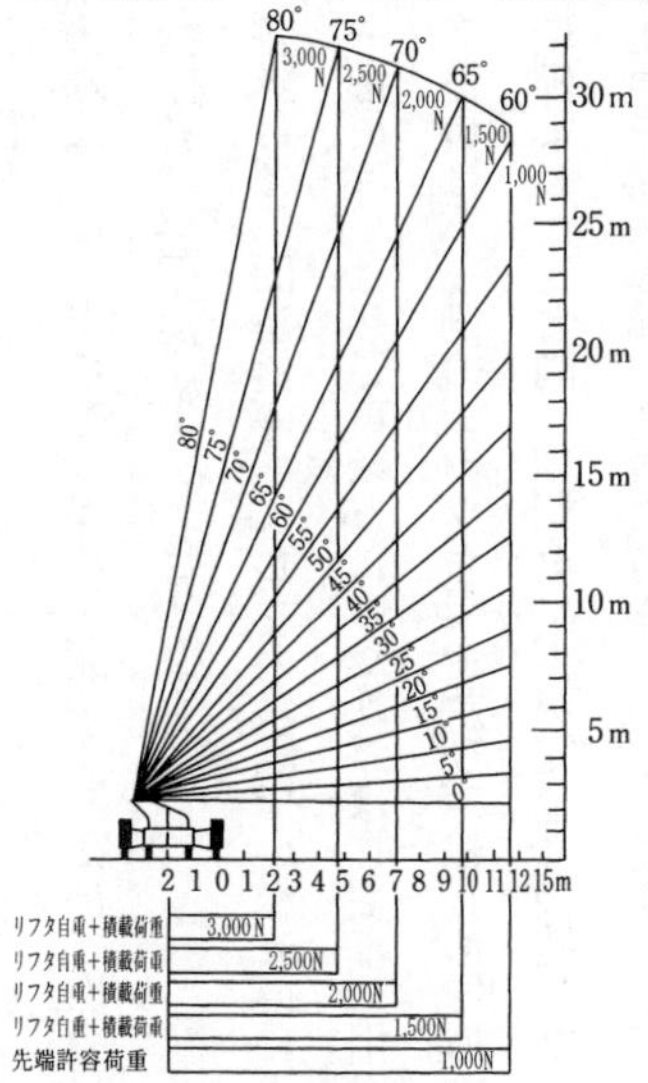

24m 級はしご車の作業・荷重範囲

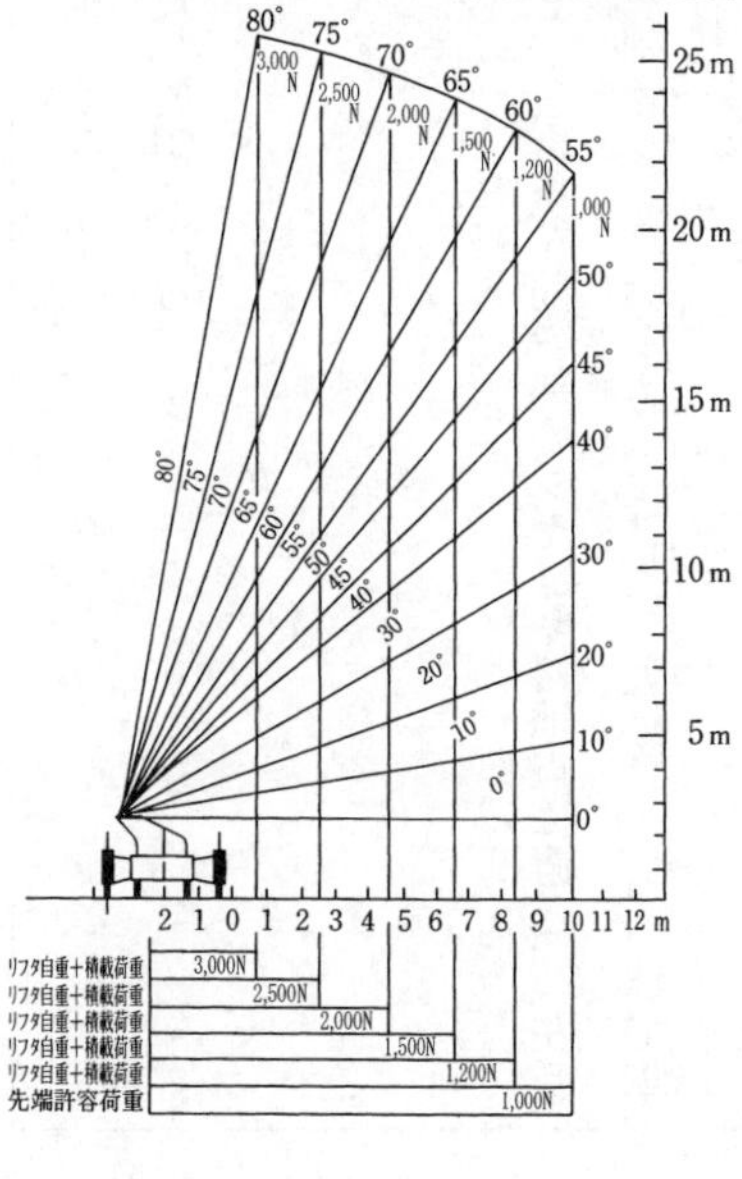

（操法の開始）

第百六十六条　はしご車基本操法を開始するには、次の号令及び要領による。

一　指揮者は、「操作始め」と号令する。

二　各隊員は、四番員の「よし」の合図でいっせいに下車する。

三　一番員は、はしご車後方にいたり、はしご車と相対する。

四　二番員は、左側のジャツキ受台及び車輪止めを取りだし、受台を左前後部のジャツキ接地点に置き、「左受台準備よし」と合図し、ジャツキが完全に接地したことを確認し、「左ジャツキよし」と合図し、つづいて車輪止めを左後車輪の前後に置き、「左車輪止めよし」と合図する。

五　三番員は、右側のジャツキ受台及び車輪止めを取りだし、受台を右前後部のジャツキ接地点に置き、「右受台準備よし」と合図し、ジャツキが完全に接地したことを確認し、「右ジャツキよし」と合図し、つづいて車輪止めを右後車輪の前後に置き、「右車輪止めよし」と合図する。

六　四番員は、第一号の号令で停車の処置を行い、「よし」と合図し、動力をはしご運用に切り替え、エンジンを調整してはしご車後部のジャツキ操作位置にいたり、スプリングを固定して「スプリング固定よし」と合図し、二番員及び三番員の「受台準備よし」の合図で「ジャツキ降下」と合図し、ジャツキを降下させて（ジャツキの展張を連動するものにあつては、「ジャツキ展張」と合図してジャツキを展張させて）車体の安定及び水平を保ち、バルブを固定し、「車体安定よし」と合図する。

旧九三条…繰下〔昭和六三年一二月消告六号〕

【趣　旨】

本条は、はしご車操法を開始する場合の号令及び要領について規定したものである。

【解　説】

はしご車操法を開始する場合の号令及び要領を整理すれば、次表及び図のとおりである。

順序	1	2	3
指揮者	「操作始め」と号令する。		
一番員	四番員の「よし」の合図で、はしご車から下車する。	はしご車後方に至り、はしご車と相対する。	
二番員	四番員の「よし」の合図で、はしご車から下車する。	左側のジャッキ受台及び車輪止めを取り出し、受台を左前後部のジャッキ接地点に置き、「左受台準備よし」と合図する。	四番員の「ジャッキ降下」の合図でジャッキが完全に接地したことを確認し、「左ジャッキよし」と合図し、続いて車輪止めを左後車輪の前後に置き、「左車輪止めよし」と合図する。
三番員	四番員の「よし」の合図で、はしご車から下車する。	右側のジャッキ受台及び車輪止めを取り出し、受台を右前後部のジャッキ接地点に置き、「右受台準備よし」と合図する。	四番員の「ジャッキ降下」の合図でジャッキが完全に接地したことを確認し、「右ジャッキよし」と合図し、続いて車輪止めを右後車輪の前後に置き、「右車輪止めよし」と合図する。
四番員	指揮者の「操作始め」の号令で停車の処置を行い、「よし」と合図する。	動力をはしご運用に切り替え、エンジンを調整してはしご車後部のジャッキ操作位置に至り、スプリングを固定して「スプリング固定よし」と合図する。	二番員及び三番員の「受台準備よし」の合図で「ジャッキ降下」と合図し、ジャッキを降下させて（ジャッキの展張を連動するものにあっては、「ジャッキ展張」と合図してジャッキを展張させて）車体の安定及び水平を保ち、バルブを固定し、「車体安定よし」と合図する。

（起てい）

第百六十七条　車体を安定させたのち、起ていするには、次の号令及び要領による。

一　指揮者は、「起てい用意」と号令し、準備が整ったとき、右手を真上に上げて「起てい始め」と号令する。

二　二番員は、前号の「起てい用意」の号令ではしご車左のひかえ綱リールからひかえ綱を取りだし、操作台の左側からおおむね四メートルの位置にいたり、左足を前にだしてロープ確保の姿勢をとり、「よし」と合図する。

①

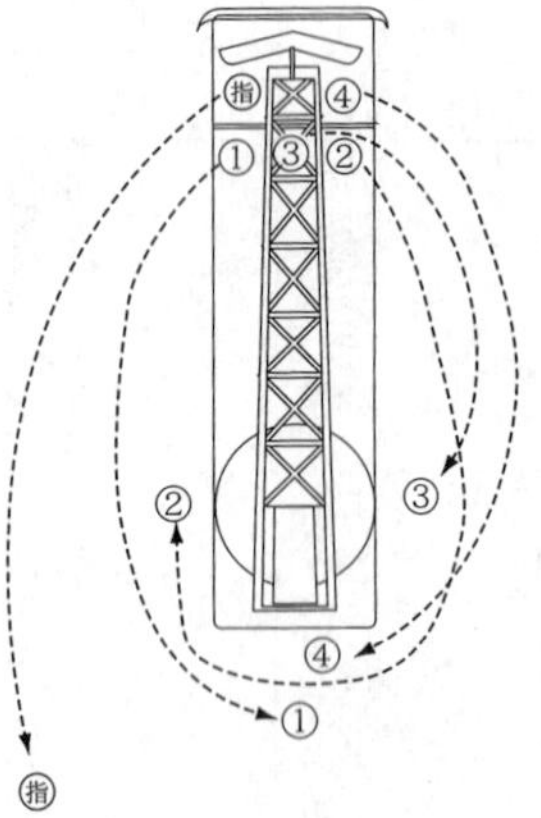

②

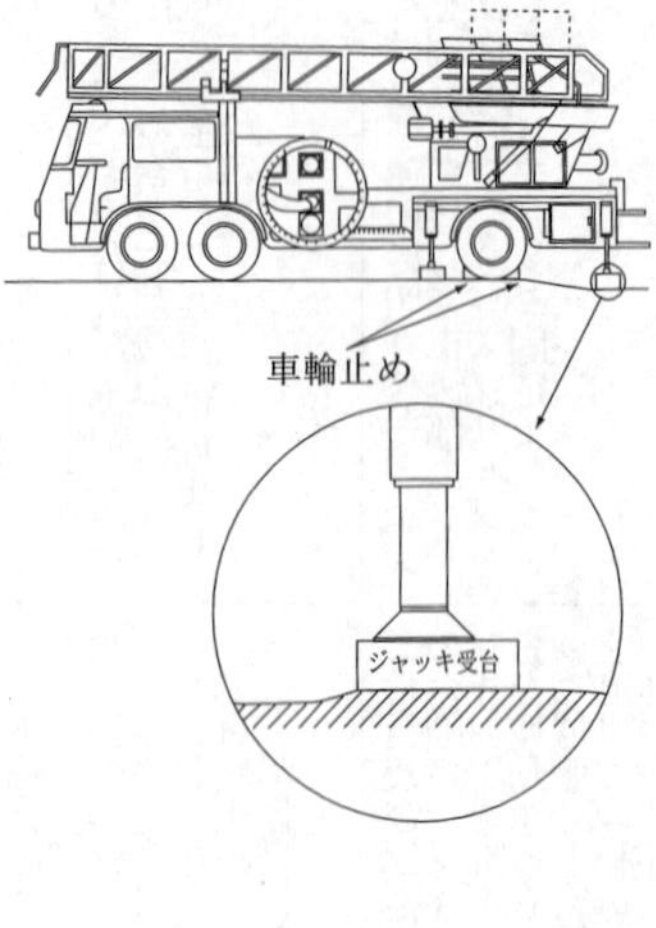

三　三番員は、第一号の「起てい用意」の号令ではしご車右のひかえ綱リールからひかえ綱を取りだし、操作台の右側からおおむね四メートルの位置にいたり、左足を前にだしてロープ確保の姿勢をとり、「よし」と合図する。

四　四番員は、第一号の「起てい用意」の号令で操作台にいたり、「よし」と合図し、つづいて第一号の「起てい始め」の号令を復唱し、計器等に注意してて い体を七十五度に起ていしたのち、「起ていよし」と合図する。

旧九四条…繰下〔昭和六三年一二月消告六号〕

【趣　旨】

本条は、はしご車の車体をジャッキ及び車輪止めで安定させた後、はしごを起ていする場合の号令及び要領を規定したものである。

【解　説】

はしご車の車体をジャッキ及び車輪止めで安定させた後、はしごを起ていする場合の要領を図示すれば、次のとおりである。

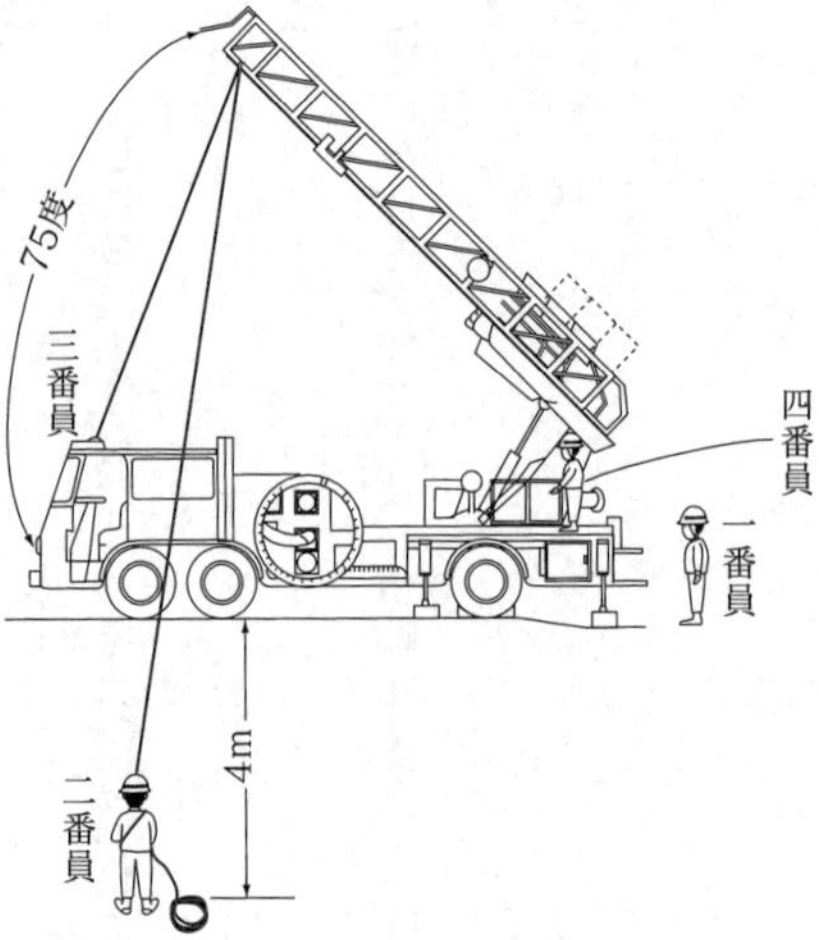

（旋回）

第百六十八条　はしごを旋回するには、次の号令及び要領による。

一　指揮者は、「旋回用意」と号令し、準備が整つたとき、「左（右）○○度旋回始め」と号令する。

二　二番員及び三番員は、はしごの旋回に応じて移動し、はしごの動揺を防ぐようひかえ綱を操作する。
三　四番員は、第一号の号令を復唱し、計器に注意してはしごを旋回させ、「左（右）〇〇度旋回よし」と合図する。

旧九五条…繰下〔昭和六三年一二月消告六号〕

【趣　旨】

本条は、起ていしたはしごを旋回する場合の号令及び要領について規定したものである。

（伸てい）

第百六十九条　はしごを伸ていするには、次の号令及び要領による。

一　指揮者は、「伸てい用意」と号令し、準備が整ったとき、「伸てい始め」と号令する。
二　二番員及び三番員は、伸ていにあわせてひかえ綱をおくり、四番員の「伸ていよし」の合図で「よし」と合図する。
三　四番員は、第一号の「伸てい始め」の号令を復唱し、計器等に注意して伸ていを行い、安全を確認したのち、「伸ていよし」と合図する。

旧九六条…繰下〔昭和六三年一二月消告六号〕

【趣　旨】

本条は、起ていしたはしごを伸ていする場合の号令及び要領について規定したものである。

【解　説】

起ていしたはしごを伸ていする場合の要領を図示すれば、次のとおりである。

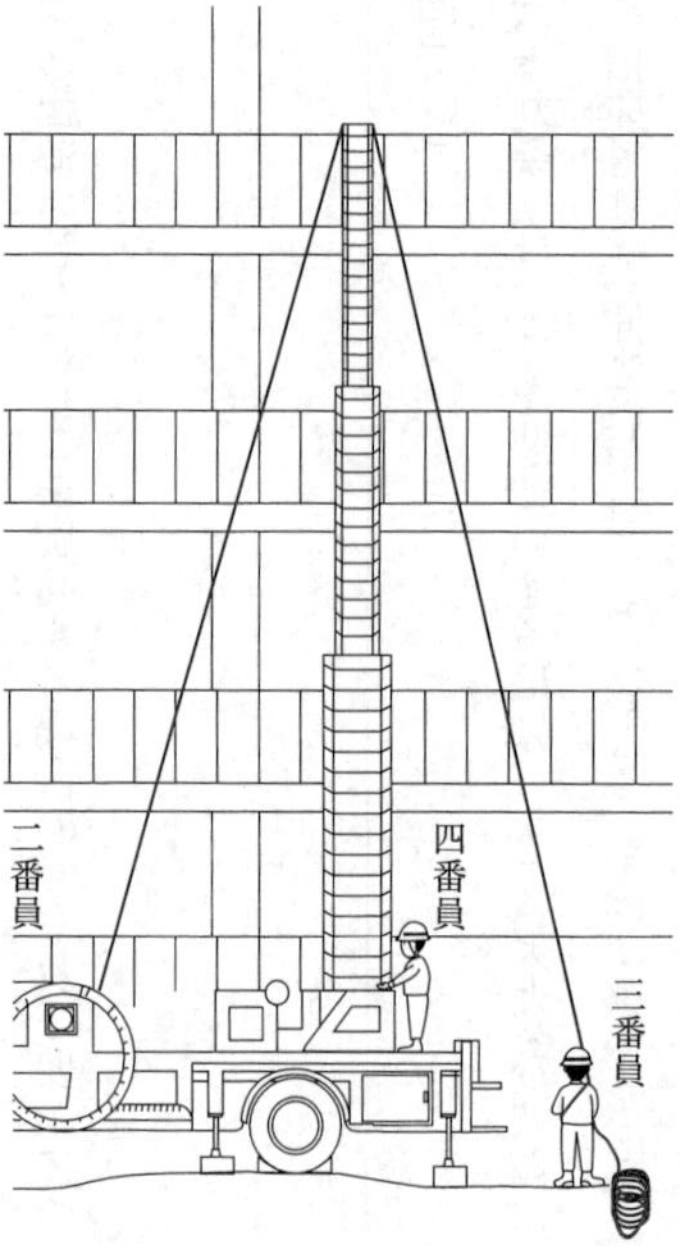

（登てい）

第百七十条　隊員が登ていするには、次の号令及び要領による。

一　指揮者は、「登てい用意」と号令し、準備が整つたとき、「登てい始め」と号令する。

二　一番員は、前号の「登てい用意」の号令で「よし」と合図してリフターにとう乗し、安全装置を点検して「準備よし」と合図し、つづいて前号の「登てい始め」の号令で右手を横水平にあげ、上横に振ってリフターを上昇させる合図をして、リフターの上昇点でリフターから出てはしごの先端にいたり、安全ベルトのかぎを横さんにかけ、インターフォンのスイッチを入れて四番員とテストの交信を行い、「よし」と合図する。

三　二番員は、第一号の「登てい用意」の号令で「よし」と合図してひかえ綱を支持物に結着し、又は足元に置き、リフターの位置にいたり、三番員とともにリフターを組み立て、一番員に続いてリフターにとう乗し、背バンドをかけて「よし」と合図し、一番員がはしごの先端にいたつたのち、リフター内で一番員の操作の補助を行う。

四　三番員は、第一号の「登てい用意」の号令で「よし」と合図してひかえ綱を足元におき、リフターの位置にいたり、二番員とともにリフターを組み立て、一番員及び二番員がリフターにとう乗したのち、ひかえ綱の位置にもどり、ひかえ綱をもつ。

五　四番員は、第一号の「登てい用意」の号令を復唱して準備を行い、一番員の「準備よし」の合図を復唱し、つづいて第一号の「登てい始め」の号令を復唱し、リフターを一番員の合図で上昇させ、はしごの先端にいたつた一番員とインターフォンのテスト交信を行い、一番員の「よし」の合図で「一番員よし」と復唱する。

旧九七条…繰下〔昭和六三年一二月消告六号〕

【趣　旨】

本条は、伸ていしたはしごをリフターを使用して隊員がはしご先端に登ていする場合の号令及び要領について規定したものである。

【解　説】

伸ていしたはしごをリフターを使用して隊員がはしご先端に登ていする場合の号令及び要領を整理すれば、次表のとおりである。

順序	1	2
指揮者	「登てい用意」と号令する。	一番員、二番員、三番員及び四番員の準備が整ったとき、「登てい始め」と号令する。
一番員	指揮者の「登てい用意」の号令で「よし」と合図してリフターに搭乗し、安全装置を点検して「準備よし」と合図する。	指揮者の「登てい始め」の号令で右手を横水平にあげ、上横に振ってリフターを上昇させる合図をして、リフター上昇点でリフターから出てはしごの先端に至り、安全ベルトのかぎを横さんにかけ、インターフォンのスイッチを入れて四番員とテストの交信を行い、「よし」と合図する。
二番員	指揮者の「登てい用意」の号令で「よし」と合図してひかえ綱を支持物に結着し、又は足元に置き、リフターの位置に至り、三番員とともにリフターを組み立て、一番員に続いてリフターに搭乗し、背バンドをかけて「よし」と合図する。	一番員がはしごの先端に至った後、リフター内で一番員の操作の補助を行う。
三番員	指揮者の「登てい用意」の号令で「よし」と合図してひかえ綱を足元に置き、リフターの位置に至り、二番員とともにリフターを組み立てる。	一番員及び二番員がリフターに搭乗した後、ひかえ綱の位置に戻り、ひかえ綱を持つ。
四番員	指揮者の「登てい用意」の号令を復唱して準備を行う。	一番員の「準備よし」の合図を復唱し、続いて指揮者の「登てい始め」の号令を復唱し、リフターを一番員の合図で上昇させ、はしごの先端に至った一番員とインターフォンのテスト交信を行い、一番員の「よし」の合図で「一番員よし」と復唱する。

（降てい）

第百七十一条　隊員が降ていするには、次の号令及び要領による。

一　指揮者は、「降てい用意」と号令し、準備が整つたとき、「降てい始め」と号令する。

二　一番員は、インターフオンによる「降てい用意」の号令の伝達で「よし」と合図してインターフオンのスイツチを切り、安全ベルトのかぎをはずし、リフター内に入り、準備が整つたとき、右手を横水平に上げ横下に振つて「降てい準備よし」の合図し、リフターが降下し、四番員の「降下おわり」の合図で二番員に続いて地上におり、集合線にいたる。

三　二番員は、第一号の「降てい用意」の号令でリフターの背バンドをはずし、一番員を迎え入れて背バンドをかけ、つづいて四番員の「降下おわり」の合図でリフターの背バンドをはずし、地上におり、集合線にいたる。

四　四番員は、第一号の「降てい用意」の号令をインターフオンによつて一番員に伝達し、一番員の「降てい準備よし」の合図を復唱し、つづいて「降てい始め」の号令を復唱してリフターを降下させ、リフターが降下したとき、「リフター降下おわり」と合図する。

旧九八条…繰下（昭和六三年一二月消告六号）

【趣旨】

本条は、はしご車を隊員が降ていする場合の号令及び要領について規定したものである。

【解　説】

はしご車を隊員が降ていする場合の号令及び要領を整理すれば、次表のとおりである。

順序	指揮者	一番員	二番員	四番員
1	「降てい用意」と号令する。	インターフォンによる四番員からの「降てい用意」の号令の伝達で「よし」と合図してインターフォンのスイッチを切り、安全ベルトのかぎを外し、リフター内に入り、準備が整ったとき右手を横水平にあげ横下に振って「降てい準備よし」の合図をする。	指揮者の「降てい用意」の号令で、リフターの背バンドを外し、一番員を迎え入れて背バンドをかける。	指揮者の「降てい用意」の号令をインターフォンによって一番員に伝達し、一番員の「降てい準備よし」の合図を復唱する。
2	降ていの準備が整ったとき、「降てい始め」と号令する。	（リフターの降下）	（リフターの降下）	指揮者の「降てい始め」の号令を復唱してリフターを降下させる。
3		四番員の「リフター降下おわり」の合図でリフターの背バンドを外し、地上に降り、集合線に至る。	四番員の「リフター降下おわり」の合図でリフターの背バンドを外し、地上に降り、集合線に至る。	リフターが降下したとき「リフター降下おわり」と合図する。

（縮てい）

第百七十二条　はしごを縮ていするには、次の号令及び要領による。

一　指揮者は、「縮てい用意」と号令し、準備が整つたとき、「縮てい始め」と号令する。

二　一番員は、四番員の「縮てい用意」の復唱で「よし」と合図してリフターの位置にいたり、二番員と協力してリフターを収納し、集合線にいたる。

三　二番員は、四番員の「縮てい用意」の復唱で「よし」と合図してリフターの位置にいたり、一番員と協力してリフターを収納し、つづいてはしご車左のひかえ綱の位置にいたり、ひかえ綱をもつてロープ確保の姿勢をとり、「よし」と合図し、縮ていにあわせてひかえ綱を巻き取る。

四　三番員は、四番員の「縮てい用意」の復唱でロープ確保の姿勢をとり、「よし」と合図し、縮ていにあわせてひかえ綱を巻き取る。

五　四番員は、第一号の「縮てい用意」及び「縮てい始め」の号令をそれぞれ復唱し、計器等に注意して縮てい操作を行い、縮ていがおわつたとき、「縮ていよし」と合図する。

旧九九条…繰下〔昭和六三年一二月消告六号〕

【趣　旨】

本条は、はしごを縮ていする場合の号令及び要領を規定したものである。

【解　説】

はしごを縮ていする場合の号令及び要領を整理すれば、次表のとおりである。

順序	指揮者	一番員	二番員	三番員	四番員
1	「縮てい用意」と号令する。	四番員の「縮てい用意」の復唱で「よし」と合図してリフターの位置に至る。	四番員の「縮てい用意」の復唱で「よし」と合図してリフターの位置に至る。	四番員の「縮てい用意」の復唱でロープ確保の姿勢をとり、「よし」と合図する。	指揮者の「縮てい用意」の号令を復唱する。
2		二番員と協力してリフターを収納し、集合線に至る。	一番員と協力してリフターを収納し、続いてはしご車左のひかえ綱の位置に至り、ひかえ綱を持ってロープ確保の姿勢をとり「よし」と合図する。		
3	縮ていの準備が整ったとき、「縮てい始め」と号令する。		縮ていに合わせてひかえ綱を巻き取る。	縮ていに合わせてひかえ綱を巻き取る。	指揮者の「縮てい始め」の号令を復唱し、計器等に注意して縮てい操作を行い、縮ていが終わったとき「縮ていよし」と合図する。

（伏てい）

第百七十三条　伏ていするには、次の号令及び要領による。

一　指揮者は、「伏てい用意」と号令し、準備が整ったとき、「伏てい始め」と号令する。

二　二番員及び三番員は、伏ていにあわせてひかえ綱を巻き取り、伏ていしたのち、ひかえ綱を収納する。

三　四番員は、第一号の「伏てい用意」及び「伏てい始め」の号令をそれぞれ復唱し、計器等に注意して伏てい操作を行い、伏ていがおわつたとき、「伏ていよし」と合図する。

旧一〇〇条…繰下〔昭和六三年一二月消告六号〕

【趣　旨】

本条は、はしごを伏ていする場合の号令及び要領について規定したものである。

（収納）

第百七十四条　伏てい後、機械器具を収納するには、次の号令及び要領による。

一　指揮者は、「おさめ」と号令する。

二　一番員は、前号の号令で「よし」と合図して安全ベルトをはずし、はしご車を収納したのち、集合線にもどる。

三　二番員は、第一号の号令で「よし」と合図して左後車輪の車輪止めをはずし、「左車輪止めよし」と合図し、つづいて四番員の「ジヤツキ短縮」の合図でジヤツキの完全短縮を確認し、「左ジヤツキよし」と合図し、左ジヤツキ受台をはずして「左受台ジヤツキよし」（ジヤツキが展張するものにあつては、四番員の

「ジヤツキ収納」の合図でジヤツキの収納を確認して「左ジヤツキよし」）と合図し、車輪止めジヤツキ受台及び安全ベルトをはしご車に収納したのち、集合線にもどる。

四　三番員は、第一号の号令で「よし」と合図して右後車輪の車輪止めをはずし、「右車輪止めよし」と合図し、つづいて四番員の「ジヤツキ短縮」の合図でジヤツキの完全短縮を確認し、「右ジヤツキよし」と合図し、右ジヤツキ受台をはずして「右受台ジヤツキよし」（ジヤツキが展張するものにあつては、四番員の「ジヤツキ収納」の合図でジヤツキ収納を確認して「右ジヤツキよし」）と合図し、車輪止め及びジヤツキ受台をはしご車に収納したのち、集合線にもどる。

五　四番員は、第一号の号令で「よし」と合図し、はしご車後部のジヤツキバルブ位置にいたり、二番員及び三番員の「車輪止めよし」の合図で「ジヤツキ短縮」（ジヤツキが展張するものにあつては「ジヤツキ収納」）と合図し、二番員及び三番員の「ジヤツキよし」の合図でバルブを操作してジヤツキを短縮し、動力を切り替え、エンジンを停止したのち、集合線にもどる。

旧一〇一条…繰下〔昭和六三年一二月消告六号〕

【趣　旨】

本条は、はしごを伏ていした後、機械器具を収納する場合の号令及び要領を規定したものである。

【解　説】

はしごを伏ていした後、機械器具を収納する場合の号令及び要領を整理すれば、次表のとおりである。

順序	指揮者	一番員	二番員	三番員	四番員
1	「おさめ」と号令する。	指揮者の「おさめ」の号令で「よし」と合図して安全ベルトを外し、はしご車に収納した後、集合線に戻る。	指揮者の「おさめ」の号令で「よし」と合図して左後車輪の車輪止めを外し、「左車輪止めよし」と合図する。	指揮者の「おさめ」の号令で「よし」と合図して右後車輪の車輪止めを外し、「右車輪止めよし」と合図する。	指揮者の「おさめ」の号令で「よし」と合図し、はしご車後部のジャッキバルブ位置に至る。
2			四番員の「ジャッキ短縮」の合図でジャッキの完全短縮を確認し、「左ジャッキよし」と合図し、左ジャッキ受台を外して「左受台ジャッキよし」（ジャッキが展張するものにあっては、四番員の「ジャッキ収納」の合図でジャッキの収納を確認して「左ジャッキよし」）と合図し、車輪止め、ジャッキ受台及び安全ベルトをはしご車に収納した後、集合線に戻る。	四番員の「ジャッキ短縮」の合図でジャッキの完全短縮を確認し、「右ジャッキよし」と合図し、右ジャッキ受台を外して「右受台ジャッキよし」（ジャッキが展張するものにあっては、四番員の「ジャッキ収納」の合図でジャッキ収納を確認して「右ジャッキよし」）と合図し、車輪止め及びジャッキ受台をはしご車に収納した後、集合線に戻る。	二番員及び三番員の「車輪止めよし」の合図で「ジャッキ短縮」（ジャッキが展張するものにあっては「ジャッキ収納」）と合図し、二番員及び三番員の「ジャッキよし」の合図でバルブを操作してジャッキを短縮し、動力を切り替え、エンジンを停止した後、集合線に戻る。

第4編

消防救助応用操法

第四編　消防救助応用操法

編名…改正〔昭和六三年一二月消告六号〕

第一章　通則

【概　説】

実際の救助活動においては、単一の救助用機械器具を使用して救助に当たるよりも、むしろ、災害現場の状況等に応じ、複数の救助用機械器具を使用し、要救助者の救助を行うことの方が一般的である。

このようなことから、本編は、基本的な操法である第二編の消防救助基本操法及び第三編のはしご車基本操法に規定する各操法を組み合わせ、高所、低所又は濃煙の中で要救助者の救助を行う場合など、より現実の災害事象に近い災害を想定して行う救助訓練を、高所救助操法、低所救助操法、濃煙中救助操法、座屈・倒壊建物救助操法に大別し、応用救助操法として規定したものである。

本編の構成は、第一章において応用救助操法の通則的事項を、第二章において高所救助操法を、第三章において低所救助操法を、第四章において濃煙中救助操法を、第五章において座屈・倒壊建物救助操法を定め、それぞれ具体的な内容を定めている。

（応用救助操法の種別）

第百七十五条　応用救助操法を分けて、高所救助操法、低所救助操法、濃煙中救助操法及び座屈・倒壊建物救助操法とする。

旧一〇二条…繰下〔昭和六三年一二月消告六号〕、本条…一部改正〔平成一〇年二月消告一号〕

【趣　旨】

本条は、応用救助操法を、中高層の建物等高所に取り残された要救助者を救助するための高所救助操法、地下層及び下水道等の低所（立坑及び横坑）に取り残された要救助者を救助するための低所救助操法及び濃煙又は有毒ガス等が発生している災害現場等に取り残された要救助者を救助するための濃煙中救助操法及び座屈・倒壊した建物に取り残された要救助者を救助するための座屈・倒壊建物救助操法の四つに大別している。

（操法実施上の留意事項）

第百七十六条　第四条、第十一条、第百八条、第百十九条、第百二十六条、第百三十五条及び第百四十条に定めるもののほか、応用救助操法を実施するときは、次の各号に掲げる事項に留意しなければならない。

一　要救助者に対しては応急処置を適切に行い、救出搬送に際しては慎重を期すること。

二　身体結索等各部の結索は、特に確実、適切に行うこと。
三　救助ロープ及び確保ロープを操作するときは、必要に応じて皮手袋を使用し、操作は円滑、慎重に行うこと。

旧一〇三条…一部改正し繰下〔昭和六三年一二月消告六号〕

【趣　旨】

応用救助操法は、前述のようにより現実の災害事象に近い災害を想定して、基本的な操法を複数組み合わせて行われるものであり、したがって、その内容はより高度な技術を要することになるので、応用救助操法を実施するに当たっては、基本的な操法を行うに際し必要な留意事項に留意するだけでは十分でなく、更に、救助における安全確保を徹底する必要がある。

このようなことから、本条は、第四条に定める一般的な留意事項、第十一条に定める空気呼吸器操法を実施するうえでの留意事項、第百八条に定めるロープ操法を実施するうえでの留意事項、第百十九条に定める降下操法を実施するうえでの留意事項、第百二十六条に定める登はん操法を実施するうえでの留意事項、第百三十五条に定める確保操法を実施するうえでの留意事項及び第百四十条に定めるはしご操法を実施するうえでの留意事項のほかに、特に応用救助操法を実施するうえでの安全を図るために留意すべき事項について定めたものである。なお、これらのほか、第百七十九条においては、特に、高所救助操法を実施するうえで必要な留意事項を定めている。指揮者については、第五条に定める留意事項についても十分留意することが必要である。

【解　説】

第一号関係

要救助者に対する応急処置は、一般的には災害現場から安全な場所に救出後に行うものであるが、災害の状況、負傷の程度等によっては、要救助者を発見した時点で直ちに応急処置を施さなければならない場合がしばしばある。このような場合には、機を失することのないよう要救助者の容態に応じた応急処置を講ずる必要がある。

応急処置としては、止血処置、副子、人工呼吸等が考えられる。

また、救出搬送に際しては、要救助者の容態に応じて、その傷病を悪化させないよう慎重に行う必要がある。

第二号関係

結索を行う場合は、正確な結び方で確実に、適切に行わなければならないことは当然のことであるが、応用救助操法においては、結索の適否が直接人命にかかわるなど危険性がより高く、また、高度の救助技術を要することから、身体結索等各部の結索は、特に確実、適切に行い、結索各部が緩むこと等のないようにする必要がある。

第三号関係

救助ロープ及び確保ロープを操作するときは、要救助者及び救助隊員などの荷重が相当かかることから、皮手袋を使用し、手掌を保護するとともに、要救助者は負傷のため身体の自由がきかない場合が多いことなどから、操作は円滑、慎重に行い、要救助者に負担がかからないようにする必要がある。

第二章　高所救助操法

第一節　通　則

【概　説】

高所救助操法は、高所に取り残された要救助者を救助するための操法であるが、実際の事例としては、高層ビル等の火災現場における逃げ遅れた者の救出のほか、建築工事現場等における宙吊りになった者の救出や柱上において感電等により動けなくなった者の救出等が考えられる。

いずれの場合においても、その救出活動に際しては、転落の危険、足場の不安定、恐怖感、接近の困難等、高所作業の危険性が内在している。したがって、災害現場への進入方法及び救出、脱出方法は、災害現場の状況によって異なるが、建物等現場施設物の利用、ロープ、はしご、はしご車等、災害現場に最も適した資機材等を利用して、安全確実に救助する方法をとらなければならない。例えば、建物の屋内又は屋外階段が使用できるときは、あえて救助ロープ等によることは避け、より安全、確実な方法によるべきである。

本章は、はしごを使用して救助を行うかかえ救助操法、応急はしご救助操法、はしご水平救助操法（一）、はしご水平救助操法（二）、一箇所吊り担架水平救助操法、はしご車を使用して救助を行う応急はしご車救助操法及び多数の要救助者に対してはしご車と緩降機を使用して救助を行うはしご車による多数救助操法に分けて規定したものである。

（高所救助操法の種別）

第百七十七条　高所救助操法を分けてかかえ救助操法、応急はしご救助操法、はしご水平救助操法(一)、はしご水平救助操法(二)、一箇所吊り担架水平救助操法、応急はしご車救助操法及びはしご車による多数救助操法とする。

旧一〇四条…一部改正し繰下〔昭和六三年一二月消告六号〕

【趣　旨】

実際に、高所に取り残された要救助者を救助するための方法としては、現場施設物を利用する方法（階段、エレベーター等）、救助用機械を利用する方法（はしご車、空中作業車等）、救助用器具等を利用する方法（積載はしご、救助ロープ、救命索発射銃等）、これらを併用する方法があるが、本条は、これら高所における救助方法のうち、一般的に広く使用されている救助方法を高所救助操法として規定したものである。比較的低い建物等にはしごを架ていして要救助者を救助する操法と、はしごによる救助ができないような高所に、はしご車のはしごを伸ていして要救助者を救助する操法及び高所に多数の要救助者がいる場合、はしご車と緩降機を使って要救助者を救助する操法の三つに大別している。

（高所救助操法の機械器具の名称及び定位）

第百七十八条　高所救助操法の機械器具の名称及び定位は、第百六十四条に定めるもののほか、第三十三図から第三十六図までのとおりとする。

第33図　応急はしご救助操法の器具及び定位

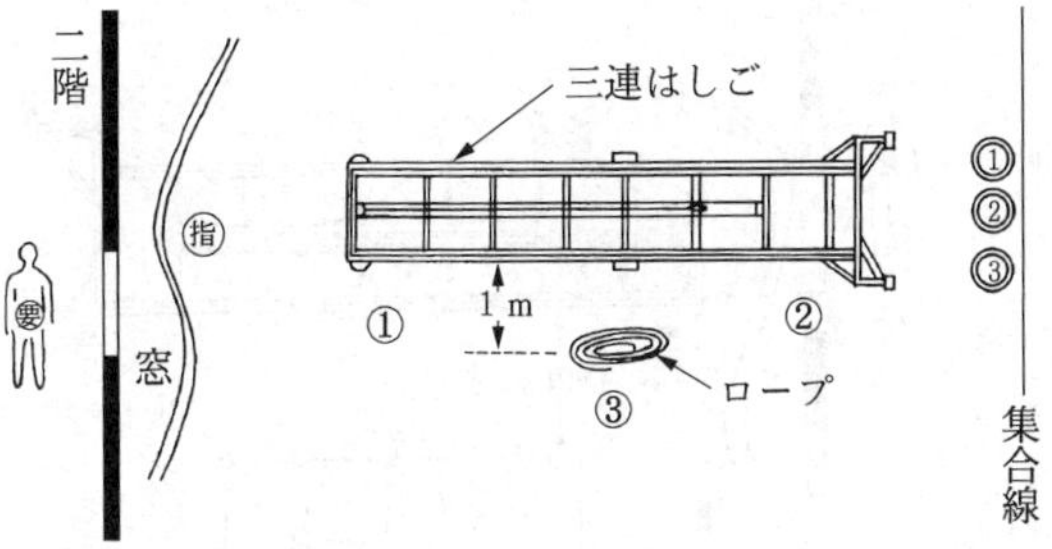

第34図　はしご水平救助操法㈠の器具及び定位

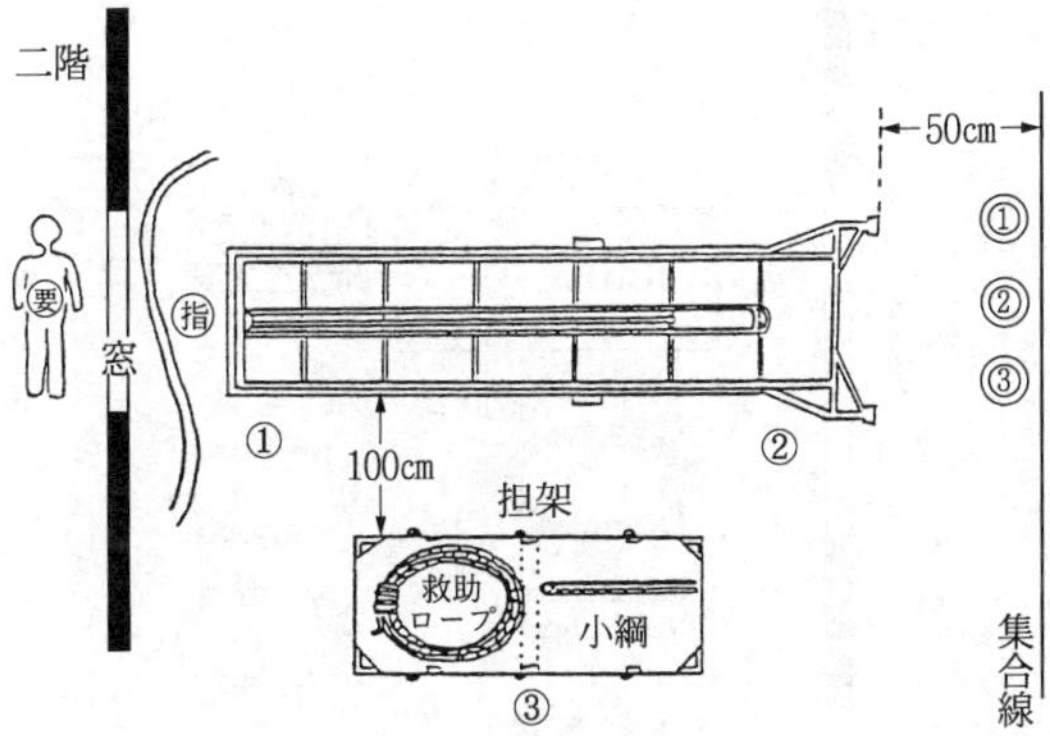

第35図　はしご水平救助操法㈡の器具及び定位

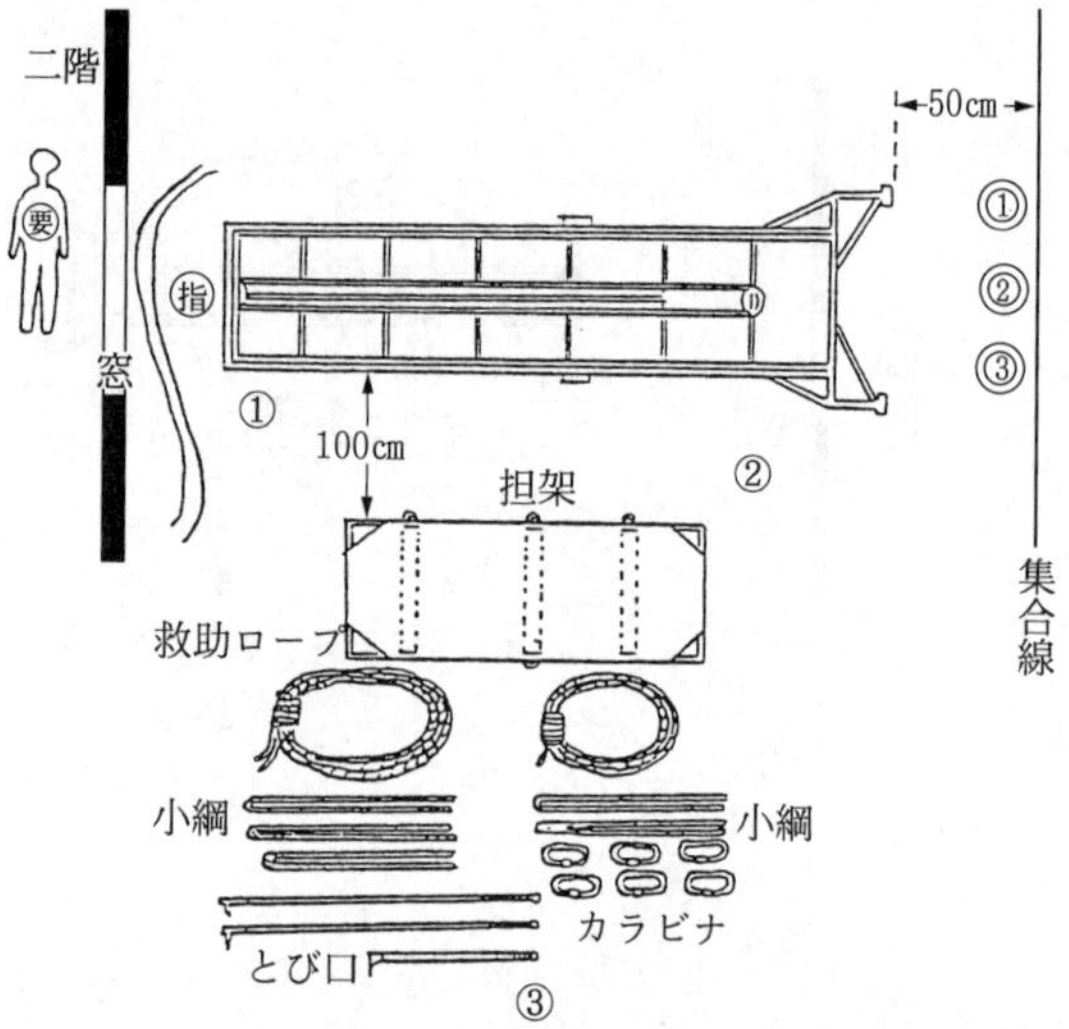

第36図　一箇所吊り担架水平救助操法の器具及び定位

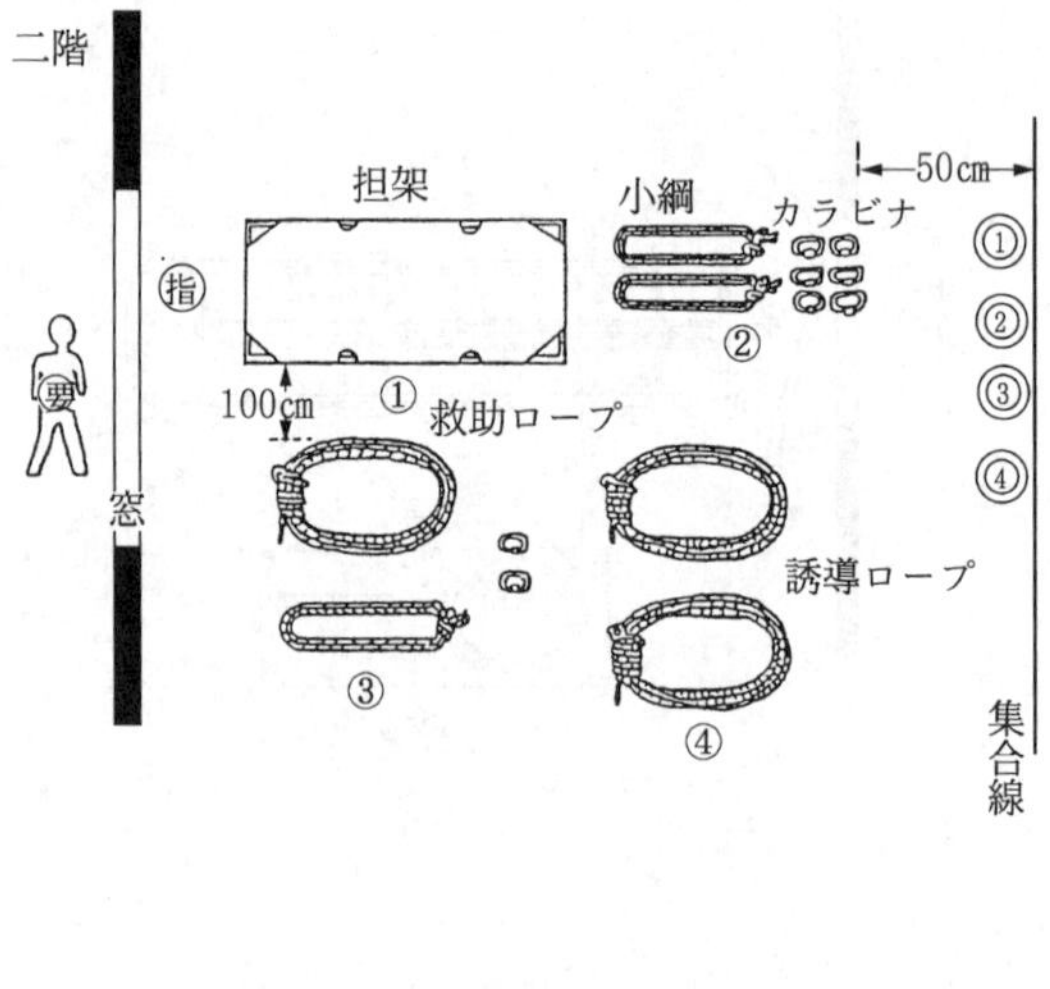

旧一〇五条…一部改正し繰下〔昭和六三年一二月消告六号〕

【趣　旨】

本条は、高所救助操法の機械器具の名称及び定位を定めるものであるが、はしご車についての名称及び定位は第百六十四条に定められているので、応急はしご車救助操法及びはしご車による多数救助操法における機械器具の名称及び定位については同条によることとし、本条では、具体的には応急はしご救助操法、はしご水平救助操法（一）、はしご水平救助操法（二）及び一箇所吊り担架水平救助操法における機械器具の名称及び定位を定めている。

（操法実施上の留意事項）

第百七十九条　第百四十五条、第百六十五条及び第百七十六条に定めるもののほか、高所救助操法を実施するときは、次の各号に掲げる事項に留意しなければならない。

一　はしご車による応用救助操法を実施するときは、確実な意図の伝達をはかるため、高所と地上間の号令及び合図等は、インターフォンを有効に活用すること。

二　てい上における作業及びてい体からの目標進入又は退出を行うときは、適宜安全ベルトを活用して自己の安全確保をはかること。

三　はしご車のてい体徒手降下による救助を行うときは、要救助者が連続して降てい可能な許容使用範囲の架てい角度とすること。

四　緩降機を取り付けるときは、堅固な支持物を選び、確実に行うこと。

旧一〇六条…一部改正し繰下〔昭和六三年一二月消告六号〕

【趣　旨】

本条は、高所救助操法を実施するうえで必要な留意事項を定めたものであり、第百四十五条に定めるかぎ付はしご操法を実施するうえでの留意事項、第百六十五条に定めるはしご車基本操法を実施するうえでの留意事項及び第百七十六条に定める応用救助操法を実施するうえでの留意事項のほかに、特に高所救助操法を実施するうえでの安全を図るために、留意すべき事項について定めたものである。指揮者については、第五条に定める留意事項についても十分留意することが必要である。

なお、第百七十六条に定める応用救助操法を実施するうえでの留意事項を参照のこと。

【解　説】

第一号関係

指揮者の号令、命令、指示及び隊員の復唱、伝達、助言などの意図の伝達方法については、第六条に定められているところであるが、はしご車による応用救助操法を行う場合、高所と地上間の号令及び合図は、音声、旗等では騒音や遠距離のため確実に伝達されないおそれがあることから、号令及び合図の確実な伝達を期するためにインターフォンの有効な活用を定めている。

第二号関係

はしご車のはしごのてい体における作業は、高所作業で危険を伴うので、自己の安全確保を図るため安全ベルトを活用する必要がある。特に、はしご車のてい体から目標階への進入、退出を行うときは、てい体と建物との間に間げきがあるので、隊員の身体を支持物に確保する必要がある。

第三号関係

はしご車のてい体を徒手降下によって救助する場合は、要救助者が多数連続して降下するため相当な荷重がかかるので、降てい可能な許容使用範囲の架てい角度とする必要がある。

なお、参考までに、次に緩降機の名称、諸元等を掲げる。

第四号関係

緩降機を取り付けるときは、要救助者の重量がかかっても十分な堅固な支持物に、確実に固定する必要がある。

（参　考）

㈠　名称、諸元

(1)　名称

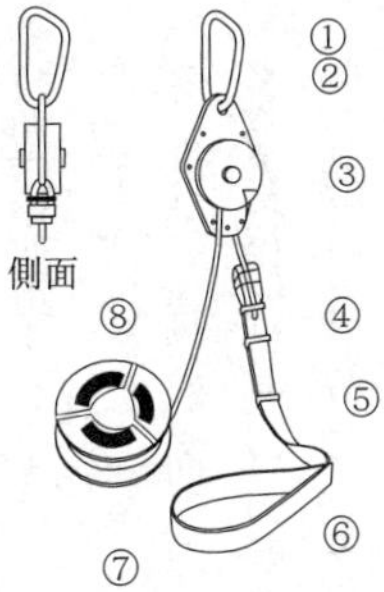

①　カラビナ
②　安全環
③　調速器
④　緊結金具
⑤　締め金具
⑥　ベルト
⑦　リール
⑧　ロープ

(2)　諸元

ア　諸元・性能（主なもの）

種別	機械式	油圧式
最大使用者数（人）	一	
※最大使用荷重（N）	一〇〇〇	
降下速度（cm／s）	一六以上一五〇未満	
降下可能高さ（m）	一〇、一二、一三、一六、二〇、二五、三〇、四〇	三〇

イ　各部の強度

①　ロープ　三六〇kg	③　緊結金具　三六〇kg	⑤　調速器　三六〇kg
②　ベルト　六〇〇kg	④　カラビナ　三六〇kg	

⑶　使用上の留意事項

①　救助器具として使用する場合、調速器は建物開口部外側の高い位置にあること。

②　降下の際、降下側のロープにたわみがあると、ショックがあるので降下者が装着するベルトに付いている緊結金具と調速器との間隔を十cm位とすること。

③　救助隊が使用するときには、降下空間に障害物等がある場合があるので、救助隊員は、降下側のロープを誘導操作してこれを避けること。

④　降下者は、建物の壁面を強く押したり蹴ったりしないこと（衝撃荷重をかけない）。

⑤　各部の損傷又はロープの調速機能に異状を認めた場合は、絶対に使用しないこと。

⑥　降下時には、誘導ロープを付けて降下者の安全を確保すること。

第二節　かかえ救助操法

本節…追加〔昭和六三年一二月消告六号〕

（操法実施上の留意事項）

第百八十条　第百七十六条に定めるもののほか、かかえ救助操法を実施するときは、次の各号に掲げる事項に留意しなければならない。

一　要救助者の下降を補助する場合は、隊員の片足が常に要救助者の両足の間に位置するようにすること。
二　要救助者を膝に乗せる場合は、腰をやや落とし、深くかかえるようにすること。

本条…追加〔昭和六三年一二月消告六号〕

【趣　旨】

本条は、三連はしご等を利用し、要救助者を抱えて救出する操法要領について規定したものである。

【解　説】

救出者は、要救助者を転落させないよう腰をやや落とし、深く抱えひざを直角に保ち両腕で支えることに留意する。

（操法の開始）

第百八十一条　かかえ救助操法を開始するには、次の号令及び要領による。
一　指揮者は、「目標○○、操作始め」と号令する。
二　一番員は、前号の号令で三連はしごを第百四十一条第二号で定める要領で架てい位置に搬送する。
三　二番員は、第一号の号令で三連はしごを第百四十一条第三号に定める要領で架てい位置に搬送する。

本条…追加〔昭和六三年一二月消告六号〕

【趣　旨】
本条は、操法開始時の号令及び要領について規定したものである。

【解　説】
かかえ救助操法を開始する場合の号令及び要領については、第百四十一条の解説を参照のこと。

（屋内進入及び検索）

第百八十二条　はしごを架ていし、屋内進入するには、次の号令及び要領による。

一　指揮者は、「架てい」と号令し、架ていを確認して「進入」と号令し、一番員につづいて登てい進入する。

二　一番員は、前号の「架てい」の号令で第百四十一条第二号に定める要領ではしごを目標開口部に架ていし、前号の「進入」の号令で第百四十二条第二項第二号に定める要領で屋内進入して、「進入よし」と合図し、指揮者が進入したのち、はしご上部の固定措置を行い「はしごよし」と合図する。

三　二番員は、第一号の「架てい」の号令で、第百四十一条第三号に定める要領ではしごを目標開口部に架ていし、同号の「進入」の号令で第百四十二条第二項第三号に定める要領ではしごを確保し、一番員及び指揮者の進入を確認して、はしごの確保を解き、一番員の「はしごよし」の合図ではしご上部まで登ていし、

「準備よし」と合図する。

本条…追加〔昭和六三年一二月消告六号〕

【趣　旨】

本条は、屋内進入及び検索を実施する際の号令及び要領について規定したものである。

【解　説】

第百四十一条に定める要領で目標開口部に架ていする際には、はしご先端部は、要救助者が容易にはしごの上を乗り越えられる高さとする。また、はしごを登てい降ていする際には、横さんを踏み外し転落することのないよう必ず三点支持を厳守すること。

はしごを架ていし、屋内進入する場合の号令及び要領については、第百四十一条及び第百四十二条の解説を参照のこと。

（救出）

第百八十三条　要救助者の救出を行うには、次の号令及び要領による。

一　指揮者は、「救出始め」と号令し、一番員と協力して要救助者を徒手搬送し、てい上に移し、二番員の「確保よし」の合図で「降下」と号令する。

二　一番員は、前号の「救出始め」の号令で、指揮者と協力して要救助者を徒手搬送し、てい上に移す。

三　二番員は、第一号の「救出始め」の号令で、体の安定を保ち、要救助者の脇の下を両腕ではさんで横さんを持ち、膝を要救助者の両下肢の間に入れて「確保よし」と合図し、同号の「降下」の号令で要救助者の降ろす足とは反対の足を降ろしながら降ていし、地上に降下後、「到着」と合図する。

本条…追加〔昭和六三年一二月消告六号〕

【趣旨】

本条は、救出を実施する際の号令及び要領について規定したものである。

【解説】

二番員は、要救助者がずり落ちないよう、第百八十条の留意事項によるほか、一段一段確実に降ていする。

救出を実施する際の号令及び要領を整理すると、次表のとおりである。

順序	1	2
指揮者	「救出始め」と号令し、一番員と協力して要救助者を徒手搬送し、てい上に移す。	二番員の「確保よし」の合図で「降下」と号令する。
一番員	指揮者の「救出始め」の号令で、指揮者と協力して要救助者を徒手搬送し、てい上に移す。	
二番員	指揮者の「救出始め」の号令で、体の安定を保ち要救助者の脇の下を両腕で挟んで横さんを持ち、ひざを要救助者の両下肢の間に入れて「確保よし」と合図する。	指揮者の「降下」の号令で、要救助者の下ろす足とは反対の足を下ろしながら降ていし、地上に降下後、「到着」と合図する。

（収納）
第百八十四条　救出完了ののち、三連はしごを収納するには、次の号令及び要領による。
一　指揮者は、「おさめ」と号令し、二番員の「確保よし」の合図で、はしごを降ていする。
二　一番員は、前号の号令ではしご上部の固定措置を解き、指揮者に続いて降ていし、第百四十四条第二号に定める要領ではしごを縮ていし、もとの位置に搬送して集合線にもどる。
三　二番員は、第一号の号令で第百四十四条第三号に定める要領ではしごを縮ていし、もとの位置に搬送して集合線にもどる。
本条…追加〔昭和六三年一二月消告六号〕

【趣　旨】
本条は、救出完了後の三連はしごを収納する際の号令及び要領について規定したものである。

【解　説】
救出完了後、三連はしごを収納する際の号令及び要領については、第百四十四条の解説を参照のこと。

第三節　応急はしご救助操法

旧二節…繰下〔昭和六三年一二月消告六号〕

（操法の開始）

第百八十五条　応急はしご救助操法を開始するには、次の号令及び要領による。

一　指揮者は、「目標○○、操作始め」と号令する。

二　一番員は、前号の号令で三連はしごを第百四十一条第二号に定める要領で架てい位置に搬送する。

三　二番員は、第一号の号令で三連はしごを第百四十一条第三号に定める要領で架てい位置に搬送する。

四　三番員は、第一号の号令でロープをはしご架てい位置の後方おおむね三メートルの位置に搬送し、その場でロープを解く。

旧一〇七条…一部改正し繰下〔昭和六三年一二月消告六号〕

【趣　旨】

本条は、応急はしご救助操法を開始する場合の号令及び要領について規定したものである。応急はしごによる救出とは、高所にいる要救助者を架ていしたはしごの横さんにロープの支持点をとって確保し、安全迅速に救出する方法である。

【解　説】

応急はしご救助操法を開始する場合の号令及び要領を整理すれば、次表のとおりである。

順序	1	2
指揮者	「目標○○、操作始め」と号令する。	
一番員	指揮者の「目標○○、操作始め」の号令で左足を踏み出し、二番員と協力して両手ではしごを起こし、横さんの間に右腕を入れて肩に担ぎ、右手で横さんを持つ。二番員の「よし」の合図で立ち上がり、左足から前進して架てい位置に至る。	「とまれ」と合図し、左足を前にして停止し、両主かんを持ってはしごを頭上に持ち上げ、下がりながら、基底部が架てい位置に置かれたら横さんを順次持ち替えて、はしごを垂直に立てる。
二番員	指揮者の「目標○○、操作始め」の号令で左足を踏み出し、一番員と協力して両手ではしごを起こし、横さんの間に右腕を入れて肩に担ぎ右手で横さんを持つ。「よし」と合図して立ち上がり、左足から前進して架てい位置に至る。	一番員の「とまれ」の合図で左足を前にして停止し、両主かんを持って基底部を低くし、はしごの裏側にまわり込み、一番員の協力で基底部を架てい位置に置き、両取手を持ち、右足を一歩踏み出してはしごを保持し、一番員と協力してはしごを垂直に立てる。
三番員	指揮者の「目標○○、操作始め」の号令でロープをはしご架てい位置の後方おおむね三mの位置に搬送しその場でロープを解いて整理する。	

（屋内進入及び検索）

第百八十六条　はしごを架ていし、屋内進入するには、次の号令及び要領による。

一　指揮者は、「架てい」と号令し、架ていを確認して「進入」と号令し、一番員につづいて登てい進入し、「救助ロープ用意」と号令する。
二　一番員は、前号の「架てい」の号令で第百四十二条第二号に定める要領ではしごを上階開口部の上方に架ていし、前号の「進入」の号令で第百四十三条第二項第二号に定める要領で屋内進入して「進入よし」と合図する。
三　二番員は、第一号の「架てい」の号令で、第百四十二条第三号に定める要領ではしごを上階開口部の上方に架ていし、同号の「進入」の号令で第百四十三条第二項第三号に定める要領ではしごを確保し、一番員及び指揮者の屋内進入を確認してはしごの確保を解く。
四　三番員は、第一号の「救助ロープ用意」の号令でロープの一端に第百十六条第二号に定める要領で三重もやい結びをつくり、「よし」と合図する。

旧一〇八条…一部改正し繰下〔昭和六三年一二月消告六号〕

【趣　旨】
本条は、はしごを架ていし、屋内進入する場合の号令及び要領について規定したものである。

【解　説】
はしごを架ていし、屋内進入する場合の号令及び要領を整理すれば、次表のとおりである。

順序	指揮者	
1	「架てい」と号令する。	指揮者の「架てい」の号令で、右足
2	一番員及び二番員の架ていを確認して「進入」と号令する。	指揮者の「進入」の号令及び二番員
3	一番員に続いて登てい進入し、「救助ロープ用意」と号令する。	

一番員	を一歩踏み出し、引き綱を引き、一段目の掛金をかけて「一段目掛金よし」と、二段目の掛金をかけて「二段目掛金よし」と、引き綱を横さんに結着して「引き綱よし」と合図し、両主かんを持って二番員と協力して架てい位置を適宜修正して、目標の上階開口部の上方に架ていする。	の「確保よし」の合図で進入目標まで登ていし、両主かんを持ってはしごの右側から目標内部へ進入して「進入よし」と合図する。	
二番員	指揮者の「架てい」の号令で、両取手を持ち、右足を一歩踏み出してはしごを保持したまま、掛金のかかりを確認し、一番員と協力して架てい位置を適宜修正し、横さんを順次持ち替えて目標の上階開口部の上方に架ていし、両取手を持ってはしごを保持する。	指揮者の「進入」の号令で両取手を持ってはしごを保持し、「確保よし」と合図する。	一番員及び指揮者の屋内進入を確認してはしごの確保を解く。
三番員			指揮者の「救助ロープ用意」の号令でロープの一端に第百十六条第二号に定める要領で三重もやい結びをつくり、「よし」と合図する。

（救出準備及び救出）

第百八十七条　救出の準備及び要救助者の救出を行うには、次の号令及び要領による。

一　指揮者は、「救出用意」と号令し、一番員と協力して要救助者を開口部まで徒手搬送したのち、救助ロープの設定状況を確認し、一番員の「縛着よし」及び二番員の「確保準備よし」の合図で要救助者の身体結索を確認して「救出始め、ロープ引け」と号令し、要救助者のもち上げに協力したのち、要救助者の状態を確認して、一番員及び三番員の「よし」並びに二番員の「確保よし」の合図で「ロープゆるめ」と号令して要救助者の降下状態を監視し、着地直前に「確保」と号令して一旦停止させたのち、静かに降下させ、二番員の「到着」の合図で「確保解け」と号令する。

二　一番員は、前号の「救出用意」の号令で指揮者と協力して要救助者を開口部まで徒手搬送し、てい上の三番員から救助ロープを受けとつて要救助者を身体結索して「縛着よし」と合図し、前号の「救出始め、ロープ引け」の号令で「よし」と合図し、三番員と協力して要救助者をもち上げてはしご横さんに吊り下げたのち、はしご右（左）側主かんを片手でもつて「はしごよし」と合図し、三番員と協力してはしごを押し出し、前号の「確保解け」の号令で、三番員と協力してはしごをもとにもどす。

三　二番員は、第一号の「救出用意」の号令で両取手をもつてはしごを確保し、三番員の屋内進入を確認してはしごから手をはなし、はしごの表側で左足を一歩踏み出して最下段の横さんにかけ、救助ロープをもつて第百三十七条第一号に定める要領で確保姿勢をとつて「確保準備よし」と合図し、第一号の「救出始め、ロープ引け」の号令で「ロープ引け」を復唱し、確保姿勢をくずさないように順次ロープを引いてゆるみをなくし、ロープを保持して「確保よし」と合図し、同号の「ロープゆるめ」の号令で「ゆるめ」と復唱しながら救助ロープをゆるめて要救助者を降下させ、同号の「確保」の号令を復唱してロープを保持し、要救助者の降下を停止させたのち、静かに救助ロープをゆるめて着地させ「到着」と合図し、同号の「確保解け」の号令で、確保を解き、要救助者をはしごの側方に誘導する。

四　三番員は、第一号の「救出用意」の号令で救助ロープの結びをはしご最下段の横さんの下からとおしてはしごの表側に出し、この結びをもつて第百四十三条第一項第二号に定める要領ではしごを登ていし、てい上で安定した姿勢をとり、救助ロープを支持点の横さんの上からはしごの裏側にとおして一番員に渡し、てい上作業の姿勢を解いて屋内進入して「進入よし」と合図し、一番員に協力して要救助者を身体結索し、第一号の「救出始め、ロープ引け」の号令で「よし」と合図し、一番員と協力して要救助者をもち上げてはしご横さんに吊り下げたのち、はしご左（右）側主かんを片手でもつて一番員の「はしごよし」の合図で一番員と協力してはしごを押し出し、要救助者を救出したのち、はしごをもとにもどす。

旧一〇九条…一部改正し繰下〔昭和六三年一二月消告六号〕

【趣　旨】

本条は、救出の準備及び要救助者の救出を行う場合の号令及び要領について規定したものである。

【解　説】

救出の準備及び要救助者の救出を行う場合の号令及び要領を整理すれば、次表のとおりである。

順序	指揮者
1	「救出用意」と号令し、一番員と協力して要救助者を開口部まで徒手搬送する。
2	救助ロープの設定状況を確認する。
3	一番員の「縛着よし」及び二番員の「確保準備よし」の合図で要救助者の身体結索を確認して「救出始め、ロープ引け」と号令し、要救助者
4	要救助者の状態を確認して、一番員及び三番員の「よし」並びに二番員の「確保よし」の合図で「ロープゆるめ」と号令し要救助者の降下
5	着地直前に「確保」と号令して一旦停止させた後、静かに降下させる。
6	二番員の「到着」の合図で「確保解け」と号令する。

	一番員	二番員	
	指揮者の「救出用意」の号令で指揮者と協力して要救助者を開口部まで徒手搬送する。	指揮者の「救出用意」の号令で両取手を持ってはしごを確保する。	指揮者の「救出用意」の号令で救助ロープの結びをはしご最下段の横さんの下から通してはしごの表側に出し、この結びを持って、登てい
	はしごのてい上の三番員から救助ロープを受けとって要救助者を身体結索して「縛着よし」と合図する。	三番員の屋内進入を確認してはしごから手を離し、はしごの表側で左足を一歩踏み出して最下段の横さんにかけ、救助ロープを持って第百三十七条第一号に定める要領で肩確保姿勢をとって「確保準備よし」と合図する。	てい上の姿勢を解いて屋内進入して「進入よし」と合図し、一番員に協力して要救助者を身体結索する。
の持ち上げに協力する。	指揮者の「救出始め、ロープ引け」の号令で「よし」と合図し、三番員と協力して要救助者を持ち上げてはしご横さんにつり下げて「よし」と合図する。	指揮者の「救出始め、ロープ引け」の号令で「ロープ引け」を復唱し、確保姿勢を崩さないように順次ロープを引いて緩みをなくし、ロープを保持して「確保よし」と合図する。	指揮者の「救出始め、ロープ引け」の号令で「よし」と合図し、一番員と協力して要救助者を持ち上げてはしご横さんにつり下げて「よし」
状況を監視する。	はしごの右（左）側主かんを片手で持って「はしごよし」と合図し三番員と協力してはしごを押し出す。	指揮者の「ロープゆるめ」の号令で「ゆるめ」と復唱しながら救助ロープを緩めて要救助者を降下させる。	はしご左（右）側主かんを片手で持って一番員の「はしごよし」の合図で一番員と協力してはしごを押し出し、要救助者を救出する。
		指揮者の「確保」の号令を復唱してロープを保持し、要救助者の降下を停止させた後、静かに救助ロープを緩めて着地させ「到着」と合図する。	
	指揮者の「確保解け」の号令で三番員と協力してはしごをもとに戻す。	指揮者の「確保解け」の号令で、確保を解き、要救助者をはしごの側方に誘導する。	指揮者の「確保解け」の号令で一番員と協力してはしごをもとに戻す。

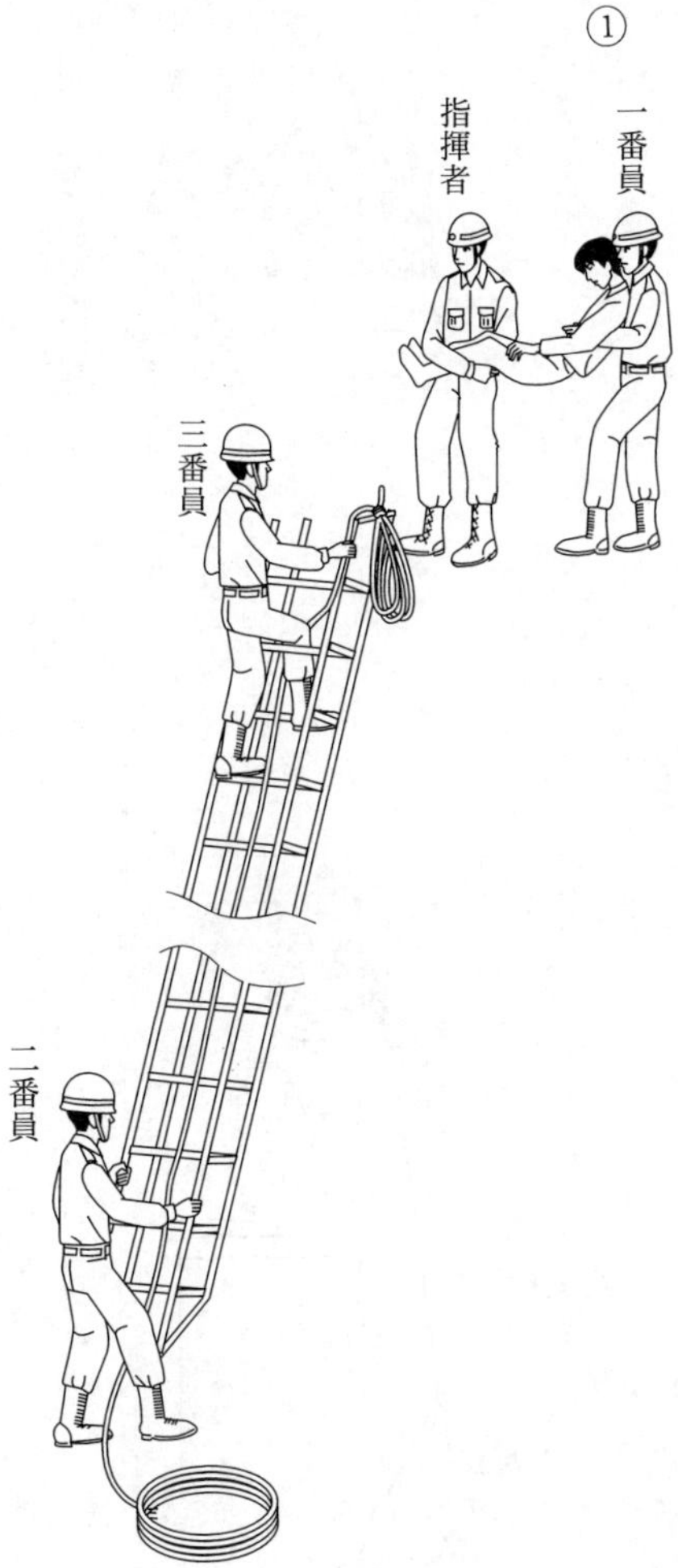

三　番　員

し、てい上で右足は横さんをまたぎ、足首はその下の横さん又は主かんにかけて身体を安定させた姿勢をとり、救助ロープを支持点の横さんの上からはしごの裏側に通して一番員に渡す。

と合図する。

②

③

（収納）

第百八十八条　救出完了ののち器具を収納するには、次の号令及び要領による。

一　指揮者は、「おさめ」と号令し、三番員及び一番員が順にはしごを降ていしたのち、第百四十四条に定める要領ではしごを降ていする。

二　一番員は、前号の号令ではしごから救助ロープをはずし、「ロープ」と合図し、ロープの端末を地上におろしたのち、第百四十四条第二号に定める要領で、はしごを降ていし、二番員と協力してはしごをもとの位置に搬送して置き、集合線にもどる。

三　二番員は、第一号の号令で第百四十四条第三号に定める要領で、はしごを確保し、三番員、一番員及び指揮者の順に降ていしたのち、一番員と協力してはしごをもとの位置に搬送して置き、集合線にもどる。

四　三番員は、第一号の号令で第百四十四条第二号に定める要領ではしごを降ていし、救助ロープの結び目を解いて整理し、ロープをもとの位置に搬送して置き、集合線にもどる。

旧一一〇条…一部改正し繰下〔昭和六三年一二月消告六号〕

【趣　旨】

本条は、要救助者を救出完了した後に、器具を収納する場合の号令及び要領について規定したものである。

【解　説】

救出完了の後器具を収納する場合の号令及び要領を整理すれば、次表のとおりである。

順序	指揮者	一番員	二番員	三番員
1	「おさめ」と号令する。	指揮者の「おさめ」の号令ではしごから救助ロープを外し、「ロープ」と合図し、ロープの端末を地上に降ろす。	指揮者の「おさめ」の号令で両取手を保持して「確保よし」と合図する。	
2	三番員及び一番員の順にはしごを降ていした後、はしごに乗り移り、はしごの両主かんを持ってはしごを降ていする。	三番員に続いて、はしごに乗り移り、はしごの両主かんを持ってはしごを降ていする。		指揮者の「おさめ」の号令及び二番員の「確保よし」の合図ではしごに乗り移り、両主かんを持ってはしごを降ていする。
3		二番員と協力してはしごをもとの位置に搬送して置き、集合線に戻る。	三番員、一番員及び指揮者の順に降ていした後、一番員と協力してはしごをもとの位置に搬送して置き、集合線に戻る。	救助ロープの結び目を解いて整理し、ロープをもとの位置に搬送して置き、集合線に戻る。

第四節　はしご水平救助操法（一）

本節…追加〔昭和六三年一二月消告六号〕

（操法実施上の留意事項）

第百八十九条　第百七十六条に定めるもののほか、はしご水平救助操法（一）を実施するときは、次の各号に掲げる事項に留意しなければならない。

一　はしご下部の安全を完全にすること。

二　担架頭部を足部よりやや上方に保つようにすること。

三　担架の引き上げを補助しながら登ていする場合は、必ず片方の手は、はしごの裏主かんを随時握りながらすべらせること。

本条…追加〔昭和六三年一二月消告六号〕

【趣　旨】

本条は、はしご水平救助操法（一）を実施するうえでの留意事項について規定したものである。

【解　説】

はしご水平救助操法（一）は、三連はしごを用いて高所にいる要救助者を担架に乗せ、担架を水平状態に保ったまま、ロープを緩め、三連はしごを徐々に倒し、地上まで救出する操法である。

なお、本操法は、はしごを倒すため、はしごが不安定になりやすく、下で操作する隊員の上に急激に落下するおそれがある。

（操法の開始）

第百九十条　はしご水平救助操法（一）を開始するには、次の号令及び要領による。

一　指揮者は、「目標○○、操作始め」と号令する。

二　一番員は、前号の号令で三連はしごを第百四十一条第二号に定める要領で架てい位置に搬送する。

三　二番員は、第一号の号令で三連はしごを第百四十一条第三号に定める要領で架てい位置に搬送する。

四　三番員は、第一号の号令でロープ、小綱及び担架をはしご架てい位置後方おおむね三メートルの位置に搬送し、その場でロープを解く。

本条…追加〔昭和六三年一二月消告六号〕

【趣　旨】

本条は、はしご水平救助操法（一）を開始する場合の号令及び要領について規定したものである。

【解　説】

はしご水平救助操法（一）を開始する場合の号令及び要領を整理すると、次表のとおりである。

順序	指揮者	一番員	二番員	三番員
1	「目標○○、操作始め」と号令する。	第百四十一条参照	第百四十一条参照	指揮者の「目標○○、操作始め」の号令でロープ、小綱及び担架をはしご架てい位置後方おおむね三mの位置に搬送し、その場でロープを解く。
2		第百四十一条参照	第百四十一条参照	

（屋内進入及び検索）

第百九十一条　はしごを架ていし、屋内進入するには、次の号令及び要領による。

一　指揮者は、「架てい」と号令し、架ていを確認して「進入」と号令し、一番員につづいて登てい進入し、「担架用意」と号令する。

二　一番員は、前号の「架てい」の号令で第百四十二条第二号に定める要領ではしごを目標開口部に架ていし、前号の「進入」の号令で三番員からロープを受け取つて肩にかけ、第百四十三条第二項第二号に定める要領で進入して「進入よし」と合図し、前号の「担架用意」の号令でロープを解き、一端を地上に降ろし、三番員の「担架よし」の合図でロープをたぐり、担架を引き上げる。

三　二番員は、第一号の「架てい」の号令で第百四十二条第三号に定める要領ではしごを目標開口部に架ていし、同号の「進入」の号令で第百四十三条第二項第三号に定める要領ではしごを確保し、一番員及び指揮者の屋内進入を確認して確保を解き、同号の「担架用意」の号令ではしごを保持して「確保よし」と合図する。

四　三番員は、第一号の「進入」の号令で一番員にロープを渡し、次いで小綱を担架足部の両端に余長が同じになるように調整しながら巻き結びで結着し、同号の「担架用意」の号令で一番員の降ろしたロープを担架頭部の両端に巻き結びで結着し、更に端末を主ロープにもやい結び、半結びで結着し「担架よし」と合図し、担架足部の枠を持つて引き上げを補助しながら登ていし進入する。

本条…追加〔昭和六三年一二月消告六号〕

【趣　旨】

本条は、要救助者を救出する際にはしごを架ていし屋内進入する場合の号令及び要領について規定したものである。

【解　説】

はしごを架ていし屋内進入する場合の号令及び要領を整理すると、次表のとおりである。

なお、担架の引上げを補助しながら登ていする場合は、片方の手ははしごの裏主かんを滑らせながら登ていすること。

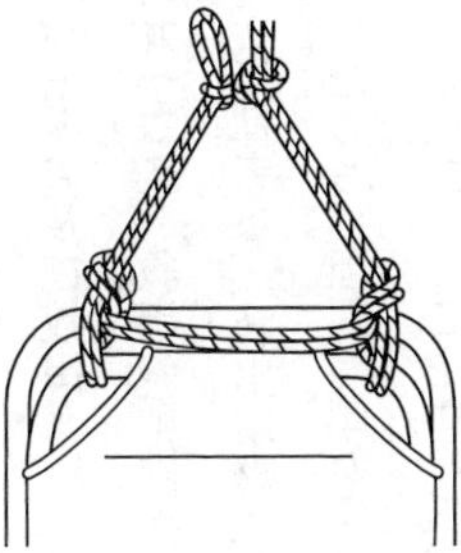

順序	指揮者	一番員	二番員	三番員
1	「架てい」と号令する。	二番員と協力して第百四十二条に定める要領で伸ていし及び架ていする（第百四十二条解説参照）。	一番員と協力して第百四十二条に定める要領で伸ていし及び架ていする（第百四十二条解説参照）。	
2	一番員、二番員の架ていを確認して「進入」と号令する。	指揮者の「進入」の号令で三番員からロープを受け取り、肩にかけ第百四十三条に定める要領で内部に進入し、「進入よし」と合図する。	指揮者の「進入」の号令で両取手を持ってはしごを保持し、「確保よし」と合図する。	指揮者の「進入」の号令で一番員にロープを渡し、小綱を担架足部の両端に余長が同じになるように調整しながら巻き結びで結着する。
3	一番員に続いて登てい進入し、「担架用意」と号令する。	指揮者の「担架用意」の号令でロープを解き、一端を地上に降ろす。	指揮者の「担架用意」の号令ではしごを保持して、「確保よし」と合図する。	指揮者の「担架用意」の号令で一番員の降ろしたロープを担架頭部の両端に巻き結びで結着し、更に端末を主ロープにもやい結び、半結びで結着し、「担架よし」と合図する。
4		三番員の「担架よし」の合図でロープをたぐり担架を引き上げる。		担架足部の枠を持って引上げを補助しながら登ていし、進入する。

（救出準備及び救出）

第百九十二条　救出の準備及び救出を行うには、次の号令及び要領による。

一　指揮者は、「救出用意」と号令し、一番員の「足部縛着よし」及び三番員の「胸部縛着よし」の合図を確認したのち、担架の側方に位置し一番員と協力して担架を持ち上げ、担架足部を架てい位置に乗せ、担架足部の小綱をはしご主かんに巻き結び及び半結びで結着して「結着よし」と合図し、次いで「はしご寄せ」と号令したのち、一番員と協力して担架を持ち上げ、二番員のはしご操作を補助し、二番員の「はしごよし」の合図で「確保」と号令して担架の側方に移動し、一番員と協力して担架を確保したのち、三番員の「確保よし」の合図で確保の状況を確認して「救出始め、ロープゆるめ」と号令し、一番員と協力して担架を送り出したのち、担架頭部が建物の外に出たとき「確保」と号令し、担架の状況を見て「ロープゆるめ」と号令し、二番員の「到着」の合図で「確保解け」と号令する。

二　一番員は、前号の「救出用意」の号令で三番員と協力して要救助者を担架に収容し、足部をバンドで締め、「足部縛着よし」と合図し、三番員の「胸部縛着よし」の合図を確認したのち担架の側方に位置して指揮者と協力して担架を持ち上げ、担架足部を架てい開口部に乗せ、担架足部の小綱をはしご主かんに巻き結び、半結びで結着して「結着よし」と合図し、前号の「はしご寄せ」の号令で、指揮者と協力し、担架を持ち上げ、二番員のはしご操作を補助し、前号の「確保」の号令で担架の側方に移動し、担架を確保して「よし」と合図し、前号の「救出始め、ロープゆるめ」の号令で指揮者と協力して担架を送り出したのち、三番員の確保を補助し、前号の「確保解け」の号令で確保姿勢を解く。

三　二番員は、第一号の「はしご寄せ」の号令ではしご基底部を架てい建物壁面に密着させ、後方作業スペースを確認したのち、「はしごよし」と合図し、同号の「救出始め、ロープゆるめ」の号令で「よし」と合図し、はしご横さん中央を持ち、まつすぐに倒れるように誘導しながら順次横さん中央を持ち替え後退し、はしごの先端に至つたときはしごを静かに地上に置き、素早く担架頭部に移動して担架を持ち、静かにはしごの上に置いて「到着」と合図し、前号の「確保解け」の号令で担架の結着及び救助ロープを解く。

四　三番員は、第一号の「救出用意」の号令で一番員と協力して要救助者を担架に収容し、胸部をバンドで締め「胸部縛着よし」と合図し、指揮者と一番員が担架を結着する時、担架頭部が足部よりやや高くなるように確保し、次いで一番員の「よし」の合図で担架を離し、救助ロープを持ち、第百三十七条第一号又は第二号に定める要領で肩確保姿勢又は座り腰確保姿勢をとつて「確保よし」と合図し、同号の「救出始め、ロープゆるめ」の号令で「ゆるめ」「ゆるめ」と復唱しながら円滑に救助ロープを繰り出し、同号の「確保」の号令で確保を完全にして「確保よし」と合図し、同号の「ロープゆるめ」の号令で再び「ゆるめ」と復唱しながら円滑に救助ロープを繰り出し、同号の「確保解け」の号令で確保姿勢を解く。

本条…追加〔昭和六三年一二月消告六号〕

【趣　旨】

本条は、要救助者を救出準備及び救出する場合の号令及び要領について規定したものである。

【解　説】

救出準備及び救出する場合の号令及び要領を整理すると、次表のとおりである。

順序	指揮者	一番員
1	「救出用意」と号令する。	指揮者の「救出用意」の号令で三番員と協力して要救助者を担架に収容し足部をバンドで締め「足部縛着よし」と合図する。
2	一番員の「足部縛着よし」及び三番員の「胸部縛着よし」の合図を確認した後、担架の側方に位置し、一番員と協力して担架を持ち上げ、担架足部を架てい位置に乗せ、担架足部の小綱をはしご主かんに巻き結び、半結びで結着して「結着よし」と合図する。	三番員の「胸部縛着よし」の合図を確認した後、担架の側方に位置して指揮者と協力して担架を持ち上げ、担架足部を架てい位置に乗せ、担架足部の小綱をはしご主かんに巻き結び及び半結びで結着して「結着よし」
3	担架の結着を確認して「はしご寄せ」と号令し、一番員と協力して担架を持ち上げた後、二番員のはしご操作を補助する。	指揮者の「はしご寄せ」の号令で、指揮者と協力し担架を持ち上げ、二番員のはしご操作を補助する。
4	二番員の「はしごよし」の合図で、「確保」と号令して担架の側方に移動し、一番員と協力して担架を確保する。	指揮者の「確保」の号令で担架の側方に移動し、担架を確保して「よし」と合図する。
5	三番員の「確保よし」の合図で、確保状況を確認して「救出始め、ロープゆるめ」と号令し、一番員と協力して担架を送り出した後、担架頭部が建物の外に出たとき「確保」と号令する。	指揮者の「救出始め、ロープゆるめ」の号令で指揮者と協力して、担架を送り出す。
6	担架の状況を見て「ロープゆるめ」と号令する。	三番員の確保を補助する。
7	二番員の「到着」の合図で「確保解け」と号令する。	指揮者の「確保解け」の号令で確保姿勢を解く。

	二番員	三番員
		指揮者の「救出用意」の号令で一番員と協力して要救助者を担架に収容し、胸部をバンドで締め「胸部縛着よし」と合図する。
と合図する。		指揮者と一番員が担架を結着する時、担架頭部が足部よりやや高くなるよう確保する。
	指揮者の「はしご寄せ」の号令で、はしご基底部を架てい建物壁面に密着させ確保し、「はしごよし」と合図する。	
		一番員の「よし」の合図で担架を離し、救助ロープを持ち、第百三十七条第一号又は第二号に定める要領で肩確保姿勢又は座り確保姿勢をとって「確保よし」と合図する。
	指揮者の「救出始め、ロープゆるめ」の号令で「よし」と合図し、はしご横さん中央を持つ。	指揮者の「救出始め、ロープゆるめ」の号令で「ゆるめ」と復唱しながら救助ロープを繰り出し、指揮者の「確保」の号令で確保を完全にし「確保よし」と合図する。
	ロープの緩めと合わせてはしごが真っすぐに倒れるよう誘導しながら順次横さんを持ち替え後退し、はしごの先端に至ったときはしごを静かに地上に置き、素早く担架頭部に移動して担架を持ち、静かにはしご上に置いて「到着」と合図する。	指揮者の「ロープゆるめ」の号令で「ゆるめ」と復唱しながら救助ロープを繰り出す。
	指揮者の「確保解け」の号令で担架の結着及び救助ロープを解く。	指揮者の「確保解け」の号令で、確保姿勢を解く。

（収納）

第百九十三条　救出完了ののち器具を収納するには、次の号令及び要領による。

一　指揮者は、「おさめ」と号令し、はしごの架てい状況を見て、二番員に「確保」と号令し、一番員及び三番員が降ていしたのち、第百四十四条に定める要領で降ていする。

二　一番員は、前号の号令による二番員の「よし」の合図ではしご引上げロープを引いてはしごを起こしたのち、これを保持し、二番員の「確保よし」の合図で第百四十四条第二号に定める要領で降ていし、はしごをもとの位置に搬送して集合線にもどる。

三　二番員は、第一号の「おさめ」の号令ではしご引上げロープをはしご上部の横さんに結着して「よし」と合図し、はしご先端部を持ち上げ、一番員のはしご引き起こしに合わせて横さんを順次持ちかえ、はしごをまつすぐ立つように誘導したのち、一番員がはしごを保持したのを確認し、はしご基底部を建物から離し、架てい状態にして「架ていよし」と合図し、同号の「確保」の号令ではしごを保持し、「確保よし」と合図

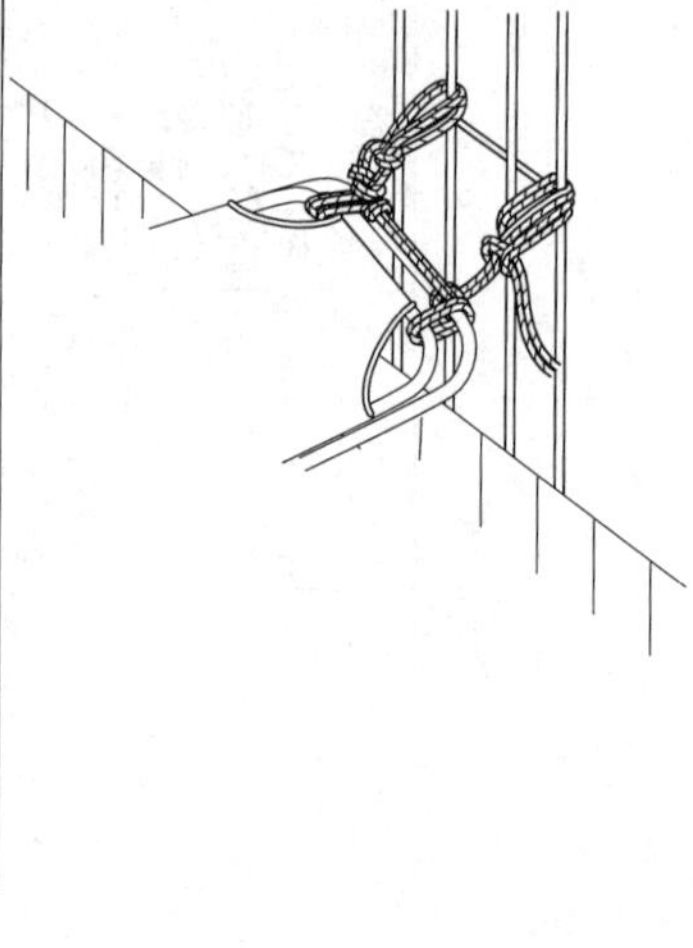

し、指揮者が降ていしたのち、一番員と協力して縮ていし、はしごをもとの位置に搬送して集合線にもどる。

四　三番員は、第一号の号令による二番員の「よし」の合図ではしご引上げロープを引いてはしごを起こし、二番員の「架ていよし」の合図で確保ロープを解いて整理したのち肩にかけ、第百四十四条第二号に定める要領で降ていし、担架、ロープ及び小綱をもとの位置に搬送して集合線にもどる。

本条…追加〔昭和六三年一二月消告六号〕

【趣　旨】

本条は、要救助者を救出完了した後の器具を収納する場合の号令及び要領について規定したものである。

【解　説】

要救助者を救出完了した後の器具を収納する場合の号令及び要領を整理すると、次表のとおりである。

順序	1	2
指揮者	「おさめ」と号令する。	はしごの架てい状況を見て、二番員に「確保」と号令し、一番員及び三番員が降ていした後、第百四十四条に定める要領で降ていする。
一番員	指揮者の「おさめ」の号令による二番員の「よし」ではしご引上げロープを引いてはしごを起こし、はしごを保持する。	二番員の「確保よし」の合図で、第百四十四条に定める要領で降ていし、二番員と協力して縮ていし、はしごをもとの位置に搬送して集合線に戻る。
二番員	指揮者の「おさめ」の号令ではしご引上げロープをはしご上部に結着して「よし」と合図し、はしご先端部を持ち上げ、一番員のはしご引起こしに合わせて横さんを順次持ち替え、はしごを真っすぐに立つように誘導した後、一番員がはしごを保持したのを確認し、はしご基底部を建物から離し、架てい状態にして「架ていよし」と合図する。	指揮者の「確保」の号令ではしごを保持し、「確保よし」と合図し、指揮者が降ていした後、一番員と協力して縮ていし、はしごをもとの位置に搬送して集合線に戻る。
	指揮者の「おさめ」の号令による二番員の「よし」の合	肩にロープをかけた後、第百四十四条に定める要領で降

三番員	図ではしご引上げロープを引いてはしごを起こし、二番員の「架ていよし」の合図で確保ロープを解いて整理し、肩にかける。
	ていし、担架、ロープ及び小綱をもとの位置に搬送して集合線に戻る。

第五節　はしご水平救助操法（二）

本節…追加〔昭和六三年一二月消告六号〕

（操法実施上の留意事項）

第百九十四条　第百七十六条及び第百八十九条に定めるもののほか、はしご水平救助操法（二）を実施するときは、次の各号に掲げる事項に留意しなければならない。

一　はしご先端を建物から離すときは、はしごの安定に留意し慎重に行うこと。

二　担架が降下する壁面に障害物があるときは、誘導ロープを使用すること。

三　担架を降ろすときは、救助ロープを結着したカラビナが横にならないように注意すること。

本条…追加〔昭和六三年一二月消告六号〕

【趣　旨】

本条は、はしご水平救助操法（二）を実施するうえでの留意事項について規定したものである。

【解　説】

はしご水平救助操法（二）は、三連はしごを用い、高所にいる要救助者を担架に乗せ、そのまま担架を水平状態に保ち、ほぼ真下に降下させて救出する操法である。

（操法の開始）

第百九十五条　はしご水平救助操法（二）を開始するには、次の号令及び要領による。

一　指揮者は、「目標○○、操作始め」と号令する。

二　一番員は、前号の号令で三連はしごを第百四十一条第二号に定める要領で架てい位置に搬送する。

三　二番員は、第一号の号令で三連はしごを第百四十一条第三号に定める要領で架てい位置に搬送する。

四　三番員は、第一号の号令で担架、ロープ、小綱、とび口及びカラビナをはしご架てい位置後方おおむね三メートルの位置に搬送し、その場でロープを解く。

本条…追加〔昭和六三年一二月消告六号〕

【趣　旨】

本条は、はしご水平救助操法（二）を開始する場合の号令及び要領について規定したものである。

【解　説】

はしご水平救助操法（二）を開始する場合の号令及び要領を整理すると、次表のとおりである。

順序	1	2
指揮者	「目標○○、操作始め」と号令する。	
一番員	第百四十一条参照	第百四十一条参照
二番員	第百四十一条参照	第百四十一条参照
三番員	指揮者の「目標○○、操作始め」の号令でロープ、小綱、とび口及びカラビナをはしご架てい位置後方おおむね三mの位置に搬送し、その場でロープを解く。	

（屋内進入及び検索）

第百九十六条　はしごを架ていし、屋内進入するには、次の号令及び要領による。

一　指揮者は、「架てい」と号令し、架ていを確認して「進入」と号令し、三番員からとび口一本を受け取り、一番員に続いて登てい進入し、「とび口結着」と号令し、一番員のとび口結着に協力したのち、「担架用意」と号令し、三番員の登ていを確認し、支持点を指示する。

二　一番員は、前号の「架てい」の号令で第百四十二条第二号に定める要領ではしごを目標開口部に架ていし、前号の「進入」の号令で三番員から担架引上げ用ロープ及び小綱を受け取つて肩にかけ、とび口一本を持つて第百四十三条第二項第二号に定める要領で進入して「進入よし」と合図し、前号の「とび口結着」の号令でとび口二本を小綱で結着し、とび口の先端を開き適当な位置のはしごの主かんに小綱でそれぞれ結着し、「結着よし」と合図したのち、前号の「担架用意」の号令でロープを解き、一端を地上に降ろし、三番員の「担架よし」の合図でロープをたぐり三番員と協力して担架を引き上げたのち引上げ用ロープを解き、続いて三番員から救助ロープを受け取り、一箇所吊り担架のカラビナにもやい結び、半結びで結着し、「結着よし」と合図する。

三　二番員は、第一号の「架てい」の号令で第百四十二条第三号に定める要領ではしごを目標開口部に架ていし、同号の「進入」の号令で第百四十三条第二項第三号に定める要領ではしごを確保し、一番員及び指揮者の登ていを確認したのち、同号の「担架用意」の号令で一番員の降ろしたロープを担架頭部の枠に巻結び及び半結びで結着して「担架結着よし」と合図し、はしごを保持して「確保よし」と合図する。

四　三番員は、第一号の「進入」の号令で一番員に担架引上げ用ロープ、小綱及びとび口一本を、指揮者にとび口一本をそれぞれ渡したのち、第百十四条第八号に定める要領で一箇所吊り担架を作成し、二番員の「担架結着よし」の合図を確認して「担架よし」と合図し、救助ロープを整理し、一端をはしご最下段の横さんの下から表側に通し、次いで自己のバンド側部に通し、さらに背中部にとび口（小）を通したのち、救助ロープを延長しながら担架の引上げに協力し、指揮者に指示されたところまで登ていし、作業姿勢をとり、支持点となる横さんの上からはしごの裏に救助ロープを通して一番員に渡すとともに、とび口（小）を支点横さんに補強し、屋内に進入する。

本条…追加〔昭和六三年一二月消告六号〕

【趣　旨】

本条は、はしごを架ていし、屋内進入する場合の号令及び要領について規定したものである。

【解　説】

はしごを架ていし、屋内進入する場合の号令及び要領を整理すると、次表のとおりである。

順序	指揮者	
1	「架てい」と号令する。	二番員と協力して第百四十二条に定める要領で伸てい及び架ていする（第百四十
2	一番員及び二番員の架ていを確認して「進入」と号令し、三番員からとび口一本を受け取り、一番員に続いて登てい進入する。	指揮者の「進入」の号令で三番員から担架引上げロープ及び小綱を受け取って肩
3	進入した後、「とび口結着」と号令し、一番員と協力してとび口を結着する。	指揮者の「とび口結着」の号令でとび口二本を小綱で結着し、とび口の先端を開
4	「担架用意」と号令し、三番員の登ていを確認し支持点を指示する。	指揮者の「担架用意」の号令でロープを解き、一端を地上に降ろし、三番員の

一番員	二番員	三番員	備考
二条解説参照）。	一番員と協力して第百四十二条に定める要領で伸てい及び架ていする（第百四十二条解説参照）。		担架の作成については、要救助者の頭部がやや高くなるようにする。補強材については必要に応じて使用する。
にかけ、とび口一本を持って登てい進入する。	指揮者の「進入」の号令ではしごを確保し、一番員及び指揮者の登ていを確認する。	指揮者の「進入」の号令で一番員に担架引上げロープ、小綱及びとび口一本を、指揮者にとび口一本を渡した後、第百十四条に定める要領で一箇所吊り担架を作成する（第百十四条解説参照）。	
き適当な位置のはしごの主かんに小綱でそれぞれ結着し、「結着よし」と合図する。			
「担架よし」の合図でロープをたぐり三番員と協力して担架を引き上げた後、引上げロープを解き、続いて三番員から救助ロープを受け取り、一箇所吊り担架のカラビナにもやい結び、半結びで結着し「結着よし」と合図する。	指揮者の「担架用意」の号令で一番員の降ろしたロープを担架頭部の枠に巻結び及び半結びで結着して「担架結着よし」と合図し、はしごを保持して「確保よし」と合図する。	二番員の「担架結着よし」の合図を確認して「担架よし」と合図し、救助ロープを整理し、一端をはしご最下段の横さんの下から表側に通し、自己のバンド側部に通して救助ロープを延長しながら担架の引上げに協力し、指揮者に指示されたところまで登ていし作業姿勢をとり、支持点となる横さんの上からはしごの裏に救助ロープを通して一番員に渡すとともに、とび口（小）で横さんを補強し、室内に進入する。	

（救出準備及び救出）

第百九十七条　救出の準備及び要救助者の救出を行うには、次の号令及び要領による。

一　指揮者は、「救出用意」と号令し、一番員の「足部縛着よし」及び三番員の「胸部縛着よし」の合図並びに二番員の「確保準備よし」の合図を確認して「救出始め、ロープ引け」と号令し、一番員及び三番員と協力して担架を持ち上げ、救助ロープの状況を確認して「確保」と号令し、二番員の「確保よし」の合図ではしご及び担架の状況を確認して「はしご離せ」と号令し、適当な位置まではしごが離れたら「はしご確保」と号令し、一番員及び三番員の「確保よし」の合図で、はしごの安定状態を確認し、「ロープゆるめ」と号令

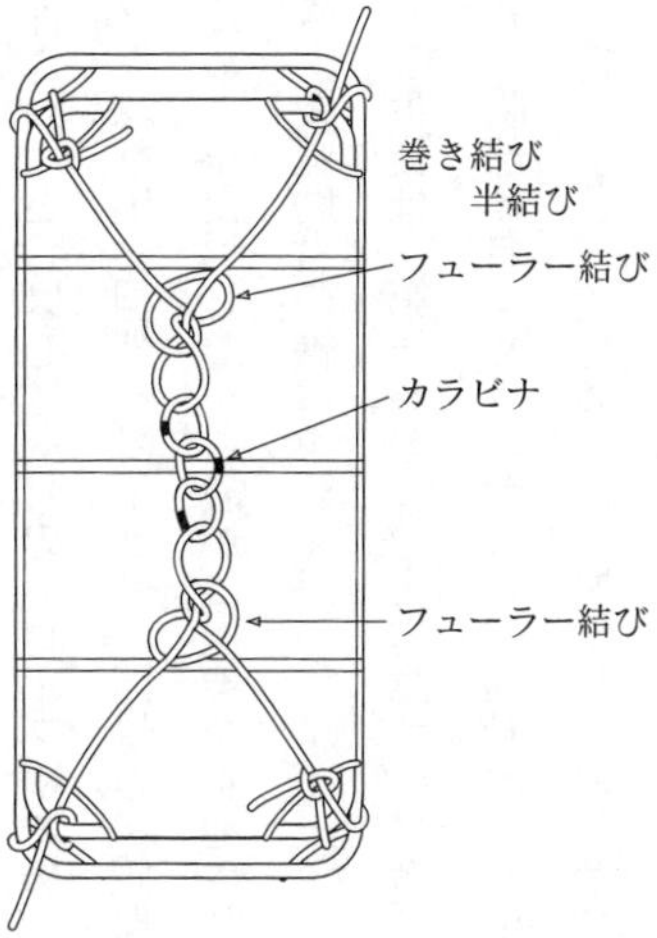

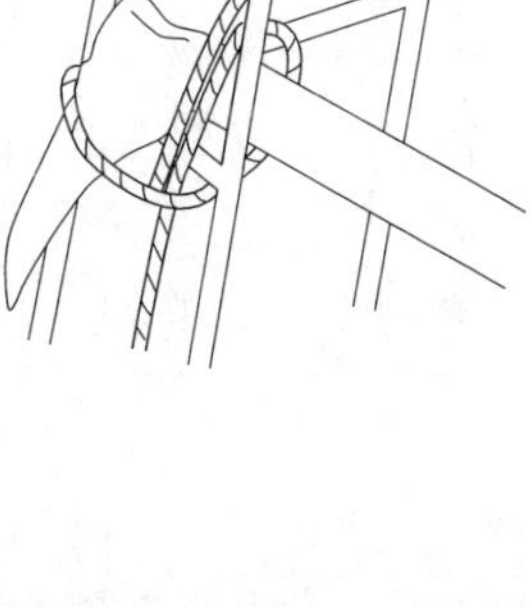

し、担架の降下状態を監視し、着地直前に「確保」と号令し、担架を一旦停止させたのち、静かに着地させ、二番員の「到着」の合図で要救助者の状況を確認して「確保解け」と号令する。

二　一番員は、前号の「救出用意」の号令で三番員と協力して足部をバンドで締め「足部縛着よし」と合図し、前号の「救出始め、ロープ引け」の号令で指揮者及び三番員と協力して担架を持ち上げ、前号の「はしご離せ」の号令で一方のとび口を持ち、三番員と協力して静かにはしごを押し出して壁から離し、前号の「はしご確保」の号令でとび口を両手で持ち確保姿勢をとり「確保よし」と合図し、前号の「確保解け」の号令で三番員と協力してとび口を引き、はしごをもとにもどす。

三　二番員は、第一号の「救出用意」の号令で担架の降下に支障ないようにはしごを修正したのち、救助ロープのゆるみをとり、第百三十七条第一号に定める要領で肩確保姿勢をとつて「確保準備よし」と合図し、同号の「救出始め、ロープ引け」の号令で救助ロープを引き、同号の「確保」の号令で確保を万全にして「確保よし」と合図し、同号の「ロープゆるめ」の号令で「ゆるめ」「ゆるめ」と復唱しながら円滑に救助ロープを繰り出し担架を降下させ、同号の「確保」の号令で「確保」と復唱し、担架を一旦停止させて再び「ゆるめ」を復唱しながら静かに担架を着地させ「到着」と合図し、同号の「確保解け」の号令で確保姿勢を解き、要救助者の縛着を解く。

四　三番員は、第一号の「救出用意」の号令で一番員と協力して要救助者を担架に収容し、胸部をバンドで締め「胸部縛着よし」と合図し、同号の「救出始め、ロープ引け」の号令で指揮者及び一番員と協力して担架を持ち上げ、同号の「はしご離せ」の号令で一方のとび口を持ち、一番員と協力して静かにはしごを押し出して壁から離し、同号の「はしご確保」の号令でとび口を両手で持ち確保姿勢をとり「確保よし」と合図し、同号の「確保解け」の号令で一番員と協力してとび口を引き、はしごをもとにもどす。

本条…追加（昭和六三年一二月消告六号）

【趣　旨】

本条は、要救助者を救出する場合の救出準備及び救出の号令及び要領について規定したものである。

【解　説】

救出の準備及び要救助者を救出する場合の号令及び要領を整理すると、次表のとおりである。

順序	指揮者	一番員
1	「救出用意」と号令する。	指揮者の「救出用意」の号令で、三番員と協力して要救助者を担架に収容し、足部をバンドで締め「足部縛着よし」と合図する。
2	一番員の「足部縛着よし」及び三番員の「胸部縛着よし」の合図並びに二番員の「確保準備よし」の合図を確認して「救出始め、ロープ引け」と号令し、一番員及び三番員と協力して担架を持ち上げ、救助ロープの状況を確認して「確保」と号令する。	指揮者の「救出始め、ロープ引け」の号令で指揮者及び三番員と協力して担架を持ち上げる。
3	二番員の「確保よし」の合図ではしご及び担架の状況を確認して「はしご離せ」と号令し、適当な位置まではしごが離れたら「はしご確保」と号令する。	指揮者の「はしご離せ」の号令で、一方のとび口を持ち三番員と協力して静かにはしごを押し出して壁から離し、指揮者の「はしご確保」の号令でとび口を両手で
4	一番員及び三番員の「確保よし」の合図で、はしごの安定状態を確認し、「ロープゆるめ」と号令し、担架の降下状態を監視し、着地直前に「確保」と号令し、担架を一旦停止させた後、静かに着地させる。	
5	二番員の「到着」の合図で要救助者の状況を確認して「確保解け」と号令する。	指揮者の「確保解け」の号令で三番員と協力してとび口を引き、はしごをもとに戻す。

	二番員	三番員
	指揮者の「救出用意」の号令で、救助ロープの緩みをとり、第百三十七条に定める要領で「肩確保姿勢」をとって「確保準備よし」と合図する。	指揮者の「救出用意」の号令で、一番員と協力して要救助者を担架に収容し、胸部をバンドで締め「胸部縛着よし」と合図する。
	指揮者の「救出始め、ロープ引け」の号令で救助ロープを引き、指揮者の「確保」の号令で確保を万全にして「確保よし」と合図する。	指揮者の「救出始め、ロープ引け」の号令で指揮者及び一番員と協力して担架を持ち上げる。
持ち確保姿勢をとり「確保よし」と合図する。		指揮者の「はしご離せ」の号令で、一方のとび口を持ち一番員と協力して静かにはしごを押し出して壁から離し、指揮者の「はしご確保」の号令でとび口を両手で持ち確保姿勢をとり「確保よし」と合図する。
	指揮者の「ロープゆるめ」の号令で「ゆるめ」「ゆるめ」と復唱しながら円滑に救助ロープを繰り出し担架を降下させ、指揮者の「確保」の号令で「確保」と復唱し、担架を一旦停止させて再び「ゆるめ」を復唱しながら静かに担架を着地させ「到着」と合図する。	
	指揮者の「確保解け」の号令で確保姿勢を解き、要救助者の縛着を解く。	指揮者の「確保解け」の号令で、一番員と協力してとび口を引き、はしごをもとに戻す。

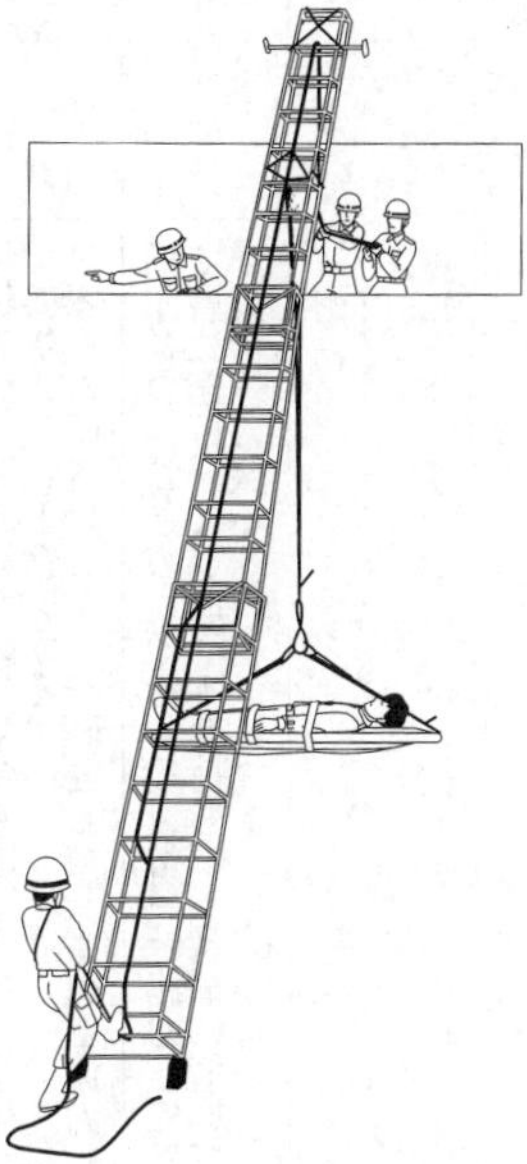

（収納）

第百九十八条　救出完了ののち器具を収納するには、次の号令及び要領による。

一　指揮者は、「おさめ」と号令し、次いで二番員に「確保」と号令し、一番員及び三番員が降ていしたのち、第百四十四条に定める要領でとび口一本を携行して降ていする。

二　一番員は、前号の「おさめ」の号令で三番員と協力してはしごに結着したとび口を外し、次いでとび口二本を結着した小綱を解いて、二番員の「確保よし」の合図でとび口一本と小綱を携行して降ていし、三番員が降ていしたのを確認して二番員と協力して縮ていし、もとの位置に搬送して集合線にもどる。

三　二番員は、第一号の「おさめ」の号令で救助ロープを担架から外したのち、同号の「確保」の号令ではしごを保持して「確保よし」と合図し、三番員が降ていしたのを確認して一番員と協力して縮ていし、もとの位置に搬送して集合線にもどる。

四　三番員は、第一号の「おさめ」の号令で一番員と協力してはしごに結着したとび口を外し、担架引上げ用ロープを整理して肩にかけ、とび口（小）一本を持ち、一番員に続いて降ていし、救助ロープを整理し、器具をもとの位置に搬送して集合線にもどる。

本条…追加〔昭和六三年一二月消告六号〕

【趣旨】

本条は、要救助者を救出完了した後の器具を収納する場合の号令及び要領について規定したものである。

【解説】

要救助者を救出完了した後の器具を収納する場合の号令及び要領を整理すると、次表のとおりである。

順序	1
指揮者	「おさめ」と号令し、次いで二番員に「確保」と号令し、一番員及び三番員が降ていした後、とび口一本を携行して降ていする。
一番員	指揮者の「おさめ」の号令で三番員と協力してはしごに結着したとび口を外し、次いでとび口二本を結着した小綱を解いて、二番員の「確保よし」の合図でとび口一本と小綱を携行して降ていし、三番員が降ていしたのを確認して二番員と協力して縮ていし、もとの位置に搬送して集合線に戻る。
二番員	指揮者の「おさめ」の号令で救助ロープを担架から外したのち、指揮者の「確保」の号令ではしごを保持して「確保よし」と合図する。三番員が降ていしたのを確認して一番員と協力して縮ていし、もとの位置に搬送して集合線に戻る。
三番員	指揮者の「おさめ」の号令で一番員と協力してはしごに結着したとび口を外し、担架引上げ用ロープを整理して肩にかけ、とび口一本を持ち、一番員に続いて降ていし、救助ロープを整理し、器具をもとの位置に搬送して集合線に戻る。

第六節　一箇所吊り担架水平救助操法

本節…追加〔昭和六三年一二月消告六号〕

（操法実施上の留意事項）

第百九十九条　第百七十六条、第百八十九条及び第百九十四条に定めるもののほか、一箇所吊り担架水平救助操法を実施するときは、次の各号に掲げる事項に留意しなければならない。

一　担架の降下に際しては、必ず誘導ロープを使用すること。

二　低所から吊上げ救出する場合には、作業を容易にするため支持点に滑車を使用すること。

本条…追加〔昭和六三年一二月消告六号〕

【趣　旨】

本条は、一箇所吊り担架水平救助操法を実施する上での留意事項について規定したものである。

【解　説】

一箇所吊り担架水平救助操法は、要救助者より上部の位置に支点を作成し、要救助者を担架に乗せ、水平状態で救出する要領を定めた操法である。

（操法の開始）

第二百条　一箇所吊り担架水平救助操法を開始するには、次の各号及び要領による。

一　指揮者は、「目標○○、操作始め」と号令する。

二　一番員は、前号の号令で担架を目標位置に搬送し、二番員から小綱及びカラビナを受け取り担架頭部左右の枠に巻き結び、半結びで結着し、ヒューラー結びを作り「ヒューラー結びよし」と合図し、二番員の作成したヒューラー結びを受け取って、カラビナで接合し、支点を確認し「支点○○」と合図したのち、誘導ロープを頭部左側の枠に巻き結び、半結びで結着し「結着よし」と合図し、誘導ロープを投下しやすい位置に置き、担架を要救助者の位置に移動し、次いでカラビナを離脱し、要救助者を収容しやすいようにロープを整理する。

三　二番員は、第一号の号令で小綱及びカラビナを目標位置に搬送し、一番員に小綱及びカラビナを渡したのち、別の小綱の両端で担架足部左右の枠に巻き結び、半結びで結着し、小綱の中心をとってヒューラー結びを作り「ヒューラー結びよし」と合図し、一番員に渡したのち、一番員の「支点○○」の合図で誘導ロープを足部左側の枠に巻き結び、半結びで結着し「結着よし」と合図し、誘導ロープを投下しやすい位置に置き、一番員と協力して担架を要救助者の位置に置き、要救助者を収容しやすいようにロープを整理する。

四　三番員は、第一号の号令で小綱、カラビナ及び誘導ロープを目標位置に搬送し、誘導ロープを二番員の横に置いたのち、小綱及びカラビナで救助ロープ用の支点を作成し「支点よし」と合図し、地上へ移動する。

五　四番員は、第一号の号令で誘導ロープ及び救助ロープを目標位置に搬送し、誘導ロープを一番員の横に置いたのち、三番員の「支点よし」の合図で救助ロープを支点に通し地上へ移動する。

本条…追加〔昭和六三年一二月消告六号〕

【趣　旨】

本条は、一箇所吊り担架水平救助操法を開始する場合の号令及び要領について規定したものである。

【解　説】

一箇所吊り担架水平救助操法を開始する場合の号令及び要領を整理すると、次表のとおりである。

順序	1
指揮者	「目標○○、操作始め」と号令する。
一番員	指揮者の「目標○○、操作始め」の号令で担架を目標位置に搬送し、二番員から小綱及びカラビナを受け取り担架頭部左右の枠に巻き結び、半結びで結着し、ヒューラー結びを作り「ヒューラー結びよし」と合図し、二番員のヒューラー結びを受け取り、カラビナで接合し、支点を確認し「支点○○」と合図した後、誘導ロープを頭部左側の枠に巻き結び、半結びで結着し、「結着よし」と合図し、担架を要救助者の位置に移動し、要救助者を収容しやすいようカラビナを離脱し、ロープを整理する。
二番員	指揮者の「目標○○、操作始め」の号令で小綱及びカラビナを目標位置に搬送し、一番員に小綱及びカラビナを渡したのち、別の小綱で担架足部左右の枠に巻き結び、半結びで結着し、ヒューラー結びを作り「ヒューラー結びよし」と合図し、一番員に渡したのち、一番員の「支点○○」の合図で誘導ロープを足部左側の枠に巻き結び、半結びで結着し「結着よし」と合図し、一番員と協力して担架を要救助者の位置に置き、ロープを整理する。
三番員	指揮者の「目標○○、操作始め」の号令で小綱、カラビナ及び誘導ロープを目標位置に搬送し、誘導ロープを二番員の横に置いたのち、小綱等で救助ロープ用の支点を作成し「支点よし」と合図し、地上へ移動する。
四番員	指揮者の「目標○○、操作始め」の号令で誘導ロープ及び救助ロープを目標位置に搬送し、誘導ロープを一番員の横に置いたのち、三番員の「支点よし」の合図で救助ロープを支点に通し地上へ移動する。

（救出準備及び救出）

第二百一条　救出の準備及び要救助者の救出を行うには、次の号令及び要領による。

一　指揮者は、「救出用意」と号令し、三番員及び四番員の「誘導ロープよし」の合図を確認して「救出始め、ロープ引け」と号令し、二番員と協力して担架を降下させることのできる状態まで持ち上げ、「確保」と号令し、担架を静かに離し、担架の状態を確認したのち「ロープゆるめ」と号令し、三番員の「到着」の合図で要救助者の状況を確認し「確保解け」と号令する。

二　一番員は、前号の「救出用意」の号令で二番員と協力して要救助者を担架に収容して足部をバンドで締め「足部縛着よし」と合図し、第百三十七条第二号に定める要領で腰確保姿勢をとり、ロープのゆるみをなくし「確保準備よし」と合図し、前号の「救出始め、ロープ引け」の号令で素早く救助ロープのゆるみをなくし、前号の「確保」の号令で確保を万全にして「確保よし」と合図し、前号の「ロープゆるめ」の号令で「ゆるめ」「ゆるめ」と復唱しながら担架を降下させ、三番員の「到着」の合図でロープ操作をやめ、前号の「確保解け」の号令で確保姿勢を解く。

三　二番員は、第一号の「救出用意」の号令で一番員と協力して要救助者を担架に収容して胸部をバンドで締め「胸部縛着よし」と合図し、ヒューラー結びにカラビナを接合し、救助ロープをカラビナ（二重）にもやい結び、半結びで結着し、次いで誘導ロープを地上に投下し、同号の「救出始め、ロープ引け」の号令で指揮者と協力して担架を持ち上げ、一番員の「確保よし」の合図で担架を静かに離したのち、一番員を補助し、同号の「確保解け」の号令で一番員の確保補助を解く。

四　三番員は、第一号の「救出用意」の号令で誘導ロープを両手で持ち、「誘導ロープよし」と合図し、同号の「ロープゆるめ」の号令で誘導ロープを操作し、担架の降下とともに誘導ロープを手繰りながら担架に近寄り、四番員と協力して担架を両手で保持して「到着」と合図し、同号の「確保解け」の号令で担架を安全な場所に移動して降ろし、要救助者の縛着を解く。

五　四番員は、第一号の「救出用意」の号令で誘導ロープを両手で持ち「誘導ロープよし」と合図し、同号の「ロープゆるめ」の号令で誘導ロープを操作し、担架の降下とともに誘導ロープを手繰りながら担架に近寄り、三番員と協力して担架を両手で保持し、同号の「確保解け」の号令で担架を安全な場所に移動して静かに降ろし、要救助者の縛着を解く。

本条…追加〔昭和六三年一二月消告六号〕

【趣　旨】

本条は、救出準備及び救出する場合の号令及び要領について規定したものである。

【解　説】

救出準備及び救出する場合の号令及び要領を整理すると、次表のとおりである。

順序	指揮者
1	「救出用意」と号令する。
2	三番員、四番員の「誘導ロープよし」の合図を確認して「救出始め、ロープ引け」と号令し、二番員と協力して担架を降下させることのできる状態まで持ち上げ、「確保」と号令する。
3	担架の状態を確認した後「ロープゆるめ」と号令する。
4	三番員の「到着」の合図で要救助者の状況を確認し、「確保解け」と号令する。

一番員	二番員	三番員	四番員
指揮者の「救出用意」の号令で二番員と協力して要救助者を担架に収容して足部をバンドで締め「足部縛着よし」と合図し、腰確保姿勢をとり、ロープの緩みをなくし「確保準備よし」と合図する。	指揮者の「救出用意」の号令で一番員と協力して要救助者を担架に収容して胸部をバンドで締め「胸部縛着よし」と合図し、ヒューラー結びにカラビナを接合し、救助ロープをカラビナにもやい結び、半結びで結着し、誘導ロープを地上に投下する。	誘導ロープが地上に投下された後誘導ロープを両手で持ち「誘導ロープよし」と合図する。	誘導ロープが地上に投下された後誘導ロープを両手で持ち「誘導ロープよし」と合図する。
指揮者の「救出始め、ロープ引け」の号令で素早く救助ロープの緩みをなくし、指揮者の「確保」の号令で確保を万全にして「確保よし」と合図する。	指揮者の「救出始め、ロープ引け」の号令で指揮者と協力して担架を持ち上げ、一番員の「確保よし」の合図で担架を静かに離し一番員の補助にあたる。		
指揮者の「ロープゆるめ」の号令で「ゆるめ」「ゆるめ」と復唱しながら担架を降下させ、三番員の「到着」の合図でロープ操作をやめる。	一番員の確保補助にあたる。	指揮者の「ロープゆるめ」の号令で誘導ロープを操作し、担架の降下とともに誘導ロープを手繰りながら担架に近より、四番員と協力して担架を保持して「到着」と合図する。	指揮者の「ロープゆるめ」の号令で誘導ロープを操作し、担架の降下とともに誘導ロープを手繰りながら、担架に近より三番員と協力して担架を保持する。
指揮者の「確保解け」の号令で確保姿勢を解く。	指揮者の「確保解け」の号令で確保補助を解く。	指揮者の「確保解け」の号令で担架を安全な場所に移動し、要救助者の縛着を解く。	指揮者の「確保解け」の号令で担架を安全な場所に移動し、要救助者の縛着を解く。

（収納）

第二百二条　救出完了ののち器具を収納するには、次の号令及び要領による。

一　指揮者は、「おさめ」と号令する。

二　一番員は、前号の号令で担架を搬送し、もとの位置に置き集合線にもどる。

三　二番員は、第一号の号令で小綱及びカラビナを整理し、もとの位置に置き集合線にもどる。

四　三番員は、第一号の号令で誘導ロープ、小綱及びカラビナを整理し、もとの位置に置き集合線にもどる。

五　四番員は、第一号の号令で誘導ロープ及び救助ロープを整理し、もとの位置に置き集合線にもどる。

本条…追加〔昭和六三年一二月消告六号〕

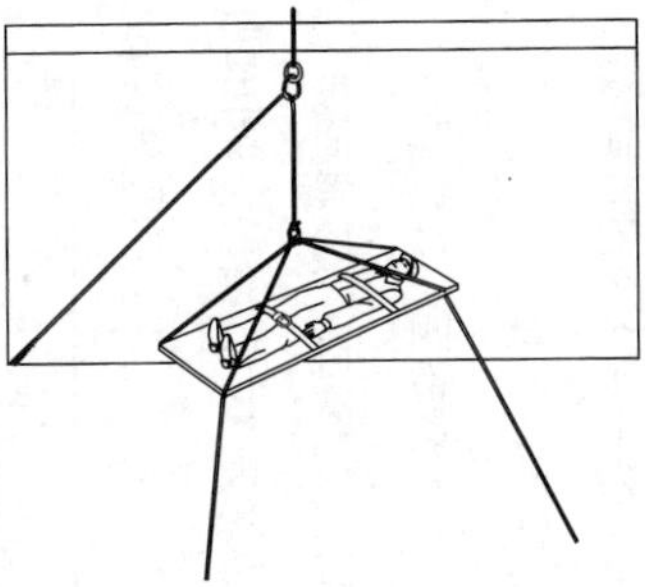

【趣　旨】

本条は、救出後の収納する場合の号令及び要領について規定したものである。

【解　説】

救出後の器具を収納する場合の号令及び要領を整理すると、次表のとおりである。

指揮者	「おさめ」と号令する。
一番員	指揮者の「おさめ」の号令で担架を搬送し、もとの位置に置き集合線に戻る。
二番員	指揮者の「おさめ」の号令で小綱及びカラビナを整理し、もとの位置に置き集合線に戻る。
三番員	指揮者の「おさめ」の号令で誘導ロープ、小綱及びカラビナを整理し、もとの位置に置き集合線に戻る。
四番員	指揮者の「おさめ」の号令で誘導ロープ及び救助ロープを整理し、もとの位置に置き集合線に戻る。

第七節　応急はしご車救助操法

旧三節…繰下〔昭和六三年一二月消告六号〕

（操法の開始）

第二百三条　応急はしご車救助操法を開始するには、次の号令及び要領による。

一　指揮者は、「目標○○、操作始め」と号令し、下車する。

二　各隊員は、四番員の「よし」の合図でいっせいに下車する。

三　一番員は、はしご車からロープ一本を取り出し、右（左）肩から左（右）脇にかけ、はしご先端に登り、てい体に安全ベルトの命綱をつけ、自己の安全を確保したのち、はしご先端の両主かんをもち、ふみ板を組みたてて両足をのせ、インターフォンのスイッチを入れて四番員と交信テストを行い、「先端準備よし」と合図する。

四　二番員は、第百六十六条第四号に定める要領で同号に規定する操作及び合図を行つたのち、はしご車後方にいたつて車両と相対する。

五　三番員は、第百六十六条第五号に定める要領で同号に規定する操作及び合図を行つたのち、はしご車後方にいたつて車両と相対する。

六　四番員は、第一号の号令で第百六十六条第六号に定める要領で同号に規定する操作及び合図を行つたのち、一番員とインターフォンで交信テストを行い、一番員の「先端準備よし」の合図を復唱する。

旧二一一条…一部改正し繰下〔昭和六三年一二月消告六号〕

【趣　旨】

本条は、応急はしご車救助操法を開始する場合の号令及び要領について規定したものである。応急はしご車による救助方法とは、積載はしごの届かない高所にいる要救助者を架ていした機械はしごの横さんにロープの支持点をとって確保し、安全迅速に救出する方法である。

【解　説】

応急はしご車救助操法を開始する場合の号令及び要領を整理すれば、次表のとおりである。

順序	指揮者
1	「目標○○、操作始め」と号令し、下車する。
2	
3	
4	

一番員	二番員	三番員	四番員
四番員の「よし」の合図で下車する。	四番員の「よし」の合図で下車する。	四番員の「よし」の合図で下車する。	指揮者の「目標○○、操作始め」の号令で停車の処置を行い「よし」と合図し、動力をはしご運用に切り替え、エンジンを調整して下車する。
はしご車からロープ一本を取り出し、右（左）肩から左（右）脇にかけ、はしご先端に登り、てい体に安全ベルトの命綱を着け、自己の安全を確保した後、はしご先端の両主かんを持ち、踏板を組み立てて両足をのせる。	左側のジャッキ受台及び車輪止めを取り出し、受台を左前後部のジャッキ接地点に置き「左受台準備よし」と合図する。	右側のジャッキ受台及び車輪止めを取り出し、受台を右前後部のジャッキ接地点に置き「右受台準備よし」と合図する。	はしご車後部のジャッキ操作位置に至り、スプリングを固定して「スプリング固定よし」と合図し、二番員及び三番員の「受台準備よし」との合図で「ジャッキ降下」と合図し、ジャッキを降下させる（ジャッキの展張を連動するものにあっては、「ジャッキ展張」と合図してジャッキを展張させる。）。
	ジャッキが完全に接地したことを確認し、「左ジャッキよし」と合図し、続いて車輪止めを左後車輪の前後に置き「左車輪止めよし」と合図する。	ジャッキが完全に接地したことを確認し、「右ジャッキよし」と合図し、続いて車輪止めを右後車輪の前後に置き「右車輪止めよし」と合図する。	車体の安定及び水平を保ちバルブを固定し、「車体安定よし」と合図する。
インターフォンのスイッチを入れて四番員と交信テストを行い、「先端準備よし」と合図する。	はしご車後方に至って車両と相対する。	はしご車後方に至って車両と相対する。	一番員とインターフォンで交信テストを行い、一番員の「先端準備よし」の合図を復唱する。

（架てい及び進入）

第二百四条　はしごを架ていし、隊員が進入するには、次の号令及び要領による。

一　指揮者は、「はしご架てい用意」と号令し、四番員の「操作台準備よし」の合図で「はしご架てい」と号令し、四番員の「架ていよし」の復唱で「進入」と号令し、四番員の「進入よし」の復唱で「救助ロープ用意」と号令する。

二　一番員は、前号の「はしご架てい」の号令で四番員と連絡をとりながらはしご先端を目標開口部に誘導し、架ていが完了したのち「架ていよし」と合図し、前号の「進入」の号令でふみ板をおさめ、てい体から命綱をとき、目標階の支持物に命綱をつけ、自己の安全を確保しながら目標階に進入し、命綱をはずして「進入よし」と合図する。

三　二番員は、第一号の「救助ロープ用意」の号令ではしご車から小綱一本及びカラビナ一個を取り出して携行し、はしご車後方おおむね二メートルの位置にいたり、三番員の救助ロープ作成に協力してロープを整理する。

四　三番員は、第一号の「救助ロープ用意」の号令ではしご車から救助用ロープ二本を取り出し、はしご車後方二メートルの位置に搬送してロープを解き、一方のロープの一端に第百十六条第二号に定める要領で三重もやい結びをつくり、他のロープの一端を三重もやい結びの三つの輪をとおして結び目の位置で第百十二条第四項第二号に定める要領でもやい結びをし、第百十二条第三項第八号に定める要領で半結びをかけて二本あわせの救助ロープとし、「救助ロープよし」と合図する。

五　四番員は、第一号の「はしご架てい用意」の号令で準備を整えて「操作台準備よし」と合図し、同号の「はしご架てい」の号令を復唱し、計器等に注意し、一番員と連絡をとりながらてい体の起てい、伸てい及び旋回の操作を行つてはしごを目標に架ていし、一番員の「架ていよし」の合図を復唱し、同号の「進入」の号令を一番員に伝達し、一番員の「進入よし」の合図を復唱する。

旧一一二条…一部改正し繰下〔昭和六三年一二月消告六号〕

【趣旨】

本条は、はしご車のはしごを架ていし、隊員が進入する場合の号令及び要領について規定したものである。

【解説】

はしごを架ていし、隊員が進入する場合の号令及び要領を整理すれば、次表のとおりである。

順序	指揮者	一番員	
1	「はしご架てい用意」と号令する。		
2	四番員の「操作台準備よし」の合図で「はしご架てい」と号令する。	指揮者の「はしご架てい」の号令で四番員と連絡をとりながらはしご先端を目標開口部に誘導し、架ていが完了した後「架ていよし」と合図する。	
3	四番員の「架ていよし」の復唱で「進入」と号令する。	指揮者の「進入」の号令で踏板をおさめ、てい体から命綱を解き、目標階の支持物に命綱を着け、自己の安全を確保しながら目標階に進入し、命綱を外して「進入よし」と合図する。	
4	四番員の「進入よし」の復唱で「救助ロープ用意」と号令する。		指揮者の「救助ロープ用意」の号令ではしご車から小綱一本及びカラビナ一個を取り出して携行し、はし

二番員	三番員	四番員
		指揮者の「はしご架てい用意」の号令で準備を整えて「操作台準備よし」と合図する。
		指揮者の「はしご架てい」の号令を復唱し、計器等に注意し、一番員と連絡をとりながらてい体の起てい、伸てい及び旋回の操作を行ってはしごを目標に架ていし、一番員の「架ていよし」の合図を復唱する。
		指揮者の「進入」の号令を一番員に伝達し、一番員の「進入よし」の合図を復唱する。
ご車後方おおむね二mの位置に至り、三番員の救助ロープ作成に協力してロープを整理する。	指揮者の「救助ロープ用意」の号令ではしご車から救助用ロープ二本を取り出し、はしご車後方二mの位置に搬送してロープを解き、一方のロープの一端に第百十六条第二号に定める要領で三重もやい結びをつくり、他のロープの一端を三重もやい結びの三つの輪を通して結び目の位置で第百十二条第四項第二号に定める要領でもやい結びをし、第百十二条第三項第八号に定める要領で半結びをかけて二本合わせの救助ロープとし、「救助ロープよし」と合図する。	

（登てい及び救助施設設定）

第二百五条　一番員の進入後、他隊員が登ていし、及び救助施設を設定するには、次の号令及び要領による。

一　指揮者は、「登てい用意」と号令し、リフターの位置にいたり、二番員のリフター組立てを補助し、リフター左側にとう乗し、二番員の「準備よし」の合図で「登てい始め」と号令し、リフターの目標位置で「とまれ」と号令し、次いで「救助ロープ設定」と号令し、目標開口部まで登ていし、目標階の支持物に命綱をつけ、自己の安全を確保しながら「進入」と合図して進入する。

二　一番員は、てい上の二番員から救助ロープを受け取り、要救助者を身体結索して「縛着よし」と合図し、携行したロープを解く。

三　二番員は、第一号の「登てい用意」の号令でリフターの位置にいたり、これを組み立てて「リフターよし」と合図し、三番員から救助ロープの結びを受け取つて安全ベルトの左側にはさみ、リフター右側にとう乗して背バンドをかけ、安全を点検して「準備よし」と合図し、同号の「登ていはじめ」の号令で右手を横水平に上げ、上横に振つてリフターを上昇させる合図をし、同号の「とまれ」の号令で右手を静止させ、同号の「救助ロープ設定」の号令で、指揮者に続いて救助ロープを設定する横さんまで登ていし、てい体に命綱をつけ、自己の安全を確保して支持点とする横さんの上から救助ロープの結びをはしごの裏側にとおして一番員に渡し、命綱を解いててい上作業の姿勢を解き、降ていしてリフター内に入る。

四　三番員は、第一号の「登てい用意」の号令で、救助ロープの結びをもつてリフターの位置にいたり、結びを二番員に渡し、同号の「登てい始め」の号令で二番員の携行する救助ロープを整理し、リフター停止ののちは地上のロープを整理する。

五　四番員は、第一号の「登てい用意」の号令を復唱し、リフター上昇の準備を行い、同号の「登てい始め」の号令を復唱し、リフターを二番員の合図で上昇させ、停止の合図で停止させる。

旧一一三条…繰下〔昭和六三年一二月消告六号〕

【趣　旨】

本条は、一番員が目標階に進入した後、他の隊員が登ていし、救助施設を設定する場合の号令及び要領について規定したものである。

【解　説】

一番員の進入後、他隊員が登ていし、救助施設を設定する場合の号令及び要領を整理すれば、次表のとおりである。

順序	指揮者	一番員
1	「登てい用意」と号令し、リフターの位置に至り、二番員のリフター組立てを補助し、リフター左側に搭乗する。	
2	二番員の「準備よし」の合図で「登てい始め」と号令する。	
3	リフターの目標位置で「とまれ」と号令する。	
4	「救助ロープ設定」と号令し、目標開口部まで登ていし、目標階の支持物に命綱を着け、自己の安全を確保しながら「進入」と合図して進入する。	
5		てい上の二番員から救助ロープを受け取り、要救助者を身体結索して「縛着よし」と合図し、携行したロープを解く。

二番員	三番員	四番員
指揮者の「登てい用意」の号令でリフターの位置に至り、これを組み立てて「リフターよし」と合図し、三番員から救助ロープの結びを受け取って安全ベルトの左側に挟み、リフター右側に搭乗し、背バンドをかけ、安全を点検して「準備よし」と合図する。	指揮者の「登てい用意」の号令で、救助ロープの結びを持ってリフターの位置に至り、結びを二番員に渡す。	指揮者の「登てい用意」の号令を復唱し、リフター上昇の準備を行う。
指揮者の「登てい始め」の号令で右手を横水平にあげ、上横に振ってリフターを上昇させる合図をする。	指揮者の「登てい始め」の号令で二番員の携行する救助ロープを整理する。	指揮者の「登てい始め」の号令を復唱し、リフターを二番員の合図で上昇させる。
指揮者の「とまれ」の号令で右手を静止させる。	リフター停止の後は、地上のロープを整理する。	二番員の停止の合図で停止させる。
指揮者の「救助ロープ設定」の号令で、指揮者に続いて救助ロープを設定する横さんまで登ていし、てい体に命綱を着け、自己の安全を確保して支持点とする横さんの上から救助ロープの結びをはしごの裏側に通して一番員に渡す。		
命綱を解いててい上作業の姿勢を解き、降ていしてリフター内に入る。		

（救出）

第二百六条　救助施設設定ののち要救助者を救出するには、次の号令及び要領による。

一　指揮者は、「救出用意」と号令し、次いで、「降てい始め」と号令し、リフターを確保位置まで降下させて「とまれ」と号令し、一番員の「結着よし」及び二番員の「確保準備よし」の合図ののち、結着及び確保状況を確認して「救出始め」と号令し、一番員に協力して要救助者をもち上げ、要救助者の状態を確認し、一番員の「よし」、二番員の「確保よし」及び三番員の「誘導ロープよし」の合図で「救助ロープゆるめ」と号令して要救助者を降下させ、三番員の「到着」の合図で、「確保解け」と号令する。

二　一番員は、前号の「救出用意」の号令で、携行したロープの一方の端末を、要救助者を身体結索した胴綱に結着して「結着よし」と合図し、地上に「ロープ」と合図して誘導ロープをおとし、前号の「救出始め」の号令で指揮者と協力して要救助者をもち上げ、静かに手をはなし、支持点及び身体結索の状況を点検して「よし」と合図する。

三　二番員は、第一号の「降てい始め」の号令で右手を横水平にあげ、横下に振つて降下の合図をし、同号の「とまれ」の号令で右手を静止させてとまれの合図をし、リフター上部の適当な支持物に小綱で第百十二条第四項第一号及び同条第三項第八号に定める要領で巻結びをしたのち半結びをかけて結着し、支持物に巻きつけた部分の小綱にカラビナをかけて支持点とし、このカラビナに第百二十三条第四号に定める要領で救助ロープを巻きつけ、このロープを両手で保持して「確保準備よし」と合図し、第一号の「救出始め」の号令で支持点より上方の救助ロープのゆるみをなくし、次いで救助ロープを保持して「確保よし」と合図し、同号の「救助ロープゆるめ」の号令で「ゆるめ」と復唱しながらロープをゆるめて要救助者を降下させ、三番員の「確保」の合図を復唱してロープを保持し、降下を停止させたのち、三番員の「到着」の合図で静かにロープをゆるめ、同号の「確保解け」の号令で確保を解き、救助ロープを支持点のカラビナからはずす。

四　三番員は、一番員からおとされた誘導ロープをもち、誘導に適当な位置にいたり、両手でロープをもつて「誘導ロープよし」と合図し、第一号の「救助ロープゆるめ」の号令で要救助者が壁面、架線等に触れないように誘導ロープを操作し、要救助者の降下にしたがつて徐々にロープをたぐりながら接近し、胸部の高さまで降下したとき、「確保」と合図して一旦停止させ、誘導ロープをはなし、要救助者をかかえて「到着」と合図し、要救助者を安全な場所に誘導し、身体結索を解く。

五　四番員は、第一号の「降てい始め」の号令を復唱し、二番員の降下の合図でリフターを降下させ、二番員の「とまれ」の合図で「とまれ」の合図を復唱してリフターを停止させ、「リフター停止よし」と合図し、てい体下部にいたり二番員の救助ロープ操作に協力する。

旧一一四条…一部改正し繰下〔昭和六三年一二月消告六号〕

【趣　旨】

本条は、救助施設を設定した後、要救助者を救出する場合の号令及び要領について規定したものである。

【解　説】

救助施設設定の後、要救助者を救出する場合の号令及び要領を整理すれば、次表のとおりである。

順序	指揮者	一番員	二番員
1	「救出用意」と号令し、次いで「降てい始め」と号令する。	指揮者の「救出用意」の号令で、携行したロープの一方の端末を要救助者を身体結索した胴綱に結着して「結着よし」と合図し、地上に「ロープ」と合図して誘導ロープを落とす。	指揮者の「降てい始め」の号令で右手を横水平にあげ、横下に振って降下の合図をする。
2	リフターを確保位置まで降下させて「とまれ」と号令する。		指揮者の「とまれ」の号令で右手を静止させてとまれの合図をし、リフター上部の適当な支持物に小綱で第百十二条第四項第一号及び同条第三項第八号に定める要領で巻結びをした後、半結びをかけて結着し、支持物に巻き付けた部分の小綱にカラビナをかけて支持点とし、このカラビナに第百二十三
3	一番員の「結着よし」及び二番員の「確保準備よし」の合図の後、結着及び確保状況を確認して「救出始め」と号令し、一番員に協力して要救助者を持ち上げ、要救助者の状態を確認する。	指揮者の「救出始め」の号令で指揮者と協力して要救助者を持ち上げ、静かに手を離し、支持点及び身体結索の状況を点検して「よし」と合図する。	指揮者の「救出始め」の号令で支持点より上方の救助ロープの緩みをなくし、次いで救助ロープを保持して「確保よし」と合図する。
4	一番員の「よし」、二番員の「確保よし」及び三番員の「誘導ロープよし」の合図で「救助ロープゆるめ」と号令して要救助者を降下させる。		指揮者の「救助ロープゆるめ」の号令で「ゆるめ」と復唱しながらロープを緩めて要救助者を降下させ、三番員の「確保」の合図を復唱してロープを保持し、降下を停止させた後、三番員の「到着」の合図で静かにロープを緩める。
5	三番員の「到着」の合図で「確保解け」と号令する。		指揮者の「確保解け」の号令で確保を解き、救助ロープを支持点のカラビナから外す。

	三番員	四番員
		指揮者の「降てい始め」の号令を復唱し、二番員の降下の合図でリフターを降下させる。
条第四号に定める要領で救助ロープを巻き付け、このロープを両手で保持して「確保準備よし」と合図する。		二番員の「とまれ」の合図で「とまれ」の合図を復唱してリフターを停止させ、「リフター停止よし」と合図する。
	一番員から落とされた誘導ロープを持ち、誘導に適当な位置に至り、両手でロープを持って「誘導ロープよし」と合図する。	てい体下部に至り二番員の救助ロープ操作に協力する。
	指揮者の「救助ロープゆるめ」の号令で要救助者が壁面、架線等に触れないように誘導ロープを操作し、要救助者の降下に従って徐々にロープをたぐりながら接近し、胸部の高さまで降下したとき「確保」と合図して一旦停止させ、誘導ロープを離し、要救助者を抱えて「到着」と合図する。	
	要救助者を安全な場所に誘導し、身体結索を解く。	

（退出及び収納）

第二百七条　救出完了ののち、隊員が退出し、機械器具を収納するには、次の号令及び要領による。

一　指揮者は、「おさめ、登てい用意」と号令し、はしごから救助ロープがはずされ、四番員の「操作台準備よし」の合図で「登てい始め」と号令し、リフターが目標位置にきたとき「とまれ」と号令し、リフター停止を確認し、リフターに命綱をつけて自己の安全を確保しながらてい体に移つてリフター内に入り「降てい始め」と号令し、リフターが降下して四番員の「リフター降下おわり」の合図で地上におり、一番員の「先端準備よし」及び二番員の「リフター収納よし」の合図を確認して「はしごおさめ」と号令する。

二　一番員は、指揮者がリフターで降下したのち、てい体に命綱をつけ自己の安全を確認しながらてい体に移り、命綱をといて先端に登ていしててい体に命綱をつけ、自己の安全を確保したのち、両主かんをもち、ふみ板を組み立てて両足をのせ、インターフオンにより四番員に「先端準備よし」と合図し、前号の「はしごおさめ」の号令で四番員と連絡をとりながらてい体の縮てい、旋回及び伏ていを誘導し、四番員の「伏ていよし」の合図でインターフオンのスイツチを切り、ふみ板をおさめ、命綱を解いて地上におり、三番員のロープ整理を引きつぎ、ロープをはしご車に収納したのち、集合線にもどる。

三　二番員は、第一号の「おさめ、登てい用意」の号令で三番員に協力して救助ロープをてい体からはずし、同号の「登てい始め」の号令で右手を横水平に上げ、上横に振つて上昇の合図をし、同号の「とまれ」の号令で右手を静止させてとまれの合図をし、指揮者をリフター内に収容して背バンドをかけ、同号の「降てい始め」の号令で右手を横水平に上げ、下横に振つて降下の合図をし、四番員の「リフター降下おわり」の合図で支持点のカラビナ及び小綱をはずしてもち、リフターの背バンドをはずし指揮者につづいてリフターからおり、リフターをおさめて「リフター収納よし」と合図して地上におり、三番員のロープ整理に協力し、四番員の「ジヤツキおさめ」の合図でロープ整理を停止してはしご車左側にいたり、第百七十四条第三号に定める要領で同号に規定する操作及び合図を行うとともに、小綱及びカラビナもあわせてはしご車に収納したのち、集合線にもどる。

四　三番員は、第一号の「おさめ、登てい用意」の号令でてい体から救助ロープをはずし、救助ロープ及び誘導ロープの結び目を解いて整理し、四番員の「ジヤツキおさめ」の合図でロープの整理を停止してはしご車右側にいたり、第百七十四条第四号に定める要領で同号に規定する操作及び合図を行つたのち、集合線にもどる。

五　四番員は、第一号の「おさめ、登てい用意」の号令を復唱し、準備を整え「操作台準備よし」と合図し、同号の「登てい始め」の号令を復唱し、二番員の上昇の合図でリフターを上昇させ、二番員のとまれの合図で「とまれ」の合図を復唱し、リフターを停止させ、同号の「降てい始め」の号令を復唱し、二番員の降下の合図でリフターを降下させて「リフター降下おわり」と合図し、一番員の「先端準備よし」及び二番員の「リフター収納よし」の合図で同号の「はしごおさめ」の号令を復唱し、一番員と連絡をとりながら、計器等に注意してはしごの縮てい、旋回及び伏てい操作を行い、伏ていを確認して「伏ていよし」と合図し、地上におりてジヤツキバルブ位置にいたり、「ジヤツキおさめ」と合図し、第百七十四条第五号に定める要領で同号に規定する操作を行つたのち集合線にもどる。

旧一一五条…一部改正し繰下〔昭和六三年一二月消告六号〕

【趣　旨】
本条は、要救助者の救出が完了した後、隊員が退出し、機械器具を収納する場合の号令及び要領について規定したものである。

【解　説】
救出完了の後、隊員が退出し、機械器具を収納する場合の号令及び要領を整理すれば、次表のとおりである。

順序	指揮者	一番員
1	「おさめ、登てい用意」と号令する。	
2	はしごから救助ロープが外され、四番員の「操作台準備よし」の合図で「登てい始め」と号令する。	
3	リフターが目標位置にきたとき「とまれ」と号令し、リフター停止を確認し、リフターに命綱を着けて自己の安全を確保しながらてい体に移ってリフター内に入り「降てい始め」と号令する。	
4	リフターが降下して四番員の「リフター降下おわり」の合図で地上に降りる。	指揮者がリフターで降下した後、てい体に命綱を着け自己の安全を確保しながらてい体に移り、命綱を解いて先端に登ていしててい体に命綱を着
5	一番員の「先端準備よし」及び二番員の「リフター収納よし」の合図を確認して「はしごおさめ」と号令する。	指揮者の「はしごおさめ」の号令で四番員と連絡をとりながらてい体の縮てい、旋回及び伏ていを誘導し、四番員の「伏ていよし」の合図でインタ
6		三番員のロープ整理を引き継ぎ、ロープをはしご車に収納した後、集合線に戻る。
7		

二番員	
指揮者の「おさめ、登てい用意」の号令で三番員に協力して救助ロープをてい体から外す。	
指揮者の「登てい始め」の号令で右手を横水平にあげ、上横に振って上昇の合図をする。	
指揮者の「とまれ」の号令で右手を静止させてとまれの合図をし、指揮者をリフター内に収容して背バンドをかけ、指揮者の「降てい始め」の号令で右手を横水平にあげ、下横に振って降下の合図をする。	
四番員の「リフター降下おわり」の合図で支持点のカラビナ及び小綱を外して持ち、リフターの背バンドを外し指揮者に続いてリフターから降り、リフターをおさめて「リフター収納よし」と合図して地上に降りる。	け、自己の安全を確保した後、両主かんを持ち、踏板を組み立てて両足をのせ、インターフォンにより四番員に「先端準備よし」と合図する。
三番員のロープ整理に協力する。	ーフォンのスイッチを切り、踏板をおさめ、命綱を解いて地上に降りる。
四番員の「ジャッキおさめ」の合図でロープの整理を停止してはしご車左側に至り、左後車輪の車輪止めを外し、「左車輪止めよし」と合図し、四番員の「ジャッキ短縮」の合図でジャッキの完全短縮を確認し、「左ジャッキよし」と合図し、左ジャッキ受台を外して「左受台ジャッキよし（ジャッキが展張するものにあっては、四番員の「ジャッキ収納」の合	

三番員

指揮者の「おさめ、登てい用意」の号令でてい体から救助ロープを外す。

救助ロープ及び誘導ロープの結び目を解いて整理する。

四番員の「ジャッキおさめ」の合図でロープの整理を停止してはしご車右側に至り、右後車輪の車輪止めを外し「右車輪止めよし」と合図し、続いて四番員の「ジャッキ短縮」の合図でジャッキの完全短縮を確認し、「右ジャッキよし」と合図し、右ジャッキ受台を外して「右受台ジャッキよし」（ジャッキが展張するものにあって

図でジャッキの収納を確認して「左ジャッキよし」）と合図し、車輪止めジャッキ受台及び安全ベルトのほか、小綱カラビナも併せてはしご車に収納した後、集合線に戻る。

四番員	
指揮者の「おさめ、登てい用意」の号令を復唱し、準備を整え「操作台準備よし」と合図する。	
指揮者の「登てい始め」の号令を復唱し、二番員の上昇の合図でリフターを上昇させる。	
二番員の「とまれ」の合図で「とまれ」の合図を復唱し、リフターを停止させ、指揮者の「降てい始め」の号令を復唱し、二番員の降下の合図でリフターを降下させて「リフター降下おわり」と合図する。	
一番員の「先端準備よし」及び二番員の「リフター収納よし」の合図で指揮者の「はしごおさめ」の号令を復唱し、二番員と連絡をとりながら、計器等に注意してはしごの縮てい、旋回及び伏てい操作を行い、伏ていを確認して「伏ていよし」と合図する。	
地上に降りて、ジャッキバルブ位置に至り、「ジャッキおさめ」と合図する。	
二番員及び三番員の「車輪止めよし」の合図で「ジャッキ短縮（ジャッキが展張するものにあっては「ジャッキ収納」）」と合図し、二番員及び三番員の「ジャッキよし」の合図でバルブを操作してジャッキを短縮し、動力を切り替え、エンジンを停止した後、集合線に戻る。	は、四番員の「ジャッキ収納」の合図でジャッキ収納を確認して「右ジャッキよし」と合図し、車輪止め及びジャッキ受台をはしご車に収納した後、集合線に戻る。

第八節　はしご車による多数救助操法

旧四節…繰下〔昭和六三年一二月消告六号〕

（操法の開始）

第二百八条　はしご車による多数救助操法を開始するには、次の号令及び要領による。

一　指揮者は、「目標○○操作始め」と号令し、下車する。

二　各隊員は、四番員の「よし」の合図でいっせいに下車する。

三　一番員は、はしご車から緩降機収納袋を取り出して背負い、はしご先端にいたり、てい体に命綱をつけ自己の安全を確保したのち、はしご先端の両主かんをもち、ふみ板を組み立てて両足をのせ、インターフォンのスイッチを入れて四番員と交信テストを行い、「先端準備よし」と合図する。

四　二番員は、第百六十六条第四号に定める要領で同号に規定する操作及び合図を行つたのち、はしご車からロープ一本を取り出し、右（左）肩から左（右）脇にかけたのち、はしご車後方にいたつて車両に相対する。

五　三番員は、第百六十六条第五号に定める要領で同号に規定する操作及び合図を行つたのち、はしご車後方にいたつて車両に相対する。

六　四番員は、第一号の号令で第百六十六条第六号に定める要領で同号に規定する操作及び合図を行つたのち、一番員とインターフォンで交信テストを行い、一番員の「先端準備よし」の合図を復唱する。

旧一一六条…一部改正し繰下〔昭和六三年一二月消告六号〕

【趣　旨】

本条は、はしご車による多数救助操法を開始する場合の号令及び要領について規定したものである。

【解　説】

はしご車による多数救助操法を開始する場合の号令及び要領を整理すれば、次表のとおりである。

順序	1	2	3	4
指揮者	「目標〇〇操作始め」と号令し、下車する。			
一番員	四番員の「よし」の合図で下車する。	はしご車から緩降機収納袋を取り出して背負い、はしご先端に至り、てい体に命綱を着け自己の安全を確保した後、はしご先端の両主かんを持ち、踏板を組み立てて両足をのせる。		インターフォンのスイッチを入れて四番員と交信テストを行い、「先端準備よし」と合図する。
二番員	四番員の「よし」の合図で下車する。	左側のジャッキ受台及び車輪止めを取り出し、受台を左前後部のジャッキ接地点に置き「左受台準備よし」と合図する。	ジャッキが完全に接地したことを確認し、「左ジャッキよし」と合図し、続いて車輪止めを左後車輪の前後に置き「左車輪止めよし」と合図する。	はしご車からロープ一本を取り出し、右（左）肩から左（右）脇にかけた後、はしご車後方に至って車両に相対する。
三番員	四番員の「よし」の合図で下車する。	右側のジャッキ受台及び車輪止めを取り出し、受台を右前後部のジャッキ接地点に置き「右受台準備よし」と合図する。	ジャッキが完全に接地したことを確認し、「右ジャッキよし」と合図し、続いて車輪止めを右後車輪の前後に置き「右車輪止めよし」と合図する。	はしご車後方に至って車両に相対する。
	指揮者の「目標〇〇操作始め」の号令で停車の処置を行い「よし」と合図し、動	はしご車後部のジャッキ操作位置に至り、スプリングを固定して「スプリング固	車体の安定及び水平を保ち、バルブを固定し、「車体安定よし」と合図する。	一番員とインターフォンで交信テストを行い、一番員の「先端準備よし」の合図

四番員	力をはしご運用に切り替え、エンジンを調整して下車する。	定よし」と合図し、二番員及び三番員の「受台準備よし」の合図で「ジャッキ降下」と合図し、ジャッキを降下させる（ジャッキの展張を連動するものにあっては、「ジャッキ展張」と合図してジャッキを展張させる。）。		を復唱する。

（架てい及び進入並びに二番員先端とう乗）

第二百九条　はしごを架ていし、隊員が進入するには、次の号令及び要領による。

一　指揮者は、第二百四条第一号に定める要領で「はしご架てい用意」、「はしご架てい」及び「進入」と号令し、次いで一番員の進入を確認して「徒手登はん、先端とう乗」と号令する。

二　一番員は、第二百四条第二号に定める要領で同号に規定する操作及び合図を行う。

三　二番員は、第一号の「徒手登はん、先端とう乗」の号令ではしご先端に登ていして「到着」と合図し、てい体に命綱をつけ自己の安全を確保して携行したロープを一番員にわたし、両主かんをもち、ふみ板を組み立てて両足を乗せ「先端準備よし」と合図する。

四　四番員は、第二百四条第五号に定める要領で同号に規定する操作及び合図等を行ったのち、二番員の「先端準備よし」の合図を復唱する。

旧一二七条…一部改正し繰下〔昭和六三年一二月消告六号〕

【趣　旨】

本条は、はしごを架ていし、隊員が進入する場合の号令及び要領について規定したものである。

【解　説】

はしごを架ていし、隊員が進入する場合の号令及び要領を整理すれば、次表のとおりである。

順序	指揮者	一番員	二番員	
1	「はしご架てい用意」と号令する。			指揮者の「はしご架てい用意」の号令で準備を整えて
2	四番員の「操作台準備よし」の合図で「はしご架てい」と号令する。	指揮者の「はしご架てい」の号令で四番員と連絡をとりながらはしご先端を目標開口部に誘導し、架ていが完了した後「架ていよし」と合図する。		指揮者の「はしご架てい」の号令を復唱し、計器等に
3	四番員の「架ていよし」の復唱で「進入」と号令する。	指揮者の「進入」の号令で踏板をおさめ、てい体から命綱を解き、目標階の支持物に命綱を着け、自己の安全を確保しながら命綱を外して目標階に進入し、「進入よし」と合図する。		指揮者の「進入」の号令を一番員に伝達し、一番員の
4	一番員の進入を確認して「徒手登はん、先端とう乗」と号令する。		指揮者の「徒手登はん、先端とう乗」の号令ではしご先端に登ていして「到着」と合図し、てい体に命綱を着け自己の安全を確保して携行したロープを一番員に渡し、両主かんを持ち、踏板を組み立てて両足をのせ「先端準備よし」と合図する。	二番員の「先端準備よし」の合図を復唱する。

四番員	「操作台準備よし」と合図する。	注意し、一番員と連絡をとりながらてい体の起てい、伸てい及び旋回の操作を行ってはしごを目標に架ていし、一番員の「架ていよし」の合図を復唱する。	「進入よし」の合図を復唱する。	

（はしご移動及び救助施設の設定）

第二百十条　はしごの移動及び救助施設の設定は、次の号令及び要領による。

一　指揮者は、「はしご移動用意」、「緩降機設定」と号令し、一番員の「緩降機設定よし」及び四番員の「操作台準備よし」の合図で「目標○○側開口部はしご移動」と号令し、四番員の「はしご移動よし」の合図で「進入」と号令する。

二　一番員は、前号の「緩降機設定」の号令で緩降機収納袋から調速機を取り出し、支持点にカラビナで取り付け安全環を確実にしめて「緩降機設定よし」と合図し、ブレーキ綱及び救助綱をそれぞれ必要な長さだけリールから解いたのち、「リール」と地上に合図してリールをおとす。

三　二番員は、第一号の「目標○○側開口部はしご移動」の号令で四番員と連絡をとりながら、はしご先端を目標開口部に誘導し、架ていが完了して「架ていよし」と合図し、同号の「進入」の号令でふみ板をおさめ、てい体の命綱を解き、目標階の支持物に命綱をつけ自己の安全を確保しながら目標階に屋内進入し、命綱をはずして「進入よし」と合図する。

四　三番員は、第一号の「緩降機設定」の号令で緩降機設定位置の下側方にいたり、一番員の「リール」の合図で「よし」と合図し、おとされたリールを整理したのち、ブレーキ綱をもつて「ブレーキ綱よし」と合図する。

五　四番員は、第一号の「はしご移動用意」の号令を復唱し、準備を整えて「操作台準備よし」と合図し、同号の「目標○○側開口部はしご移動」の号令を復唱し、はしご移動操作を行つて目標開口部に架ていし、二番員の「架ていよし」の合図で「はしご移動よし」と合図し、同号の「進入」の号令を二番員に伝達し、二番員の「進入よし」の合図を復唱する。

旧一一八条…繰下〔昭和六三年一二月消告六号〕

【趣　旨】

本条は、はしごの移動及び救助施設の設定を行う場合の号令及び要領について規定したものである。

【解　説】

はしごの移動及び救助施設の設定を実施する場合の号令及び要領を整理すれば、次表のとおりである。

順序	指揮者	
1	「はしご移動用意」、「緩降機設定」と号令する。	指揮者の「緩降機設定」の号令で緩降機収納袋から調速機を取り出し、緩
2	一番員の「緩降機設定よし」及び四番員の「操作台準備よし」の合図で「目標○○側開口部はしご移動」と号令する。	ブレーキ綱及び救助綱をそれぞれ必要な長さだけリールから解いた後、
3	四番員の「はしご移動よし」の合図で「進入」と号令する。	

一番員	支持点にカラビナで取り付け安全環を確実に締めて「緩降機設定よし」と合図する。	「リール」と地上に合図してリールを落とす。	
二番員		指揮者の「目標○○側開口部はしご移動」の号令で四番員と連絡をとりながら、はしご先端を目標開口部に誘導し、「架ていよし」と合図する。	指揮者の「進入」の号令で踏板をおさめ、ていた体の命綱を解き、目標階の支持物に命綱を着け自己の安全を確保しながら目標階に屋内進入し、命綱を外して「進入よし」と合図する。
三番員	指揮者の「緩降機設定」の号令で緩降機設定位置の下側方に至る。	一番員の「リール」の合図で「よし」と合図し、落とされたリールを整理した後、ブレーキ綱を持って「ブレーキ綱よし」と合図する。	
四番員	指揮者の「はしご移動用意」の号令を復唱し、準備を整えて「操作台準備よし」と合図する。	指揮者の「目標○○側開口部はしご移動」の号令を復唱し、はしご移動操作を行って目標開口部に架ていし、二番員の「架ていよし」の合図で「はしご移動よし」と合図する。	指揮者の「進入」の号令を二番員に伝達し、二番員の「進入よし」の合図を復唱する。

（緩降機及びはしご使用による救出）

第二百十一条　緩降機による救出及びはしごによる徒手救出をするには、次の号令及び要領による。

一　指揮者は、「救出用意」と号令し、一番員及び二番員の「準備よし」の合図で「救出始め」と号令する。

二　一番員は、前号の「救出用意」の号令で緩降機の救助綱の縛帯を要救助者にかけ、開口部に誘導して救助綱を調節し、「準備よし」と合図し、前号の「救出始め」の号令で要救助者を支えて静かに壁外に出して「降下」と地上に合図し、三番員の「到着」の合図で救助綱の他端を調節して次の要救助者に縛帯をかけ、以下この救出作業を繰りかえす。

三　二番員は、第一号の「救出用意」の号令を復唱し、要救助者に必要な指示を与えて「準備よし」と合図し、同号の「救出始め」の号令で要救助者がてい体に移動するのを確実に補助し、順次、はしごに移動させ、要救助者が降下開始するたびに「降下」と合図する。

四　三番員は、一番員の「降下」の合図で「よし」と合図し、要救助者の降下にあわせて適宜緩降機のブレーキ綱を操作し、要救助者が着地したならば縛帯をはずして「到着」と合図し、要救助者を安全な場所に誘導し、以下この救出作業を繰りかえす。

五　四番員は、はしご下部の適当な位置で、要救助者に必要な指示を与えて降下を統制誘導し、要救助者がてい体を降下し到着するたびに「到着」と合図し、要救助者を安全な場所に誘導する。

旧二一九条…繰下〔昭和六三年一二月消告六号〕

【趣　旨】

本条は、緩降機を使っての救出及びはしご車のはしごを使っての徒手救出をする場合の号令及び要領について規定したものである。

【解　説】

緩降機による救出及びはしごによる徒手救出をする場合の号令及び要領を整理すれば、次表のとおりである。

順序	指揮者	一番員	二番員	三番員	四番員
1	「救出用意」と号令する。	指揮者の「救出用意」の号令で緩降機の救助綱の縛帯を要救助者にかけ、開口部に誘導して救助綱を調節し、「準備よし」と合図する。	指揮者の「救出用意」の号令を復唱し、要救助者に必要な指示を与えて「準備よし」と合図する。		
2	一番員及び二番員の「準備よし」の合図で「救出始め」と号令する。	指揮者の「救出始め」の号令で要救助者を支えて静かに壁外に出して「降下」と地上に合図する。	指揮者の「救出始め」の号令で要救助者がてい体に移動するのを確実に補助し、順次、はしごに移動させ、要救助者が降下開始するたびに「降下」と合図する。	一番員の「降下」の合図で「よし」と合図し、要救助者の降下に合わせて適宜緩降機のブレーキ綱を操作する。	はしご下部の適当な位置で、要救助者に必要な指示を与えて降下を統制誘導する。
3		三番員の「到着」の合図で救助綱の他端を調整して次の要救助者に縛帯をかけ、以下この救出作業を繰り返す。		要救助者が着地したならば縛帯を外して「到着」と合図し、要救助者を安全な場所に誘導し、以下この救出作業を繰り返す。	要救助者がてい体を降下し到着するたびに「到着」と合図し、要救助者を安全な場所に誘導する。

（退出及び収納）

第二百十二条　救出完了ののち、隊員が退出し機械器具を収納するには、次の号令及び要領による。

一　指揮者は、「おさめ」と号令し、次いで「はしご移動用意」と号令し、四番員の「操作台準備よし」の合図及び「先端準備よし」の復唱で「はしご移動」と号令し、四番員の「はしご移動よし」の合図で「徒手降下、先端とう乗」と号令し、二番員の徒手降下及び一番員の先端とう乗準備完了を確認して「はしごおさめ」と号令する。

二　一番員は、前号の「おさめ」の号令で支持点に取りつけた調速機のカラビナをはずし、二番員の携行したロープの一端で調速機のフツクを結着し、「緩降機」と地上に合図してロープで吊りおろし、三番員の「到着」の合図で「ロープ」と合図してロープをおとし、前号の「徒手降下、先端とう乗」の号令で、四番員と連絡をとりながら第二百七条第二号に定める要領で同号に規定する操作及び合図を行い、地上におり、安全ベルトをはしご車に収納したのち、集合線にもどる。

三　二番員は、第一号の「はしご移動用意」の号令でてい体に命綱をつけ、自己の安全を確保しながらはしご先端に移り、両主かんをもち、ふみ板を組み立てて両足をのせ、「先端準備よし」と合図し、同号の「はしご移動」の号令で四番員と連絡をとりながらはしご先端を目標開口部に誘導し、架てぃが完了して「架てぃよし」と合図し、同号の「徒手降下、先端とう乗」の号令で命綱を解き自己の確保を解いて、降てぃして地上におり、緩降機を整理して収納し、四番員の「ジヤツキおさめ」の合図ではしご車左側にいたり、第二百七条第三号に定める要領で同号に規定する操作及び合図を行つたのち、集合線にもどる。

四　三番員は、一番員の「緩降機」の合図で「よし」と合図し、緩降機が到着して「到着」と合図し、一番員から投下されたロープの着地を確認し、調速機の結着を解いてロープを整理してはしご車に収納し、四番員の「ジヤツキおさめ」の合図ではしご車右側にいたり、第二百七条第四号に定める要領で同号に規定する操作及び合図を行つたのち、集合線にもどる。

五　四番員は、第一号の「はしご移動用意」の号令を復唱し、準備を整えて「操作台準備よし」と合図し、二番員の「先端準備よし」の合図を復唱し、同号の「はしご移動」の号令を復唱し、はしご移動操作を行つて目標開口部に架ていし、二番員の「架ていよし」の合図で「はしご移動よし」と合図し、同号の「徒手降下、先端とう乗」の号令を二番員に伝達し、二番員の徒手降下を確認し、次いで同号の「はしごおさめ」の号令を復唱し、第二百七条第五号に定める要領で同号に規定する操作を行つたのち、集合線にもどる。

旧一二〇条…一部改正し繰下〔昭和六三年一二月消告六号〕

【趣　旨】

本条は、要救助者を救出完了した後、隊員が退出して機械器具を収納する場合の号令及び要領について規定したものである。

【解　説】

救出完了の後、隊員が退出し機械器具を収納する場合の号令及び要領を整理すれば、次表のとおりである。

順序	1	2	3	4	5	6
	「おさめ」と号令し、次いで「は	四番員の「操作台準備よし」の	四番員の「はしご移動よし」の	二番員の徒手降下及び一番員の		

指揮者	一番員	二番員
しご移動用意」と号令する。	指揮者の「おさめ」の号令で支持点に取り付けた調速機のカラビナを外し、二番員の携行したロープの一端で調速機のフックを結着し、「緩降機」と地上に合図してロープでつり降ろす。	指揮者の「はしご移動用意」の号令でてい体に命綱を着け、自己の安全を確保しながらはしご先端に移り、両主かんを持ち、踏板を組み立てて両足をのせ、「先端準備よし」と合図する。
合図及び「先端準備よし」の復唱で「はしご移動」と号令する。	三番員の「到着」の合図で「ロープ」と合図してロープを落とす。	指揮者の「はしご移動」の号令で四番員と連絡をとりながらはしご先端を目標開口部に誘導し、架ていが完了して「架ていよし」と合図する。
合図で「徒手降下、先端とう乗」と号令する。	指揮者の「徒手降下、先端とう乗」の号令で、てい体に命綱を着け、自己の安全を確保しながら、てい体に移り、命綱を解いて先端に登ていしててい体に命綱を着け、自己の安全を確保した後、両主かんを持ち、踏板を組み立てて両足をのせ、インターフォンにより四番員に「先端準備よし」と合図する。	指揮者の「徒手降下、先端とう乗」の号令で命綱を解き自己の確保を解いて、降ていして地上に降りる。
先端搭乗準備完了を確認して「はしごおさめ」と号令する。	指揮者の「はしごおさめ」の号令で四番員と連絡をとりながら、てい体の縮てい、旋回及び伏ていを誘導し、四番員の「伏ていよし」の合図でインターフォンのスイッチを切り、踏板をおさめ、命綱を解いて地上に降りる。	緩降機を整理して収納する。
	安全ベルトをはしご車に収納した後、集合線に戻る。	四番員の「ジャッキおさめ」の合図ではしご車左側に至り、左後車輪の車輪止めを外し、「左車輪止めよし」と合図する。
		四番員の「ジャッキ短縮」の合図でジャッキの完全短縮を確認し、「左ジャッキよし」と合図し、左ジャッキ受台を外して「左受台ジャッキよし（ジャッキが展張するものにあっては、四番員の「ジャ

	三番員	
指揮者の「はしご移動用意」の号令を復唱し、	一番員の「緩降機」の合図で「よし」と合図し、緩降機が到着して「到着」と合図する。	
指揮者の「はしご移動」の号令を復唱し、はし	一番員から投下されたロープの着地を確認し、調速機の結着を解いてロープを整理してはしご車に収納する。	
指揮者の「徒手降下、先端とう乗」の号令を二		
指揮者の「はしごおさめ」の号令を復唱した		
地上においてジャッキバルブ位置に至り「ジャ	四番員の「ジャッキおさめ」の合図ではしご車右側に至り、右後車輪の車輪止めを外し「右車輪止めよし」と合図する。	
二番員及び三番員の「ジャッキよし」の合図で	四番員の「ジャッキ短縮」の合図でジャッキの完全短縮を確認し、「右ジャッキよし」と合図し、右ジャッキ受台を外して「右受台ジャッキよし（ジャッキが展張するものにあっては、四番員の「ジャッキ収納」の合図でジャッキ収納を確認して「右ジャッキよし」と合図し、車輪止め及びジャッキ受台をはしご車に収納した後、集合線に戻る。	ッキ収納」の合図でジャッキの収納を確認して「左ジャッキよし」と合図し、車輪止めジャッキ受台及び完全ベルトをはしご車に収納した後、集合線に戻る。

四番員
準備を整えて「操作台準備よし」と合図し、二番員の「先端準備よし」の合図を復唱する。
ご移動操作を行って目標開口部に架ていし、二番員の「架ていよし」の合図で「はしご移動よし」と合図する。
番員に伝達し、二番員の徒手降下を確認する。
後、一番員と連絡をとりながら、計器等に注意してはしごの縮てい、旋回及び伏てい操作を行い、伏ていを確認して「伏ていよし」と合図する。
ッキおさめ」と合図し、二番員及び三番員の「車輪止めよし」の合図で「ジャッキ短縮（ジャッキが展張するものにあっては「ジャッキ収納）」と合図する。
バルブを操作してジャッキを短縮し、動力を切り替え、エンジンを停止した後、集合線に戻る。

第三章　低所救助操法

第一節　通　則

【概　説】

近年、都市構造、建築様式の変化に伴い地下街、地下室、洞道、共同溝等が増大している。これらの工事現場等低所における災害については、設備面で不備な点が多く、また、環境的にも、酸素の欠乏、有毒ガスの発生、気温の変化及び暗所で、かつ、出入口が狭少であること等により救助隊員の精神的不安等悪条件が重なり、救助活動を行ううえで相当の困難が予想される。

このようなことから、低所における災害に対処するための救助訓練に当たっては、指揮者、救助隊員とも災害現場における精神的不安をも含めあらゆる危険性を十分に予測、検討し、それぞれの災害事象に適応した装備を整え、救助技術及び知識等を完全に身に付け、これらの災害に十分対処できるよう日ごろから十分訓練を積んでおかなければならない。

本章は、低所における災害の態様に応じて、低所救助操法を地下そう等狭小立て坑救助操法、下水道等横坑救助操法、はしごのレーン救助操法及び重量物吊り上げ救助操法に区分し、それぞれの操法について規定したものである。

（低所救助操法の種別）

第二百十三条　低所救助操法を分けて、地下そう等狭小立て坑救助操法（以下「立て坑救助操法」という。）、下水道等横坑救助操法（以下「横坑救助操法」という。）、はしごクレーン救助操法及び重量物吊り上げ救助操法とする。

旧一二一条…一部改正し繰下〔昭和六三年一二月消告六号〕、本条…一部改正〔平成一〇年二月消告一号〕

【趣　旨】

本条は、低所における救助操法を、地下に埋没された受水そう、浄化そう、工事現場における立て坑等出入口が極めて狭い場合における救助操法と、下水道等の横坑における救助操法に区分し、それぞれ地下そう等狭小立て坑救助操法（立て坑救助操法）、下水道等横坑救助操法（横坑救助操法）、はしごクレーン救助操法及び重量物吊り上げ救助操法として規定したものである。

（低所救助操法の器具の名称及び定位）

第二百十四条　低所救助操法の器具の名称及び定位は、第三十七図から第三十九図の三までのとおりとする。

第39図の２　チェーンブロック各部の名称

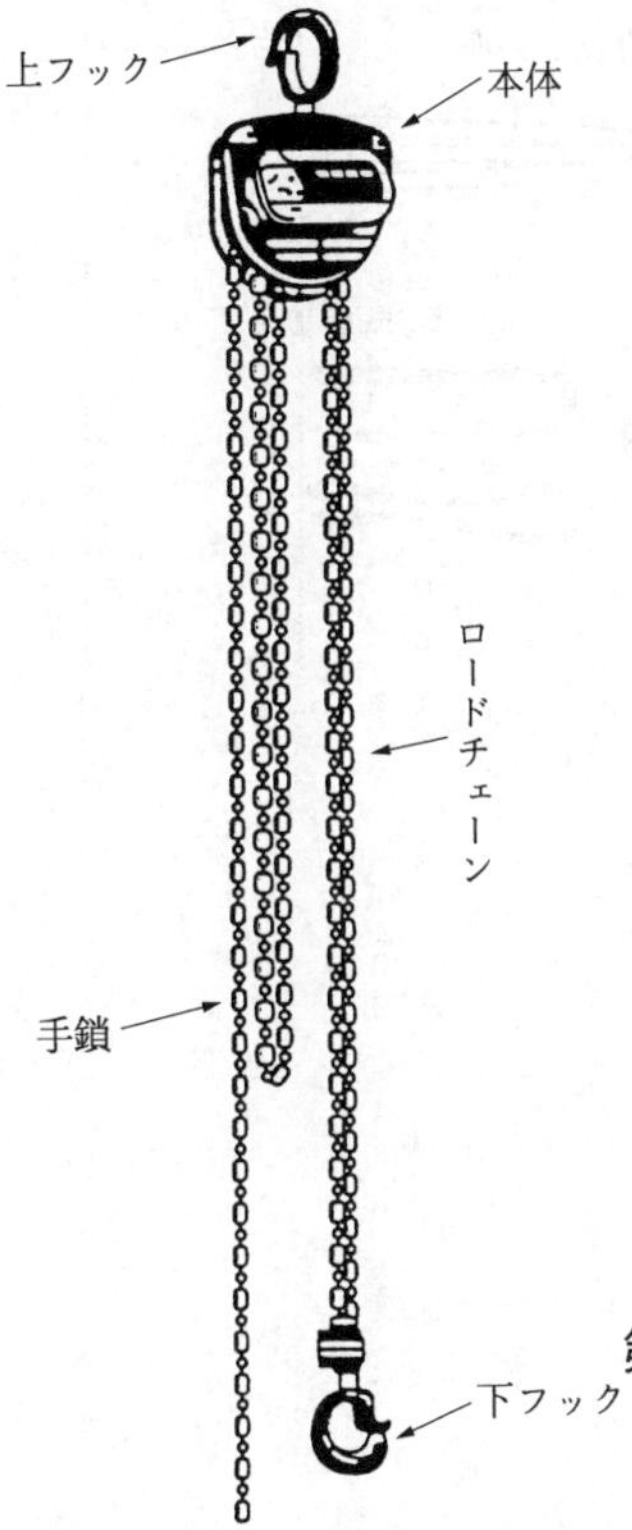

第37図　立て坑救助操法の器具及び定位

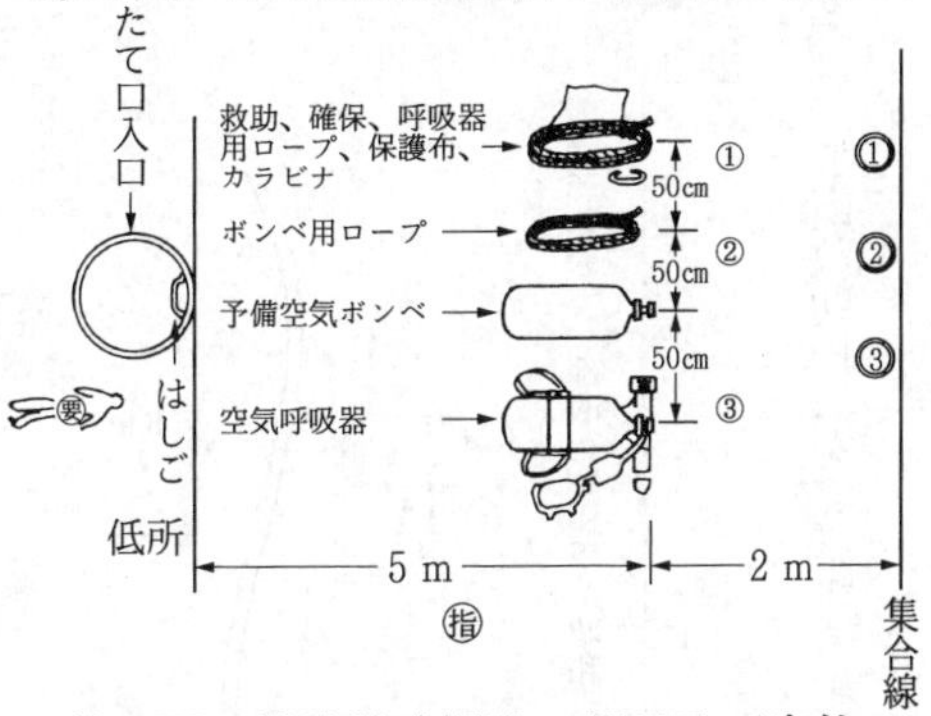

第38図　横坑救助操法の器具及び定位

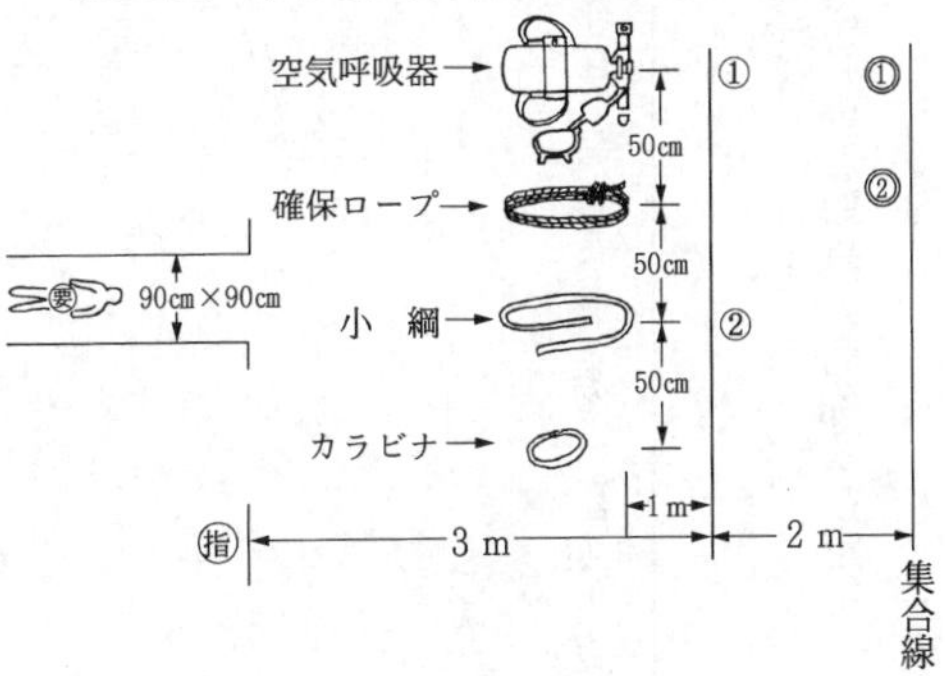

第39図　はしごクレーン救助操法の器具及び定位

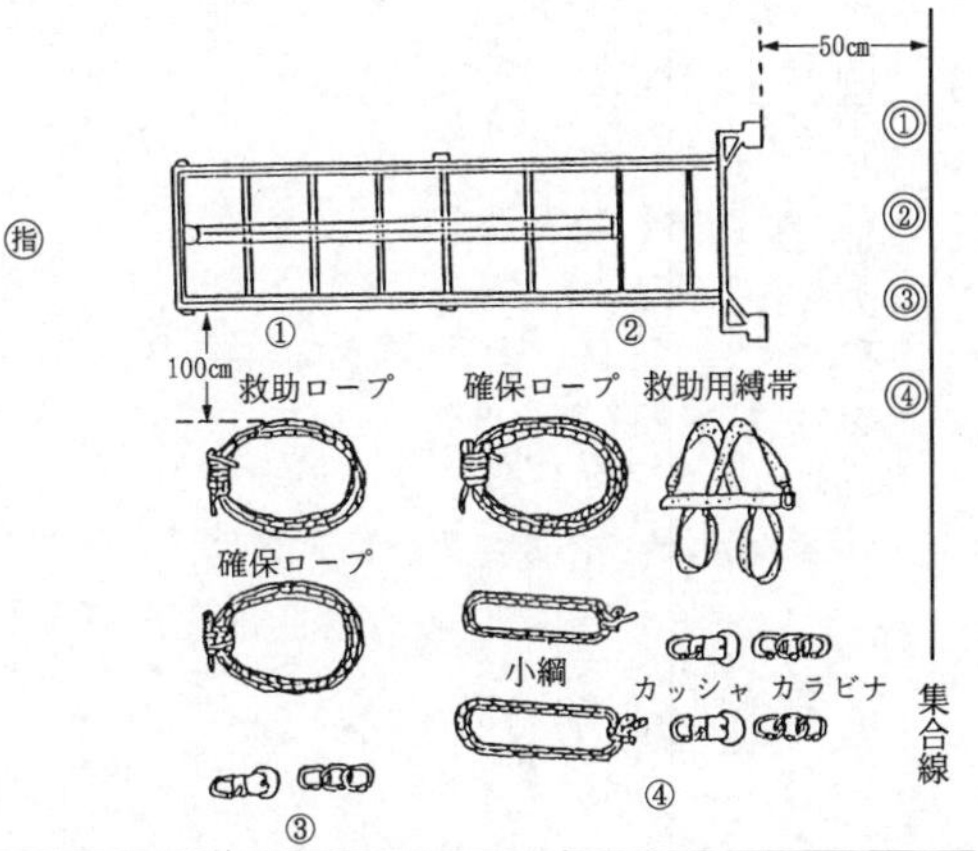

第39図の３　重量物吊り上げ救助操法の器具及び定位

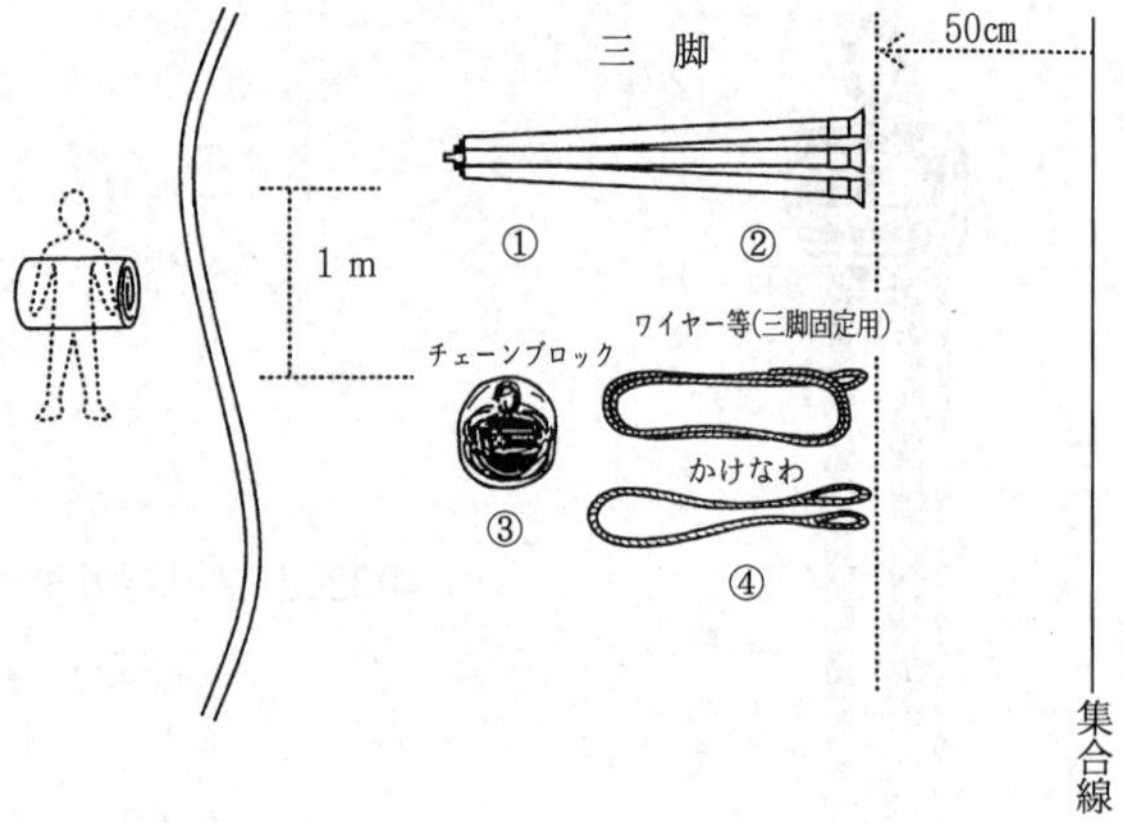

旧二一三条…一部改正し繰下〔昭和六三年一二月消告六号〕、本条…一部改正〔平成一〇年二月消告一号〕

【趣　旨】

本条は、低所救助操法を実施する場合に必要な器具の名称及び定位について図示したものである。

第二節　立て坑救助操法

【概　説】

地下に埋没された受水そう、浄化そう、共同溝等内で酸素欠乏、ガス中毒等による事故が発生することがあるが、立て坑救助操法は、このような地下そう、地下タンク等出入口が狭い立て坑内で発生した事故による要救助者を救出する方法である。これらの場所は、一般的に出入口が狭く、空気呼吸器具を着装したまま立て坑内に進入することができないため、空気呼吸器の面体のみを着装し、立て坑内に進入した後身体を確保し、外部から他の者によって降ろされた空気呼吸器本体を着装して内部に進入する場合の操法である。

（操法の開始）

第二百十五条　立て坑救助操法を開始するには、次の号令及び要領による。

一　指揮者は、「操作始め」と号令する。

二　一番員は、前号の号令でロープ三本、カラビナ及び保護布を立て坑からおおむね二メートルはなれた位置に搬送する。

三　二番員は、第一号の号令で予備ボンベ、ロープ一本を立て坑のそばに搬送する。

四　三番員は、第一号の号令で空気呼吸器を立て坑からおおむね二メートルはなれた位置に搬送する。

旧一一三条…繰下〔昭和六三年一二月消告六号〕

【趣　旨】

本条は、立て坑救助操法を開始する場合の号令及び要領について規定したものである。

【解　説】

立て坑救助操法を開始する場合の要領を図示すると、次のとおりである。

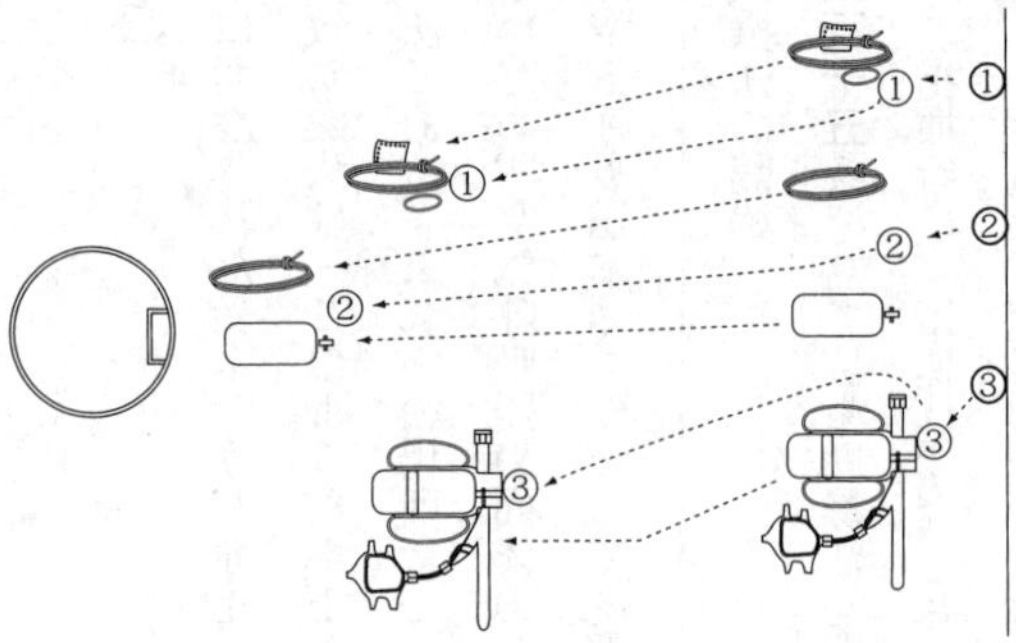

（進入準備及び応急処置）

第二百十六条　立て坑への進入準備及び要救助者に対する応急処置を行うには、次の号令及び要領による。

一　指揮者は、「進入用意」、「ボンベおろせ」と号令し、三番員の空気呼吸器の着装及び身体結索の状況を確認して「よし」と合図する。

二　一番員は、前号の「進入用意」の号令でロープを解いてその一端に第百十六条第一号に定める要領で、二重もやい結びをつくり、ロープをその場に置き、他のロープを解いてその一端で第百十四条第六号に定める要領で、空気呼吸器本体を結索して「呼吸器よし」と合図し、三番員の確保ロープをもって確保姿勢をとり、「確保準備よし」と合図する。

三　二番員は、第一号の「ボンベおろせ」の号令でロープを解いてその一端に第百十四条第七号に定める要領で空気ボンベを結索し、空気ボンベのそく止弁を開いて立て坑内に静かにおろして「ボンベよし」と合図し、ロープを整理する。

四　三番員は、第一号の「進入用意」の号令でロープを解いてその一端で第百十六条第一号に定める要領で身体結索を行い、結索したロープの胸部の結び目の上に、第百十二条第三項第四号に定める要領でフューラー結びを作り、この結びの輪にカラビナをかけ、安全環を確実にしめ、次いで空気呼吸器のそく止弁を開き圧力を確認して「圧力○○メガ」と呼唱し、第十四条第二号に定める要領で面体を着装する。

旧二二四条…一部改正し繰下〔昭和六三年一二月消告六号〕、一部改正〔平成一一年九月消告九号〕

【趣　旨】

本条は、立て坑への進入準備及び要救助者に対する応急処置を行う場合の号令及び要領について規定したものである。

【解　説】

立て坑への進入準備を行う場合の要領を各隊員について整理すれば、次のとおりである。

㈠　一番員

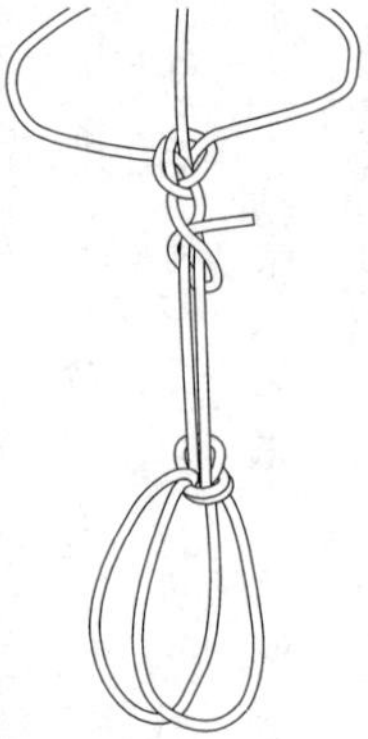

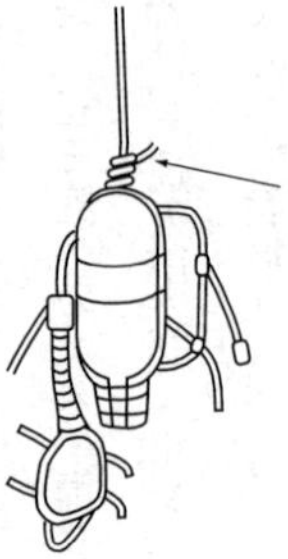
もやい結び、半結び（ロープはボンベと背負い板の間をとおす。）

①　指揮者の「進入用意」の号令でロープを解いてそのロープの一端に第百十六条第一号に定める要領で、二重もやい結びを作り、ロープをその場に置く。

②　他のロープを解いてその一端で第百十四条第六号に定める要領で空気呼吸器本体を結索して「呼吸器よし」と合図する。

③　三番員の確保ロープを持って確保姿勢をとる。

㈡　二番員

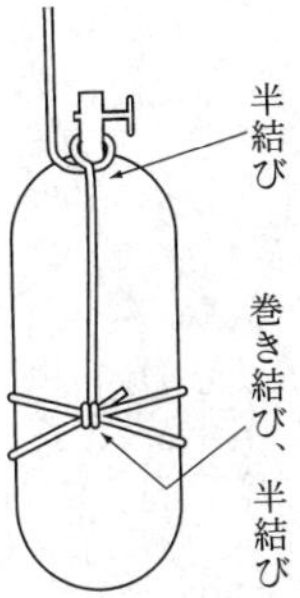

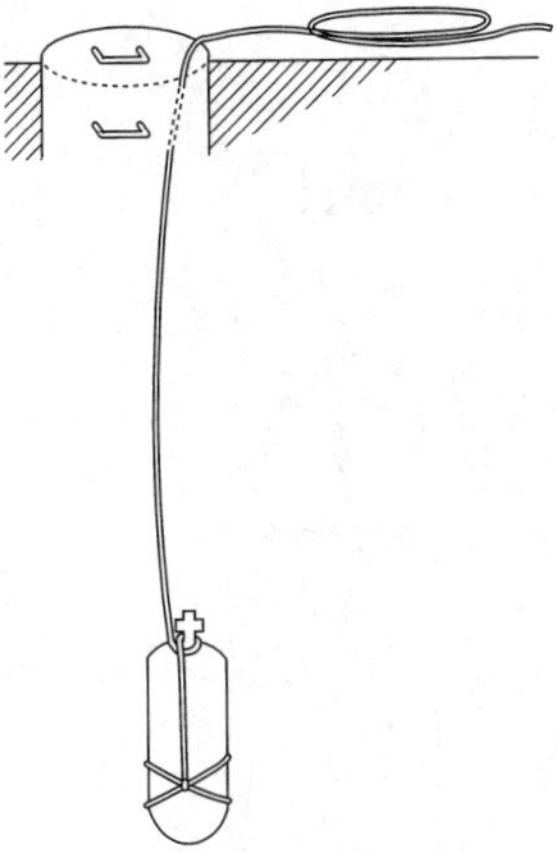

①　指揮者の「ボンベおろせ」の号令でロープを解いてそのロープの一端に第百十四条第七号に定める要領で空気ボンベを結索する。

②　空気ボンベのそく止弁を開いて坑内に静かに降ろして「ボンベよし」と合図し、ロープを整理する。

㈢　三番員

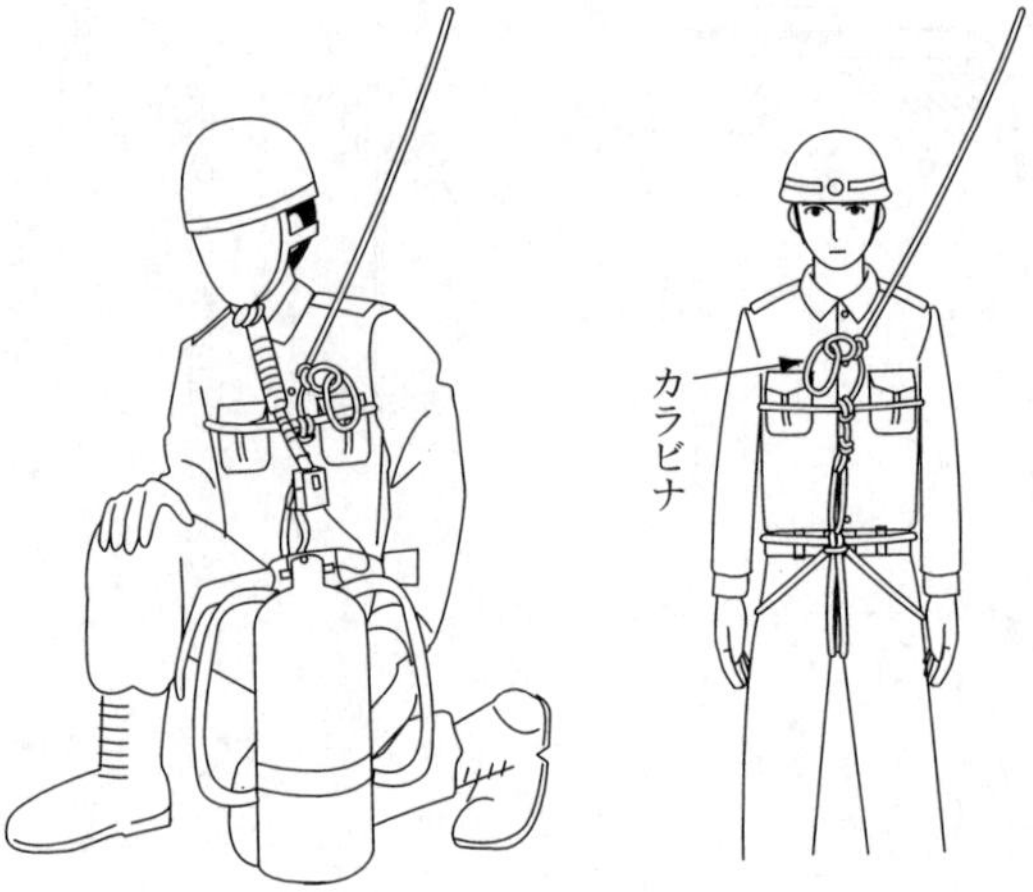

① 指揮者の「進入用意」の号令でロープを解いてそのロープの一端で第百十六条第一号に定める要領で身体結索を行い、結索したロープの胸部の結び目の上に第百十二条第三項第五号に定める要領でフューラー結びを作り、この結びの輪にカラビナをかけ、安全環を確実に締める。

② 空気呼吸器のそく止弁を開き圧力を確認して「圧力○○メガ」と呼唱し、第十四条第二号に定める要領で面体を着装する。

（進入及び発見時の処置）

第二百十七条　立て坑内に進入するには、次の号令及び要領による。

一　指揮者は、進入隊員の状況を確認し、第六条第五項に定める信号要領を指示したのち、「進入」と号令する。

二　一番員は、前号の号令で三番員の進入行動にあわせて確保ロープを操作し、三番員のロープによる「よし」の合図を受けたときは、同様にロープによる「よし」の合図をかえすとともに、「到着」と合図する。

三　二番員は、第一号の号令で空気呼吸器本体をもつて三番員とともに坑口にいたり、三番員の進入にあわせて空気呼吸器本体を吊りさげておくりこみ、三番員の行動にあわせてロープを操作する。

四　三番員は、第一号の「進入」の号令を復唱し、静かに坑内に入り、身体が坑内に入つた位置で、はしご横さんに確保ロープのカラビナをかけて安全環を確実にしめ身体を確保したのち、空気呼吸器本体を受け取り、第十三条第二号に定める要領で本体を着装し、身体の確保を解いて坑底におり、確保ロープで「よし」の合図をおくり、空気ボンベを要救助者に近よせるとともに、応急処置をとる。

旧一二五条…繰下（昭和六三年一二月消告六号）

【趣　旨】

本条は、立て坑内に進入する場合の号令及び要領について規定したものである。

【解　説】

立て坑内に進入する場合の号令及び要領を整理すれば、次表のとおりである。

順序	指揮者	一番員	二番員	三番員
1	進入隊員の状況を確認し、第六条第五項に定める信号要領を指示した後、「進入」と号令する。	指揮者の「進入」の号令で三番員の進入行動に合わせて確保ロープを操作する。	指揮者の「進入」の号令で空気呼吸器本体を持って三番員とともに坑口に至る。	指揮者の「進入」の号令を復唱し、静かに坑内に入り、身体が坑内に入った位置で、はしご横さんに確保ロープのカラビナをかけて安全環を確実に締め身体を確保する。
2			三番員の進入に合わせて空気呼吸器本体をつり下げて送り込む。	空気呼吸器を受け取り、第十三条第二号に定める要領で本体を着装する。
3		三番員のロープによる「よし」の合図を受けたときは、同様にロープによる「よし」の合図を返すとともに「到着」と合図する。	三番員の行動に合わせてロープを操作する。	身体の確保を解いて坑底に降り、確保ロープで「よし」の合図を送る。
4				空気ボンベを要救助者に近寄せるとともに、応急処置をとる。

（救出）

第二百十八条　要救助者を坑内から救出するには、次の号令及び要領による。

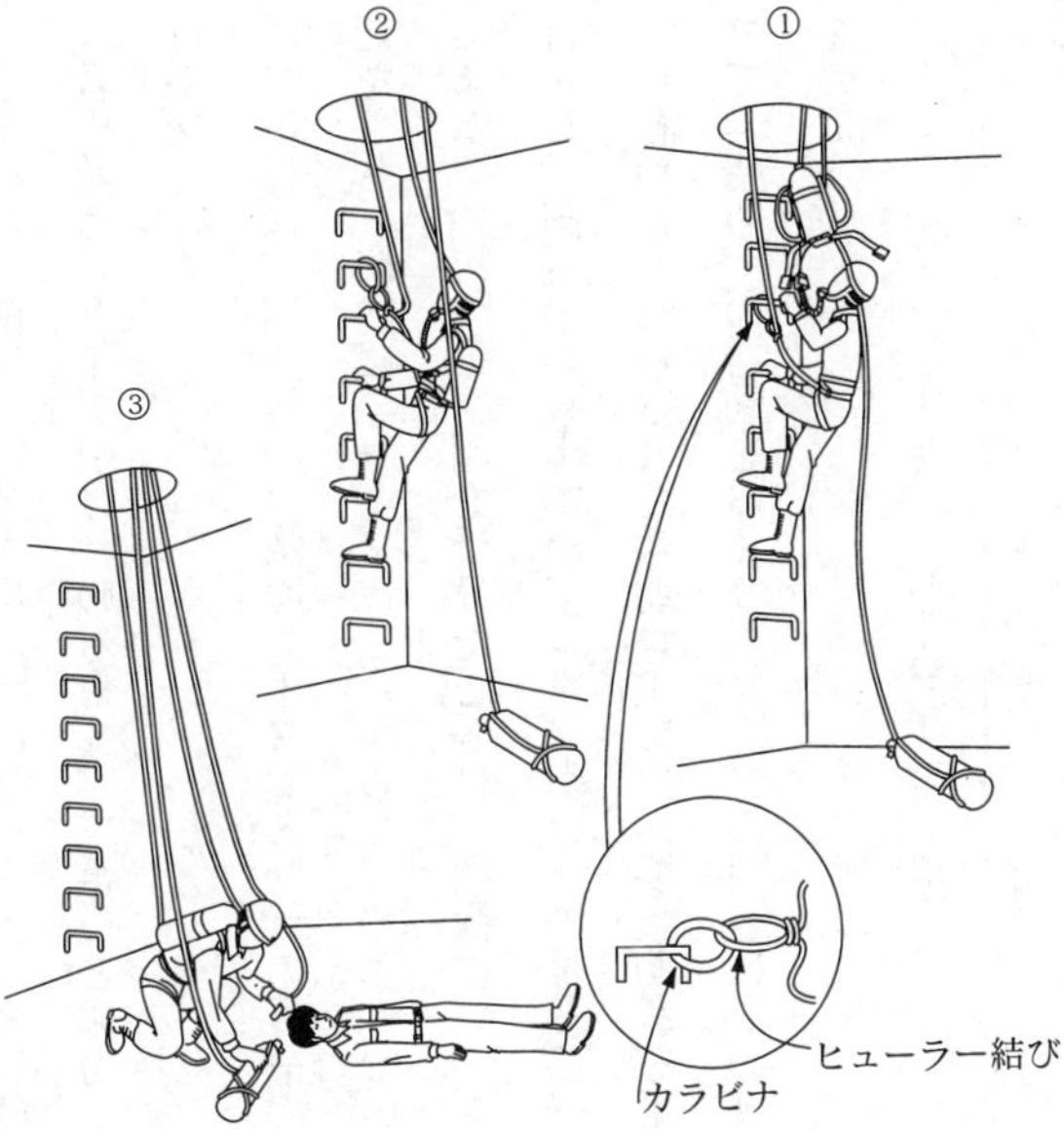

一　指揮者は、三番員の坑底到着を確認して「救助ロープおろせ」と号令し、二番員から空気呼吸器吊りさげのロープを受け取ったのち、「救出用意」と号令し、一番員から確保ロープを受け取って確保姿勢をとり、二番員の「始め」の合図で「救出始め、ロープ引け」と号令し、確保ロープ及び空気呼吸器吊りさげロープを操作し、救出を確認して「救出おわり」と号令する。

二　一番員は、前号の「救出用意」の号令を復唱し、確保ロープを指揮者に渡して救助ロープをもち、前号の「救出始め、ロープ引け」の号令で、二番員と協力して静かに要救助者を引き上げ、坑外に救出し、救助ロープを解く。

三　二番員は、第一号の「救助ロープおろせ」の号令で空気呼吸器吊りさげロープを指揮者に渡し、救助ロープをもち、坑内に「ロープ」と合図して、二重もやい結びをしてある方を坑底におろし、三番員からロープによる「始め」の合図を受けたときは、同様にロープによる「始め」の合図をかえすとともに、「始め」と合図し、同号の「救出始め、ロープ引け」の号令で一番員と協力して静かに要救助者を引き上げる。

四　三番員は、おろされた救助ロープで、要救助者を第百十六条第一号に定める要領で身体結索し、このロープで「始め」の合図をおくり、ロープの引きにあわせて、要救助者をかかえるようにしながら静かにはしごをのぼる。

旧一二六条…一部改正し繰下〔昭和六三年一二月消告六号〕

【趣　旨】

本条は、要救助者を立て坑内から救出する場合の号令及び要領について規定したものである。

【解説】

立て坑内から要救助者を救出する場合の号令及び要領を整理すれば、次表のとおりである。

順序	指揮者	一番員	二番員	三番員
1	三番員の坑底到着を確認して「救助ロープおろせ」と号令する。		指揮者の「救助ロープおろせ」の号令で空気呼吸器つり下げロープを指揮者に渡し、救助ロープを持ち、坑内に「ロープ」と合図して、二重もやい結びをしてある方を坑底に降ろす。	二番員より降ろされた救助ロープで、要救助者を第百十六条第一号に定める要領で身体結索する。
2	二番員から空気呼吸器つり下げのロープを受け取った後「救出用意」と号令し、一番員から確保ロープを受け取って確保姿勢をとる。	指揮者の「救出用意」の号令を復唱し、確保ロープを指揮者に渡して救助ロープを持つ。	三番員からロープによる「始め」の合図を受けたときは、同様にロープによる「始め」の合図を返すとともに、「始め」と合図する。	救助ロープで「始め」の合図を送る。
3	二番員の「始め」の合図で「救出始め、ロープ引け」と号令し、確保ロープ及び空気呼吸器つり下げロープを操作する。	指揮者の「救出始め、ロープ引け」の号令で、二番員と協力して静かに要救助者を引き上げ坑外に救出し、救助ロープを解く。	指揮者の「救出始め、ロープ引け」の号令で一番員と協力して静かに要救助者を引き上げる。	ロープの引きに合わせて、要救助者を抱えるようにしながら静かにはしごを上る。
4	救出を確認して「救出おわり」と号令する。			

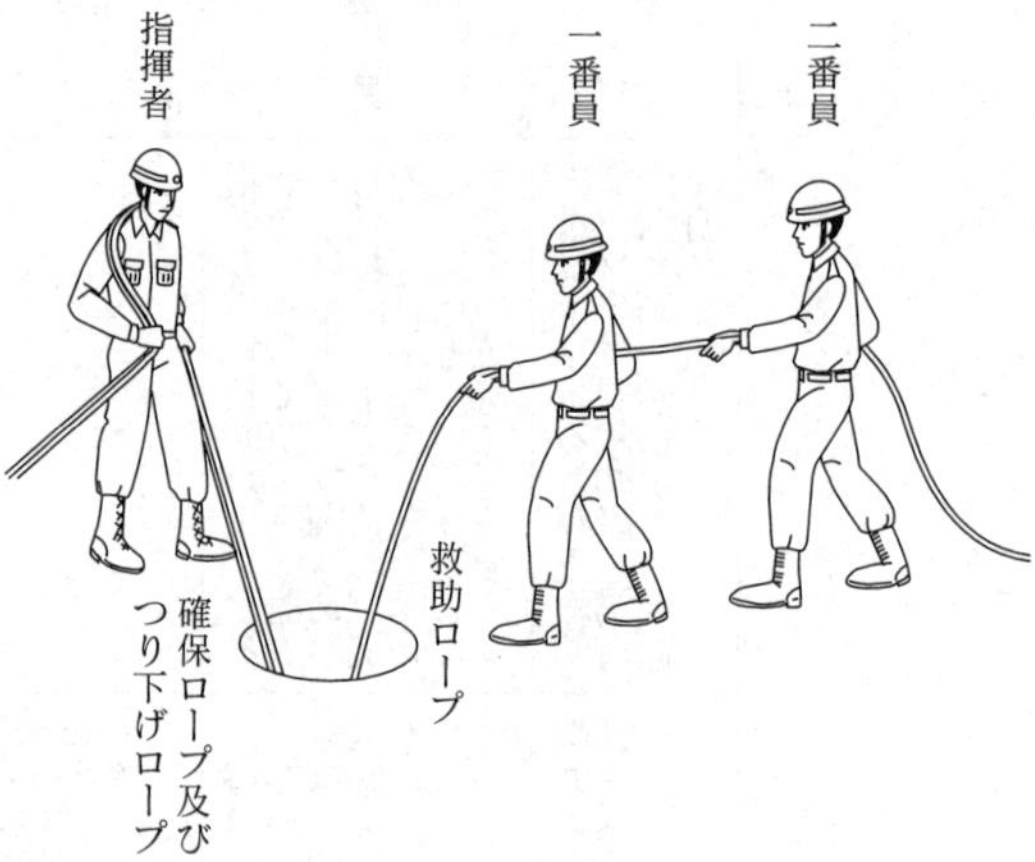

（退出）

第二百十九条　坑内に進入した隊員を退出させるには、次の号令及び要領による。

一　指揮者は、三番員がはしご横さんに身体を確保したのを確認して、一番員に確保ロープを、二番員に空気呼吸器吊りさげロープを渡したのち、「退出始め」と号令する。
二　一番員は、指揮者から確保ロープを受け取って確保姿勢をとり、前号の号令で三番員の行動にあわせてロープを操作する。
三　二番員は、指揮者から空気呼吸器吊りさげロープを受け取り、第一号の号令で、ロープを操作して三番員の退出に協力する。
四　三番員は、坑口のすぐ下ではしご横さんに確保ロープのカラビナをかけ安全環を確実にしめて身体を確保し、第十七条第二号に定める要領で空気呼吸器本体をはずし、坑外に退出したのち面体をはずす。

旧一二七条…繰下〔昭和六三年一二月消告六号〕

【趣　旨】

本条は、坑内に進入した救助隊員を退出させる場合の号令及び要領について規定したものである。

【解　説】

坑内に進入した救助隊員を退出させる場合の号令及び要領を整理すれば、次表のとおりである。

順序	指揮者	一番員
1		
2	三番員がはしご横さんに身体を確保したのを確認して、一番員に確保ロープを、二番員に空気呼吸器つり下げロープを渡す。	指揮者から確保ロープを受け取って確保姿勢をとる。
3	「退出始め」と号令する。	指揮者の「退出始め」の号令で三番員の行動に合わせて確保ロープを操作する。

二番員	三番員
	坑口のすぐ下ではしご横さんに確保ロープのカラビナをかけ、安全環を確実に締めて身体を確保する。
指揮者から空気呼吸器つり下げロープを受け取る。	第十七条第二号に定める要領で空気呼吸器本体を外す。
指揮者の「退出始め」の号令で三番員の行動に合わせて空気呼吸器つり下げロープを操作して三番員の退出に協力する。	はしご横さんにかけたカラビナを外し、坑外に退出した後、面体を外す。

①

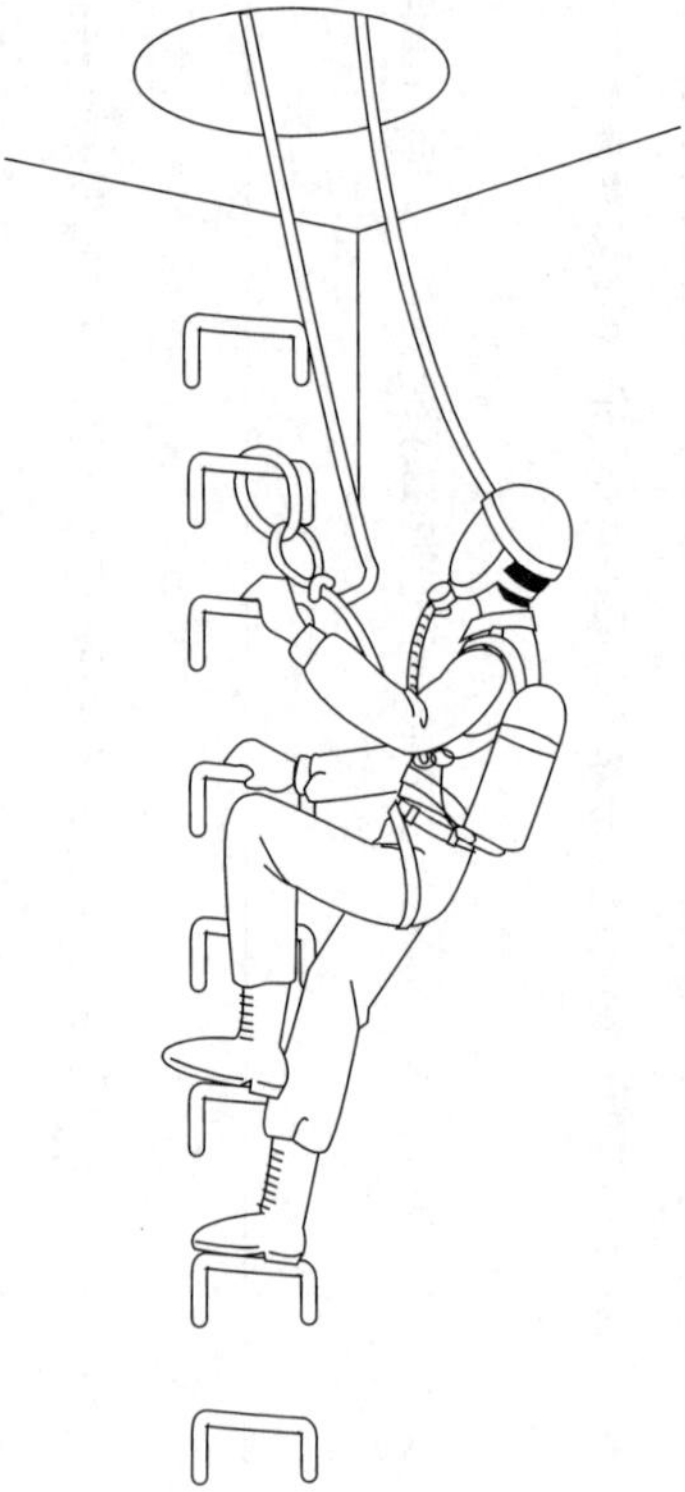

カラビナをはしご横さんにかけ安全環を確実にしめて身体を確保する。

②

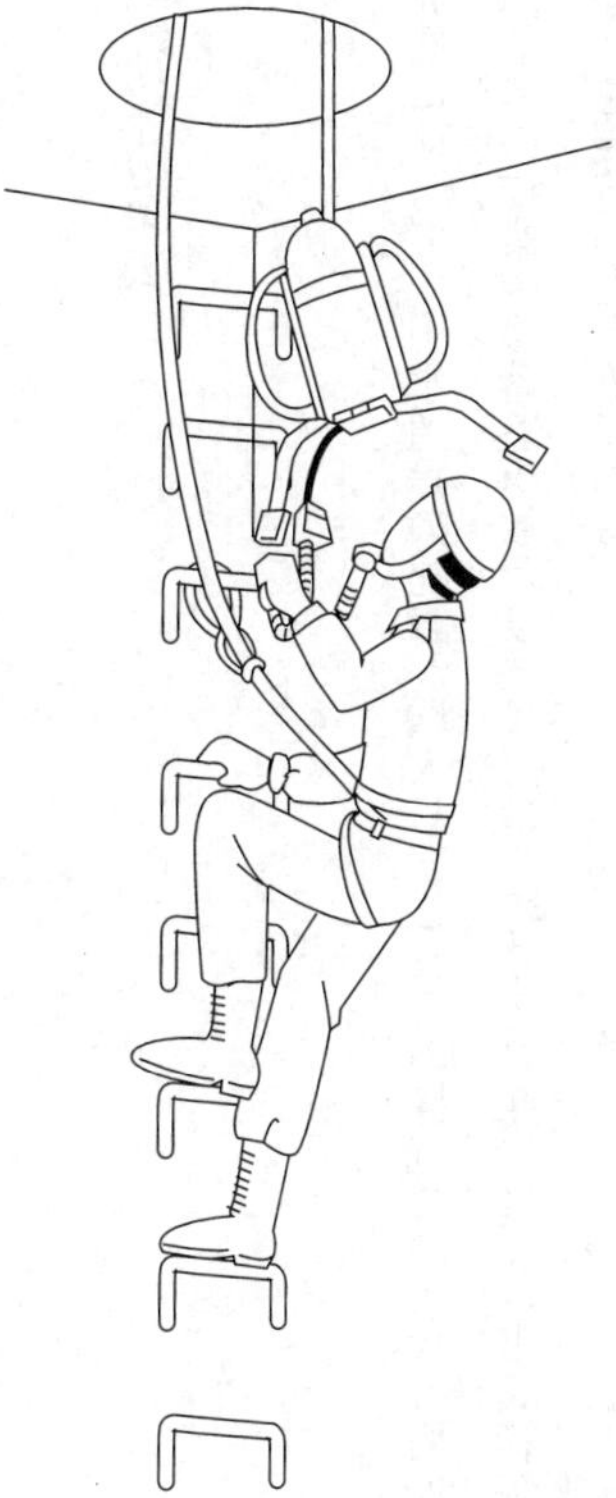

空気呼吸器本体を離脱する。

③

面体を着装したまま立て坑外に退出する。

（収納）

第二百二十条　器具を収納するには、次の号令及び要領による。

一　指揮者は、「おさめ」と号令する。

二　一番員は、前号の号令で救助ロープ及び確保ロープを整理してもとの位置に置き、集合線にもどる。

三　二番員は、第一号の号令で坑底の空気ボンベを引き上げ、結索を解いてロープを整理し、空気ボンベ及びロープをもとの位置に置き、集合線にもどる。

四　三番員は、第一号の号令で確保ロープを解き、空気呼吸器をもとの位置に置き、集合線にもどる。

旧一二八条…繰下〔昭和六三年一二月消告六号〕

【趣　旨】

本条は、要救助者を救助した後に器具を収納する場合の号令及び要領について規定したものである。

第三節　横坑救助操法

【概　説】

社会経済の発展に伴って、下水道等の建設が増大し、これらの横坑での事故も増加してきている。横坑内の事故事例としては、内部での作業中の落盤事故及び酸欠又は有毒ガスの発生による事故等が考えられる。本節は、これら横坑内での救助操法を規定したものである。

（操法の開始）

第二百二十一条　横坑救助操法を開始するには、次の号令及び要領による。

一　指揮者は、「操作始め」と号令する。

二　一番員は、前号の号令で第十三条第二号及び第十四条第二号に定める要領で空気呼吸器を着装し、坑口前で両手を前についてほふくの姿勢をとる。

三　二番員は、第一号の号令で小綱の両端で一番員の両足首に第百十二条第四項第一号及び同条第三項第八号に定める要領で、巻結び、半結びで結着し、次いで、ロープを解いて一端に同条第四項第二号及び同条第三項第八号に定める要領で、もやい結びを作り、半結びをかけ、この輪にカラビナをつけ、このカラビナを一番員の足に結着した小綱の中央にかけて、安全環を確実にしめたのち「確保ロープよし」と合図し、両手でロープをもつて「準備よし」と合図する。

旧一二九条…一部改正し繰下〔昭和六三年一二月消告六号〕

【趣　旨】

本条は、横坑救助操法を開始する場合の号令及び要領について規定したものである。

【解　説】

一　下水道等地下の横坑での事故は、酸欠又は有毒ガスによる場合が多く、かつ、坑内が狭いため進入者は呼吸保護器具を着装する必要があり、また、進入者の身体確保の方法としては小綱で両足首に巻結び、半結びをし、小綱の中間に確保用ロープを結合する必要がある。実際に横坑内における救助を行うときは、横坑内への進入に先立って、内部の状況を把握し、進入行程、作業内容に応じて呼吸保護器具の種類及び確保ロープの長さ等を決定する必要がある。

二　横坑救助操法を開始する場合の号令及び要領を整理すれば、次表のとおりである。

順序	1	2
指揮者	「操作始め」と号令する。	
一番員	指揮者の「操作始め」の号令で第十三条第二号及び第十四条第二号に定める要領で空気呼吸器を着装する。	坑口前で両手を前に着いてほふくの姿勢をとる。
二番員	指揮者の「操作始め」の号令で、小綱の両端で一番員の両足首に第百十二条に定める要領で、巻結び、半結びで結着し、次いでロープを解いて一端に同条第四項第二号及び同条第三項第八号に定める要領で、もやい結びを作り、半結びをかけ、この輪にカラビナを付け、このカラビナを一番員の足に結着した小綱の中央にかけて、安全環を確実に締めた後、「確保ロープよし」と合図する。	両手でロープを持って「準備よし」と合図する。

（進入及び発見時の処置）

第二百二十二条　横坑内に進入するには、次の号令及び要領による。

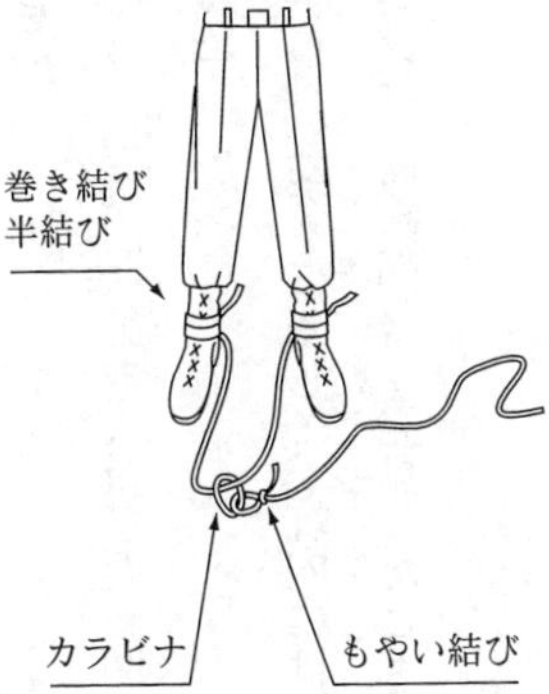

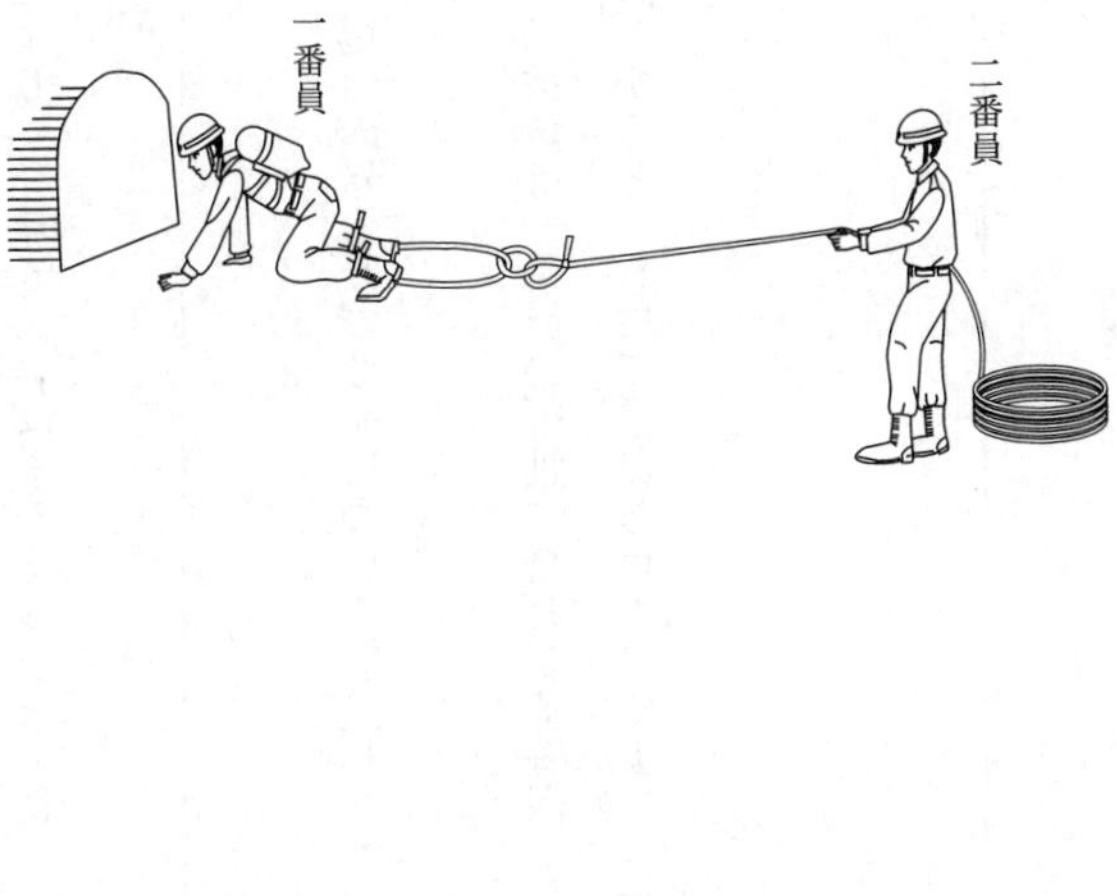

一　指揮者は、一番員の状況を確認し、第六条第五項に定める信号要領を指示したのち、「進入」と号令する。
二　一番員は、前号の号令を復唱し、坑内にはつて進入し、要救助者に到着したときは、応急処置をするとともに確保ロープにより「発見」の合図をおくる。
三　二番員は、第一号の号令で一番員の進入にあわせて確保ロープを操作し、一番員からロープによる「発見」の合図を受けたときは、同様にロープにより「発見」の合図をかえすとともに「発見」と合図する。

旧一三〇条…繰下〔昭和六三年一二月消告六号〕

【趣　旨】
本条は、横坑内への進入及び要救助者を発見した場合の号令及び要領について規定したものである。

【解　説】
一番員は姿勢を低くして、坑内にはって進入し、二番員は一番員の行動に合わせて確保ロープを操作する。
一番員は、要救助者を発見したときは、応急処置をするとともに二番員とロープにより「発見」の合図を交わす。

（救出）
第二百二十三条　要救助者を坑内から救出するには、次の号令及び要領による。
一　指揮者は、「救出用意」と号令し、二番員の「始め」の復唱で「救出始め」と号令する。

二　一番員は、二番員の確保ロープによる「救出用意」の合図で要救助者の手を胸部でかさね、三角巾等で第百十二条第二項第一号に定める要領で、本結びに結着し、この手を自からの首にかけ、二番員に確保ロープにより「始め」の合図をおくり、二番員のロープによる「救出始め」の合図で引きさがりながら要救助者を坑外に救出したのち、要救助者の手を首からはずし、第十六条第二号に定める要領で空気呼吸器の面体をはずす。

三　二番員は、第一号の「救出用意」の号令で一番員に確保ロープにより「救出用意」と合図を送り、一番員から確保ロープによる「始め」の信号を受けたときは、ロープにより同様の合図をかえすとともに「始め」と復唱し、第一号の「救出始め」の号令で一番員にロープにより「救出始め」と合図をおくり、一番員の行動にあわせて確保ロープを操作する。

旧一三一条…一部改正し繰下〔昭和六三年一二月消告六号〕

【趣　旨】

本条は、要救助者を横坑内から救出する場合の号令及び要領について規定したものである。

【解　説】

要救助者を坑内から救出する場合の号令及び要領を整理すれば、次表のとおりである。

順序	指揮者	
1	「救出用意」と号令する。	二番員の確保ロープによる「救出用意」の合図で要救助者の手を胸部で重ね、三角巾等で第百十二条第二項第一
2	二番員の「始め」の復唱で「救出始め」と号令する。	二番員のロープによる「救出始め」の合図で引き下がりながら要救助者を坑外に救出した後、要救助者の手を首

一番員	号に定める要領で、本結びに結着し、この手を自らの首にかけ、二番員に確保ロープにより「始め」の合図を送る。	から外し、第十六条第二号に定める要領で空気呼吸器の面体を外す。
二番員	指揮者の「救出用意」の号令で一番員に確保ロープにより「救出用意」と合図を送り、一番員から確保ロープによる「始め」の信号を受けたときは、ロープにより同様の合図を返すとともに、「始め」と復唱する。	指揮者の「救出始め」の号令で一番員にロープにより「救出始め」と合図を送り、一番員の行動に合わせて確保ロープを操作する。

（注）救出中、要救助者の頭部が地面や障害物に接触しないようにする。

（収納）

第二百二十四条　要救助者を救出したのち、器具を収納するには、次の号令及び要領による。

一　指揮者は、「おさめ」と号令する。

二　一番員は、前号の号令で第十七条第二号に定める要領で、空気呼吸器をはずしてもとの位置に置き、集合線にもどる。

三　二番員は、第一号の号令で確保ロープ及び小綱を解いて整理し、カラビナとともにもとの位置に置き、集合線にもどる。

旧一三二条…繰下〔昭和六三年一二月消告六号〕

【趣　旨】

本条は、要救助者を救出した後、器具を収納する場合の号令及び要領について規定したものである。

第四節　はしごクレーン救助操法

本節…追加〔昭和六三年一二月消告六号〕

（操法実施上の留意事項）

第二百二十五条　第百七十六条に定めるもののほか、はしごクレーン救助操法を実施するときは、次の各号に掲げる事項に留意しなければならない。
一　はしごの確保ロープは、不均衡とならないようにすること。
二　けん引用救助ロープの操作を容易とするため、必要に応じ、はしご接地部に固定処置を行うこと。
三　けん引用救助ロープの操作は、はしごの状態に注意しつつ徐々に行うこと。
四　はしごの確保ロープをけい留物に結着できないときは、腰確保を行うこと。

本条…追加〔昭和六三年一二月消告六号〕

【趣　旨】

本条は、はしごクレーン救助操法を実施するうえでの留意事項について定めたものである。

【解　説】

はしごクレーン救助操法は、低所にいる要救助者を救出する場合に、上部に支点を作成することができないときに、三連はしごを利用し、はしごに救助ロープの支点をとり要救助者を救出する要領を定めたものであり、はしごの基底部の固定を十分に行わないとはしごが転倒するおそれがある。

（操法の開始）

第二百二十六条　はしごクレーン救助操法を開始するには、次の号令及び要領による。

一　指揮者は、「目標○○、操作始め」と号令し、目標位置に到達したのち、「はしごクレーン作成」と号令し、確保ロープ、滑車及び補強用カラビナが設定されたのを確認し、「救助ロープ用意」と号令し、一番員の「動滑車取付けよし」の合図で「はしごおこせ、確保ロープ引け」と号令する。
二　一番員は、前号の「目標○○、操作始め」の号令で三連はしごを第百四十一条第二号に定める要領で目標位置まで搬送し、前号の「はしごクレーン作成」の号令で小綱を二つ折りにしてはしご背面側上部の横さん中央に巻き結び、半結びで結着し、これに補強用カラビナをかけ「上部固定滑車よし」と合図し、前号の「救助ロープ用意」の号令で動滑車及び救助用縛帯を準備し、二番員の「よし」の合図により、救助ロープに動滑車を取り付け、さらにこれに救助用縛帯を取り付け、「動滑車取付けよし」と合図し、前号の「はしごおこせ、確保ロープ引け」の号令で、はしご中央部左側ではしごに正対し、二番員と協力してはしごを約七十度の角度に立てながら、上端部が目標点（線）に出るまで前進する。
三　二番員は、第一号の「目標○○、操作始め」の号令で三連はしごを第百四十一条第三号に定める要領で目標位置のやや手前まで搬送し、同号の「はしごクレーン作成」の号令で小綱を二つ折りにしてはしご表面側下部の横さん中央に巻き結び、半結びで結着し、これに滑車及び補強用カラビナをかけ「下部固定滑車よし」と合図し、同号の「救助ロープ用意」の号令で救助ロープを解き、下部固定滑車から上部固定滑車に通し、端末をはしご上端横さんに結着して「よし」と合図し、同号の「はしごおこせ、確保ロープ引け」の号令ではしご中央部右側ではしごに正対し、一番員と協力してはしごを約七十度の角度に立てながら、上端部が目標点（線）に出るまで前進する。
四　三番員は、第一号の「目標○○、操作始め」の号令で救助ロープ、はしご確保ロープ及びカラビナをはしご下部おおむね三メートルの位置に搬送し、確保ロープを解いて整理し、同号の「はしごクレーン作成」の号令で折りひざ姿勢をとってひざの上にはしごを保持し、確保ロープの一端をはしご上端左側に巻き結び、半結びで結着し、「左確保ロープよし」と合図し、二番員が救助ロープの設定をしやすいようにはしご上部を補助したのち、確保ロープを左後方に延長し、同号の「はしごおこせ、確保ロープ引け」の号令で確保ロープを左後方に引き、支持物に結着する。

五　四番員は、第一号の「目標○○、操作始め」の号令で小綱、縛帯、はしご確保ロープ及び滑車をはしご下部おおむね三メートルの位置に搬送し、確保ロープを解いて整理し、同号の「はしごクレーン作成」の号令で折りひざ姿勢をとってひざの上にはしごを保持し、確保ロープの一端をはしご上端右側に巻き結び、半結びで結着し「右確保ロープよし」と合図し、確保ロープを右後方に延長し、同号の「はしごおこせ、確保ロープ引け」の号令で確保ロープを右後方に引き、支持物に結着する。

本条…追加〔昭和六三年一二月消告六号〕

【趣　旨】

本条は、はしごクレーン救助操法を開始する場合の号令及び要領を規定したものである。

【解　説】

はしごクレーン救助操法を開始する場合の号令及び要領を整理すると、次表のとおりである。

順序	指揮者
1	「目標○○、操作始め」と号令する。
2	目標位置に到達した後、「はしごクレーン作成」と号令
3	確保ロープ、滑車及び補強用カラビナが設定されたの
4	一番員の「動滑車取付けよし」の合図で「はしごおこ

	一番員	二番員	三番員	四番員
	指揮者の「目標○○、操作始め」の号令で三連はしごを目標位置まで搬送する。	指揮者の「目標○○、操作始め」の号令で三連はしごを目標位置まで搬送する。	指揮者の「目標○○、操作始め」の号令で、救助ロープ、はしご確保ロープ及びカラビナをはしご下部おおむね三mの位置に搬送する。	指揮者の「目標○○、操作始め」の号令で小綱、縛帯、はしご確保ロープ及び滑車をはしご下部おおむね三mの位置に搬送し、確保ロープを解いて整理する。
する。	指揮者の「はしごクレーン作成」の号令で小綱をふたつ折りにしてはしご上部横さん中央に巻結び、半結びで結着し、これに背面側に滑車及び補強カラビナをかけ「上部固定滑車よし」と合図する。	指揮者の「はしごクレーン作成」の号令で、小綱をふたつ折りにしてはしご下部の横さん中央に巻結び、半結びで結着し、これに表面側に滑車及び補強カラビナをかけ「下部固定滑車よし」と合図する。	指揮者の「はしごクレーン作成」の号令で折りひざ姿勢をとって、ひざの上にはしごを保持し、確保ロープの一端をはしご上端左側に巻結び、半結びで結着し「左確保ロープよし」と合図する。	指揮者の「はしごクレーン作成」の号令で折りひざ姿勢をとって、ひざの上にはしごを保持し、確保ロープの一端をはしご上端右側に巻結び、半結びで結着し「右確保ロープよし」と合図する。
を確認し、「救助ロープ用意」と号令する。	指揮者の「救助ロープ用意」の号令で動滑車及び救助用縛帯を準備し、二番員の「よし」の合図により、救助ロープに動滑車を取り付け、更にこれに救助用縛帯を取り付け、「動滑車取付けよし」と合図する。	指揮者の「救助ロープ用意」の号令で救助ロープを解き、下部固定滑車から上部固定滑車に通し、端末をはしご上端横さんに結着して「よし」と合図する。	二番員が救助ロープの設定をしやすいよう、はしご上部を補助した後、確保ロープを左後方に延長する。	はしご保持を解除し、確保ロープを右後方に延長する。
せ、確保ロープ引け」と号令する。	指揮者の「はしごおこせ、確保ロープ引け」の号令で、はしご中央部左側ではしごに正対し、二番員と協力してはしごを約七十度の角度に立てながら、上端部が目標点（線）に出るまで前進する。	指揮者の「はしごおこせ、確保ロープ引け」の号令で、はしご中央部右側ではしごに正対し、一番員と協力してはしごを約七十度の角度に立てながら、上端部が目標点（線）に出るまで前進する。	指揮者の「はしごおこせ、確保ロープ引け」の号令で確保ロープを左後方に引き、確保ロープを支持物に結着する。	指揮者の「はしごおこせ、確保ロープ引け」の号令で確保ロープを右後方に引き、確保ロープを支持物に結着する。

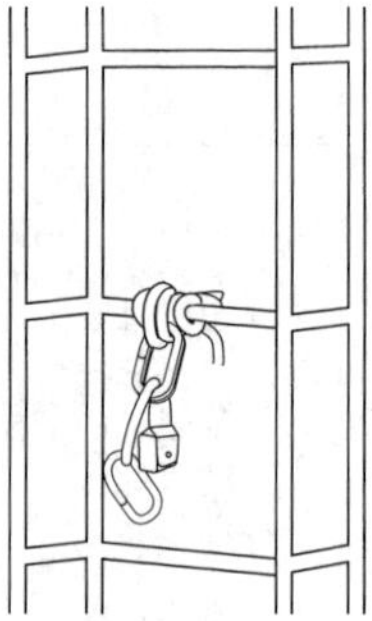

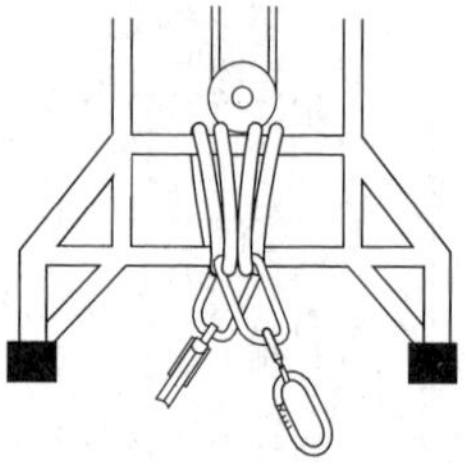

（救出）

第二百二十七条　要救助者の救出を行うには、次の号令及び要領による。

一　指揮者は、「進入用意」と号令し、四番員の自己確保ロープを保持して四番員の「進入準備よし」の合図を確認して「進入、ロープゆるめ」と号令し、四番員の降下状態を監視し、降下後四番員が要救助者に縛帯を着装して「救出準備よし」と合図したのを確認して「救出始め、ロープ引け」と号令し、要救助者の引き上げ完了を確認したのち「確保」と号令し、一番員の「確保よし」の合図で「確保解け」と号令し、次いで「脱出用意」と号令し、四番員の「脱出準備よし」の合図で「脱出始め、ロープ引け」と号令し、四番員の引き上げ完了を確認し、「確保」と号令し、一番員の「確保よし」の合図で「確保解け」と号令する。

二　一番員は、前号の「進入用意」の号令ではしご基底部左側を左足で押え、救助ロープを持ち、前号の「進入、ロープゆるめ」の号令で二番員及び三番員と協力し救助ロープをゆっくりゆるめ、前号の「救出始め、ロープ引け」の号令で二番員と協力して救助ロープを引き、三番員の「確保よし」の合図で要救助者を引き寄せ、両手で抱きかかえ「確保よし」と合図し、前号の「確保解け」の号令で要救助者を降ろして「救出おわり」と合図し要救助者の縛帯を解き、前号の「脱出用意」の号令で救助ロープを降ろし、前号の「脱出始め、ロープ引け」の号令で二番員と協力して救助ロープを引き、三番員の「確保よし」の合図で四番員を引き寄せ四番員を地上に降ろして「脱出おわり」と合図する。

三　二番員は、第一号の「進入用意」の号令ではしご基底部右側を右足で押え、救助ロープを持ち、同号の「進入、ロープゆるめ」の号令で一番員及び三番員と協力し、救助ロープをゆつくりゆるめ、同号の「救出始め、ロープ引け」の号令で一番員と協力して救助ロープを引き、三番員の「確保よし」で一番員が要救助者を引き寄せるのに協力し、同号の「脱出始め、ロープ引け」の号令で一番員と協力して再び救助ロープを引き、同号の「確保」で三番員と協力し、ロープを確保する。

四　三番員は、第一号の「進入用意」の号令ではしご基底部中央やや後方で第百三十七条第二号に定める要領で腰確保姿勢をとつて「確保準備よし」と合図し、同号の「進入、ロープゆるめ」の号令で一番員及び二番員と協力し救助ロープをゆつくりゆるめ、同号の「救出始め、ロープ引け」の号令で一番員及び二番員の操作に合わせて救助ロープを確保し、同号の「確保」の号令で確保を万全にして「確保よし」と合図し、同号の「確保解け」の号令で確保を解き、次いで同号の「脱出始め、ロープ引け」の号令で一番員及び二番員の操作に合わせて救助ロープを確保し、同号の「確保」の号令で確保を万全にして「確保よし」と合図し、同号の「確保解け」の号令で確保ロープを解く。

五　四番員は、第一号の「進入用意」の号令で自己確保ロープを腰に結び、救助用縛帯を着装し、「進入準備よし」と合図し、同号の「進入、ロープゆるめ」の号令で進入して、「到着」と合図し、要救助者に縛帯を着装して「救出準備よし」と合図し、要救助者の引き上げ状況を注視し、要救助者の救出後、救助ロープを受け取り「到着」と合図し、縛帯を着装して「脱出準備よし」と合図し、上方を注視しながら必要に応じ壁に手を当て身体の安定を図りながら引き上げられ、地上に到達後縛帯を外す。

本条…追加〔昭和六三年一二月消告六号〕

【趣　旨】

本条は、要救助者の救出を行う場合の号令及び要領について規定したものである。

【解　説】

要救助者を救出する場合の号令及び要領を整理すると、次表のとおりである。

順序	指揮者	一番員
1	「進入用意」と号令し、四番員の自己確保ロープを保持する。	指揮者の「進入用意」の号令で、はしご基底部左側を左足で押さえ、救助ロープを持つ。
2	四番員の「進入準備よし」の合図を確認して「進入、ロープゆるめ」と号令し、四番員の降下状態を監視する。	指揮者の「進入、ロープゆるめ」の号令で、二番員及び三番員と協力し救助ロープをゆっくり緩める。
3	四番員の「救出準備よし」の合図を確認して「救出始め、ロープ引け」と号令し、要救助者の引上げ完了を確認し「確保」と号令する。	指揮者の「救出始め、ロープ引け」の号令で二番員と協力して救助ロープを引き、三番員の「確保よし」の合図で、要救助者を引き寄せ、両手でだき抱えて「確保よし」と合図する。
4	一番員の「確保よし」の合図で「確保解け」と号令し、次いで「脱出用意」と号令する。	指揮者の「確保解け」の号令で、要救助者を降ろして「要救出おわり」と合図し、要救助者の縛帯を解き、「脱出用意」の号令で救助ロープを降ろす。
5	四番員の「脱出準備よし」の合図で「脱出始め、ロープ引け」と号令し、四番員の引上げ完了を確認し、「確保」と号令し、一番員の「確保よし」の合図で「確保解け」と号令する。	指揮者の「脱出始め、ロープ引け」の号令で二番員と協力して救助ロープを引き、三番員の「確保よし」の合図で四番員を引き寄せ、四番員を地上に降ろして「脱出おわり」と合図する。

二番員	三番員	四番員
指揮者の「進入用意」の号令で、はしご基底部右側を右足で押さえ、救助ロープを持つ。	指揮者の「進入用意」の号令で、はしご基底部中央やや後方で第百三十七条に定める要領で腰確保姿勢をとって「確保準備よし」と合図する。	指揮者の「進入用意」の号令で、自己確保ロープを腰に結び、救助用縛帯を着装し、「進入準備よし」と合図する。
指揮者の「進入、ロープゆるめ」の号令で、一番員及び三番員と協力し救助ロープをゆっくり緩める。	指揮者の「進入、ロープゆるめ」の号令で、一番員及び二番員と協力し救助ロープをゆっくり緩める。	指揮者の「進入、ロープゆるめ」の号令で、進入して「到着」と合図し、要救助者に縛帯を着装して「救出準備よし」と合図する。
指揮者の「救出始め、ロープ引け」の号令で、一番員と協力して救助ロープを引き、三番員の「確保よし」の合図で一番員が要救助者を引き寄せるのに協力する。	指揮者の「救出始め、ロープ引け」の号令で、一番員及び二番員の操作に合わせて救助ロープを確保し、指揮者の「確保」の号令で確保を万全にして「確保よし」と合図する。	要救助者の救出状況を注視する。
	指揮者の「確保解け」の号令で確保を解く。	要救助者の救出後、救助ロープを受け取り「到着」と合図し、縛帯を着装して「脱出準備よし」と合図する。
指揮者の「脱出始め、ロープ引け」の号令で、一番員と協力して救助ロープを引き、指揮者の「確保」の号令で三番員と協力し、ロープを確保する。	指揮者の「脱出始め、ロープ引け」の号令で、一番員及び二番員の操作に合わせて救助ロープを確保し、指揮者の「確保」の号令で確保を万全にし、「確保よし」と合図し、「確保解け」の号令で確保ロープを解く。	上方を注視しながら必要に応じ壁に手を当て身体の安定を図りながら引き上げられ、地上到達後、縛帯を外す。

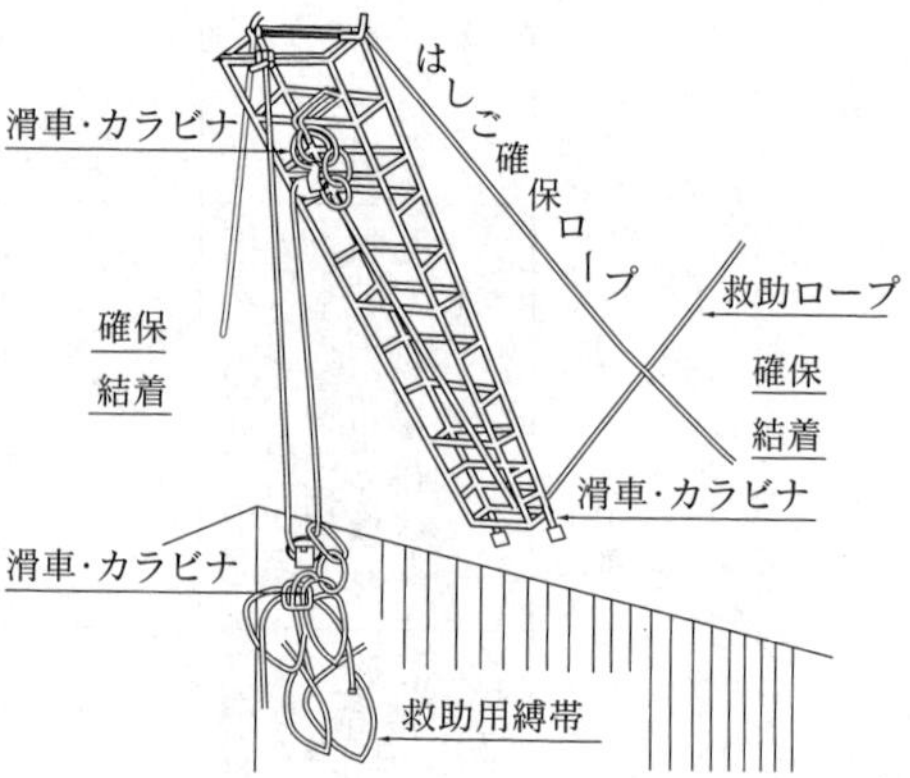

（収納）

第二百二十八条　救出完了ののち、器具を収納するには、次の号令及び要領による。

一　指揮者は、「おさめ」と号令する。

二　一番員は、前号の号令で二番員と協力してはしごを後方に移動して静かに地上に倒し、上部固定滑車を外して四番員に渡し、二番員と協力してはしごをもとの位置に搬送して集合線にもどる。

三　二番員は、第一号の「おさめ」の号令で一番員と協力してはしごを後方に移動して静かに地上に倒し、下部固定滑車を外して四番員に渡し、一番員と協力してはしごをもとの位置に搬送して集合線にもどる。

四　三番員は、第一号の「おさめ」の号令で一番員及び二番員によりはしごが地上に倒されたのち、左右の確保ロープを支持物から解き、救助ロープ及び確保ロープ一本を整理し、カラビナとともにもとの位置に搬送して集合線にもどる。

五　四番員は、第一号の「おさめ」の号令で自己確保ロープを解き、これと確保ロープ一本を整理し、小綱、滑車及び縛帯とともにもとの位置に搬送して集合線にもどる。

本条…追加〔昭和六三年一二月消告六号〕

【趣旨】

本条は、要救助者を救出した後、器具を収納する場合の号令及び要領について規定したものである。

第五節　重量物吊り上げ救助操法

本節…追加〔平成一〇年二月消告一号〕

（操法実施上の留意事項）

第二百二十八条の二　第四条及び第四十六条の三に定めるもののほか、重量物吊り上げ救助操法を実施するときは、次の各号に定める事項に留意しなければならない。

一　マンホール救助器具（以下「三脚」という。）は、荷重をかけたとき、沈下しない措置を講じて使用すること。

二　三脚の最大荷重及びチェーンブロックの定格荷重を超えて使用しないこと。
三　対象物の真上にチェーンブロックを据えて使用し、やむを得ず吊り上げた状態で対象物を移動させるときは、各脚を結ぶ線から外に荷重がかからないようにすること。
四　ロードチェーンにねじれやもつれのある状態で使用しないこと。
五　使用するワイヤー、チェーン及びかけなわ等は、十分な強度を有すること。
六　吊り上げた状態で対象物の反転作業を行わないこと。
七　対象物にかけなわをかけるときは、外れ、ねじれ及びすべりが生じないようにするとともに、必要に応じて角にあて物等の措置を講ずること。
八　巻き上げ又は巻き下げは、明確な指示及び合図のもとで行うこと。

本条…追加〔平成一〇年二月消告一号〕

【趣　旨】

本条は、大震災の教訓を踏まえ、倒壊建物等から要救助者を救出するための操法の実施上の留意事項について規定したものである。

【解　説】

本条は、マンホール救助器具（三脚）及びチェーンブロック等を使用した応用の救助操法である。

（操法の開始）

第二百二十八条の三　重量物吊り上げ救助操法を開始するには、次の号令及び要領による。

一　指揮者は、「目標○○、操作始め」と号令する。

二　一番員は、前号の号令で第四十六条の四第二号に定める要領で三脚を対象物からおおむね二メートル離れた位置に搬送し、第四十六条の五第二号に定める要領で三脚を立て、脚部の一本を担当して開く。

三　二番員は、第一号の号令で第四十六条の四第三号に定める要領で三脚を対象物からおおむね二メートル離れた位置に搬送し、第四十六条の五第三号に定める要領で三脚を立て、脚部の一本を担当して開く。

四　三番員は、第一号の号令でチェーンブロックを搬送し、三脚の組立てに支障のない位置に置き、第四十六条の五第四号に定める要領で三脚の脚部の一本を担当して開く。

五　四番員は、第一号の号令で三脚固定用のワイヤー等（以下「固定ワイヤー等」という。）及びかけなわを対象物の位置に搬送して置く。

本条…追加〔平成一〇年二月消告一号〕

【趣　旨】

本条は、重量物吊り上げ救助操法を開始する場合の号令及び要領を規定したものである。

（三脚の設定）

第二百二十八条の四　三脚を設定するには、次の号令及び要領による。

一　指揮者は、「チェーンブロック取付け、かけなわ装着」と号令し、三番員の「チェーンブロック取付けよし」及び四番員の「かけなわよし」の合図を確認して「三脚移動」と号令し、三脚が対象物の位置に移動し、各脚の担当者に指示して傾きを調整させたのち「三脚固定」と号令する。

二　一番員は、前号の「三脚移動」の号令で四番員の誘導を受けながら二番員及び三番員と協力して三脚を対象物の位置に移動し、指揮者の指示で傾きを調整して四番員が行う三脚の固定に協力する。

三　二番員は、第一号の「三脚移動」の号令で四番員の誘導を受けながら一番員及び三番員と協力して三脚を対象物の位置に移動し、指揮者の指示で傾きを調整して四番員が行う三脚の固定に協力する。

四　三番員は、第一号の「チェーンブロック取付け、かけなわ装着」の号令で三脚にチェーンブロックを取り付け、「チェーンブロック取付けよし」と合図し、同号の「三脚移動」の号令で四番員の誘導を受けながら一番員及び二番員と協力して三脚を対象物の位置に移動し、指揮者の指示で傾きを調整して四番員が行う三脚の固定に協力する。

五　四番員は、第一号の「チェーンブロック取付け、かけなわ装着」の号令で対象物にかけなわをかけ、「かけなわよし」と合図し、同号の「三脚移動」の号令で三脚の移動を誘導し、同号の「三脚固定」の号令で固定ワイヤー等を準備し、一番員、二番員及び三番員と協力して三脚の固定を行い、「三脚固定よし」と合図する。

本条…追加〔平成一〇年二月消告一号〕

【趣　旨】
本条は、重量物吊り上げ救助操法の三脚を設定する場合の号令及び要領について規定したものである。

【解　説】
三脚を設定する場合の号令及び要領を整理すると、次表のとおりである。

順序	1	2
指揮者	「チェーンブロック取付け、かけなわ装着」と号令する。	三番員の「チェーンブロック取付けよし」及び四番員の「かけなわよし」の合図を確認して「三脚移動」と号令し、三脚が対象物の位置に移動し、各脚の担当者に指示して傾きを調整させた後「三脚固定」と号令する。
一番員		指揮者の「三脚移動」の号令で四番員の誘導を受けながら、二番員及び三番員と協力して三脚を対象物の位置に移動し、指揮者の指示で傾きを調整して四番員が行う三脚の固定に協力する。
二番員		指揮者の「三脚移動」の号令で四番員の誘導を受けながら、一番員及び三番員と協力して三脚を対象物の位置に移動し、指揮者の指示で傾きを調整して四番員が行う三脚の固定に協力する。
三番員	指揮者の「チェーンブロック取付け、かけなわ装着」の号令で三脚にチェーンブロックを取り付け、「チェーンブロック取付けよし」と合図する。	指揮者の「三脚移動」の号令で四番員の誘導を受けながら、一番員及び二番員と協力して三脚を対象物の位置に移動し、指揮者の指示で傾きを調整して四番員が行う三脚の固定に協力する。
四番員	指揮者の「チェーンブロック取付け、かけなわ装着」の号令で対象物にかけなわをかけ、「かけなわよし」と合図する。	指揮者の「三脚移動」の号令で三脚の移動を誘導し、指揮者の「三脚固定」の号令で固定ワイヤー等を準備し、一番員、二番員及び三番員と協力して三脚の固定を行い、「三脚固定よし」と合図する。

（吊り上げ）

第二百二十八条の五　対象物を吊り上げるには、次の号令及び要領による。

一　指揮者は、「吊り上げ準備」と号令し、四番員の「フックよし」の合図で「吊り上げ始め」と号令し、対象物が地面を離れ、ロードチェーンに荷重がかかつたとき「操作待て」と号令し、四番員の「かけなわよし」の合図で「操作始め」と号令し、吊り上げ高さに達したとき「操作やめ」と号令する。

二　一番員は、前号の「吊り上げ始め」の号令で各脚の状況を監視する。

三　二番員は、第一号の「吊り上げ始め」の号令で対象物の状況を監視する。

四　三番員は、第一号の「吊り上げ準備」の号令で四番員の誘導を受けながら手鎖を降下側に操作し、四番員の「フック位置よし」の合図で操作を停止し、同号の「吊り上げ始め」の号令で手鎖を上昇側に切り替え、同号の「操作待て」、「操作始め」及び「操作やめ」の号令に従い操作する。

五　四番員は、第一号の「吊り上げ準備」の号令で三番員の手鎖を誘導してフックを降ろし、かけなわの輪の高さに達したとき「フック位置よし」と合図してかけなわの輪をフックにかけて「フックよし」と合図し、同号の「吊り上げ始め」の号令で三番員の手鎖の操作を誘導し、同号の「操作待て」の号令で対象物の状態を確認して「かけなわよし」と合図し、引き続き手鎖の操作を誘導する。

本条…追加〔平成一〇年二月消告一号〕

【趣　旨】

本条は、対象物をつり上げる場合の号令及び要領について規定したものである。

【解　説】
対象物をつり上げる場合の号令及び要領を整理すると、次表のとおりである。

順序	1	2
指揮者	「吊り上げ準備」と号令し、四番員の「フックよし」の合図で「吊り上げ始め」と号令する。	対象物が地面を離れ、ロードチェーンに荷重がかかったとき「操作待て」と号令し、四番員の「かけなわよし」の合図で「操作始め」と号令し、つり上げ高さに達したとき「操作やめ」と号令する。
一番員	指揮者の「吊り上げ始め」の号令で各脚の状況を監視する。	
二番員	指揮者の「吊り上げ始め」の号令で対象物の状況を監視する。	
三番員	指揮者の「吊り上げ準備」の号令で四番員の誘導を受けながら手鎖を降下側に操作し、四番員の「フック位置よし」の合図で操作を停止し、指揮者の「吊り上げ始め」の号令で手鎖を降下側に切り替える。	指揮者の「操作待て」、「操作始め」及び「操作やめ」の号令に従い操作する。
四番員	指揮者の「吊り上げ準備」の号令で三番員の手鎖を誘導してフックを降ろし、かけなわの輪の高さに達したとき「フック位置よし」と合図して、指揮者の「吊り上げ始め」の号令で三番員の手鎖の操作を誘導する。	指揮者の「操作待て」の号令で対象物の状態を確認して「かけなわよし」と合図し、引き続き手鎖の操作を誘導する。

（移動）

第二百二十八条の六　対象物を移動するには、次の号令及び要領による。

一　指揮者は、「○○方向へ移動」と号令する。

二　一番員は、前号の号令で対象物を移動する方向とは反対側の脚の付近に移動し、三脚の状態を確認する。

三　二番員は、第一号の号令で対象物の位置に移動し、四番員と協力して対象物を降下位置に移動し、降ろす。

四　三番員は、第一号の号令で四番員の誘導を受けながら手鎖を降下側に操作し、四番員の「移動よし」の合図で止める。

五　四番員は、第一号の号令を復唱したのち、三番員の手鎖の操作を誘導しながら二番員と協力して対象物を降下位置に移動し、降ろして「移動よし」と合図する。

本条…追加〔平成一〇年二月消告一号〕

【趣　旨】

本条は、対象物を移動する場合の号令及び要領について規定したものである。

（救出）

第二百二十八条の七　対象物を移動したのち、要救助者を救出するには、次の号令及び要領による。

一　指揮者は、「救出始め」と号令する。

二　一番員は、前号の号令で要救助者の右（左）側に二番員と並んで正体し、頭部側の膝を立てた折り膝の姿勢をとり、要救助者の下に両腕を入れ、四番員の「よし」の合図で立ち上がり、二番員及び四番員と協力して搬送し、救出する。

三　二番員は、第一号の号令で要救助者の右（左）側に一番員と並んで正体し、頭部側の膝を立てた折り膝の姿勢をとり、要救助者の下に両腕を入れ、四番員の「よし」の合図で立ち上がり、一番員及び四番員と協力して搬送し、救出する。

四　三番員は、第一号の号令でロードチェーン及び手鎖が救出の支障とならないように避ける。

五　四番員は、第一号の号令で要救助者の左（右）側に正体し、頭部側の膝を立てた折り膝の姿勢をとり、要救助者の下に両腕を入れ、「よし」と合図して立ち上がり、一番員及び二番員と協力して搬送し、救出する。

本条…追加〔平成一〇年二月消告一号〕

【趣　旨】

本条は、対象物を移動した後の要救助者を救出する場合の号令及び要領について規定したものである。

（収納）

第二百二十八条の八　要救助者を救出したのち、器具を収納するには、次の号令及び要領による。

一　指揮者は、「おさめ」と号令する。

二　一番員は、前号の号令で脚の一箇所に位置し、三番員の「三脚移動」の合図で二番員及び三番員と協力して三脚を対象物からおおむね二メートルの位置に移動し、三番員の「チェーンブロック離脱よし」の合図で「三脚収納」と合図し、二番員及び三番員と協力して脚を収納して立て、二番員と協力してもとの位置に搬送して集合線にもどる。

三　二番員は、第一号の号令で脚の一箇所に位置し、三番員の「三脚移動」の合図で一番員及び三番員と協力して三脚を対象物からおおむね二メートルの位置に移動し、一番員の「三脚収納」の合図で一番員及び三番員と協力して脚を収納して立て、一番員と協力してもとの位置に搬送して集合線にもどる。

四　三番員は、第一号の号令で脚の一箇所に位置し、四番員の「三脚固定解除よし」の合図で「三脚移動」と合図し、一番員及び二番員と協力して三脚を対象物からおおむね二メートルの位置に移動し、チェーンブロックを離脱してそばに置き、「チェーンブロック離脱よし」と合図し、一番員の「三脚収納」の合図で一番員及び二番員と協力して脚を収納して立て、チェーンブロックをもとの位置に搬送して集合線にもどる。

五　四番員は、第一号の号令で固定ワイヤー等を外して「三脚固定解除よし」と合図し、対象物にかけたかけなわを撤収し、固定ワイヤー等及びかけなわをもとの位置に搬送して集合線にもどる。

本条…追加〔平成一〇年二月消告一号〕

【趣　旨】

本条は、要救助者を救出した後の器具を収納する場合の号令及び要領について規定したものである。

第四章　濃煙中救助操法

第一節　通　則

【概　説】

近年、社会経済の進展に伴って、生活様式、建築形態が変化してきており、建築資材には新建材及び断熱材等の使用、建築物については無窓室の増加等により、一度火災が発生すると、従来の火災の事象と異なり、煙及び有毒ガスが発生するようになった。

このような、視認困難な濃煙の中で救助活動を行うにあたっては、要救助者を安全かつ確実に救助することはもとより、救助隊員自らの安全を図る必要がある。

本章は、火災現場等の濃煙の中で行われる救助操法を検索救助操法（一）、検索救助操法（二）、緊急救助操法及び搬出操法に区分して、それぞれ規定したものである。第一節通則では、濃煙中救助操法の種別、使用する器具の名称及び定位について定め、第二節以下に各操法の要領等について定めている。

なお、濃煙の中で実際に救助活動を行うに際しては、災害現場の状況に応じ、救助方法は多種多様なものが考えられるが、本章では、濃煙の中での救助方法として、基本的、原則的なものについて規定している。

（濃煙中救助操法の種別）

第二百二十九条　濃煙中救助操法を分けて、検索救助操法(一)、検索救助操法(二)、緊急救助操法及び搬送操法とする。

旧一三三条…繰下〔昭和六三年一二月消告六号〕

【趣　旨】

本条は、濃煙中の救助操法を、一区画における救助操法（検索救助操法（一））、複数区画における救助操法（検索救助操法（二））、緊急を要するため空気呼吸器を着装する時間的ゆとりがない場合の救助操法（緊急救助操法）及び救出した要救助者を屋外に安全に搬出するための救助操法（搬送操法）に区分して、それぞれの救助操法を規定したものである。

（濃煙中救助操法の器具の名称及び定位）

第二百三十条　濃煙中救助操法の器具の名称及び定位は、第四十図から第四十三図までのとおりとする。

第40図　検索救助操法(一)の器具及び定位

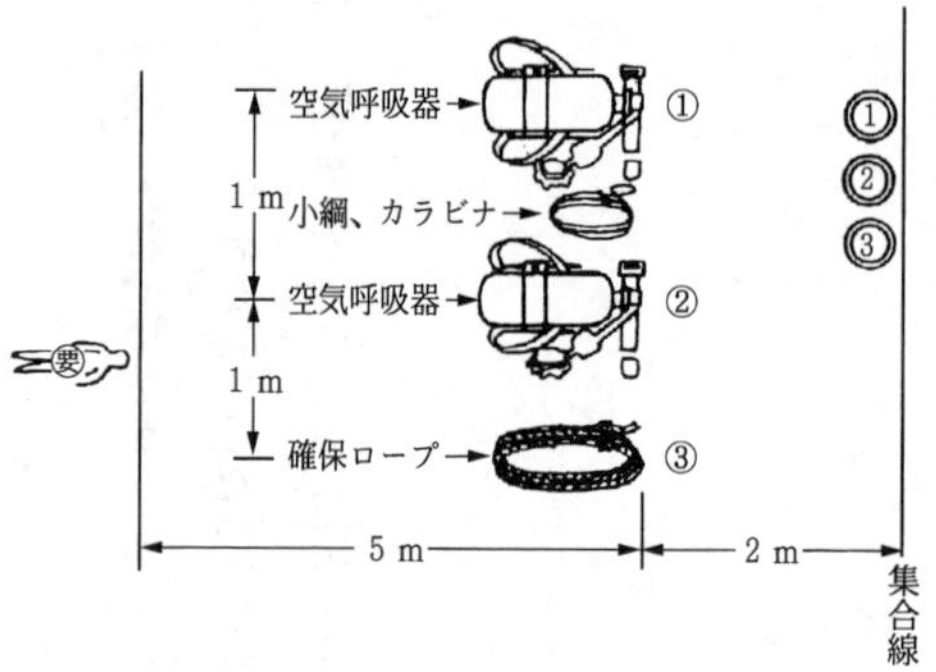

第41図　検索救助操法(二)の器具及び定位

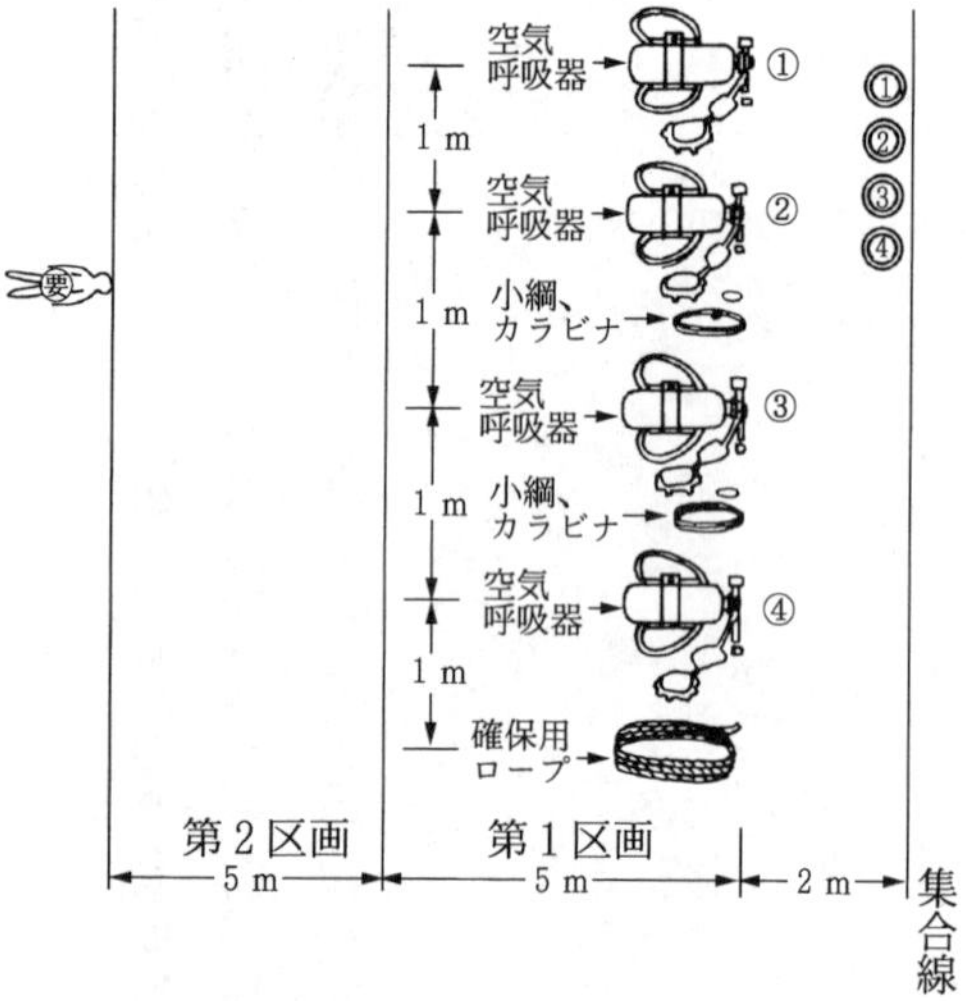

第42図　緊急救助操法の器具及び定位

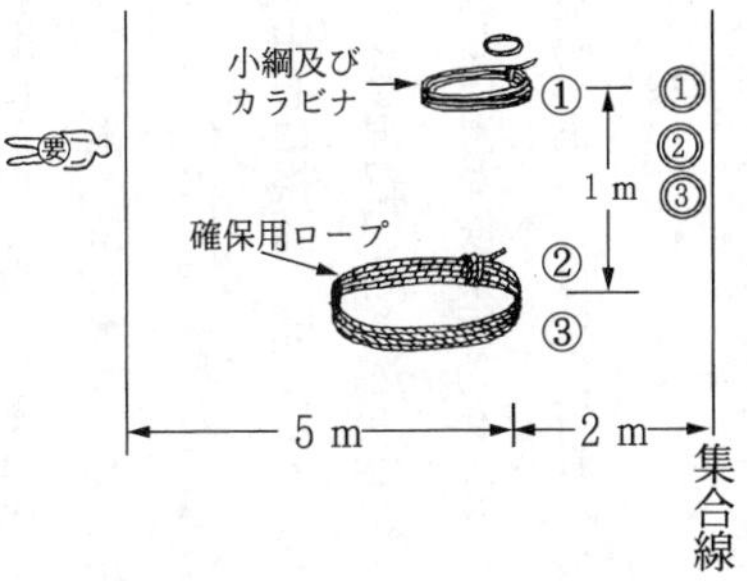

第43図　搬送操法の定位

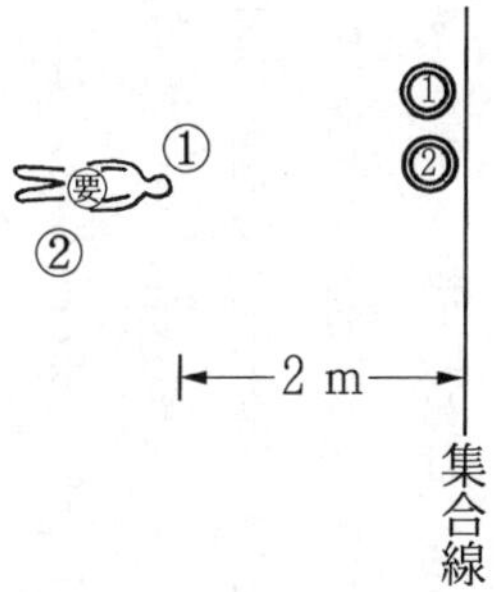

旧一三四条…一部改正し繰下〔昭和六三年一二月消告六号〕

【趣　旨】

本条は、濃煙中救助操法を実施するために必要な器具の名称及び定位について図示したものである。

第二節　検索救助操法（一）

【概　説】

一　濃煙内で検索行動を行うにあたっては、救助隊員の安全確保を図るため、必ず隊員自身が呼吸保護器具（空気呼吸器）を着装し、更に、命綱、確保ロープを確保して行うことが原則である。空気呼吸器の着装の要領等については、第十条以下（空気呼吸器操法）に定めるところであり、また、命綱、確保ロープの結索の要領等については、第百三十三条第一号（命綱の作成）及び第百十六条第三号（コイル巻身体結索）に定めるところである。

二　検索とは、現に発生している災害、事故等により生命、身体に及んでいる緊迫した危険、障害から、自力により脱出又は避難することのできない要救助者の有無を調べたり、探したり、あるいは災害の内容を把握する等の一連の行動をいうものである。

検索は、火災の場合とそれ以外の一般災害の場合とでは人命検索の方法、要領が大きく異なるが、本節及び次節では、火災現場における人命検索の方法に主眼をおいて規定したものであり、一般災害の場合にはこれに準じて行う必要がある。

人命救助においては、要救助者を早く発見することが最も重要なことであり、いかに早く災害現場に到着し、いかに高度な技術を持ち優れた装備があっても、要救助者の発見が遅れては、救助の目的を達成することはできない。そこで、火災現場において要救助者を早期に発見するには、（参考）で示すように、火災現場に到着と同時に火災建物を中心に視認、聞き込み、検索といった一連の行動を駆使する必要がある。

このような視認、聞き込みにより、要救助者の有無、位置、建物の内部、構造等が判明すれば、次に、直接建物内に進入し円滑な検索行動を行うことができる。このような、情報収集活動及び検索の結果は、その後の救助行動、避難誘導あるいは救出行動の成否を決定する重要な要素であり、救助隊員は、このことを十分理解しておかなければならない。

なお、本節は、一区画における検索救助操法について規定したものである。

（参　考）

㈠　視認

視認とは、火災建物の状況及び延焼状況並びに周囲の人の動静を見て、助けを求める声があればそれに注意する等一刻も早く要救助者の有無を確認することである。

㈡　聞き込み

聞き込みとは、隊員の呼びかけ等により、火災建物直近の関係者、避難者等から、逃げ遅れ、要救助者等にかかる情報を速やかに収集することである。

㈢　要救助者の確認に必要な事項

逃げ遅れはないか、全員避難したか等抽象的な呼びかけでなく、六何の原則「いつ・どこで・誰が・何を・どのように・どうした」により、また、大人か、子供か、男か、女か等具体的に誘導して質問し、要救助者の有無、動向について確認する。

㈣　その他

(1)　建物内に危険物、有毒ガス、高圧ガス等爆燃、爆発危険物品の有無、また、危険物品があれば、その種類、数量、場所等を質問し、あるいは標識等に十分注意し、二次的災害発生危険の有無について確認する。

(2)　建物の構造、用途、規模及び延焼範囲、延焼危険の大小並びに屋内階段、非常階段、エレベーター等の使用の可否、消防用設備等の有無と作動状況等について質問し、進入、検索経路選定上あるいは消防活動上の障害の有無について確認する。

（操法の開始）

第二百三十一条　検索救助操法（二）を開始するには、次の号令及び要領による。

一　指揮者は、「操作始め」と号令する。

二　一番員は、前号の号令で第十三条第二号に定める要領で空気呼吸器の本体を着装し、三番員から小綱及びカラビナを受け取り、小綱及びカラビナで第百三十三条第一号に定める要領で命綱を作つて「命綱よし」と合図し、カラビナを二番員の腰部のロープに取り付け、安全環を確実にしめたのち、第十四条第二号に定める要領で面体を着装し、両手を前について進入の姿勢をとる。

三　二番員は、第一号の号令で、第十三条第二号に定める要領で空気呼吸器本体を着装し、三番員から確保ロープの一端を受け取つて第百十六条第三号に定める要領でコイル巻もやい結び身体結索をしたのち、第十四条第二号に定める要領で面体を着装し、両手を前について進入の姿勢をとる。

四　三番員は、第一号の号令で小綱及び確保ロープを解き、一番員に小綱及びカラビナを、二番員に確保ロープの一端を渡して準備に協力し、一番員及び二番員の準備完了を確認したのち、確保ロープを両手でもつて「準備よし」と合図する。

旧一三五条…一部改正し繰下〔昭和六三年一二月消告六号〕

【趣　旨】

本条は、一区画における検索救助操法を開始する場合の号令及び要領について定めたものである。

【解　説】

検索救助操法㈠を開始する場合の号令及び要領を整理すれば、次表及び次図のとおりである。

順序	指揮者	一番員	二番員	三番員
1	「操作始め」と号令する。	指揮者の「操作始め」の号令で第十三条第二号に定める要領で空気呼吸器の本体を着装する。	指揮者の「操作始め」の号令で第十三条第二号に定める要領で空気呼吸器の本体を着装する。	指揮者の「操作始め」の号令で小綱及び確保ロープを解き、一番員に小綱及びカラビナを、二番員に確保ロープの一端を渡す。
2		三番員から小綱及びカラビナを受け取り、小綱及びカラビナで第百三十三条第一号に定める要領で命綱を作って「命綱よし」と合図し、カラビナを二番員の腰部のロープに取り付け、安全環を確実に締める。	三番員から確保ロープの一端を受け取って第百十六条第三号に定める要領でコイル巻もやい結び身体結索をする。	二番員のコイル巻もやい結び身体結索に協力する。
3		第十四条第二号に定める要領で面体を着装し、両手を前に着いて進入の姿勢をとる。	第十四条第二号に定める要領で面体を着装し、両手を前に着いて進入の姿勢をとる。	一番員及び二番員の準備完了を確認した後、確保ロープを両手で持って「準備よし」と合図する。

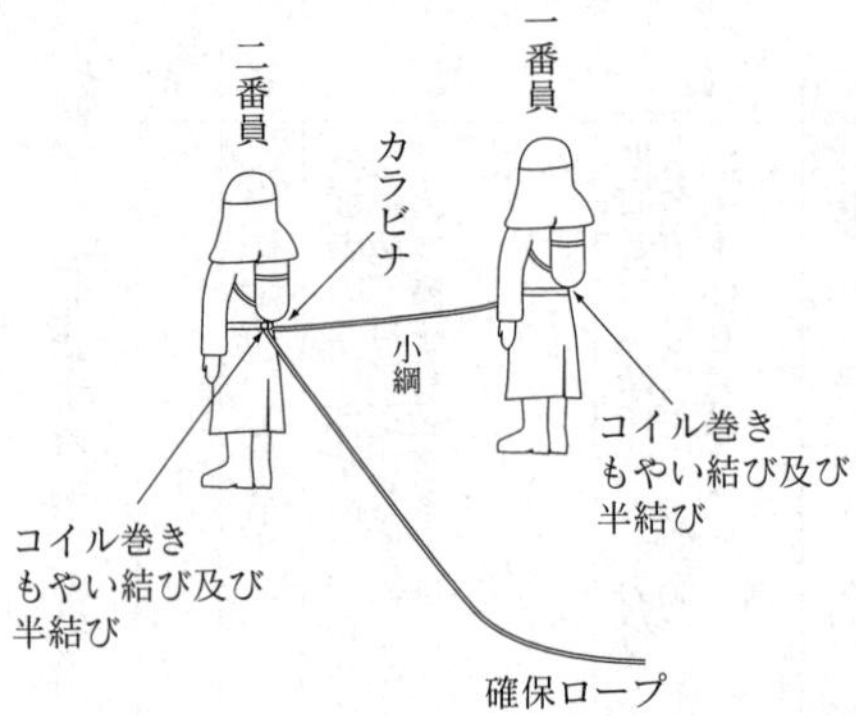

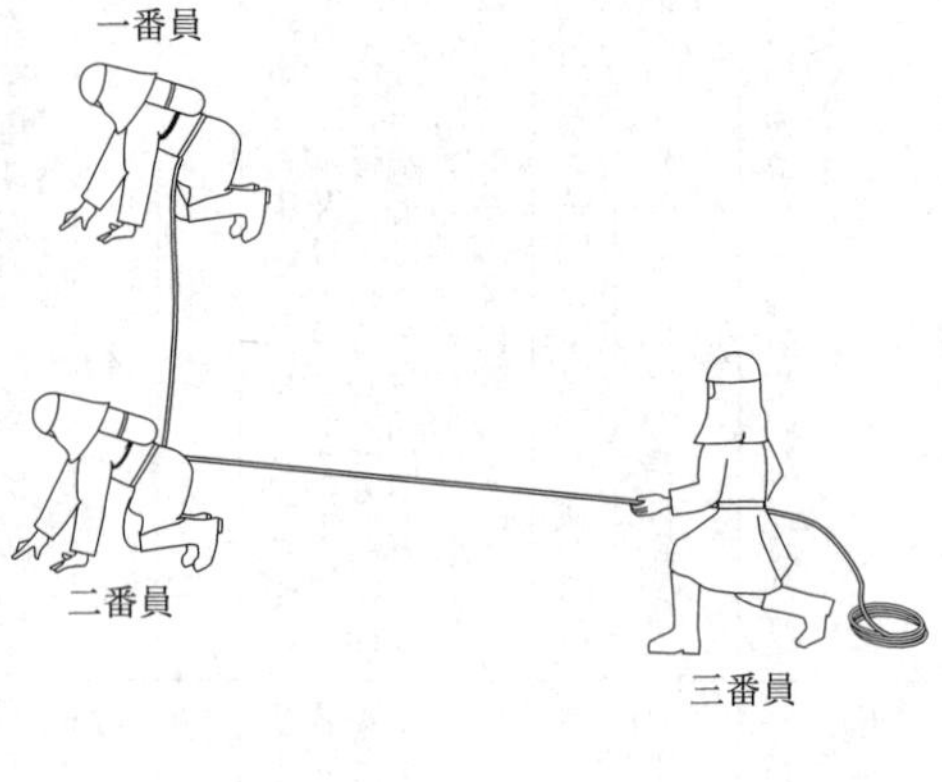

（進入）

第二百三十二条　進入するには、次の号令及び要領による。

一　指揮者は、進入隊員の状況を確認し、第六条第五項に定める信号要領を指示したのち、「進入」と号令する。

二　一番員及び二番員は、前号の号令を復唱し、一番員は二番員の右側に位置し、低い姿勢で進入する。

三　三番員は、第一号の号令で一番員及び二番員の進入にあわせて確保ロープを操作する。

旧一三六条…繰下〔昭和六三年一二月消告六号〕

【趣　旨】

本条は、救助隊員が濃煙内に進入する場合の号令及び要領について規定したものである。

【解　説】

一　濃煙内に進入し、検索行動を行うに際しては、濃煙により視界が極めて不十分であることから、指揮者は、進入前に第六条第五項に定めるロープによる信号の要領を指示する必要がある。

また、確保員（三番員）が確保ロープの操作を行うにあたっては、任務の重要性を認識し、検索員（一番員及び二番員）の進退に合わせて確保ロープは常に張っておき、たるませないようにする。

二　濃煙内に実際に進入する場合は、濃煙等のため障害物等を視認することが困難なことから、障害物を排除し、又は障害物から身体を保護して目的の場所に到達しなければならない。このため、五感を最大限に活用し、事故発生危険に注意を払いつつ、足元を手、足又はとび口等で一歩一歩確認しながら、壁体、手すり等をガイドとして次に掲げる事項に留意しつつ、低い姿勢で進入する。

⑴　建物収容物の倒壊及び落下物等に対する措置

⑵　煙の流動状況、方向、量、速度、濃度、毒性、延焼方向及び熱気の高低等

⑶　有毒ガスの潜入、滞留等の有無と濃度

なお、濃煙、熱気及び爆燃危険の予想される場所では、しゃへい物、援護注水等の危険防止措置を行う必要がある。

三　検索にあたっては、系統的に実施し、次のような箇所を重点的に行う。

(1)　階段口付近、行き止まり階段、廊下、廊下の曲がり角
(2)　エレベーター内、昇降ロビー付近
(3)　避難器具の設置されている付近
(4)　窓際、部屋の隅、ベランダ等の出口及びその付近
(5)　個室、ロッカー、商品ケース等大型家具内又はその間げき
(6)　便所、風呂場等煙や熱気を避けるための一時退避場所

四　なお、進入を容易にするためには、投光器、大型懐中電灯、キャンプランプ、ケミカルライト等の照明器具を活用することが望ましい。

また、熱画像直視装置（プローブアイ）と呼ばれる器具もあり、この器具は、赤外線を利用して、濃煙、暗闇の中の火源、要救助者等を発見することができるものであり、これらの照明器具を使用すればより効果的な進入及び検索が可能となる。

（要救助者発見時の処置）

第二百三十三条　要救助者を発見したときは、次の要領による。

一　一番員及び二番員は、要救助者を発見したときは、互に合図するとともに、二番員は、三番員に確保ロープにより「発見」の合図をおくる。

二　三番員は、二番員から確保ロープにより「発見」の合図を受けたときは、同様にロープにより「発見」の合図をかえすとともに、「発見」と合図する。

旧一三七条…繰下〔昭和六三年一二月消告六号〕

【趣　旨】

本条は、要救助者を発見したときの処置要領を定めたものである。

なお、実際の濃煙中救助においては、状況により、発見の合図として、確保ロープによるほか、警笛、携帯無線機等によることもあり、また、要救助者に救命処置（気道確保、人工呼吸、指圧止血等）を行う必要がある場合もある。

（救出）

第二百三十四条　要救助者を救出するには、次の号令及び要領による。

一　指揮者は、「救出始め」と号令する。

二　一番員は、前号の号令で要救助者の頭部右（左）側に位置し、要救助者の胸部をゆるめ、右（左）手で要救助者の後えりを握り、二番員に「よし」と合図し、二番員の「よし」の合図で協力して低い姿勢で要救助者を引きずり救出したのち、第十六条第二号に定める要領で空気呼吸器の面体をはずす。

三　二番員は、第一号の号令で要救助者の頭部左（右）側に位置し、確保ロープで三番員に「始め」の合図をおくつたのち、左（右）手で要救助者の後えりを握り、一番員に「よし」と合図し、一番員と協力して低い姿勢で要救助者を引きずり救出したのち、第十六条第二号に定める要領で空気呼吸器の面体をはずす。

四　三番員は、二番員から「始め」の合図を受けたときは、確保ロープにより同様の合図をかえすとともに「始め」と復唱し、一番員及び二番員の行動にあわせて確保ロープを操作する。

旧一三八条…繰下〔昭和六三年一二月消告六号〕

【趣　旨】

本条は、要救助者を救出する場合の号令及び要領について規定したものである。

【解　説】

一　引きずり救出を行う場合は、要救助者が呼吸困難にならないよう必ず上衣の襟元を十分に緩め、また、救出中要救助者の身体に障害物等が触れないよう救助隊員は手又は足で障害物を除去しながら救出しなければならない。

二　要救助者の救出の方法には種々のものがあり、救出距離の長短、救出路の状況、要救助者が大人か子供か等により最も適した方法をとることになるが、本条では、確保員二人が協力して、要救助者の後襟を握って引きずり救出する要領について定めている。

三　実際に救出を行うにあたっては、屋外、地上に救出することが原則であるが、状況により、一時的に屋上、踊り場、屋外階段、ベランダ等で直接火災や煙の影響のない場所に救出する。

また、要救助者が多数の場合は、重傷者、子供、婦人、老人等危険度の高い者の救出を優先し、応援が必要なときは機を失しないよう必要人員、資器材を要請する。

四　要救助者を救出する場合の号令及び要領を整理すれば、次表のとおりである。

順序	指揮者	一番員
1	「救出始め」と号令する。	指揮者の「救出始め」の号令で、要救助者の頭部右（左）側に位置し、要救助者の胸部を緩め、右（左）手
2		二番員の「よし」の合図で二番員と協力して、低い姿勢で要救助者を引きずり救出する。
3		第十六条第二号に定める要領で空気呼吸器の面体を外す。

引きずり救出の図

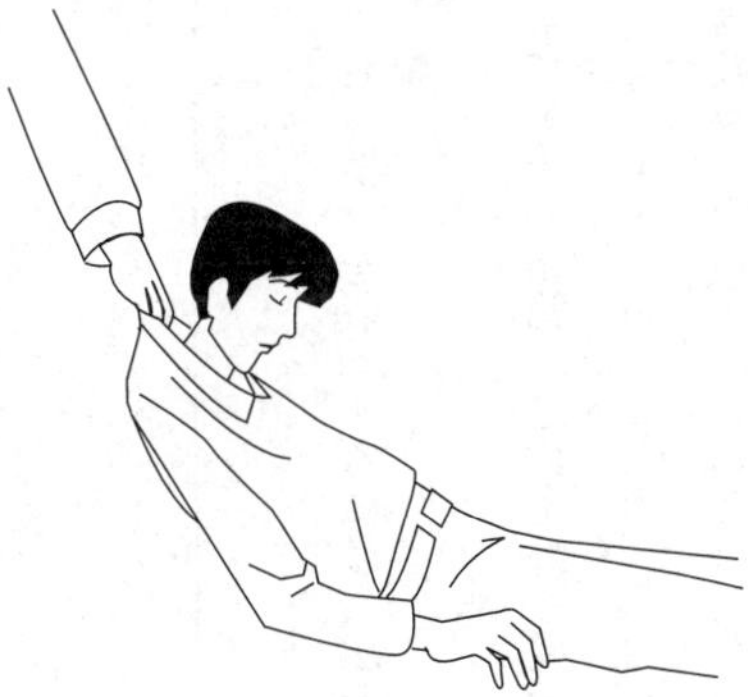

	で要救助者の後襟を握り、二番員に「よし」と合図する。		
二番員	指揮者の「救出始め」の号令で要救助者の頭部左（右）側に位置し、確保ロープで三番員に「始め」の合図を送った後、左（右）手で要救助者の後襟を握り一番員に「よし」と合図する。	一番員と協力して低い姿勢で要救助者を引きずり救出する。	第十六条第二号に定める要領で空気呼吸器の面体を外す。
三番員	二番員から確保ロープにより「始め」の合図を受けたときは、確保ロープにより同様の合図を返すとともに「始め」と復唱する。	一番員及び二番員の行動に合わせて確保ロープを操作する。	

（収納）

第二百三十五条　要救助者を救出したのち、器具を収納するには、次の号令及び要領による。

一　指揮者は、「おさめ」と号令する。

二　一番員及び二番員は、前号の号令で第十七条第二号に定める要領で空気呼吸器をはずし、確保ロープ及び命綱を解いて整理し、カラビナとともにもとの位置に置き、集合線にもどる。

三　三番員は、第一号の号令で一番員及び二番員に協力して器具を整理したのち、集合線にもどる。

旧一三九条…繰下〔昭和六三年一二月消告六号〕

【趣　旨】

本条は、要救助者を救出した後、器具を収納する場合の号令及び要領について規定したものである。

第三節　検索救助操法（二）

【概　説】

建物内部が壁等で複数区画に区分されている場合は、これら複数区画を順次検索し、要救助者を救出しなければならない。

本節は、複数区画を検索する場合の検索救助操法について規定したものである。

（操法の開始）

第二百三十六条　検索救助操法（二）を開始するには、次の号令及び要領による。

一　指揮者は、「操作始め」と号令する。

二　一番員は、前号の号令で第二百三十一条第二号に定める要領により同号に定める操作及び合図を行い、進入の姿勢をとる。

三　二番員は、第一号の号令で第二百三十一条第三号に定める要領により同号に定める操作及び合図を行い、進入の姿勢をとる。

四　三番員は、第一号の号令で第二百三十一条第二号に定める要領で命綱のカラビナを二番員の確保ロープにかけ、安全環を確実にしめたのち、進入の姿勢をとる。

五　四番員は、第一号の号令で第十三条第二号に定める要領で空気呼吸器本体を着装し、二番員の確保ロープを両手でもって「準備よし」と合図する。

旧一四〇条…一部改正し繰下〔昭和六三年一二月消告六号〕

【趣　旨】

本条は、検索救助操法（二）を開始する場合の号令及び要領について規定したものである。

検索救助操法（一）が、一区画における検索救助であるのに対し、検索救助操法（二）は、複数区画における検索救助である。したがって、検索範囲の拡張（第二次進入）を行うことから、指揮者のほか四人の救助隊員により操法が行われることになり、これらに伴う相違はあるものの、本条に定める操法開始の要領のほか、進入、要救助者発見時の処置、救出等の要領等については、基本的には検索救助操法（一）と同じであり、これに準じて行うことになる。

【解　説】

検索救助操法（二）を開始する場合の号令及び要領を整理すれば、次表のとおりである。

順序	指揮者	一番員
1	「操作始め」と号令する。	指揮者の「操作始め」の号令で第十三条第二号に定める要領で空気呼吸器の本体を着装する。
2		小綱及びカラビナで第百三十三条第一号に定める要領で命綱を作って「命綱よし」と合図する。
3		カラビナを二番員の腰部のロープに取り付け、安全環を確実に締める。
4		第十四条第二号に定める要領で面体を着装し、両手を前に着いて進入の姿勢をとる。

二番員	指揮者の「操作始め」の号令で第十三条第二号に定める要領で空気呼吸器の本体を着装する。	四番員から確保ロープの一端を受け取って第百十六条第三号に定める要領でコイル巻もやい結び身体結索をする。		第十四条第二号に定める要領で面体を着装し、両手を前に着いて進入の姿勢をとる。
三番員	指揮者の「操作始め」の号令で第十三条第二号に定める要領で空気呼吸器の本体を着装する。	小綱及びカラビナで第百三十三条第二号に定める要領で命綱を作って「命綱よし」と合図する。	カラビナを二番員の確保ロープにかけ、安全環を確実に締める。	第十四条第二号に定める要領で面体を着装し、両手を前に着いて進入の姿勢をとる。
四番員	指揮者の「操作始め」の号令で第十三条第二号に定める要領で空気呼吸器の本体を着装する。	確保ロープを解き、二番員に確保ロープの一端を渡し、二番員に協力した後、確保ロープを両手で持って「準備よし」と合図する。		

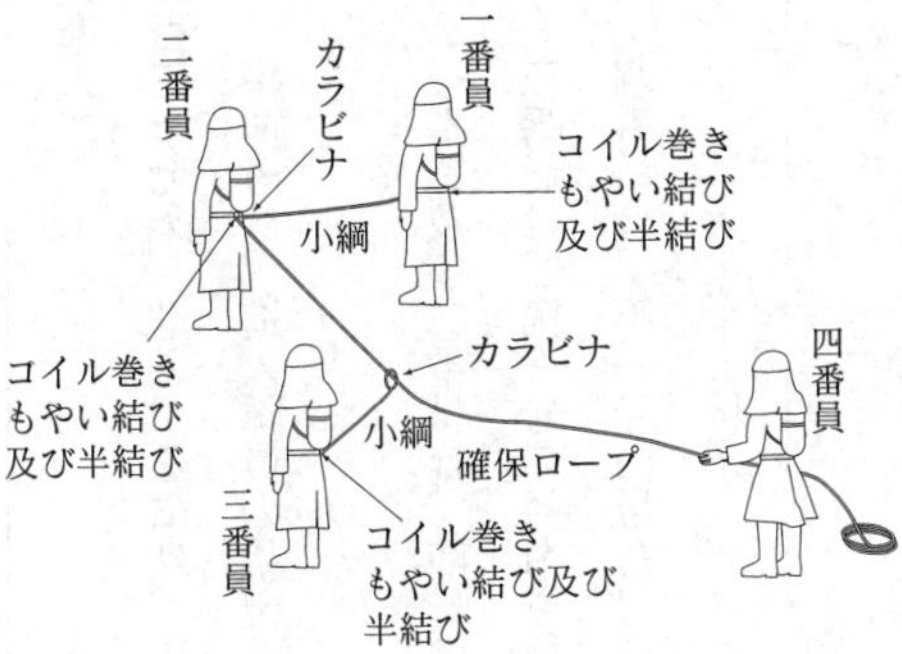

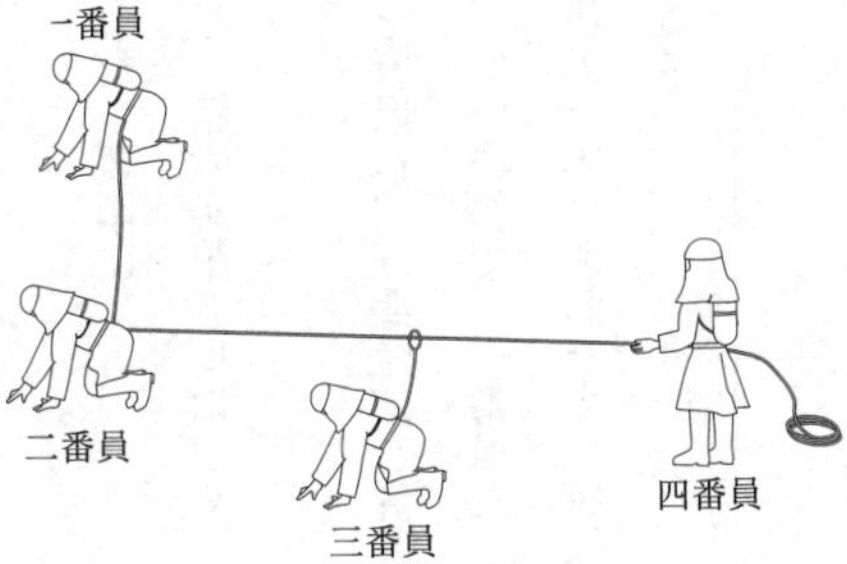

（進入）

第二百三十七条　進入するには、次の号令及び要領による。

一　指揮者は、進入隊員の状況を確認し、第六条第五項に定める信号要領を指示したのち、「進入」と号令する。

二　一番員及び二番員は、前号の号令を復唱し、一番員は二番員の右側に位置し、低い姿勢で進入する。

三　三番員は、第一号の号令を復唱し、低い姿勢で、一番員及び二番員につづいて進入する。

四　四番員は、第一号の号令で進入隊員の行動にあわせて、確保ロープを操作する。

旧一四一条…繰下〔昭和六三年一二月消告六号〕

【趣　旨】

本条は、濃煙内へ進入する場合の号令及び要領について規定したものである。

なお、検索救助操法（一）の進入の要領等（第二百三十二条）の解説を参照のこと。

（検索範囲の拡張）

第二百三十八条　一区画の検索を完了し、次の区画の検索を行うには、次の号令及び要領による。

一　指揮者は、「圧力確認」、「第二次進入用意」と号令する。

二　一番員及び二番員は、前号の号令でその場に停止し、圧力を確認して「圧力○○メガ」と呼唱し、折ひざ姿勢で待機する。

三　三番員は、第一号の号令で圧力を確認したのち、確保ロープを伝って四番員の位置にいたり、「第二次進入用意」と合図し、四番員の確保ロープをもち、四番員の空気呼吸器面体の着装後、ロープを渡し、もとの位置にもどり、折りひざ姿勢で待機する。

四　四番員は、第一号の号令で三番員の到着を待つて確保ロープを渡し、第十四条第二号に定める要領で面体を着装したのち、ロープを受け取り、ロープの端を堅固な支持物に結着し、これを整理しながら三番員の後方にいたり、「よし」と合図する。

旧一四二条…繰下〔昭和六三年一二月消告六号〕、一部改正〔平成一一年九月消告九号〕

【趣　旨】

本条は、一区画の検索を完了して次の区画へ検索範囲を拡張する場合の号令及び要領について規定したものである。

【解　説】

一　第一次の進入、検索により相当量空気ボンベの空気を消費しているので、引き続いて検索範囲の拡大を行うにあたっては、空気ボンベにこれに必要な空気が十分残っていることを確認しなければならない。

二　検索範囲を拡大すると、これに伴い救出距離が更に長くなるので、確保ロープによる確保を円滑かつ確実にする必要がある。このため、確保ロープの端を堅固な支持物に結着し、確保者（四番員）も内部に進入し、第二次侵入を行う場合に至り確保を行う。

三　検索範囲の拡張を行う場合の号令及び要領を整理すれば、次表のとおりである。

<table>
<tr><th>順序</th><th>1</th><th>2</th><th>3</th></tr>
<tr><td>指揮者</td><td>「圧力確認」、「第二次進入用意」と号令する。</td><td></td><td></td></tr>
<tr><td>一番員</td><td rowspan="2">指揮者の「圧力確認」、「第二次進入用意」の号令でその場に停止し、空気ボンベの残量を確認して「圧力○○メガ」と呼唱し、折りひざ姿勢で待機する。</td><td></td><td></td></tr>
<tr><td>二番員</td><td></td><td></td></tr>
<tr><td>三番員</td><td>指揮者の「圧力確認」、「第二次進入用意」の号令で空気ボンベの空気残量を確認した後、確保ロープを伝って四番員の位置に至り「第二次進入用意」と合図する。</td><td>四番員より確保ロープを受け取り、四番員が空気呼吸器面体を着装後、確保ロープを四番員に渡す。</td><td>確保ロープを伝ってもとの位置に戻り、折りひざ姿勢で待機する。</td></tr>
<tr><td>四番員</td><td>指揮者の「圧力確認」、「第二次進入用意」の号令で三番員の到着を待って、三番員が到着し、「第二次進入用意」の合図を受けた後「第二次進入用意」を復唱し三番員に確保ロープを渡す。</td><td>第十四条第二号に定める要領で面体を着装した後、三番員より確保ロープを受け取る。</td><td>確保ロープの端を堅固な支持物に結着し、これを整理しながら三番員の後方に至り、「よし」と合図する。</td></tr>
</table>

（第二次進入）

第二百三十九条　第二次進入を行うには、次の要領による。

一　指揮者は、「第二次進入始め」と号令する。

二　一番員及び二番員は、前号の号令で、第二百三十七条第二号に定める要領で進入する。

三　三番員は、第一号の号令で、第二百三十七条第三号に定める要領で進入する。

四　四番員は、第一号の号令で、第二百三十七条第四号に定める要領で確保ロープを操作する。

旧一四三条…一部改正し繰下〔昭和六三年一二月消告六号〕

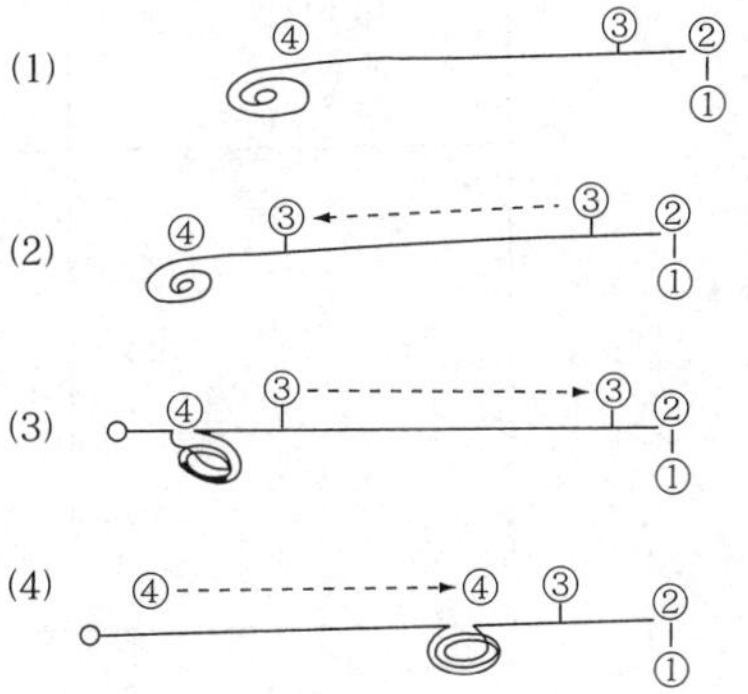

【趣　旨】

本条は、第一区画の検索を終了して、第二区画の検索を行うための進入の要領について規定したものである。

【解　説】

第二次進入を図示すれば、次のとおりである。なお、第二次進入の要領は、第一次進入の要領等（第二百三十七条）及び検索救助操法（一）の進入の要領等（第二百三十二条）の解説を参照のこと。

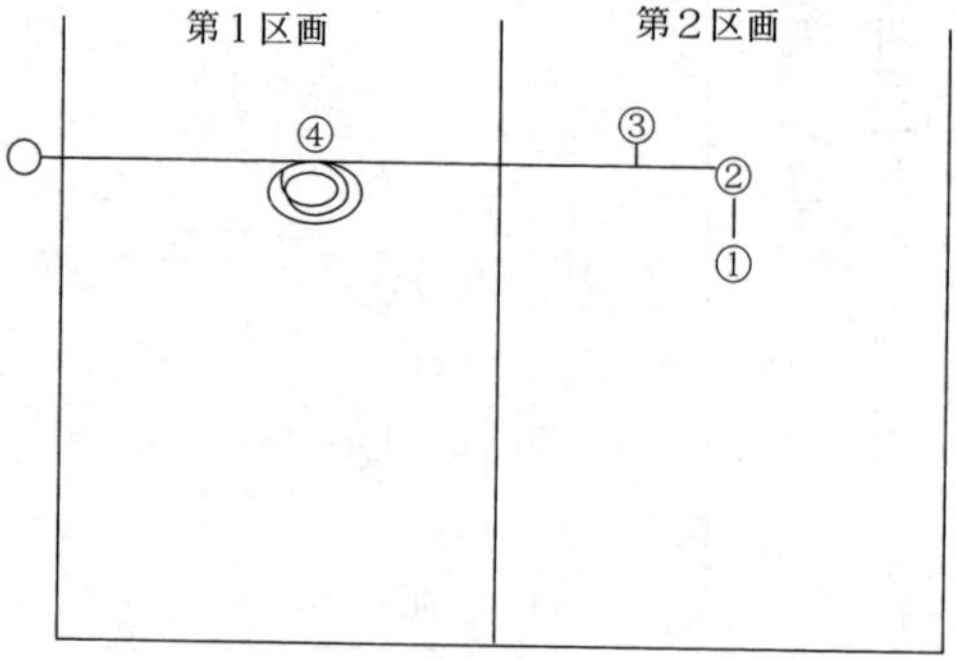

（要救助者発見時の処置）

第二百四十条　要救助者を発見したときは、次の要領による。

一　一番員、二番員及び三番員は、要救助者を発見したときは、互いに合図するとともに、三番員は、確保ロープを伝って四番員の位置にいたり、「発見」と合図し、もとの位置にもどる。

二　四番員は、三番員の「発見」を復唱する。

旧一四四条…繰下〔昭和六三年一二月消告六号〕

【趣　旨】

本条は、要救助者を発見したときの処置の要領について規定したものである。

なお、検索救助操法（一）の要救助者発見時の処置の要領（第二百三十三条）の解説を参照のこと。

（救出）

第二百四十一条　要救助者を救出するには、次の号令及び要領による。

一　指揮者は、「救出始め」と号令する。

二　一番員及び二番員は、前号の号令で第二百三十四条第二号及び第三号に定める要領で救出する。

三　三番員は、第一号の号令で、救出する方向に一番員及び二番員を誘導しながら進行する。
四　四番員は、第一号の号令で救出行動にあわせて確保ロープを操作する。
旧一四五条…一部改正し繰下〔昭和六三年一二月消告六号〕

【趣　旨】

本条は、要救助者を救出する場合の号令及び要領について規定したものである。
なお、検索救助操法（一）の救出の要領等（第二百三十四条）の解説を参照のこと。

【解　説】

要救助者を救出する場合の号令及び要領を整理すれば、次表のとおりである。

順序	1	2	3
指揮者	「救出始め」と号令する。		
一番員	指揮者の「救出始め」の号令で要救助者の頭部右(左)側に位置し、要救助者の胸部を緩め、右(左)手で要救助者の後襟を握り、二番員に「よし」と合図する。	二番員の「よし」の合図で二番員と協力して、低い姿勢で要救助者を引きずり救出する。	第十六条第二号に定める要領で空気呼吸器の面体を外す。
二番員	指揮者の「救出始め」の号令で要救助者の頭部左(右)側に位置し、左(右)手で要救助者の後襟を握り、一番員に「よし」と合図する。	一番員と協力して低い姿勢で要救助者を引きずり救出する。	第十六条第二号に定める要領で空気呼吸器の面体を外す。
三番員	指揮者の「救出始め」の号令で、一番員及び二番員の救出行動に合わせ救出する方向に一番員及び二番員を誘導しながら進行する。		第十六条第二号に定める要領で空気呼吸器の面体を外す。
四番員	指揮者の「救出始め」の号令で、一番員及び二番員の救出行動に合わせて		第十六条第二号に定める要領で空気呼

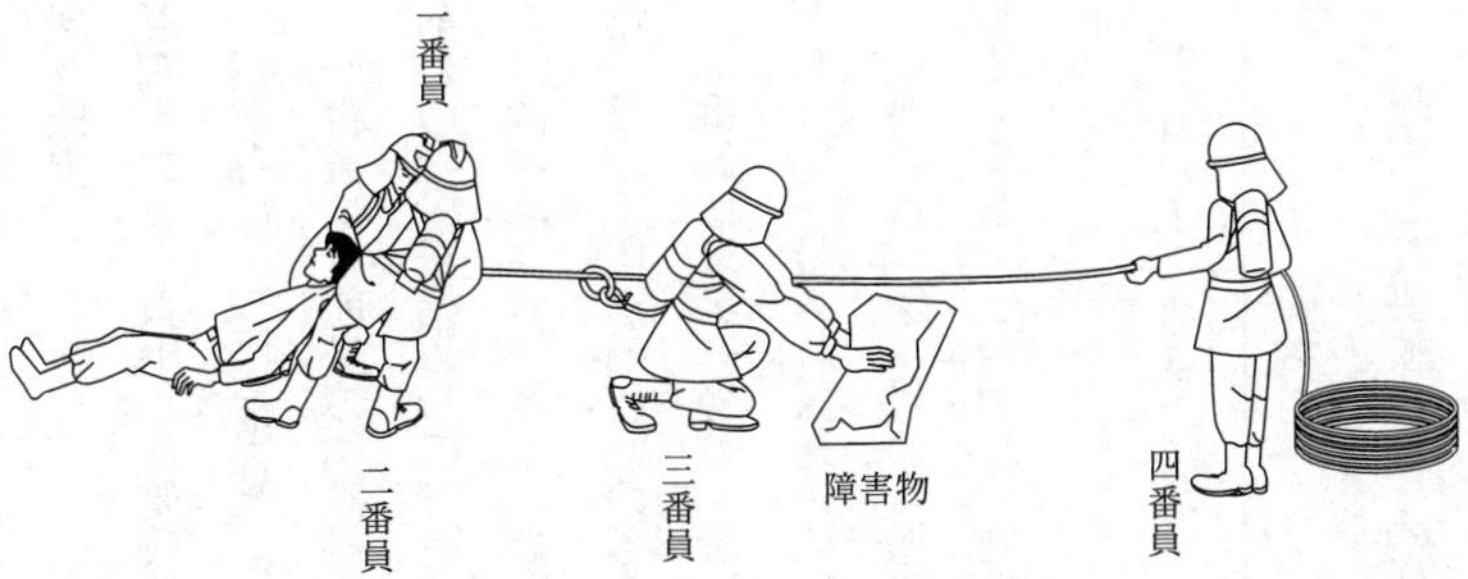

確保ロープを操作する。

吸器の面体を外す。

（屋外搬出）

第二百四十二条　救出した要救助者を屋外に搬出するには、次の号令及び要領による。

一　指揮者は、「搬送用意」と号令し、準備の整つたとき「搬送始め」と号令する。

二　一番員は、前号の「搬送用意」の号令で、第二百四十九条第二号に定める要領で要救助者の上体をもち、前号の「搬送始め」の号令で第二百五十条第二号に定める要領で要救助者を搬送する。

三　二番員は、第一号の「搬送用意」の号令で第二百四十九条第三号に定める要領で要救助者の足部をもち、第一号の「搬送始め」の号令で第二百五十条第三号に定める要領で要救助者を搬送する。

四　三番員は、第一号の「搬送用意」の号令で第二百四十九条第四号に定める要領で要救助者の足部前方に位置し、第一号の「搬送始め」の号令で第二百五十条第四号に定める要領で要救助者の搬送を誘導する。

五　四番員は、第一号の「搬送用意」の号令で確保ロープを整理して左手にもち、要救助者の足部前方に位置して「よし」と合図し、同号の「搬送始め」の号令で第二百五十条第四号に定める要領で要救助者の搬送を誘導する。

旧一四六条…一部改正し繰下〔昭和六三年一二月消告六号〕

【趣　旨】

本条は、救出した要救助者を屋外に搬出する場合の号令及び要領を規定したものである。

救出した要救助者を搬送する一般的な操法については、第五節に搬送操法として規定しているところであるが、本条においては、救出した要救助者を屋外に搬出する方法について、搬送操法に定めている要領で行うこととしている。

【解　説】

救出した要救助者を屋外に搬出する場合の号令及び要領を整理すれば、次表及び次図のとおりである。

順序	1	2
指揮者	「搬送用意」と号令する。	各隊員の準備が整ったとき「搬送始め」と号令する。
一番員	指揮者の「搬送用意」の号令で要救助者の背後に位置し、右（左）腕を要救助者の右（左）脇の下から通し、要救助者の右（左）前腕部を握り、左（右）腕を左（右）脇の下から通し、要救助者の右（左）手首付近を握り、「よし」と合図する。	指揮者の「搬送始め」の号令で「よし」と合図して立ち上がり、「前へ」と合図し、目標に向かって要救助者を搬送する。
二番員	指揮者の「搬送用意」の号令で要救助者の左側足部に位置し、右手を上から左手を下から回し、要救助者の両足を抱えて「よし」と合図する。	指揮者の「搬送始め」の号令及び一番員の「よし」の合図で立ち上がり、一番員の「前へ」の合図で一番員と協力して要救助者を搬送する。
三番員	指揮者の「搬送用意」の号令で要救助者の足部前方に位置し、「よし」と合図する。	指揮者の「搬送始め」の号令及び一番員の「前へ」の合図で目標に向かって一番員及び二番員を誘導する。
四番員	指揮者の「搬送用意」の号令で確保ロープを整理して左手に持ち要救助者の足部前方に位置して「よし」と合図する。	指揮者の「搬送始め」の号令及び一番員の「前へ」の合図で目標に向かって一番員及び二番員を誘導する。

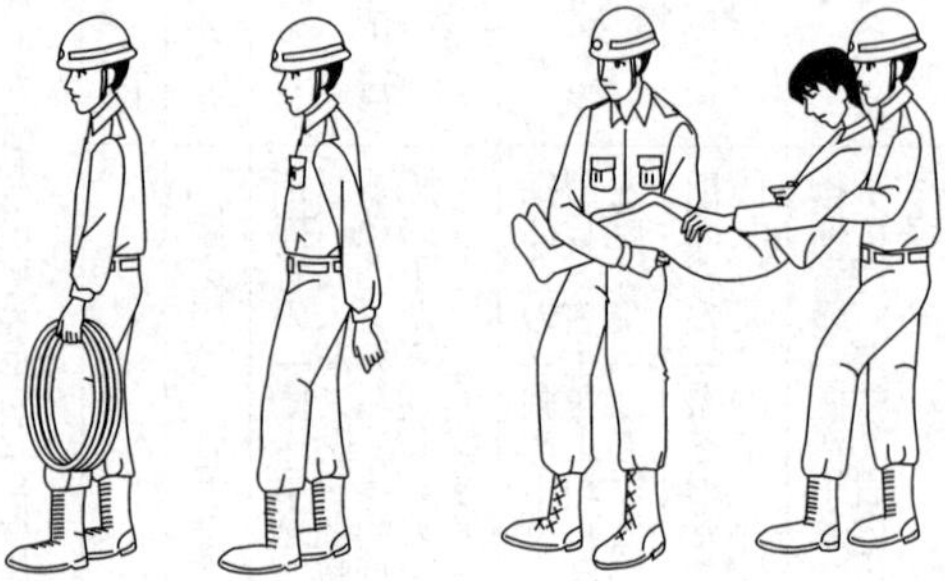

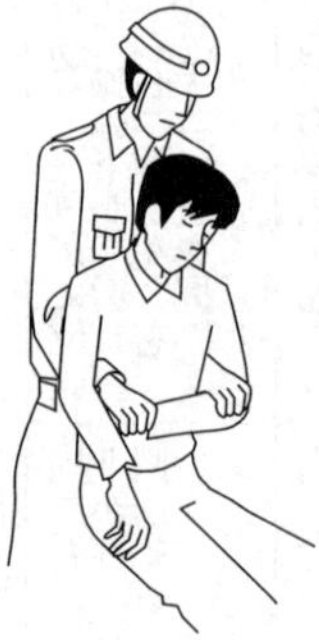

（収納）

第二百四十三条　要救助者を屋外搬出したのち、器具を収納するには、次の号令及び要領による。

一　指揮者は、「おさめ」と号令する。

二　一番員は、前号の号令で、第二百五十一条第二号に定める要領で要救助者をおろしたのち、第二百三十五条第二号に定める要領で器具を整理し、集合線にもどる。
三　二番員は、第一号の号令で、第二百五十一条第三号に定める要領で要救助者をおろしたのち、第二百三十五条第二号に定める要領で器具を整理し、集合線にもどる。
四　三番員及び四番員は、第一号の号令で、第二百三十五条第二号に定める要領で器具を整理し、集合線にもどる。

旧一四七条…一部改正し繰下〔昭和六三年一二月消告六号〕

【趣　旨】
本条は、要救助者を屋外に搬出した後、器具を収納する場合の号令及び要領について規定したものである。

【解　説】
器具を収納する場合の号令及び要領を整理すれば、次表のとおりである。

順序	1	2
指揮者	「おさめ」と号令する。	
一番員	指揮者の「おさめ」の号令で折りひざ姿勢をとり、静かに要救助者を降ろす。	第二百三十五条第二号（第十七条第二号）で定める要領で空気呼吸器を外し、確保ロープ及び命綱を解いて整理し、カラビナとともにもとの位置に置き集合線に戻る。
二番員	指揮者の「おさめ」の号令で折りひざ姿勢をとり、一番員と協力して、要救助者を静かに降ろす。	
三番員 四番員	指揮者の「おさめ」の号令で、第二百三十五条第二号（第十七条第二号）に定める要領で空気呼吸器を外し、確保ロープ及び命綱を解いて整理し、カラビナとともにもとの位置に置き、集合線に戻る。	

第四節　緊急救助操法

【概　説】

本節は、要救助者が目前にいて、救助するのに空気呼吸器を着装する余裕のない場合に行われる救助操法である。操法を行ううえでの要領は、基本的には検索救助操法と同じであり、ただ、空気呼吸器を着装しないことに伴う差異があるだけである。

なお、この操法は、緊急を要するので、迅速、果敢な行動を要求されるとともに、救助隊員にも危険性が伴うため、日ごろの訓練が重要となる。

（操法の開始）

第二百四十四条　緊急救助操法を開始するには、次の号令及び要領による。

一　指揮者は「操作始め」と号令する。

二　一番員は、前号の号令で小綱及びカラビナで第百三十三条第一号に定める要領で命綱を作り、「命綱よし」と合図し、カラビナを二番員の腰部のロープに取り付け安全環を確実にしめたのち、両手を前につき、進入の姿勢をとる。

三　二番員は、第一号の号令で、ロープで第百十六条第三号に定める要領でコイル巻もやい結びの身体結索をして、両手を前につき、進入の姿勢をとる。

四　三番員は、第一号の号令で一番員及び二番員の着装に協力したのち、二番員の確保ロープを両手でもち「準備よし」と合図する。

旧一四八条…一部改正し繰下〔昭和六三年一二月消告六号〕

【趣　旨】

本条は、緊急救助操法を開始する場合の号令及び要領について規定したものである。

【解　説】

緊急救助操法を開始する場合の号令及び要領を整理すれば、次表及び次図のとおりである。

順序	指揮者	一番員	二番員	三番員
1	「操作始め」と号令する。	指揮者の「操作始め」の号令で小綱及びカラビナで第百三十三条第一号に定める要領で命綱を作り、「命綱よし」と合図する。	指揮者の「操作始め」の号令で、ロープで第百十六条第三号に定める要領でコイル巻もやい結びの身体結索を行う。	指揮者の「操作始め」の号令で一番員及び二番員の着装に協力する。
2		カラビナを二番員の腰部に取り付け安全環を確実に締める。		
3		両手を前に着き進入の姿勢をとる。	両手を前に着き進入の姿勢をとる。	二番員の確保ロープを両手で持ち「準備よし」と合図する。

（進入）

第二百四十五条　進入するには、次の号令及び要領による。

一　指揮者は、第六条第五項に定める信号要領を指示したのち、「進入」と号令する。

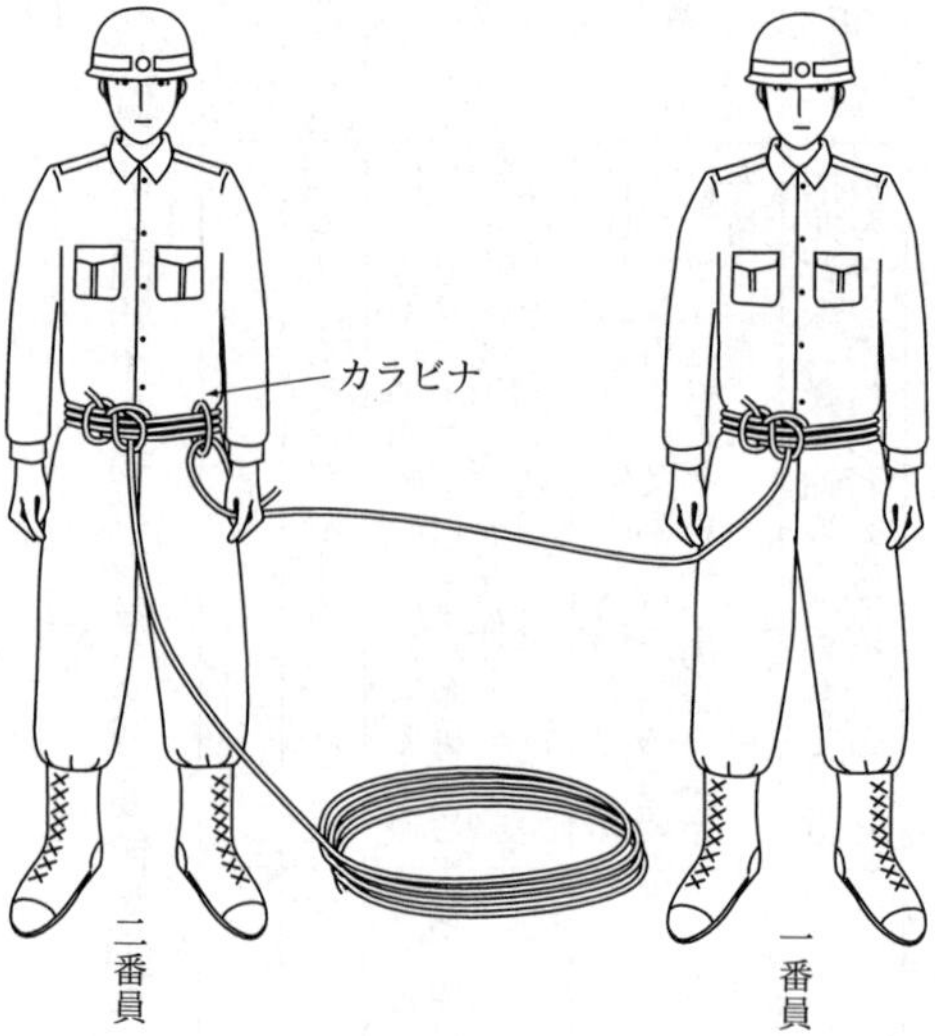

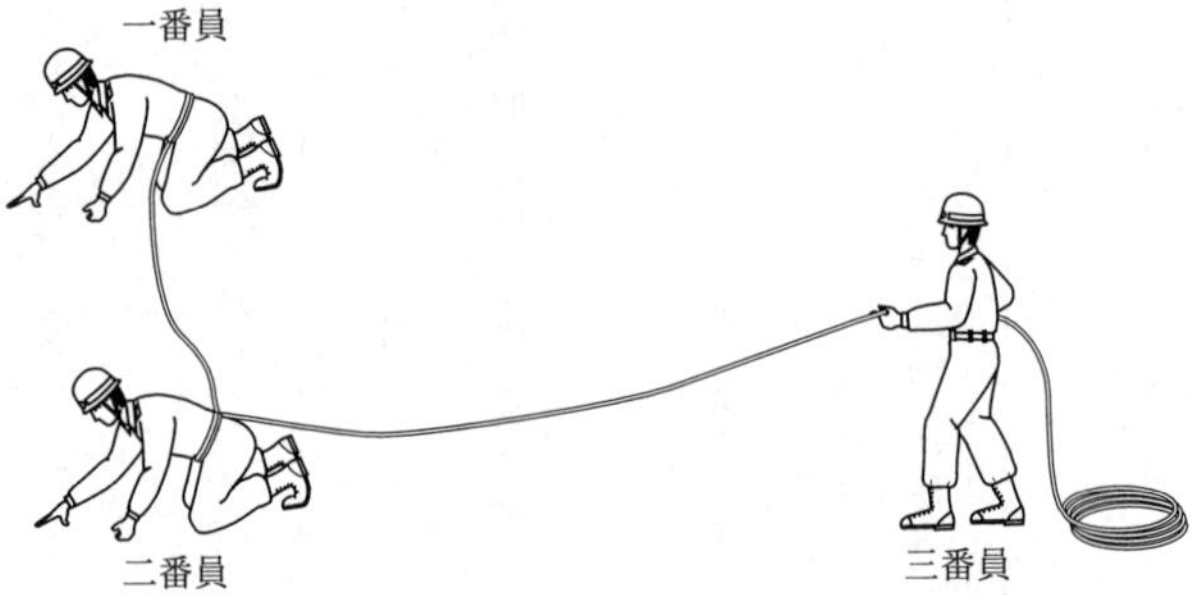

二　一番員及び二番員は、前号の号令で第二百三十二条第二号に定める要領で進入する。
三　三番員は、第二百三十二条第三号に定める要領で確保ロープを操作する。

旧一四九条…一部改正し繰下〔昭和六三年一二月消告六号〕

【趣　旨】

本条は、進入する場合の号令及び要領について規定したものである。

【解　説】

進入する場合の号令及び要領を整理すれば、次表のとおりである。

指揮者	各隊員にロープによる信号要領を指示した後、「進入」と号令する。
一番員	指揮者の「進入」の号令を復唱し、一番員は二番員の右側に位置し、低い姿勢で進入する。
二番員	
三番員	指揮者の「進入」の号令で一番員及び二番員の進入に合わせて確保ロープを操作する。

（要救助者発見時の処置）

第二百四十六条　要救助者を発見したときは、次の要領による。

一　一番員及び二番員は、第二百三十三条第一号に定める要領により合図を行う。

二　三番員は、第二百三十三条第二号に定める要領により合図を行う。

旧一五〇条…一部改正し繰下〔昭和六三年一二月消告六号〕

【趣　旨】

本条は、要救助者を発見したときの処置の要領について規定したものである。

【解　説】

要救助者を発見した場合の要領を整理すれば、次表のとおりである。

順序	1	2
一番員	要救助者を発見したときは、互いに合図をする。（一番員・二番員）	
二番員		三番員に確保ロープにより「発見」の合図を送る。
三番員		二番員から確保ロープにより「発見」の合図を受けたときは、同様に確保ロープにより「発見」の合図を返すとともに、「発見」と合図する。

（救出）

第二百四十七条　要救助者を救出するには、次の号令及び要領による。

一　指揮者は、「救出始め」と号令する。

二　一番員は、前号の号令で、第二百三十四条第二号に定める要領で救出する。

三　二番員は、第一号の号令で、第二百三十四条第三号に定める要領で救出する。

四　三番員は、第一号の号令で、第二百三十四条第四号に定める要領で確保ロープを操作する。

旧一五一条…一部改正し繰下〔昭和六三年一二月消告六号〕

【趣　旨】

本条は、要救助者を救出する場合の号令及び要領について規定したものである。

【解　説】

要救助者を救出する場合の号令及び要領を整理すれば、次表のとおりである。

順序	指揮者	一番員	二番員
1	「救出始め」と号令する。	指揮者の「救出始め」の号令で要救助者の頭部右（左）側に位置し、要救助者の胸部を緩め、右（左）手で要救助者の後襟を握り、二番員に「よし」と合図する。	指揮者の「救出始め」の号令で要救助者の頭部左（右）側に位置し、確保ロープで三番員に「始め」の合図を送った後、左（右）手で要救助者の後襟を握り一番員に「よし」と合図する。
2		二番員の「よし」の合図で二番員と協力して、低い姿勢で要救助者を引きずり救出する。	一番員と協力して低い姿勢で要救助者を引きずり救出する。

三番員	二番員からロープにより「始め」の合図を受けたときは、確保ロープにより同様の合図を返すとともに、「始め」と復唱する。	一番員及び二番員の行動に合わせて確保ロープを操作する。

（収納）

第二百四十八条　要救助者を救出したのち、器具を収納するには、次の号令及び要領による。

一　指揮者は「おさめ」と号令する。

二　一番員は、前号の号令で、命綱を解いて整理し、これをもとの位置に置き、集合線にもどる。

三　二番員は、第一号の号令で身体結索を解いてロープを整理し、これをもとの位置に置き、集合線にもどる。

四　三番員は、第一号の号令で一番員及び二番員に協力して器具を整理したのち、集合線にもどる。

旧一五二条…繰下〔昭和六三年一二月消告六号〕

【趣　旨】

本条は、要救助者を救出した後、器具を収納する場合の号令及び要領について規定したものである。

第五節　搬送操法

【概　説】

本節の搬送操法は、第四章濃煙中救助操法の中に規定されているが、必ずしも濃煙の災害現場から救出した要救助者を搬送する場合に限られるわけではなく、一般的に、災害現場から救出した要救助者を安全な場所に搬送するための操法である。

搬送の方法としては、担架、ワゴン等に要救助者を乗せて救出する方法のほか、これらが使用できない場合に、救助隊員が一人又は数人で要救助者を背負い、抱き上げ、支えるなどして救出する方法がある。どのような搬送方法をとるかは、要救助者の負傷部位、救出距離等により異なるが、本節においては、担架など搬送のための器材がない場合でも、容易に行うことができる搬送の方法として、救助隊員二人が要救助者を抱え、もう一人が誘導して搬送する方法を搬送操法として定めている。

（搬送準備）

第二百四十九条　救出した要救助者の搬送準備をするには、次の号令及び要領による。

一　指揮者は、「搬送用意」と号令する。

二　一番員は、前号の号令で要救助者の背後に位置し、右（左）腕を要救助者の右（左）脇の下からとおし、要救助者の右（左）前腕部を握り、左（右）腕を左（右）脇の下からとおし、要救助者の右（左）手首付近を握り、「よし」と合図する。

三　二番員は、第一号の号令で要救助者の左側足部に位置し、右手を上から左手を下からまわし、要救助者の両足をかかえて「よし」と合図する。

四　三番員は、第一号の号令で要救助者の足部前方に位置し、「よし」と合図する。

旧一五三条…繰下〔昭和六三年一二月消告六号〕

【趣　旨】

本条は、救出した要救助者を搬送準備する場合の号令及び要領について定めたものである。

（搬送）

第二百五十条　要救助者を搬送するには、次の号令及び要領による。

一　指揮者は、「目標〇〇、搬送始め」と号令する。

二　一番員は、前号の号令で「よし」と合図して立ち上がり、「前へ」と合図し、目標に向って搬送する。

三　二番員は、一番員の「よし」の合図で立ち上がり、一番員の「前へ」の合図で協力して要救助者を搬送する。

四　三番員は、一番員の「前へ」の合図で目標に向って一番員及び二番員を誘導する。

旧一五四条…繰下〔昭和六三年一二月消告六号〕

【趣　旨】

本条は、要救助者を搬送する場合の号令及び要領について規定したものである。

【解　説】

要救助者が負傷している場合は、負傷部位とその程度を観察し、症状を悪化させないよう留意し、搬送する。足元に物の倒壊等があるときは、つまずき、すべり、踏外し等に留意する。

（搬送停止）

第二百五十一条　要救助者の搬送を停止するときは、次の号令及び要領による。

一　指揮者は、「搬送やめ」と号令する。

二　一番員は、前号の号令で「とまれ」と合図して搬送を停止し、「よし」と合図し、二番員の「よし」の合図で折りひざ姿勢をとり、静かに要救助者をおろし、集合線にもどる。

三　二番員は、一番員の「とまれ」で搬送を停止し、一番員の「よし」の合図で「よし」と合図し、折りひざ姿勢をとり、一番員と協力して要救助者をおろし、集合線にもどる。

四　三番員は、一番員の「とまれ」の合図で停止し、集合線にもどる。

旧一五五条…繰下〔昭和六三年一二月消告六号〕

【趣　旨】

本条は、要救助者の搬送を停止する場合の号令及び要領について規定したものである。

第五章　座屈・倒壊建物救助操法

本章…追加〔平成一〇年二月消告一号〕

第一節　通則

本節…追加〔平成一〇年二月消告一号〕

【概　説】

本章の救助操法は、震災等により座屈又は倒壊した建物に取り残された要救助者を救出するための操法である。これらは、阪神・淡路大震災を教訓に、座屈・倒壊建物からの人命救助を想定した救助操法を策定したものである。

本章においては、倒壊木造建物救助操法及び座屈耐火建物救助操法に区分し、それぞれの操法について規定したものである。

（座屈・倒壊建物救助操法の種別）

第二百五十二条　座屈・倒壊建物救助操法を分けて、倒壊木造建物救助操法及び座屈耐火建物救助操法とする。

本条…追加〔平成一〇年二月消告一号〕

【趣　旨】

本条は、座屈・倒壊建物救助操法の種別を規定したものである。

（座屈・倒壊建物救助操法の器具の名称及び定位）

第二百五十三条　座屈・倒壊建物救助操法の器具の名称及び定位は、第四十四図及び第四十五図のとおりとする。

第44図　倒壊木造建物救助操法の器具及び定位

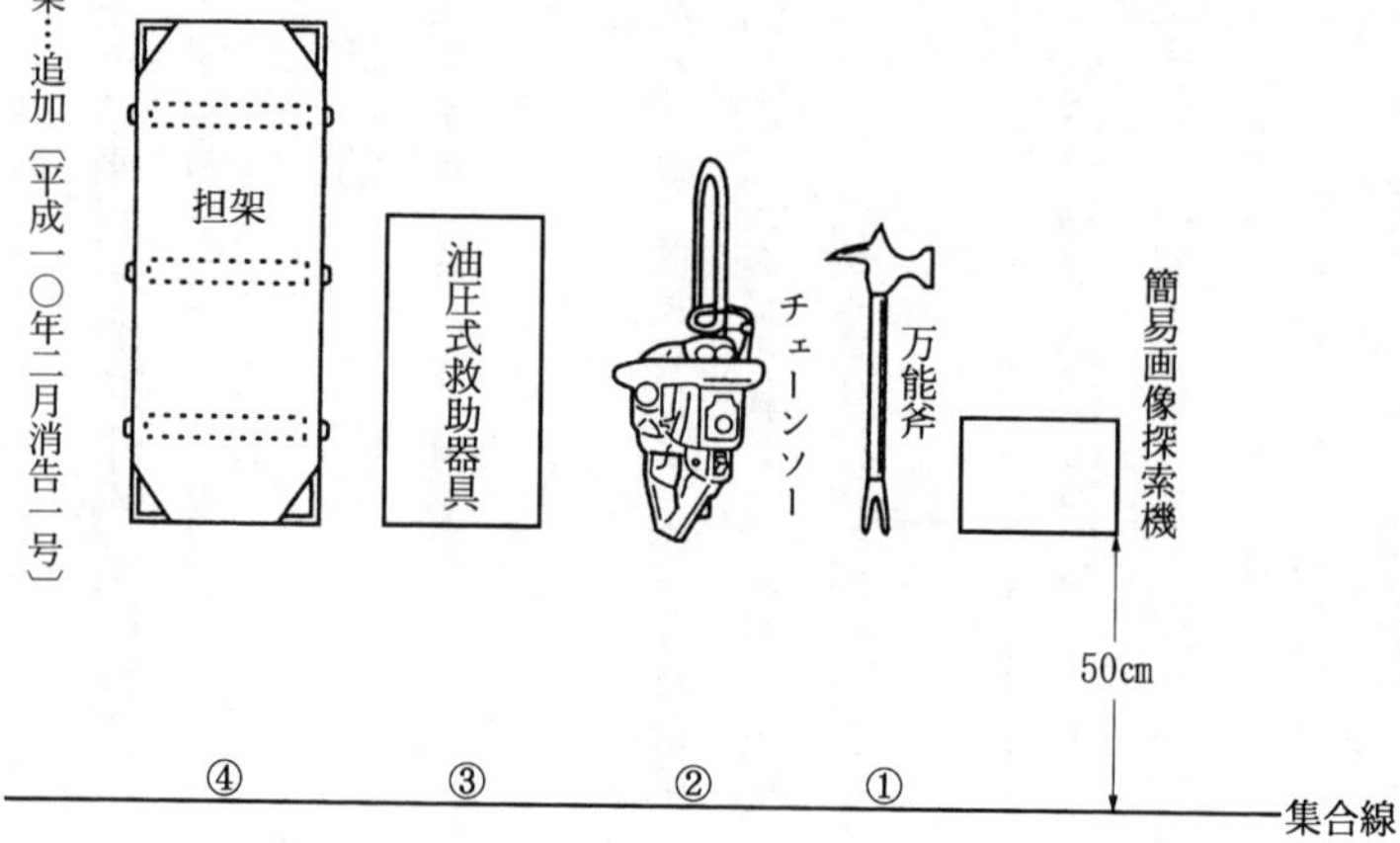

第45図　座屈耐火建物救助操法の器具及び定位

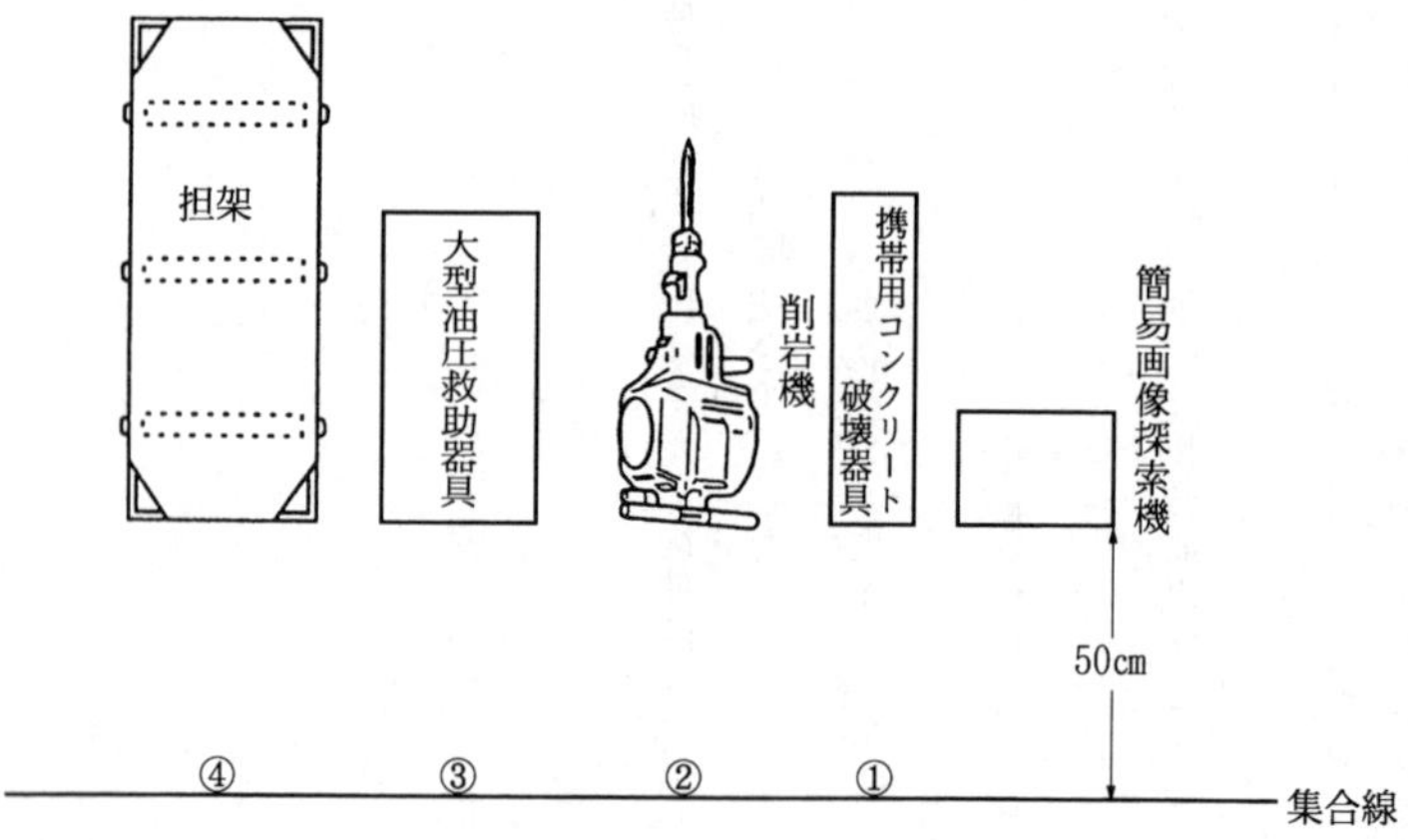

本条…追加〔平成一〇年二月消告一号〕

【趣　旨】

本条は、座屈・倒壊建物救助操法の器具の名称及び定位について図示するものである。

（操法実施上の留意事項）

第二百五十四条　第三十四条、第四十一条、第七十六条、第八十九条、第九十四条の三、第百六条の三、第百六条の十及び第百七十六条に定めるもののほか、座屈・倒壊建物救助操法を実施するときは、次の各号に掲げる事項に留意しなければならない。

一　操作時には、周囲に人を近づけないこと。

二　操作中は、防塵眼鏡を使用すること。

三　切断・破壊した片は、作業の障害とならない位置に移動させること。

四　壁体を破壊するときは、電気回路の遮断を確認すること。

五　要救助者を担架に収容したときには、ベルトで固定してから搬送を開始すること。

本条…追加〔平成一〇年二月消告一号〕

【趣　旨】

本条は、座屈・倒壊建物救助操法を実施する場合の留意事項について規定したものである。

第二節　倒壊木造建物救助操法

本節…追加〔平成一〇年二月消告一号〕

（操法の開始）

第二百五十五条　倒壊木造建物救助操法を開始するには、次の号令及び要領による。

一　指揮者は、「目標○○、搬送」と号令する。

二　一番員は、前号の号令で第百六条の四第二号又は第百六条の十一第二号に定める要領で簡易画像探索機及び万能斧を目標位置に搬送する。

三　二番員は、第一号の号令で第七十七条第二号に定める要領でチェーンソー及び担架を目標位置に搬送する。

四　三番員は、第一号の号令で第三十六条第二号から第四号までに定める要領で四番員と協力して油圧式救助器具を目標位置に搬送する。

五　四番員は、第一号の号令で第三十六条第二号から第四号までに定める要領で三番員と協力して油圧式救助器具を目標位置に搬送する。

本条…追加〔平成一〇年二月消告一号〕

【趣　旨】

本条は、倒壊木造建物救助操法を開始する場合の号令及び要領について規定したものである。

（組立て）

第二百五十六条　倒壊木造建物救助器具を組み立てるには、次の号令及び要領による。

一　指揮者は、「組立て始め」と号令する。

二　一番員は、前号の号令で第百六条の五第二号又は第百六条の十二第二号に定める要領で簡易画像探索機を組み立て、「組立てよし」と合図する。

三　二番員は、待機する。

四　三番員は、第一号の号令で第三十七条第二号から第四号までに定める要領で四番員と協力して油圧式救助器具を組み立て、「組立てよし」と合図する。

五　四番員は、第一号の号令で第三十七条第二号から第四号までに定める要領で三番員と協力して油圧式救助器具を組み立てる。

本条…追加〔平成一〇年二月消告一号〕

【趣　旨】

本条は、倒壊木造建物救助器具を組み立てる場合の号令及び要領について規定したものである。

（進入口設定）

第二百五十七条　倒壊木造建物において進入口を設定するには、次の号令及び要領による。

一　指揮者は、「進入口設定」と号令する。

二　一番員は、前号の号令で万能斧を使つて進入口を設定して「設定よし」と合図する。

三　二番員は、第一号の号令で一番員の進入口設定に協力する。

四　三番員は、待機する。

五　四番員は、待機する。

本条…追加〔平成一〇年二月消告一号〕

【趣　旨】

本条は、倒壊木造建物の進入口を設定する場合の号令及び要領について規定したものである。

（切断）

第二百五十八条　倒壊木造建物において切断作業を行うには、次の号令及び要領による。

一　指揮者は、「切断始め」と号令し、操作状況を確認して「切断やめ」と号令する。

二　一番員は、待機する。
三　二番員は、第一号の「切断始め」の号令で第七十八条第二号に定める要領でチェーンソーを始動させ、第七十九条第二号に定める要領で対象物を切断して「切断よし」と合図し、第一号の「切断やめ」の号令で第七十九条第二号に定める要領でエンジンを停止させる。
四　三番員は、第一号の「切断始め」の号令で第三十六条第二号から第四号までに定める要領で四番員と協力して検索場所の直近まで油圧式救助器具を搬送する。
五　四番員は、第一号の「切断始め」の号令で第三十六条第二号から第四号までに定める要領で三番員と協力して検索場所の直近まで油圧式救助器具を搬送する。

本条…追加〔平成一〇年二月消告一号〕

【趣　旨】

本条は、倒壊木造建物において切断作業を行う場合の号令及び要領について規定したものである。

（検索）

第二百五十九条　倒壊木造建物において検索を行うには、次の号令及び要領による。
一　指揮者は、「検索始め」と号令する。

二　一番員は、前号の号令で第百六条の七第二号又は第百六条の十四第二号に定める要領で簡易画像探索機を使って内部を検索し「発見」と合図する。
三　二番員は、第一号の号令で一番員の行う簡易画像探索機の操作に協力する。
四　三番員は、待機する。
五　四番員は、待機する。

本条…追加〔平成一〇年二月消告一号〕

【趣　旨】

本条は、倒壊木造建物において検索を行う場合の号令及び要領について規定したものである。

（救出）

第二百六十条　倒壊木造建物において要救助者を救出するには、次の号令及び要領による。
一　指揮者は、「救出始め、担架準備」と号令する。
二　一番員は、前号の号令で二番員と協力して担架の準備をする。
三　二番員は、第一号の号令で一番員と協力して担架を準備し、「担架準備よし」と合図する。
四　三番員は、第一号の号令で第三十八条第二号に定める要領で油圧式救助器具の先端部を救出位置で操作し、「救出完了」と合図する。
五　四番員は、第一号の号令で第三十八条第三号に定める要領で油圧式救助器具の手動ポンプを作動させる。
本条…追加〔平成一〇年二月消告一号〕

【趣　旨】
本条は、倒壊木造建物において要救助者を救出する場合の号令及び要領について規定したものである。

（搬送）
第二百六十一条　救出した要救助者を搬送するには、次の号令及び要領による。
一　指揮者は、「搬送始め」と号令する。
二　一番員は、三番員の「担架よし」の合図で二番員と協力して担架を搬送する。
三　二番員は、三番員の「担架よし」の合図で一番員と協力して担架を搬送する。
四　三番員は、第一号の号令で四番員と協力して要救助者を担架に乗せて「担架よし」と合図する。
五　四番員は、第一号の号令で三番員と協力して要救助者を担架に乗せる。
本条…追加〔平成一〇年二月消告一号〕

【趣　旨】

本条は、倒壊木造建物から救出した要救助者を搬送する場合の号令及び要領について規定したものである。

（収納）

第二百六十二条　要救助者を搬送したのち、器具を収納するには、次の号令及び要領による。

一　指揮者は、「おさめ」と号令する。

二　一番員は、前号の号令で第百六条の八第二号又は第百六条の十五第二号に定める要領で簡易画像探索機の接続箇所を離脱し、「離脱よし」と合図し、万能斧及び簡易画像探索機をもとの位置に搬送して集合線にもどる。

三　二番員は、第一号の号令で第八十条第二号に定める要領でチェーンソーをもとの位置に搬送して集合線にもどる。

四　三番員は、第一号の号令で四番員と協力して油圧式救助器具を移動し、第三十九条第二号から第四号までに定める要領で組立てを分解し、四番員と協力して器具収納箱をもとの位置に搬送して集合線にもどる。

五　四番員は、第一号の号令で三番員と協力して油圧式救助器具を移動し、第三十九条第二号から第四号までに定める要領で組立てを分解し、三番員と協力して器具収納箱をもとの位置に搬送して集合線にもどる。

本条…追加〔平成一〇年二月消告一号〕

【趣　旨】

本条は、要救助者を搬送した後、器具を収容する場合の号令及び要領について規定したものである。

【解　説】

倒壊木造建物救助操法の号令及び要領を整理すると、次表のとおりである。

順序	指揮者	一番員	二番員
1	「目標○○、搬送」	簡易画像探索機と万能斧を目標位置に搬送する。	チェーンソーと担架を目標位置に搬送する。
2	「組立て始め」	簡易画像探索機を組み立て「組立てよし」と合図する。	待機する。
3	「進入口設定」	万能斧を使って進入口を設定して「設定よし」と合図する。	一番員の進入口設定に協力する。
4	「切断始め」操作状況を確認して「切断やめ」	待機する。	チェーンソーを作動させて、切断して「切断よし」と合図する。「切断やめ」の
5	「検索始め」	簡易画像探索機を使って内部を検索し「発見」と合図する。	簡易画像探索機の操作に協力する。
6	「救出始め、担架準備」	二番員に協力して担架の準備をする。	一番員と協力して担架を準備し「担架準備よし」と合図する。
7	「搬送始め」	三番員の「担架よし」の合図で、二番員と協力して担架を搬送する。	一番員と協力して担架を搬送する。
8	「おさめ」	簡易画像探索機の組立てを離脱し「離脱よし」と合図して、万能斧と併せてもとの位置に置き、集合線に戻る。	チェーンソーをもとの位置に置き、集合線に戻る。

	三番員	四番員	備考
	四番員と協力して油圧式救助器具を目標位置に搬送する。	三番員と協力して油圧式救助器具を目標位置に搬送する。	必要により、可搬式ウインチ・マット型空気ジャッキを加える。
	四番員と協力して油圧式救助器具を組み立て「組立てよし」と合図する。	三番員と協力して油圧式救助器具を組み立てる。	
	待機する。	待機する。	
号令でエンジンを停止する。	四番員と協力して、検索場所の直近まで油圧式救助器具を搬送する。	三番員と協力して、検索場所の直近まで油圧式救助器具を搬送する。	
	待機する。	待機する。	
	油圧式救助器具の先端部を救出位置で操作して「救出完了」と合図する。	油圧式救助器具の手動ポンプを作動させる。	
	四番員と協力して救出した要救助者を担架に乗せ「担架よし」と合図する。	三番員と協力して救出した要救助者を担架に乗せる。	
	四番員と協力して、油圧式救助器具を移動後、組立てを離脱し「油圧式救助器具離脱よし」と合図して、もとの位置に置き、集合線に戻る。	三番員と協力して、油圧式救助器具を移動後、組立てを離脱し、もとの位置に置き、集合線に戻る。	

第三節　座屈耐火建物救助操法

本節…追加〔平成一〇年二月消告一号〕

（操法の開始）

第二百六十三条　座屈耐火建物救助操法を開始するには、次の号令及び要領による。

一　指揮者は、「目標○○、搬送」と号令する。

二　一番員は、前号の号令で第九十四条の四第二号に定める要領で携帯用コンクリート破壊器具を及び第百六条の四第二号又は第百六条の十一第二号に定める要領で簡易画像探索機を目標位置に搬送する。

三　二番員は、第一号の号令で第九十条第二号及び第三号に定める要領で削岩機を目標位置に搬送する。

四　三番員は、第一号の号令で第四十三条第二号及び第三号に定める要領で四番員と協力して大型油圧救助器具を目標位置に搬送する。

五　四番員は、第一号の号令で第四十三条第二号及び第三号に定める要領で三番員と協力して大型油圧救助器具を目標位置に搬送する。

本条…追加〔平成一〇年二月消告一号〕

【趣　旨】

本条は、座屈耐火建物救助操法を開始する場合の号令及び要領について規定したものである。

（組立て）

第二百六十四条　座屈耐火建物救助器具を組み立てるには、次の号令及び要領による。

一　指揮者は、「組立て始め」と号令する。

二　一番員は、前号の号令で第百六条の五第二号又は第百六条の十二第二号に定める要領で簡易画像探索機を組み立て、「組立てよし」と合図する。

三　二番員は、待機する。

四　三番員は、第一号の号令で第四十四条第二号及び第三号に定める要領で四番員と協力して大型油圧救助器具を組み立て、「組立てよし」と合図する。

五　四番員は、第一号の号令で第四十四条第二号及び第三号に定める要領で三番員と協力して大型油圧救助器具を組み立てる。

本条…追加〔平成一〇年二月消告一号〕

【趣　旨】

本条は、座屈耐火建物救助器具を組み立てる場合の号令及び要領を規定したものである。

（検索）

第二百六十五条　座屈耐火建物において検索を行うには、次の号令及び要領による。

一　指揮者は、「検索始め」と号令する。

二　一番員は、前号の号令で第百六条の七第二号又は第百六条の十四第二号に定める要領で簡易画像探索機を使つて内部を検索し、「発見」と合図する。

三　二番員は、第一号の号令で一番員の行う簡易画像探索機の操作に協力する。

四　三番員は、第一号の号令で四番員と協力して発見場所まで大型油圧救助器具を搬送する。

五　四番員は、第一号の号令で三番員と協力して発見場所まで大型油圧救助器具を搬送する。

本条…追加〔平成一〇年二月消告一号〕

【趣　旨】

本条は、座屈耐火建物において検索を行う場合の号令及び要領について規定したものである。

（救出）

第二百六十六条　座屈耐火建物において要救助者を救出するには、次の号令及び要領による。

一　指揮者は、「救出始め」と号令する。

二　一番員は、前号の号令で第九十四条の七第二号に定める要領で携帯用コンクリート破壊器具を使って救出に協力する。

三　二番員は、第一号の号令で担架を準備する。

四　三番員は、第一号の号令で第四十五条第二号に定める要領で大型油圧救助器具の先端部を救出位置で操作して「救出完了」と合図する。

五　四番員は、第一号の号令で第四十五条第三号に定める要領で大型油圧救助器具のエンジン本体を作動させる。

本条…追加〔平成一〇年二月消告一号〕

【趣　旨】

本条は、座屈耐火建物において要救助者を救出する場合の号令及び要領について規定したものである。

（搬送）

第二百六十七条　救出した要救助者を搬送するには、次の号令及び要領による。

一　指揮者は、「搬送始め」と号令する。

二　一番員は、三番員の「担架よし」の合図で二番員と協力して担架を搬送する。

三　二番員は、三番員の「担架よし」の合図で一番員と協力して担架を搬送する。

四　三番員は、第一号の号令で四番員と協力して要救助者を担架に乗せて「担架よし」と合図する。

五　四番員は、第一号の号令で三番員と協力して要救助者を担架に乗せる。

本条…追加〔平成一〇年二月消告一号〕

【趣　旨】

本条は、座屈耐火建物から救出した要救助者を搬送する場合の号令及び要領について規定したものである。

（収納）

第二百六十八条　要救助者を搬送したのち、器具を収納するには、次の号令及び要領による。

一　指揮者は、「おさめ」と号令する。

二　一番員は、前号の号令で第九十四条の七第二号に定める要領で携帯用コンクリート破壊器具の組立てを分解し、第百六条の八第二号又は第百六条の十五第二号に定める要領で簡易画像探索機の接続箇所を離脱して「離脱よし」と合図し、携帯用コンクリート破壊器具及び簡易画像探索機をもとの位置に搬送して集合線にもどる。

三　二番員は、第一号の号令で第九十四条第二号及び第三号に定める要領で削岩機をもとの位置に搬送して集合線にもどる。

四　三番員は、第一号の号令で第四十六条第二号及び第三号に定める要領で四番員と協力して大型油圧救助器具の組立てを分解し、もとの位置に搬送して集合線にもどる。

五　四番員は、第一号の号令で第四十六条第二号及び第三号に定める要領で三番員と協力して大型油圧救助器具の組立てを分解し、もとの位置に搬送して集合線にもどる。

本条…追加〔平成一〇年二月消告一号〕

【趣　旨】

本条は、要救助者を搬送した後の器具を収納する場合の号令及び要領について規定したものである。

【解　説】

座屈耐火建物救助操法の号令及び要領を整理すると、次表のとおりである。

順序	指揮者	一番員	二番員	三番員	四番員	備考
1	「目標○○、搬送」	簡易画像探索機と携帯用コンクリート破壊器具を搬送する。	削岩機を搬送する。	四番員と協力して大型油圧式救助器具を搬送する。	三番員と協力して大型油圧式救助器具を搬送する。	必要により、可搬式ウインチ・エンジンカッター・マット型空気ジャッキを加える。また、必要に応じて破壊器具等を作動させる。
2	「組立て始め」	簡易画像探索機を組み立て「組立てよし」と合図する。	待機する。	四番員と協力して大型油圧式救助器具を組み立て「組立てよし」と合図する。	三番員と協力して大型油圧式救助器具を組み立てる。	
3	「検索始め」	簡易画像探索機を使って内部を検索し「発見」と合図する。	簡易画像探索機の操作に協力する。	四番員と協力して発見場所まで大型油圧式救助器具を搬送する。	三番員と協力して発見場所まで大型油圧式救助器具を搬送する。	
4	「救出始め」	携帯用コンクリート破壊器具を使い救出に協力する。	担架の準備をする。	大型油圧式救助器具の先端部を救出位置で操作し「救出完了」と合図する。	大型油圧式救助器具のエンジン本体を作動させる。	
5	「搬送始め」	三番員の「担架よし」の合図で、二番員と協力して担架を搬送する。	一番員と協力して担架に乗せた要救助者を搬送する。	四番員と協力して救出した要救助者を担架に乗せ「担架よし」と合図する。	三番員と協力して救出した要救助者を担架に乗せる。	
6	「おさめ」	簡易画像探索機の組み立てた部分を離脱し「離脱よし」と合図して、携帯用コンクリート破壊器具と併せてもとの位置に置き、集合線に戻る。	削岩機をもとの位置に置き、集合線に戻る。	四番員と協力して、大型油圧式救助器具の組立てを離脱し「離脱よし」と合図してもとの位置に置き、集合線に戻る。	三番員と協力して、大型油圧式救助器具の組立てを離脱し、もとの位置に置き、集合線に戻る。	

附　則

この告示は、公布の日から施行する。

附　則〔昭和六三年一二月二二日消防庁告示第六号抄〕

1　この告示は、昭和六十四年四月一日から施行する。

附　則〔平成一〇年二月一九日消防庁告示第一号〕

この告示は、公布の日から施行する。

附　則〔平成一一年九月八日消防庁告示第九号〕

この告示は、平成十一年十月一日から施行する。

消防救助操法の基準の解説

平成10年12月15日　初　版　発　行
平成13年８月10日　２訂版１刷発行
令和６年４月１日　２訂版24刷発行

編　著／救急救助問題研究会
発行者／星　沢　卓　也
発行所／東京法令出版株式会社

112-0002　東京都文京区小石川５丁目17番３号　03(5803)3304
534-0024　大阪市都島区東野田町１丁目17番12号　06(6355)5226
062-0902　札幌市豊平区豊平２条５丁目１番27号　011(822)8811
980-0012　仙台市青葉区錦町１丁目１番10号　022(216)5871
460-0003　名古屋市中区錦１丁目６番34号　052(218)5552
730-0005　広島市中区西白島町11番９号　082(212)0888
810-0011　福岡市中央区高砂２丁目13番22号　092(533)1588
380-8688　長野市南千歳町1005番地
〔営業〕TEL 026(224)5411　FAX 026(224)5419
〔編集〕TEL 026(224)5412　FAX 026(224)5439
https://www.tokyo-horei.co.jp/

ISBN978-4-8090-2550-1